国际经典教材
中国版系列

消费者行为学
关注个体与组织的购买行为（第5版）

- 〔奥〕托马斯·富诗德（Thomas Foscht）
- 〔德〕伯恩哈德·斯沃伯得（Bernhard Swoboda） / 著
- 张红霞

- 孙晓池 / 译

Consumer Behavior
Focus on the Buying Behavior of Individuals and Organizations

著作权合同登记号　图字:01-2017-8791

图书在版编目(CIP)数据

消费者行为学:关注个体与组织的购买行为:第5版/(奥)托马斯·富诗德,(德)伯恩哈德·斯沃伯得,张红霞著;孙晓池译.—北京:北京大学出版社,2020.11

国际经典教材中国版系列

ISBN 978-7-301-31732-7

Ⅰ.①消⋯　Ⅱ.①托⋯ ②伯⋯ ③张⋯ ④孙⋯　Ⅲ.①消费者行为论—高等学校—教材　Ⅳ.①F713.55

中国版本图书馆CIP数据核字(2020)第195200号

Käuferverhalten:Grundlagen-Perspektiven-Anwendungen,5. Auflage
ISBN 978-3-658-08548-3
All Rights Reserved. This translation published under license. No part of this book may be reproduced in any form without the written permission of the original copyrights holder.

北京大学出版社经作者授权出版本书。未经许可,不得以任何手段和形式复制或抄袭本书内容。

书　　　名	消费者行为学——关注个体与组织的购买行为(第5版) XIAOFEIZHE XINGWEIXUE: GUANZHU GETI YU ZUZHI DE GOUMAI XINGWEI (DI-WU BAN)
著作责任者	〔奥〕托马斯·富诗德(Thomas Foscht) 〔德〕伯恩哈德·斯沃伯得(Bernhard Swoboda)　张红霞　著　孙晓池　译
责任编辑	贾米娜
标准书号	ISBN 978-7-301-31732-7
出版发行	北京大学出版社
地　　　址	北京市海淀区成府路205号　100871
网　　　址	http://www.pup.cn
微信公众号	北京大学经管书苑(pupembook)
电子信箱	em@pup.cn
电　　　话	邮购部 010-62752015　发行部 010-62750672　编辑部 010-62752926
印　刷　者	三河市北燕印装有限公司
经　销　者	新华书店
	787毫米×1092毫米　16开本　19.25印张　453千字 2020年11月第1版　2020年11月第1次印刷
定　　　价	54.00元

未经许可,不得以任何方式复制或抄袭本书之部分或全部内容。

版权所有,侵权必究

举报电话:010-62752024　电子信箱:fd@pup.pku.edu.cn

图书如有印装质量问题,请与出版部联系,电话:010-62756370

出版者序言

知识是无国界的。很多基础性的理论在全世界都是共通的,这在经济学和管理学领域体现得尤为明显:除理论上的共通性以外,在课程体系、教学方法上也存在国际借鉴的必要。随着经济全球化的不断深入,推动我国经济学与管理学教育的国际化,培养具有国际化水平的人才,已经成为国内诸多高校和学者不懈努力的目标。而教材是一个最基本的参照。一本好的教材,不仅有助于理论的传播和传承,为授课教师带来全新的教学理念,也有助于激发学生学习和思考的兴趣。因此,教材的国际化理应成为教育国际化的一个重要途径和载体。

我国经管类教材的国际化,可谓经历了从无到有、从有到多、从粗放到精约的发展历程。

20世纪90年代中期之前,我国的经管类教材中,引进版教材凤毛麟角。当时,无论是在教材内容、课程体系,还是在教学方法和理念上,中国的经济学、管理学教育都与世界一流大学存在较大差距。在这种情况下,适当引进和借鉴国外知名大学通用的主流经管类教材,无疑是与世界接轨的一条捷径。在国内一些具有远见卓识的学者和出版人的推动之下,一些翻译版教材开始进入读者的视线,为国人了解国外的经济学、管理学教育打开了一扇窗。

从20世纪90年代中期起的十几年间,国内经管类引进版教材以蓬勃之势迅速崛起。西方发达国家的主流经济学和管理学教科书、经典的学术著作相继被大量引入中国。品种不仅包括翻译版,也包括英文影印版。其规模之大、范围之广,几乎遍及经济、工商管理、会计、金融、营销等经管各个领域。国内经管类引进版教材市场经历了前所未有的繁荣。这些经管类教材的引进,成功地将西方成熟的理论体系和教学理念带入中国,推动了国内相关学科的教学改革和人才培养,对中国经济学和管理学教育的国际化做出了独特的贡献。

然而,随着实践的发展,传统的单纯翻译版和影印版教材也逐渐显露出其弊端:一是篇幅一般较长,内容过于庞杂,教师难以在有限的课时内全部讲授完,学生也难以消化;二是教材本身的质量虽然比较高,但完全立足于发达市场的制度背景,对于各项制度和政策安排尚处于转型期的中国来说,缺乏理论与实践的相关性。如何使这些优秀的教材克服"水土不服"的问题,使其与中国的社会制度背景和转型实践相结合,真正实现吸收、消化和创新,成为摆在国内教师和出版人面前的一个现实而迫切的问题。与此同时,随着国际交流的不断深化以及国内教学和科研水平的不断提高,国内的很多专家学者也具备了参与编写一流的国际化教材的能力。时代呼唤着同时具有"国际经典性"和"中国特色"的创新型教材。

正是考虑到上述客观需要和现实可行性,北京大学出版社尝试策划和推出这套"国际经典教材中国版系列"丛书。国内长期从事一线教学、在学术研究方面有突出成就的教师和学者,在对国外经典、前沿教材进行翻译的基础上,根据国内的教学需要,对教材内容进行本土化改编,使其成为独具特色的"中国版系列"。

作为一套创新型教材,本丛书具有两个主要特色:

一是选书上的独特视角。在选书过程中,我们不仅关注那些在同类书中具有广泛持久影响力、选用面最广的教材,更青睐于最新的、具有明显特色、符合教学发展趋势的教材。比如,《投资学:分析与行为》一书,便融入行为金融领域最新的、令人振奋的研究成果。

二是出版形式上的创新。每本"中国版"教材都由原作者与一到两名国内的专家学者共同完成,部分教材的编写大纲是由国内外作者经深入探讨后确定的。所做工作并非局限于对原著作的简单删减,而是在结合国内专家学者教学经验和学术研究成果的基础上所进行的实质性改编。改编的重点在于应用性的内容,即在保留原书基本理论框架和体系的基础上,增加了介绍中国特定制度和实践的内容,包括原创性的中国案例。为了便于学生理解,并学以致用,还对各章的图表、数据、示例等内容做了非常细致的替换。为了不破坏原书的整体性,在改编过程中,尽量保持与原书一致的体例和写作风格。

如同中国特色的市场化道路是在摸索中不断走向成熟,中国特色的国际化教材的建设也不能一蹴而就。本丛书仅仅是一个摸索和尝试,还存在着诸多不足之处。我们真诚期待着来自专家学者的宝贵意见和建议,并欢迎更多的一线教师和青年学者加入这一意义非凡的事业中来。同时,我们更希望这套丛书的出版能够抛砖引玉,在不久的将来,迎来国内的专家学者独立撰写优秀的国际化教材,并真正"走出去"的时代。若真能如此,将是国内教育界和出版界的一大幸事。

北京大学出版社
经济与管理图书事业部
2011 年 1 月

中文版序言

非常高兴,本书的中文版终于要与读者见面了。众所周知,市场营销研究最经典和最核心的任务就是描绘、理解与解释购买行为。正是出于这个目的,托马斯·富诗德(Thomas Foscht)教授和伯恩哈德·斯沃伯得(Bernhard Swoboda)教授在2003年撰写了本书的第一版,并由Springer Gabler出版社出版,此后,这本书在德语国家广受欢迎,一直都是欧洲众多商学院首选的工商管理学科教材。

2016年,托马斯·富诗德教授和伯恩哈德·斯沃伯得教授决定与北京大学的张红霞教授合作,将本书带入中国市场,由张红霞教授对本书的书名、结构、内容尤其是书中的企业案例进行本土化的改编。

中国国内图书市场上有关消费者行为的教材种类繁多、风格各异,较为流行的有美国著名商学院教授们撰写的英文版和中文翻译版,也有中国高校教授们撰写的中文版。这些书籍的共同特点在于,其都偏重对个体消费者购买行为与心理的描述及分析,而忽略了同样作为购买者的企业和组织购买行为与心理的描述及分析。与之形成鲜明的对比,本书中文版最大的特点就在于广泛而深入地探讨了"购买者"这个概念,既考察作为个体购买者的行为与心理,同时也考察作为企业和组织购买者的行为与心理。本书中文版的第二个特点是"化繁为简""以点带面",将原版教材中纷繁的内容浓缩在9章中,采用科学严谨的方法,结合最新的理论研究阐述"是什么""为什么"以及"应该如何",试图将复杂的购买行为以最简洁的语言和形式呈现给广大读者。本书中文版的第三个特点,也是改编后与原版教材最大的不同之处在于,张红霞教授对原书的形式做了重大的调整,将原版教材3章的形式,按照中国人的习惯改为9章,并对部分章节进行了适当的补充和删改,这样,不仅使全书在形式上更加丰富,各章内容更加平均,也使全书结构更加完整和平衡。此外,为了提升读者对各章内容的兴趣与要点的领悟,张红霞教授在各章前都增加了"开篇案例与思考",试图用读者熟悉的案例引导其对核心内容的思考与把握。与此同时,在各章的结尾部分,新增了相关的最新"研究速递",使读者知晓学者们对最新的前沿问题的关注与研究,加深对所述内容的领会。张红霞教授所做的这些重要的改编工作都是在德文译稿的基础上完成的,为了保证译文准确无误,张红霞教授与译者反复进行沟通、确认,付出了大量时间和心血。

  借此机会,我们诚挚地感谢对本书的出版做出贡献的个人和组织。首先,感谢为本书提供案例信息的所有企业。其次,感谢北京大学出版社经济与管理图书事业部的林君秀主任和贾米娜编辑对本书出版过程的支持。

  希望我们所做的这些努力能够得到读者的认可。祝愿本书的所有读者阅读愉快,并有所收获,期待您的反馈和建议!

作 者
2020 年 8 月

目录

第1章 为购买行为画像 /1
　　开篇案例与思考:拼多多——"我和你,拼多多""拼得多,免得多" /1
　　1.1 购买行为的重要性 /2
　　1.2 购买行为研究的难点与范式 /4
　　1.3 购买决策的基本类型与特征 /8
　　研究速递 /12

第2章 购买行为分析框架 /14
　　开篇案例与思考:年轻消费者的"小红书"之旅 /14
　　2.1 作为消费者的购买行为分析框架 /15
　　2.2 作为组织购买行为的分析框架 /29
　　研究速递 /45

第3章 作为消费者的购买决策类型 /47
　　开篇案例与思考:消费者为何愿意为"网红"和"网红店"买单? /47
　　3.1 消费者购买决策类型 /48
　　3.2 购买决策中的偏差 /59
　　研究速递 /64

第4章 作为组织的购买决策类型 /65
　　开篇案例与思考:滴滴出行收购优步中国 /65
　　4.1 组织中的个人购买决策 /66
　　4.2 集体购买决策的类型与过程 /68
　　4.3 组织购买行为的过程/阶段模型 /78
　　4.4 综合模型 /83
　　研究速递 /85

第5章　购买者心理激活过程和状态　/88
　　开篇案例与思考:"双十一"的狂欢　/88
　　5.1　激活　/89
　　5.2　情绪　/96
　　5.3　动机　/104
　　5.4　态度　/115
　　研究速递　/128

第6章　认知过程和条件　/130
　　开篇案例与思考:重型猎鹰搭载特斯拉上天,意味着什么?　/130
　　6.1　认知过程　/131
　　6.2　信息接收　/134
　　6.3　信息处理　/142
　　6.4　信息存储——学习和记忆　/153
　　研究速递　/169

第7章　购买行为的调节因素　/171
　　开篇案例与思考:玉兰油——属于女人的数字只有年龄?　/171
　　7.1　概览　/172
　　7.2　个人决定因素　/172
　　7.3　社会决定因素　/182
　　7.4　文化决定因素　/193
　　研究速递　/199

第8章　顾客关系中的购买关系维护　/201
　　开篇案例与思考:李宁——如何重新点燃"消费者的希望"?　/201
　　8.1　概览　/202
　　8.2　购买前阶段　/205
　　8.3　购买阶段　/227
　　8.4　购买后和使用阶段　/241
　　8.5　对顾客关系的综合考察　/262
　　研究速递　/269

第9章　合作共赢中多组织购买关系的维护　/271
　　开篇案例与思考:可口可乐与百度"结盟推广"　/271
　　9.1　概览　/272
　　9.2　互动的类型　/273
　　9.3　商业关系和合作　/278
　　研究速递　/286

参考文献　/288

第1章

为购买行为画像

开篇案例与思考 拼多多——"我和你,拼多多""拼得多,免得多"

近几年来,随着互联网的飞速发展,消费者和商家都更多地借助互联网社交平台进行营销升级和消费升级。拼多多正是一家应运而生的主打C2B(消费者到企业)拼团的社交电商。它于2015年9月正式上线,在几乎没有做任何广告的情况下,不到一年就拥有了1亿用户,其创建初期的卓越表现甚至超越了同时期的淘宝和京东。截至2019年8月,拼多多App(应用程序)用户规模达3.81亿,拼多多微信小程序用户数为1亿,去重后的全景用户规模为4.29亿。

作为社交电商平台,淘宝和京东无疑是拼多多的主要竞争对手。众所周知,淘宝由阿里巴巴集团于2003年5月创立,目前是亚太地区较大的网络零售商圈,也是深受中国消费者欢迎的网购零售平台。它拥有近5亿的注册用户,每天有超过6000万的固定访客,同时每天的在线商品数已经超过8亿件,平均每分钟售出4.8万件商品。相比而言,拼多多与淘宝虽然都是社交电商平台,且同样是B2C(企业到消费者)与C2C(消费者到消费者)相结合的平台,都囊括了众多的商品品类,普遍注重商品低价,但二者不同的是,淘宝上更多的是零售平台,注重的是单个客户的订单量,如何提升每个客户的个性化推荐商品是其重点,此外,淘宝的社交性并不是非常强,它更多的是以"商城"的形象存在于消费者的心目中,且其商家数量众多,品类也更胜一筹;而拼多多则更加注重依赖社交平台进行社交性订单的生产,即拼多多创新拼团式的商业模式,强烈地吸引了年龄偏大、网购经验较少的中老年群体,他们更多的是以日用品和杂货的购买为主。由此,拼多多更充分地满足了消费者图便宜、获实惠以及与他人分享自己发现的好商品等社交心理,从而与其他类似平台区分开来,在社交电商中独占一隅,称得上是社交电商的典范。

从**拼多多的商业模式来看**,拼多多的商业模式是一种创新拼团式的商业模式,它吸引了一众"妈妈团"进行疯狂购买和自发的宣传:在拼多多商城中选择一件你喜欢的商品后,支付一定金额的团购价(通常都非常低,如一分钱、一毛钱等)开团或者参团,并将该团购信息分享到朋友圈或者微信群中,等到集齐相应数量的团购人数后即可开团**抽奖**,中奖者将收到商品,未中奖者获得平台退款和代金券。

拼多多这一商业模式对消费者的购买行为产生了巨大影响。因为拼多多的用户通过发起和朋友、家人、邻居等的拼团,可以以更低的价格拼团购买优质商品;而拼多多平台依靠"拼着买更便宜"的策略,吸引用户,解决流量难题。与此同时,由于该平台企业或个人开店的保证金大幅低于其他平台,因此那些无货源优势、无大规模资金优势的个人也可以开店,这无疑成为拼多多疯狂扩张的两个重要原因。

然而,拼多多看似火爆的拼团抽奖模式也给消费者带来了许多问题,比如,拼团的购物模式是否真正符合用户的购买习惯,是否在拼着购买的同时反倒增加了购物成本仍是个谜;此外,这种微信(社交)+拼团(电商)的购买方式是否更适用于小金额高频次的商品交易,如水果、干果、化妆品、日常生活的易耗品,而对其他品类的购买则并不适用?拼团购买到最后,是否有可能陷入与身边熟人都分享过之后无人再配合的尴尬境地?而从社交上来看,如果某人屡次不参团,不仅可能导致其他人拼团失败,还可能导致其社交关系恶化。

如何在初期吸引用户进行尝试之后,增加用户黏性,及时根据用户的心理和行为对商业策略进行动态调整无论对于拼多多还是对于其他任何商家,都将是一个难题和重点。

注:社交电商是电子商务的一种衍生模式,是基于人际关系网络,借助社交媒介(微博、微信等)传播途径,以社交互动、用户生成内容等手段来辅助商品的购买,同时将关注、分享、互动等社交化的元素应用于交易过程之中。社交电商是电子商务和社交媒体的融合,是以信任为核心的社交型交易模式,是新型电子商务的重要表现形式之一。

思考:拼多多是一种什么样的商业模式?这种商业模式为何能在短期内迅速发展起来?它主要吸引和满足的是哪一类消费者的哪一类需求?

1.1 购买行为的重要性

对顾客及其影响的理解,以及与顾客之间的互动关系是建立传统意义上的市场营销学的核心,也是指引企业从一个(销售)市场到另一个(销售)市场的向导。顾客导向曾是市场营销学多年来唯一的研究领域,如今它在企业管理的其他学科中也找到了切入点,或者说转化出了更多的价值创造功能。

但对购买者行为的具体分析仍然是市场营销学的主要研究领域,它毕竟来自企业管理的源头。从这个意义上说,市场营销学可以理解为对现有或潜在市场中的企业进行计划、协调和控制,以达到持续满足顾客需求的目的,并实现竞争的优越性。在这种理解的基础上,市场营销学又发展成为一个专门的以过程为导向的企业管理的交叉学科的分支。

总的来说,单一市场中竞争越激烈,销售市场与顾客之间的距离越大,研究顾客导向的意义就越大。在研究中,学者所持的观点不尽相同,其中一个很好的例子就是对市场中工业品和消费品之间的区分。对于国民经济学中工业品决策者的关注更多地看重其作为购买者的行为分析;而对于消费品购买者的决策则更关注其作为个体的消费行为。在这里,工业制造企业所关注的顾客导向,与消费、贸易、服务企业所指的顾客导向之间有明显的区别,所以有必要对广义和狭义的购买行为进行区分。

> 广义的购买行为研究的是需求者在购买、使用和消费商品或服务时的全部行为;而狭义的购买行为研究的只是处于终端的需求者在购买和消费商品或服务时的行为。

当然,购买行为的概念还可以进一步涉及对物质性商品和非物质性商品在终端消费时一般行为的思考。比如选民行为、病人行为等也可以作为研究对象。这种更广义的概念经常被使用,也使得越来越多的学科参与到购买行为的研究之中。本书主要讨论的是广义上的购买行为,以及这些行为在企业中的转化。也就是说,本书重点探讨市场营销学中顾客、供应商和竞争者之间经典的三角关系,这种三角关系涉及政治法律、社会经济和科学技术领域(见图1.1)。在这种意义上,竞争者的优势只有当企业满足如下条件时才能得到体现:

- 被知道(被顾客得知);
- 有意义(从购买特征角度看);
- 能持久(不会在竞争中被轻易模仿)。

这意味着,一个企业还需要了解顾客视角的相关(竞争原则)知识。

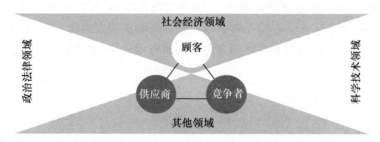

图1.1 市场营销中的三角关系

顾客导向和相互依存的视角也是本书思考的基础,它涉及了市场营销学中购买者行为研究的传统和新兴的应用领域,比如:

- 市场细分,即辨识目标顾客并以此设定市场营销活动和过程;
- 理解引起购买行为的心理过程;
- 保持与顾客的长期关系,以及持续赢得新顾客;
- 理解家庭和采购中心等的角色,以及引起他们行为与否的互动方式;
- 整合顾客和企业的服务共创过程。

这些只是消费者购买行为所关心的问题中的很少一部分。即使只是粗略翻看一下 *Journal of Consumer Research* (JCR)上近几年的文献,也可以在其中发现很多的话题,如激活/情感、动机、态度、记忆/想象、学习/记忆、参与/倾向、集体购买行为、文化中心、偏好/消费选择、品牌、沟通/广告、价格影响等。

1.2 购买行为研究的难点与范式

1.2.1 购买行为研究的难点：购买者行为过程动态化

现代企业面对的改变是若干年前无法想象的,几乎可以用动荡来描述。其中的变化之一是环境变迁。20世纪80年代以前,企业环境相对稳定,市场参与者较少,市场营销主要集中在区域/国内市场；第一次石油危机让一些企业环境不再是可以简单预测的因素。随着国际化、经济一体化(如欧盟、北美自由贸易区和东南亚国家联盟),以及由此带来的越来越多的市场参与者,加之2008年、2009年的经济危机等,企业所面临的环境更加复杂和不稳定,时常会有紧急情况出现,企业对此却没有可供借鉴的经验。

同时发生变化的还有消费者购买行为本身。尽管这种变化一直都可被观察到,但能够对其进行动态研究只是近些年的事。其中最显著的变化是购买者的自我定义,由"我拥有什么就代表我是什么样的人",到"我如何生活就代表我是什么样的人",再到"我就是本来的我"。如果说早先的消费者购买行为相对具有单一性、持续性、可预测性,到了20世纪90年代则表现得越来越充满变化、不确定和难以预测,其中之一就是混合消费行为的出现(比如同一个人既会在精品店购物也会在折扣店买东西)。这些行为可以概括为多种交易原则平行存在,消费者在不同角色和归属感中转换,呈现多样(多选项)甚至矛盾的行为方式(见图1.2)。

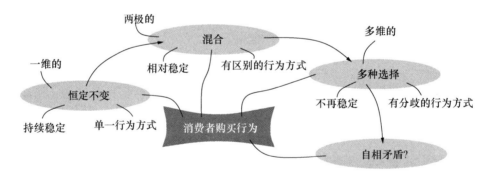

图1.2 消费者购买行为方式的动态过程

资料来源：Liebmann 1996, p.45。

除了上述提到的这些变化,也存在其他购买行为的演变。比如,家庭结构的变化(在一些大城市,已经有超过一半的家庭是单身家庭)、社会人口结构的变化(越来越高的寿命预期、停滞的出生率),以及价值观的变化。

1.2.2 研究范式与相关理论

在企业管理中,几乎没有像消费者行为研究那样,理论和实证分析相互结合得如此紧密。在此,有必要对企业管理学科研究所处的位置,以及主要的研究和出版机构进行一些介绍。

有关消费者行为研究的机构和出版物

在消费者行为研究领域有几个重要的机构,其中最值得介绍的就是消费者研究协会(ACR)(www.acrwebsite.org),该协会持续组织学术研讨会,并出版该领域知名期刊 *Journal of Consumer Research*。与此机构类似的还有 Society of Consumer Psychology(SCP)(www.myscp.org)。

此外,还有一系列同样专注于不同的消费者行为专题的组织机构。比如美国营销协会(American Marketing Association,AMA)(www.marketingpower.com),美国营销科学学会(Academy of Marketing Science,AMS)(www.ams-web.org),以及欧洲营销研究协会(European Marketing Academy,EMAC)(www.emac-online.org),等等。

在专业出版领域也有一大批企业管理、心理学以及社会学领域涉及消费者行为各个方面的学术期刊。其中最重要的,除了上面提到的 *Journal of Consumer Research*,还有 *Journal of Applied Psychology*,*Journal of Consumer Psychology*,*Journal of Psychology and Marketing*,等等,此外还有许多基于消费者的实证研究的营销学期刊,这些研究既有理论范畴的,也有应用导向的,表 1.1 列出了一些期刊的名称。更详细的列表以及排名还可以在 AMS 的网站上找到。

表 1.1　部分营销学期刊

学术期刊	应用导向期刊
• Industrial Marketing Management	• Consumer Policy Review
• Journal of Applied Psychology	• Harvard Business Review
• Journal of Consumer Psychology	• MIT Sloan Management Review
• Journal of Consumer Research	• California Management Review
• Journal of Marketing	• Marketing News
• Journal of Marketing Research	• 《哈佛商业评论(中文版)》
• Journal of Retailing	• 《北大商业评论》
• Journal of Retailing and Consumer Services	• 《清华商业评论》
• Journal of Service Research	
• Journal of the Academy of Marketing Science	
• Marketing Letters	
• Psychology and Marketing	
• 《管理世界》	
• 《心理学报》	
• 《管理学报》	
• 《南开管理评论》	
• 《营销科学学报》	

科学理论的范式

有关消费者行为主流的、以理论为导向的研究方法主要是实证方法,它是一种遵从批判理性的科学理论研究范式。

> 科学理论可以说是对知识、方法、基础、条件以及科学分类的研究。其重点是科学方法的建立,以及专业领域在整个学术体系的定位。

在科研体系中,科学理论是总体认知理论的一部分,致力于研究不同专业的方法、结果和目标。这里需要区分的是形式科学(数学等)和实际科学[自然科学(生物学等)和社会科学(心理学等)]。形式科学论述逻辑意义上的事实,而实际科学则是对现实中存在的客观事物的真实表述。

从方法论上说,科学理论在社会科学的研究中,主要沿用的是20世纪50年代卡尔·波普尔在理性批判中提出的逻辑。关于实证主义在60年代曾有过争论,70年代初又重新开启了新一轮的争论,其中涉及的争论之一就是企业管理到底是一门实际规范科学还是一门纯科学。本书虽不涉及这方面的讨论,但可以肯定的是,本书所采用的方法仍是科学价值判断方法,即当代比较认同的实际规范科学的方法,整个论述也将遵循三个研究阶段:

- 立论阶段——如何发现一个研究问题?
- 论证阶段——哪些问题的研究有科学价值?哪些没有?
- 评估阶段——如何评估科研结果?

立论阶段是引发科学研究的起因,比如现有理论、实际问题或任务。科研人员如何工作以及工作的动机,对于研究工作的结果至关重要。这里除了对社会问题的关心、对"真理"的追求,赢得专业领域的荣誉和物质利益也可能是科研人员研究的驱动力。无论动机如何,立论阶段都会受到研究方法和研究预算的限制。

论证阶段是针对研究问题在方法上所采取的具体步骤。根据理性批判学派的观点,科研工作的目的应该是对假设进行尽可能准确、客观的推导、执行和检验。概括地说,科学研究不仅需要立论,还需要论证,即通过对研究目的和问题的界定,对已有分析、理论和假设(涉及该问题的领域)进行调研,以及采用适当的方法(测量和市场调研)对假设进行推导和检验。图1.3概括了实证研究的逻辑流程。

评估阶段是指评估研究的效果,即是否解决了最初提出的问题。通常,立论和论证二者紧密联系,对所研究的问题论证得越精确、解释得越全面,就越可能被用来做进一步的推导。显然,论证的精确性是评估的基本条件,在评估中恪守价值中立的判断也是科学研究中需要遵循的原则。

此外,还可以采用启发式、归纳法和解释法等其他一些方法。

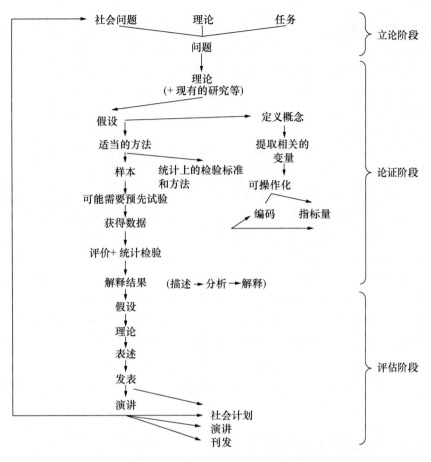

图 1.3　实证研究的逻辑流程

资料来源：参见 Friedrichs 1990，p.51。

社会科学实证研究的基础

社会科学实证研究的出发点是对研究对象的某些特定的特征及其各个赋值进行研究。为了能够对真实情况进行研究，常会使用变量这一概念。变量代表着一个特征的赋值。比如，变量"性别"代表男性和女性两个赋值。给每个赋值设定一个数字量（比如用数字1来表示男性，2表示女性），从而得到数据。消费者行为研究的难点在于，经常有一些特征（所谓潜在特征）不能被直接观察到（比如顾客满意度），而必须间接通过一个或多个指标来测量，也就是把它们转换为变量再进行操作。这使得研究工作非常艰巨。基本上可以对变量进行如下分类：

- 根据研究意义，分为自变量或因变量、调节变量、中介变量或控制变量。
- 根据特征量值的形式，分为离散/连续变量、二项/多项变量。
- 根据实证研究的可行性，分为显性变量和隐性变量。

研究工作的开始是发现一些看起来有意思的问题或现象。为了让这些问题或现象能够被科学化研究,需要把它们转变为假设,通常,假设需满足以下四个条件:
- 科学假设基于可以实证研究的真实事实;
- 科学假设是总体有效的,而不仅仅针对特例或个别结果;
- 科学假设必须能至少隐含表述成一个条件句("如果……就会……""越……越……")的句式结构;
- 上述条件句必须能够潜在地被证伪,也就是说,必须考虑到这个条件句不成立的可能结果。

需要强调的是,一个在实证上被暂时确认(准确地说,是没有被证伪)的两个变量之间(比如,以一种相关形式呈现)的关系,并不等同于一个原因-结果之间的因果关系。对于是否存在因果关系这个问题,还需要研究设计(实际上需要进行实验验证)以及内容上的考虑。当原因("如果"部分)和结果("就会"部分)调换位置,句子变得没有意义时,才能确认这是一种因果关系。这里还需要提到的是,上面描述的方法是一种演绎推理方法,推理方法的出发点是理论、方法、模型以及假设。在消费者行为研究中,使用总结归纳的方法也是有意义的,因为可以用实证研究的结果来建立假设。这两种方法不仅不矛盾,反而互为补充,甚至这种系统性的相互补充的方法进一步构成了一种"混合方法"。

1.3 购买决策的基本类型与特征

1.3.1 购买决策的主体和基本类型

购买决策的主体可以是个人也可以是组织(企业、公共机构、政府部门等)。对于出口依赖的德国经济,组织的购买行为比个人的消费行为更有研究意义;而对于国内市场主导的美国经济,则是个人的消费行为更重要。

虽然市场营销的复杂性要求企业在不同阶段需要针对不同的决策主体来组织生产,但在消费者行为研究中占统治地位的仍是对个人和组织购买的区分。此外,购买决策的基本类型主要根据参与决策的人数来划分,即根据做决定的是一个人还是多个人这一条件。上述两种划分的进一步组合便构成了一个关于购买决策基本类型的矩阵(见表1.2),其各类型的特征如下:
- 个人的单独购买决策,消费者的角色是个人(消费者决策),这部分的研究重点就是消费者行为。
- 家庭中的集体购买决策,这部分关注的是家庭成员集体决定购买的商品,以及不同家庭成员在购买决策中所起的作用。
- 组织中的单独购买决策,这部分指的是某个机构中的某一个采购者的行为。
- 组织中的集体购买决策,在这部分中,购置工业用品或投资品通常由委员会来做决定。

表1.2 购买决策的基本类型

	个人的	集体的
消费者	个人的单独购买决策 （消费者决策）	家庭中的集体购买决策 （家庭决策）
组织	组织中的单独购买决策 （采购员决策）	组织中的集体购买决策 （委员会决策）

现实中购买决策主体的多样性和购买结构的复杂性

在现实中会有各种各样的购买群体，如图1.4中消费品经济中的价值链系统所示，从生产商的角度来看，终端需求市场中，在垂直方向上有三种购买者类别：批发商，零售商（包括电商），（终端）顾客（即消费者）。

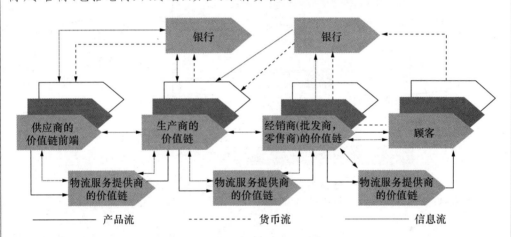

图1.4 消费品经济中的价值链系统

资料来源：参见 Zentes/Morschett/Schramm-Klein 2008，p.298。

对生产商而言，沟通策略是在终端顾客中进行营销最重要的工具，产品和品牌都需要通过沟通策略最终实现顾客对品牌的知晓、企业形象的树立，以及消费需求的提升。市场研究的目的就是要挖掘顾客的潜在需求，观察并影响顾客行为。无疑，企业基本上都会力求把顾客的偏好和自己的利益结合起来。

但生产商同时还必须重视批发商和零售商的购买决策。大多数情况下，产品需要通过稳定的零售（越来越多的网上销售）到达顾客手上。经销商通过价格和品类策略来影响消费决策，并通过专门的店铺销售某些产品。通常，经销商的销售清单具有过滤产品的功能，也就是说，即使生产商希望开发一个新产品，但如果经销商对即将引入的新产品持抗拒态度，那这种新产品也很难到达市场并出售给顾客。与此同时,批发商和零售商也有自己对顾客的营销目标、策略和工具,它们与顾客之间更多的是通过购物场所而非通过各个商品来建立联系(见图1.5)。此外,经销商还会通过建立自己的销售品牌——仅限于在自己的店铺出售的某产品品牌或类别——来获取竞争中额外的利润。由此可见,生产商既需要针对顾客,也需要针对经销商进行市场营销,与此相应的营销目标、策略和工具也不尽相同。

对经销商进行营销的讨论从20世纪90年代就已开始[作为传统的契约营销,或交易营销(Trade Marketing)],这是因为经销商的角色已经由单纯的分销商变成或逐渐变成自主的经营伙伴。随着经销商这种"顾客"的地位越来越重要,生产商和经销商之间自90年代中期开始便持续强化伙伴关系的理念,它们一致的目的,简单说来就是形成以需求来控制的价值创造链,通过在销售中得到的消费者行为方面的数据来控制整体价值创造链中的物流和销售过程。可以确定的是,信息流会越来越多地被用来控制消费品经济价值链系统中的物品和货币流。

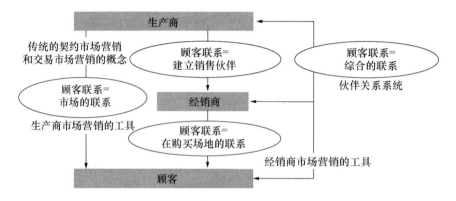

图1.5 垂直市场中生产商、经销商与顾客的联系
资料来源:参见 Zentes/Swoboda/Morschett 2014,p.209。

需要说明的是,前面介绍的营销方式的发展过程主要是从生产商的视角观察得到的有关传统消费者(购买者)行为的观点。而现在商家之间的界限在逐渐消失,或者说,现在的发展趋势正变成一种销售社会。销售在很大程度上获得了解放,越来越多成功的折扣店(像 Aldi/Hofer,Lidl,Kaufland)和垂直销售系统(如 Zara,宜家),既是经销商,同时也是生产商。这些概念上的转变不仅是受经销商和顾客影响的结果,也是基于对竞争、竞争优势和资源的考量。这在竞争越来越激烈又停滞不前的市场中显得尤为重要。

当顾客需要同时扮演不同的角色时,现实情况会比划分的这些基本类别更为复杂。比如,在许多时候,产品的购买者,如婴儿食品或者男士衬衣的购买者并非是其使用者。也就是说,这里购买者和使用者是分离的。此外,在B2B领域,需求结构是异质的:需求方可能是生产商、批发商和零售商、公共机构等,不同的需求方又会有不同的购买方式,比如,公共物品采购(有时候)会因为行政手续烦琐而耗时较长,还有可能会有垄断需求。

1.3.2 个人和组织购买决策的特征

个人购买行为和组织购买行为之间的区别很明确,可以通过其各自的特征来辨识(见表1.3)。

表1.3 个人购买行为和组织购买行为的特征

个人购买行为	组织购买行为
• 参考重点为购买物质性商品和非物质性商品	• 同时涉及物质性商品和非物质性商品
• 市场匿名性	• (通常)市场透明
• 关系结构相对短期	• 关系结构相对长期
• 采购决策过程导向程度低	• 采购决策过程导向程度高
• 达成决策不拘泥于形式	• 采购流程高度形式化
• 决策流程自动化程度低	• 电子数据技术支持(自动化)
• 激励和惩罚机制不重要	• 激励和惩罚机制很重要
• 决策受外部因素影响不大	• 决策受外部因素影响大
• 通常为个体决策行为	• 多重人格和多重组织性

- 个人购买决策有两个侧重点——购买物质性商品和非物质性商品,即服务;而组织购买时通常都会同时涉及物质性商品和非物质性商品。
- 市场营销面对的个人购买者处于匿名市场中;而组织进行购买决策时,需求和供给双方都有很大的动作,市场通常是透明的,比如,大家都知道Z设备是为X公司制造的。
- 个人购买决策属于一种供应方和需求方之间的短期关系结构,也就是说,供应方会比较频繁地更换,相比组织购买中通过合同、契约建立的长期关系,个人决策对品牌的忠诚度很低。
- 家庭决策中很少是过程导向的或决策过程自动化、程式化的;而组织决策则大多是过程导向的以及有电子数据技术支持,比如设置最优库存方案等。此外,组织决策高度程式化,购买时会收集多个供应商的产品信息,而后再做出购买和投资决策。
- 家庭购买中很少会有激励、惩罚机制;而在组织购买中常会有回扣等优惠的激励机制,而且购买行为有时还受到外来干扰,比如,必须选择某个指定的供应商。
- 最后,对个人购买决策而言,主要研究的是其个体决策行为;而对组织购买行为,关注更多的则是多重人格和多重组织性等问题。

在实际研究中,与以上这些特征、角色、活动空间相违背的情况时有出现,依此就可以判断出是否存在双重人格现象了。

双重人格现象举例

原则上,可以这样区分个人和组织购买行为:一个人在个人生活中更多凭借个人情感来做决定,而在工作中更倾向于按照理性标准来做决定(见表1.4),但需要强调的是,两者之间并没有清晰的界限。

表1.4 个人和职业的行为范围

个人行为范围	职业行为范围
• 情感化和冲动决策	• 理智、客观地决策
• 习惯倾向,追求简化	• 不受表象、个人关系和情绪的影响,不断地处理信息
• 避免决策失误和风险	• 专业的、受过训练的决策制定专家
• 选择性感知	• 客观评估的能力
• 跟从主观倾向	• 事实导向
• 受到社会影响	• 共同决策

这可以由购买工作用车的例子来说明。根据上述原则,一个外勤工作人员会根据客观因素选择一辆工作用车,而在个人生活中则会根据自己的主观偏好来购买。但实际中也可能是另一种情形。在工作中——某种程度上——他有选择工作用车的自由,但他也许既不会选择最实惠的,也不考虑提车需要等待多久。对他来说,车是他身份和地位的象征,是用来满足被认可的需要的。但在个人生活中,购买决策的方式则不同,他可能更多地做理性、经济的考量,选择一辆符合排气标准的朴素低调的车。

研究速递

平时在朋友圈中,我们总能看到朋友晒出各式各样诱人的美食,让人垂涎欲滴。在微博、头条、电视节目中,色香味俱全的食物也往往能在第一时间抓住人们的眼球,使人愉悦、上瘾,产生想吃的欲望,甚至会有"吃货"在美食博主的网站上逛上一整天,学者McDonnell将其称为"食物色情"。现代科技的发展推动了食物色情蔓延的进程,人们通过社交媒体、修图软件制造出更多的"诱惑图片",助长了人们的消费欲望。

在食物之外,当代的消费文化也充满了欲望。对于最新消息的渴望、对于新游戏的渴望、对于性感自拍的渴望……这些不断萌发的冲动是我们活着不可避免的一部分。Belk等(Belk/Ger/Askegard 2003)将欲望视为"沉浸在具体感受中的",是一种"热情消费"和"自我诱惑"的形式,强调什么是欲望以及它为什么必须是消费者研究中的"核心概念"。然而,人们对"欲望"这个核心概念的重新审视和延伸研究还十分有限。

学者Kozinets、Patterson和Ashman在 *Journal of Consumer Research* 杂志上发表的《欲望之网:技术如何增强了我们消费的激情?》(Networks of Desire: How Technology Increase Our Passion to Consume)一文中重新阐述了欲望的概念,同时进一步

探讨了当代技术如何增强和改变了人们的欲望。当消费者以前所未有的方式通过技术集合并连接他们的欲望时,将会发生什么?如何解释这一现象?

以往的研究表明:技术会削弱欲望,人们倾向于把技术发展与理性、工具性和逻辑性的增长联系起来。技术将消费者欲望转变为以任务为导向的实践,削弱消费者与欲望对象间的联系,将渴求的体验从"愉快的追求"转化为"目标导向型的""功能性的"。

然而,这篇文章的作者却指出技术会增加人们的消费热情。为了证实这一结论,作者重新定义了欲望网络,又从三个维度解释了技术与欲望网络的关系,它们分别为:惩戒、抽象、极端化。

首先,从惩戒的角度来看,技术能够吸引人分享,从而放大、引导欲望,同时也能阻止、压制欲望。比如一个美食博主,分享美食与菜谱,如果人们很喜欢看,就会点赞或评论,使博主感到自己受到了肯定,因此充满活力。如果某一天社会大环境变得悲观起来,人们不再喜欢看小资的美食,就会集体去压制,对博主施加更严格的限制。社会对其成员的外部压抑和个人对其内部的心理压抑联合起来,就是欲望网络的压抑潜力。

其次,从抽象的角度来看,技术能够拆解身体与网络中的其他欲望。身体需要与食物分离,个人分享美食图片时,可能会展示自己的脸、手或者上半身,而专业的美食博主是不会分享自己(或其他人)的身体和美食的合照的,他们会把食物作为单独的对象。但与此同时,技术会刺激人的身体,参与食物形象共享的网络会使人上瘾,因为网络中其他成员的关注、评论会使人满足,不断吸引人去持续分享,这会分散人在现实生活中的注意力,甚至会对社会关系产生负面影响。

最后,从极端化的角度来看,技术给人提供了更多得到关注的机会。美食博主一般会给自己一个"吃货""大胃王"的设定,但实际上,人在吃东西时有非常真实的生物学限制。然而,利用欲望的网络,身体内在的潜力——身体真正想要的自由状况——具有几乎无限大的消费能力。比如一些餐厅为了吸引消费者的注意,会故意推出"巨无霸"套餐——有着夸张层数的汉堡、色泽诱人的培根与沙拉……这种过度夸张的食物更容易引起人的注意,勾起欲望。

该研究中用到的食物形象共享的网络是我们当代技术社会的产物——它依赖于计算机网络、智能手机、社交媒体网站以及技术行业的许多元素。作者对欲望网络的调查正好映射了技术资本主义领域的一些复杂循环。当消费者通过共享图片分享他们对特定食物的渴望时,其他消费者会做出反应。软件记录、标签、算法开始了,新的连接发生了,资源四处流动,巨大的技术资源机器在网络的后面和内部嗡嗡作响:农业综合企业,品牌业务,股票市场,超市,交通,通信,数字化,私有化,去领土化,去传统化。企业在文化和传播的网络中迅速建立新的联系,寻求创新,利用它们的努力推动特色食品商店货架、餐厅菜单和消费者厨房的变化。

资料来源:Kozinets, R./Patterson, A./Ashman, R. (2017), Networks of Desire: How Technology Increase Our Passion to Consume, *Journal of Consumer Research*, 43(5):659-682。

第 2 章

购买行为分析框架

开篇案例与思考 年轻消费者的"小红书"之旅

时下,年轻人最流行去的一个网络社区,名为"小红书",它既是一个电商平台,也是一个共享平台,更是一个口碑库。注册为小红书的用户便可以在社区随时随地发布其生活日常,并可以与其他达人们做朋友,分享吃穿玩乐买的生活点滴,分享美妆使用心得、穿搭经、旅游攻略以及优质餐厅等。

小红书从最初的海外购物攻略起步,以香港地区购物分享社区为核心功能,逐渐演变转型为今日的社交电商,致力于社区海量笔记分享与展示,从而完善了消费者跨境购物的相关功能体验,实现了社区与电商两个模块的相互打通与融合。小红书确实实"红"了,这个"红"靠的是用户生成内容(UGC)的分享与社交电商的完美结合。

小红书是如何影响用户的购买决策的呢?通常,在用户打开小红书 App 之前,对于某产品的相关问题,如使用说明、如何选择、他人购买价格如何等已经存在了,然后用户便可以在小红书的搜索栏中进行相关问题的搜索,或直接进入小红书商城中进行商品查询。用户获得相关信息后,还可以继续了解同类型商品的信息,进行备选项评估,货比三家,最后进行购买决策。在最后的购买中,用户既可以选择直接在小红书上购买,也可以转而通过其他途径购买。当然,用户在购买商品后,可以进行相应的购买反馈和评价。与其他网络平台不同的是,小红书率先采用了个性化推荐的方式,从 2016 年年初开始,小红书便将人工运营内容改成了机器分发的形式。基于机器学习的方式,社区中的内容会匹配给对它感兴趣的用户,实现数据的高效分发,也使小红书变得越来越"好逛":截至 2017 年 6 月,小红书每天曝光的笔记达 10 亿次。可以看出,小红书在用户决策的每一个阶段都能有效地触及并影响到用户的购买行为。

同样作为海淘社交电商,网易旗下的网易考拉海购则更加注重其"电商"属性。网易考拉海购主打自营,作为自营型电商平台,网易更像是一座桥梁,把海外商家不擅长的内容拿来自己做,比如平台、推广、支付、仓储等,都不需要海外商家考虑,它们只需要把自己的优质商品提供给网易考拉海购即可。网易则利用"品牌保证+货源保障"迅速切入海淘市场,满足用户购买可靠正品的需求。相比之下,小红书则更加侧重于其社交属性。小红书 App 中的第一个模块是社区,电商处于二级界面下,从这里不难看出小红书是通过用户生成内容的形式为想购买海外商品的用户提供实时的购物信息及使用心得,然后通过数据分析获得独特的商品并以跨境社区电商的身份进行销售。总的来说,小红书的产品定位,是海外购物笔记分享社区以及自营保税仓直邮电商,成千上万的笔记分享是小红书最吸引用户的内容。

在小红书用户的决策过程中,涉及的众多参与者也能对用户决策产生影响,其中以口碑营销为主要牵引理论。**倡议者**通过小红书内外部的广告进行初次宣传推广;**影响者**多为用户的亲朋好友或小红书上的博主或其他权威人士,他们更大程度地影响到了用户的购买决策;**使用者**本身将更有说服力,他们不一定在小红书上购买,却可以在小红书上发帖影响后续的购买者;小红书商城上的**购买者**通过购后商品评价进一步影响其他用户;而最终的**决策者**将结合自身感受和上述人群的综合影响进行判断,并在实际购买后参与到这一链条当中,形成一个良性循环。可以说,小红书确确实实地集合了所有决策参与者,并使得他们能自由地在平台上进行身份转换,极大地提高了用户的社交参与度。

可以看出,小红书的用户决策类型更偏向于情感和体验型的决策制定,即其决策更大程度地受到用户的情感和体验感的影响。用户首先暴露在信息中,打开App可以看到成千上万新鲜的笔记;之后便进行选择性关注,筛选出自己喜欢的帖子并进行收藏和互动,抑或是在商城中搜索商品信息;然后根据内容产生一定的联想和感知;最后采取行动,在小红书或其他渠道下单,或进行内容分享。这一决策类型很大程度上受到小红书笔记内容的影响,因此小红书笔记的优质性是决定用户是否喜欢或购买的主要因素。

小红书App极大地满足了作为用户的消费者的社交心理,并吸引了一大批新用户前来查看产品使用测评等,从而使小红书的用户流量不断增大。与此同时,小红书的社群讨论与购买一体化,很大程度上方便了用户进行一站式购物,从而将App用户转化为真正的消费者,显然,这是一种让消费者能够获得有趣、互动感强且相对真实、方便的消费决策的过程。

然而,在方便了用户的同时,小红书也为用户带来了一些问题。一些虚假帖子的出现让用户开始质疑:小红书推广的产品真的这么好吗?这些帖子是不是商业吹捧?同时,小红书多次被曝出有假货,货物的来源真假难辨,也使得很多在小红书上发帖、看帖的用户从不在小红书商城上购买。显然,如何将小红书的浏览用户转化成实际消费的用户(即在小红书上下单购买的人)是小红书需要着重研究的问题。

思考:消费者通过App进行的线上购买与线下购买有何区别?线上购买主要会经历哪些关键阶段?会受哪些因素的影响?

2.1 作为消费者的购买行为分析框架

2.1.1 研究视角

为了能够对复杂的购买行为进行分析,需要考虑不同的分类。不同分类的运用和研究问题与其基于的研究视角相关。以下四种分类视角在这种相关关系中尤为突出。

（1）视角：按商品分类

传统上，商品被区分为充裕品和稀缺品，后来又被进一步区分为名义商品（比如货币、股票）和实际商品［比如物质性商品（实物产品、货品）和非物质性商品（服务、专利和许可）］。此外，还有一种分类方式则着眼于对商品有需求的经济单位（见表2.1）。

表 2.1 商品分类

消费品 （对其有需求的经济单位为私人家庭）	工业品 （对其有需求的经济单位为组织机构）
• 私人消耗品（消耗品） • 私人耐用品（耐用品）	• 工业消耗品（生产性商品） • 工业耐用品（投资性商品）

与之相关的，购买行为也被进一步区分如下：

- 便利品——消费者经常性地、无须多加考虑、花费最少的精力去搜寻信息和比较价格后购买的消费品。
- 选购品——消费者对该类消费品的选择和购买会更多地考虑价格、性能、质量和适用性，并会同时与其他可能的替代品进行比较（如家用电器）。
- 特殊品——该类消费品具有一些独一无二的特性，往往会占用消费者很多的预算，以至于消费者在购买前会投入很大的精力、搜寻很多的信息。此外，该类商品或品牌常常具有很高的辨识度（如汽车）。

（2）视角：按认知参与程度分类

这是一种着眼于购买决策过程的分类方式，它是根据认知参与程度进行划分的。根据参与程度从高到低可以将消费行为分为以下两类：一般性购买决策（认知参与程度高的决策，可以进一步分为广泛的、简化的、有限的决策），习惯性行为（认知参与程度低的决策，可以说是习惯性的、冲动的决策）。

（3）视角：按心理因素分类

这是在行为导向的购买行为研究中占主流研究的视角，主要侧重于对购买行为的心理决定因素（解释架构）进行分析。通过将不同的、无法被观察到的心理状态和心理过程作为解释的基础，弄清那些对于购买行为具有决定性作用的心理因素。

（4）视角：按阶段分类

这一视角的重点不在于个体心理变量，而在于顾客与卖家的关系和顾客关系在不同阶段的划分。在极端情况下，卖家与顾客关系的整个过程都要予以考虑（见图2.1）。在此，顾客关系的营销与维护愈发重要，因为这里的重点并不是一次性的交易和影响，而是长期的顾客关系维护。

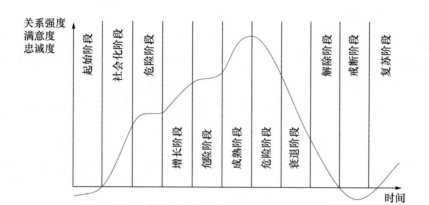

图 2.1 顾客关系的生命周期

资料来源:Stauss/Seidel 2014,p.6。

"长期关系视角"常常是被人们忽视的,却无疑展示了愈发复杂的市场环境的现实挑战。此外,在关系视角下对购买行为进行观察也是本书的重点。首先必不可少的是关于购买行为研究的不同理论基础。通过理论性方法可以阐明,为什么不同的营销措施在特定情况下会引发(或者不会引发)目标消费者行为。动机研究学者 Dichter(1961)曾提出要对这种情况做必要的洞察,而今人们将这种洞察称为"消费者洞察"(Consumer Insight)。显而易见,对消费者的深入理解有助于解释他们的行为。不过,经济学和行为科学这两种研究流派对此却提出了两种截然相反的观点。

2.1.2 不同理论及流派对比

2.1.2.1 经济学理论和方法

(1) 消费者选择理论

主流经济学通常基于如下假设,比如,完全充分的信息、无限的信息处理能力、传递性的偏好以及理性人假设。以消费者选择理论为例,假定一个(尽可能)理性的行为人,在设置了某目标函数(效用最大化)后,在如下的前提条件下,最终会实现最优化行为。这些前提条件包括:

- 对个人的偏好结构完全了解;
- 效用最大化假设,即理性行为假设;
- 市场完全透明,即完全充分信息假设;
- 无限的信息处理能力;
- 不受其他人或之前消费经验的影响等。

跟许多经济学理论一样,该理论最受争议之处在于其假设,而非其通过合乎逻辑的方式得出的结论。相应地,该方法由于对消费者行为的现实假设较少(比如那些不符合理性行为、完全充分信息等假设的行为)、对行为科学解释变量进行了抽象(比如文化、社会、购买者行为的心理决定因素),以及将价格作为营销的"唯一控制手段"等而显得解释力度比较小。

(2) 信息经济学方法

信息经济学方法为经济学方法的进一步发展提供了出发点,即它首先摆脱了某些假设。比如,信息经济学明确地从购买决策的不充分信息和种种不稳定出发,并在此背景下对购买者的信息需求特征进行分类,于是得出如下结论:

- 寻求性,指需求者在购买前就能通过调查对产品的性能和特点进行充分的判断;
- 体验性,指需求者在第一次购买后才能对产品的性能和特点进行判断;
- 信任性,指需求者无论在购买前还是在购买后都不能对产品的性能和特点进行判断。

如图 2.2 所示,根据上述内容对购买过程进行分类,其中,寻求性、体验性和信任性特征被标出不同的强度,与此同时某个产品或某次购买落入不同的维度。在新近的研究中人们发现,信息经济学方法与行为科学认知(或思维)研究之间存在某种关联。由于信息需求通常处在论证链的开始阶段,因此一些计划外的、冲动的或者笼统的情绪化的购买至今无法被人们掌握,但在信息经济学中却可以从更为宽泛的角度对购买行为进行解释。

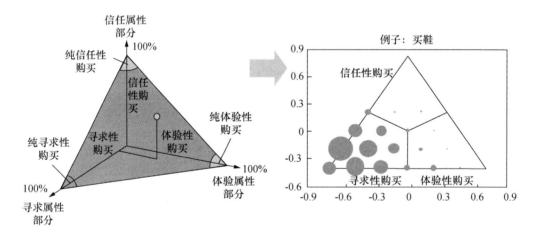

图 2.2　信息经济学对购买行为的解释

资料来源:Weiber/Adler 1995a,p.61;Weiber/Adler 1995b,p.111;Swoboda/Weiber 2013,p.46。

(3) 其他方法

类似的其他方法还有新制度经济学,特别是交易成本理论,该理论中单次交易尤被重视。但是,交易成本理论并不足以解释顾客关系,尤其并不足以解释目前行为科学中消费者行为研究中的一些心理因素。当然,主流的行为科学解释方法不是产生于经济学的,而是从心理学、社会学以及其他学科"借来的"。

2.1.2.2　行为科学理论和方法

(1) 行为研究比较

在行为科学理论和方法中最引人关注的就是比较行为研究。比较行为研究的特点是将动物行为规律延伸至人类行为。在此理论框架下,研究者可以通过对人类天生行为的处置方式(比如,对特定情感刺激的反应)以及由此引发的影响机制进行推断。其中,"激活"在很多心理学理论中都有所涉及(详见表2.2)。

表 2.2 心理学理论观点概要

观点	人性假设	行为决定因素	中心研究目标	重要研究方法
心理动力学	本能引导	遗传、早期经验	无意识的本能、冲突	将行为作为无意识动机的表达
行为学	刺激反应可修正	环境、刺激	特定的可观测反应	刺激-反应关系、行为的原因和结果
人类学	积极、无限的增长潜力	潜在的自我引导	人类的经验和潜力	生平的经历和生活经验、价值观、目标
认知学	对信息做出反应并主动处理	信息处理的过程和结构	认知结构和过程、语言和记忆	展示认知结构和输入输出过程
生物学	被动的、机械的	遗传、生化过程	大脑和神经系统中的过程	行为的生化基础、心理过程
演化学	人类历史中适应过程的结果	演化性适应、选择	演化形成的心理适应过程	将心理机制作为演化形成的适应功能
比较社会学	文化烙印	文化	行动和行为的跨文化模式	人类行为的普遍和特定文化方面

资料来源:参见 Gerrig 2015,p.13。

(2) 深度心理学

深度心理学(精神分析学)研究人格中的无意识部分("内部世界"),并发展出以下心理结构:"本我"(人格中原始的、无意识的部分,本能之所在)、"超我"(价值、适用的道德准则和规范之所在)和"自我"(人格现实导向的方面),从而更深入地揭示了人格的不同方面对其行为可能产生的影响。

(3) 生物学(生理性)方法

生物学(生理性)方法以人类的身体因素为核心,研究中央神经系统工作方式和性能之间的关联。心理生物学(心理生理学)尝试回答诸如心理过程(如情感)会伴随什么样的生理活动(比如大脑活动)等问题。生物心理学(生理心理学)则尝试回答生物(生理)活动会产生什么样的心理效果。

(4) 行为主义和新行为主义

作为行为解释的基础,行为主义只考虑可观察到的变量,并且是基于对刺激和反应的观测。行为学研究范例可以通过"刺激-反应模型"(SR模型)来解释,它的主要论点是:当某一刺激作用于某一有机体时,将会产生一个以特定概率发生的特定反应(R)。但该理论不包括外部刺激(如产品)对消费者的内在产生的作用,即发生在有机体中的心理过程。相比之下,新行为主义描述了有机体的黑箱研究,这可以被用于解释行为中不能被观察到的内部过程。"刺激-有机体-反应"(SOR)模型中区分出两个变量组:可观测变量和中介变量。通过中介变量可以形成一个(黑箱)内容结构,通过该内容结构可以解释某个营销手段所引发的心理效果。当然,在测量中介变量时,也需要考虑可观测变量,它们的一些性质(如客观性、信度、效度)也非常重要。

(5) 认知心理学

认知心理学是消费者行为研究中的一个传统研究方向。它往往被运用于探索消费者有意识的决策行为(如学习行为或者记忆中的知识表达)。其中,信息处理方法占主导地位。在信息处理中,认知过程被分解为不同阶段,并引出感知、思考、学习的(经典/操作性)区分,或信息获取、处理和保存的(现实/实时)区分。

(6) 社会学方法

社会学方法研究人们生活的普遍结构。它的目标是调查生物条件下的社会学影响,并考虑行为的社会方面。其中,微观社会学致力于研究微小的社会单位(如家庭、群体),而宏观社会学则分析较大的社会群体(如企业、政党)和总体的社会现象。社会心理学侧重于调查和研究社会环境下的人类行为,这种研究方法常被用于消费者行为研究中,而它所研究的某些内容又与微观社会学相关。

2.1.3 主流解释方法和模型

2.1.3.1 全模型概要

> 全模型致力于把购买行为的复杂系统看作一个整体来描述和解释。也就是说,它把许多决定购买行为的可能性要素都统筹起来一并考虑。

在购买行为研究中,当涉及要解释认知主导的决策时,常常会用到全模型特别是要素模型。目前,运用最为广泛的全模型包括 **BME 或 EKB** 模型(Blackwell/Miniard/Engel 2006;最初来源于 Engel/Kollat/Blackwell 1968),以及 HS 综合模型(Howard/Sheth 1969)。这些模型系统性地描述了引发购买决策的各种心理要素的协同作用。

EKB 全模型将购买决策分为三个主成分(决策、信息处理、评估过程)并细化为六个连续阶段,即问题识别、信息搜索与信息处理、备选方案评估与选择、购买、使用以及购后评价(见图 2.3)。决策过程可以进行如下阐述:① 通过感知缺乏或者感知需求被激活;② 感知需求通过活跃的动机被唤起;③ 感知需求进一步通过对个体产生影响的刺激被触发;④ 开始进行信息搜索,搜索强度取决于信息成本和预期的信息收益;⑤ 获取到的信息在处理过程中被不断选择,有可能导致信息的丢失和失真;⑥ 这些信息将受到个人的信念、观点和行为意向的检验;⑦ 最后,这些信息将成为不同产品方案和决策过程评估的基础;⑧ 在决策过程中,个人消费特点以及外部环境(比如,文化准则和价值观)起着决定性作用;⑨ 决策;⑩ 在随后的购买之后,消费者还会进行购后评价;⑪ 购后评价带来满意或者不满意的结论;⑫ 消费者会在记忆中存储这次购买经验并将其作为未来购买的基础;⑬ 对不满意的购买,消费者会尝试用额外的信息来证明自己的决定。

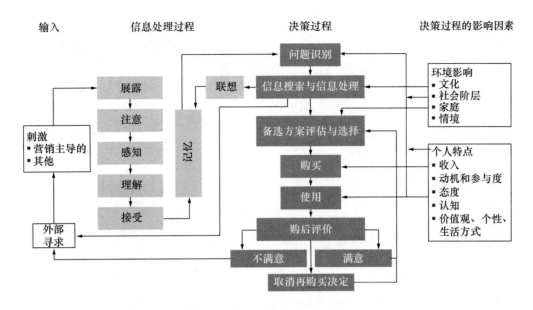

图 2.3 EKB 或 BME 模型中广泛性购买决策过程概述
资料来源：参见 Blackwell/Miniard/Engel 2006，p.80。

原则上，这个模型专注于研究广泛性购买决策过程。但它也通过逐步简化，即跳过或更改某一阶段，对受到较少感知控制的决策过程（有限的、习惯性的、非冲动性的购买决策）进行解释。

同样，HS 综合模型（即 Howard/Sheth 模型），也很经典，并常常被引用。该模型尝试通过一整组其他品牌来解释某一特定品牌的购买决策过程，通过模型中变量的不同组合来解释购买者行为的实现（见图 2.4）。其一般过程类似于 SOR 模型，在输入因素（如产品展示）和输出因素（如购买、态度）之间由感知过程及学习过程连接。不同的输入因素（如刺激），或者说系统外在因素，由企业的营销活动和社会环境对消费者的影响共同组成。如果这些信息在消费者看来意义模糊，例如获得信息与已存储的象征性信息（如价格、质量）不一致而造成歧义，就可能会产生新的寻求行为，或者增加关注，而这还与消费者对信息来源和该品牌的态度有关。通常，消费者在感知过程之后，就进入学习过程了。

一方面，作为学习过程的品牌知识描述了品牌的存在和特点。另一方面，人们的决策准则需要在考虑动机的情况下对方案进行评估。在这里，态度则对各品牌实现动机的可能性进行排序，然后根据感知到的信任水平最终达成购买意向，或开始新一轮决策准则的寻求。如果所有的期待和愿望都可以通过本次购买得到满足，消费者对品牌的态度就会稳定下来，并确切地感知到自己的行为是正确的。

与系统内在因素不同，Howard 和 Sheth 将某些影响因素，如购买者的个性特征，间接地用在其所开发的系统中。他们指出，这些被他们定义为外在因素的因素形成了如图 2.5 所示的结构，但他们并没有将此结构直接列入总模型中。

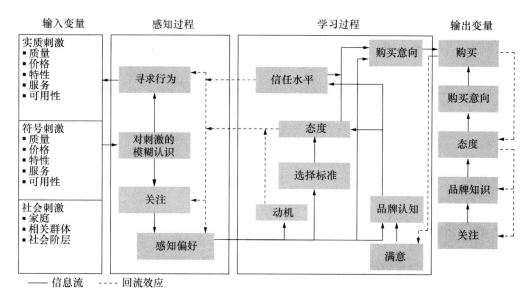

图 2.4　HS 综合模型关于某一特定品牌的购买决策过程
资料来源：参见 Howard/Sheth 1969，p.30。

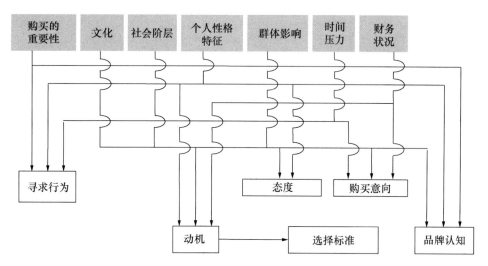

图 2.5　HS 综合模型中的其他外在因素
资料来源：参见 Howard/Sheth 1969，p.92。

一般来说，全模型具有突出的学术价值，它批判了已被摒弃的局部模型，认为局部模型只是模糊地和狭义地解释了一部分现实。然而，对全模型的主流批评之声也是存在的。其中最尖锐的批评是认为，它只从参与度很高的情形出发，忽略了人的一般感觉。另外，它只关注广泛性购买决策这一特点也常受到人们的质疑，因为那些直接受到销售点信息（POS）刺激而触发的无计划购买和冲动购买并不是从顾客的寻求行为开始的。

从方法论的角度来看，尽管作者已经尽力详述了全模型，使其有了很大的解释余地，但因模型对数据收集的要求很高，故其最终的解释力仍难如人愿。另外，该模型还缺乏大量有说服力的实证检验,即涉及对复杂过程进行计算和测量的研究还非常有限。

目前,人们可达成的共识是,用全模型来解释不同消费情境下的购买行为是有条件限制的。因为在某些特定情境下分析某一特定购买行为时,局部模型或局部视角具有一定的优势。对于不断变化的国际市场中的营销决策来说,特定情境尤为重要。因此,对与本书相关的局部模型的介绍仍是不可或缺的。

2.1.3.2 SR 模型和 SOR 模型

SR 模型和 SOR 模型的解释基础是前文提到的行为主义理论。它的研究范式可以在 SR 模型中进行描述,并得出如下的模型假设:如果一个特定的刺激 S(刺激物,如一个有吸引力的产品介绍)遇到一个有机体,一个反应 R(回应,如对产品的购买)就会预期发生或被观察到(见图 2.6)。这一模型是将个人行为只基于黑箱的输入、输出变量大小来进行研究,而有关个体的心理过程则被排除在外了。这样一来就无法解释,为什么消费者会购买这种产品,而不购买那种产品,或者对那种产品并不多加留意,或者在短暂的关注后并未购买。

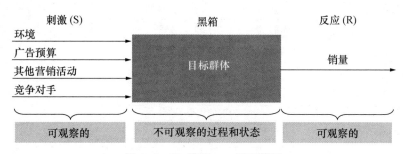

图 2.6 SR 模型——原理描述

显然,要深入解释诸如消费者的购买行为这样的复杂过程,单靠 SR 模型是不够的。例如,该模型不能解答,为什么在同样的刺激下,一个人会购买某产品而另一个人则不会。

SR 模型的有效性——违背认知

经典的条件反射已深埋于我们的认识本身,其中也包括那些不一定是有意而为之的。因此,它们不能简单地通过有意识的论证而被"推翻"。以下情境恰好说明了人们的行为是如何违背认知的:

• 一个人面前的盘子里放着品质上佳但形状似狗屎的巧克力奶油,这个人会吃它吗?

• 在一杯苹果汁里,放着一只绝对干净无菌的蟑螂,会有人喝这杯苹果汁吗?

显然,人们在这些情境下都会很自然地感到不舒服。经典条件反射如"这很恶心"或"这很危险"违背了人们实际应有的认知——该刺激实际上完全正常。

对外在行为(R)的观察需要内在行为作为补充。如前所述,更进一步的新行为主义 SOR 模型放弃了黑箱理论,开始考虑人们的"内在"行为。他们对 SR 模型的扩展是从两个变量类别出发的:

- 可观测变量
- 中介变量

可观测变量指那些作用在有机体上的刺激,或者是那些可以观察到的反应(回应)。中介变量可以帮助人们描述和具体化黑箱过程。这里给出了一个可以解释有机体内在过程的理论框架。中介变量系统由以下两部分构成:

- 激活过程(如唤醒、情感和动机)
- 认知过程(如感知、学习和记忆)

在 SOR 模型中,可观测变量和中介变量互相联结。如图 2.7 所示,对一项测量来说,中介变量必须与可观察到的刺激或反应联系在一起。通常,对它们的测量是通过某些指标来完成的,例如口头陈述。

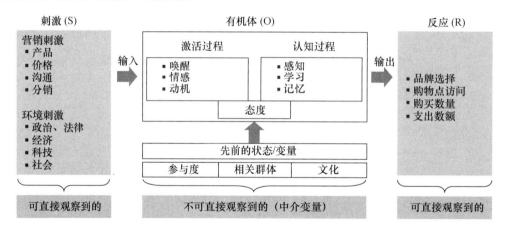

图 2.7　SOR 模型——原理描述

资料来源:参见 Spiegel-Verlag 1982,p.51。

就目前而言,干扰(中介)变量奠定了解释消费者购买行为的基础。理想情况下,每个要解释的购买行为都可以把激活过程和认知过程作为解释基础。需要注意的是,激活过程不必总在认知过程之前,也可以反过来,两者之间也可能存在中介或调节关系。例如,一个消费者在低关注(低参与度)状态下面对一个情感性广告,该广告在多次重复后还是会对消费者行为产生效果(在低认知参与下,情感过程对购买行为产生影响);而在高关注(高参与度)状态下,消费者能够处理信息性广告。在低情感参与的情况下,广告更多的是通过认知过程引发行为。此外,由于购买过程的复杂性,越来越多的研究者开始更多地考虑心理、个人、社会和文化等影响因素的作用。它们的含义(在接下来的章节也还是同样)会通过沟通、品牌策略和零售营销领域三个方面来阐明:

- 在体验式营销中,尤其要通过沟通把营销信息贯穿于消费者的情感和体验世界中,并植入特定的情感或动机。特别是在饱和市场中,"唤醒"消费者的情感是很重要的,因为只有这样才可能在竞争中脱颖而出。饱和市场中的产品一般在成熟度和质量上都很相似,某些产品在消费者看来甚至可以互相替换。例如,在20世纪80年代的汽车行业,通过情感性广告能够调节消费者体验,但对那些常见的日用品来说,消费者的反应却难以预料。而如今,一些汽车品牌在竞争中获得商业成功,与其成功地向消费者传递如年轻、驾驶乐趣、活力等情感因素不无关系。例如,汽车制造商不仅仅通过质量,还更多地通过驾驶乐趣("驾驶中的快乐")和设计("漂亮的旅行车叫作 Avant")相互区分。

- 在品牌策略中很重要的一点是,让品牌在消费者的记忆中留下一个生动的、充满联想的、自主的画面。在这种情况下,对消费者的记忆图像进行处理,从而确定它们对消费者行为的影响很有意义。另外,消费者的自我图像也在这里起到一定的作用。就此而言,其中最重要的一个认识是,对品牌(或普遍的对产品和服务)的偏好主要取决于消费者对于某对象产生的内部图像的生动度。与之紧密相关的是品牌价值这个概念,它在消费者的头脑中产生,并在品牌管理中被看作目标变量或者控制变量。在这里,行为科学参考品牌价值的概念对消费者的记忆结构进行研究,通过这种研究我们还可以对品牌知识进行了解,而品牌知识是品牌价值或强或弱的推动力。一般来说,能够进行情感定位的品牌往往都更加成功。

- 对零售商来说,建立与消费者的良好关系非常重要。另外,零售商也可以获得某些行业和制造商品牌之外的独立性。比如,通过创建"零售商品牌"或"自营品牌",把它们自己作为品牌植入消费者的头脑中。

2.1.3.3 阶段模型

阶段模型是根据时间对购买行为进行区分,即把购买决策过程分解为不同的阶段。对阶段的划分主要针对的是广泛性决策过程中的不同阶段。与对组织决策过程建模相似,购买阶段模型由以下几部分构成:

- 激发阶段,如需求识别。
- 寻求和预选阶段,在该阶段消费者会为了满足自身需求而寻找目标(在记忆中或外部信息中),并根据目标对象的某些特征进行预选,当然,这些特征必须已经在消费者的预想范围内。
- 评估和选择阶段,即基于目标的相关特点进行评估并做出选择,最大限度地(或者所谓的对于消费者来说最理想的)满足需求。
- 实施阶段,即交易的完成。
- 售后阶段,在该阶段被选择的对象会被使用和评价。

跟全模型一样,阶段模型也不适用于所有的购买情况。特别是针对消费品的冲动性购买,并不是所有的阶段都会被经历。在冲动性购买的过程中,人们的需求和需求的满足会同时发生,并可能没有形成明确的寻求和预选或评估和选择阶段。阶段模型的拥护者会直接把某些阶段排除在外。此外,产品购买的实施(例如拜访购物点)也应当加以考虑。因为受已有经验的影响,在该购物点可能发生的寻求和预选阶段、评估和选择阶段都被排除在外了。同样,由于受冲动情绪的影响,消费者也可能会购买一个完全不在其计划之中的产品。比如,低认知水平导致的购买决策常常无法划归在某一明确的阶段中。

通常,购买阶段模型广泛应用于 B2B 营销、投资和工业品营销领域,因为那里往往存在漫长而复杂的采购决策过程,以至于各阶段间存在明显的区别。在单个阶段,不同职责的人员会不同程度地活跃在其中,这种现象也同样会出现在购买消耗品时的集体消费行为(如家庭中的集体决策)中。这也或多或少地解释了为什么购买阶段模型常常与经济学理论联系在一起使用,而很少与以心理学为基础的消费者行为研究相关。

总之,购买阶段模型具有很多的优点,主要表现在它将购买决策流程简化为三个阶段:购买前阶段、购买阶段、购买后和使用阶段,这相当于一个购买周期(Buying Cycle),说明在重复购买和后续购买时,购买后和使用阶段又引向了新的购买前阶段。购买周期表达了整合营销的思想,因为它在与顾客接触的所有阶段都强调了社会交换关系中以目标为导向的思维。因此,对于营销决策来说,在购买周期中孤立的、某一时间点的交易不是重点,重点是顾客在整个购买过程中的需求和期望,甚至是顾客与企业(毕生)的顾客关系。

2.1.4 总结和理论框架

综上所述,在 SOR 模型框架下,购买行为的心理和社会因素构成了解释的基础或者观察的第一个出发点。第二个出发点基于购买决策类型,而第三个出发点基于购买决策阶段的视角。购买决策阶段的视角与购买周期相互关联,而购买周期表达了整合和过程化营销的思想。由此可以看出这三种解释方法是如何一步步地演进,如何从被独立看待到后来逐渐相互地或与其他方法交织融合在一起的。因此,这里将进一步概述这三个解释基础:内外决定因素、决策类型、阶段模型。

A. 内外决定因素作为购买行为的解释基础

在整个购买行为研究的传统中,个体消费者的心理因素构成了对其购买行为进行解释的核心基础。由于购买行为的复杂性,本书将遵从惯例,采取局部研究的方式。例如,将一次成功的沟通分解为信息接收者的关注度、感知程度等部分。多种多样的局部研究观点已被 Weiber(1996)收集在他的层次模型中(见图 2.8)。尽管该模型忽略了各因素之间的关系,但它仍清楚地区分了:

- 心理决定因素
- 个人决定因素
- 社会决定因素
- 文化决定因素

在这里,心理决定因素/过程(解释架构)区分了激活和感知过程(状态),这与 SOR 模型的核心思想基本一致。不仅如此,它还包括了顾客的满意度和忠诚度,这在市场营销研究中十分重要,并经常在购买后和使用阶段被(一起)使用。如果仍从过程导向的角度来考虑,心理决定因素也决定了人们未来的行为。此外,在个人、社会和文化决定因素之后的环境决定因素也与消费者行为有关。社会和文化决定因素也可以被称为消费者的近环境和远环境。如果相关群体(如主群体和次群体)、家庭、角色/地位描述了消费者的近环境,(国家)文化、亚文化和社会阶层则构成了消费者的远环境。在该模型

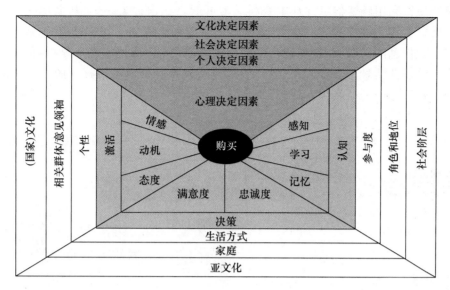

图2.8 购买行为的层次模型

资料来源:Weiber 1996,p.54。

中,那些被单独提出的因素(如参与度)常常被看作这一效果关系的调节变量(放大积极或消极效果)。

B. 决策类型作为购买行为的解释基础

决策类型是解释购买行为的第二个基础。这里,主要依据认知参与对个人购买决策(狭义的消费决策)的影响程度,对这一复杂行为方式进行系统化。归根结底,具体的(决策)行为最终只能被解释为激活和认知因素二者的组合。需要注意的是那些高认知参与的决策(集中的、有限的)和低认知参与的决策(习惯性的、冲动的)之间的区别。

C. 阶段模型作为购买行为的解释基础

显然,将顾客的特定问题或特定行为方式放在单个阶段去考虑,并对特定阶段按照顾客导向的整体理念使用合适的战略变得越来越有必要。但这并不改变对单个心理因素的独立考量。更确切地说,现在市场营销过程化、整体化的思维方式更加充实和优化了独立的个体行为。当然,这种整体化观点只有在下面三个阶段同时进行时才有意义:

- 阶段1——购买前阶段(=阶段4;=阶段7;……)
- 阶段2——购买阶段(=阶段5;=阶段8;……)
- 阶段3——购买后和使用阶段(=阶段6;=阶段9;……)

这种分析方法有很多优点。首先,购买周期考虑到了对顾客的相互关系进行整体化观察的重要性,而并不仅仅是购买过程之前或当中。阶段划分使得在连续营销的范围内,接受单个阶段的特定条件成为可能,例如对营销活动进行最优时间配置。这其中的关键点有:为策略转换(转换问题)选择合适的时间点,选择最优的策略顺序(单手段/多手段),选择合适的营销手段(如不同阶段不同手段,或所有阶段同一手段)。另外,为了对顾客进行专业化管理,还可以在各阶段的顾客服务过程中采用信息技术手段加以支持。与此同时,顾客管理系统变得日益重要,其主要原因在于,信息技术对消费品企业的渗透使得利用顾客信息并从中获利成为可能。在这种关系中,从前那些受到重视的零售店顾客将不再是研究的重点,因为他们是匿名结账的。如今,那些在营销活动中对顾客个人信息的获取、加工和转化已成为重点。尤其是在电子商务领域,很多企业都对顾客的阶段性信息进行分析和支配,顾客关系成为其努力的目标。图2.9显示了购买周期中过程导向的顾客关系管理。

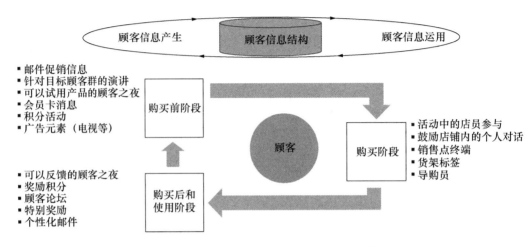

图 2.9　购买周期中过程导向的顾客关系管理

资料来源:参见 Zentes et al., 2002, p.423。

其次,由于在顾客关系方面存在越来越多的挑战,因此购买周期更注重售后营销。所有营销手段的基本目标都是提高顾客忠诚度。顾客忠诚度在许多模型中都是最重要的因变量。此外,根据对某顾客的了解,以及与该顾客或多或少的直接接触,顾客关系这个概念还致力于激励重复购买及购物点忠诚。在对顾客关系管理的讨论中,作为售后营销手段的或明确或不明确的顾客关系计划已成为重点。其中,所有那些在售后阶段使用到的或发挥作用的、致力于让社会交换关系下的顾客始终保持满意,并与企业能够建立长期联系的营销活动都能被理解。因此,高的顾客忠诚度、正面推荐、品牌与企业的正面形象等都成了企业努力的目标。在售后营销阶段,企业使用的手段主要有:

- 与产品和个人有关的售后服务,如运输和维护;
- 个人和非个人的售后沟通,如售后咨询、顾客培训、使用说明、会员卡和会员俱乐部;
- 投诉管理,根据顾客投诉的记录、处理和评估建立处理系统;
- 再分配,通过回收消费品进行处理或进一步营销;
- 整合,将顾客需求融入企业的价值链中。

最后,可以对各个阶段那些与购买者行为特别相关的决定因素、购买者的决策类型以及其他特点进行研究。

2.2 作为组织购买行为的分析框架

2.2.1 基础

> 组织购买决策发生在决策过程中,组织通过它来确定自己对于产品和服务的需求、辨别替代品、评估、做出选择并执行购买决策。

传统意义上,对组织购买行为的考量仅限制在工业产品市场范围内,即只针对那些能进一步加工的(工业产品)、投资的和长期使用的(资本品)进行,而忽略了另外两种企业的行为:一是服务业企业不仅仅服务于消费者,也服务于企业或组织;二是大型的和单个的零售企业为了绩效而有组织地进行商品采购,但并不进行很大程度上的进一步加工(交易商品)。

同样,传统视角还忽略了公共性机构的行为。公共性机构既为其他公共性机构提供服务(A2A,Administration to Administration),也可能请求私人机构提供服务(B2A,Business to Administration)。

图 2.10 描述了 B2B 市场中的组织购买行为,而没有涉及消费品市场上最终消费者的行为。

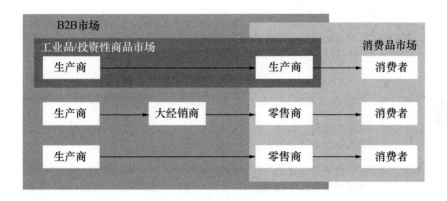

图 2.10 B2B 市场中的组织购买行为

为了从整体上更清晰地理解,有必要对组织(产业的)购买行为的特征做一个详细的回顾(见表 2.3)。

表 2.3 组织(产业的)购买行为特征详述

衍生的需求和参考的重点	例如,消费者对皮革制品增长的需求会带来对用于生产皮革制品的资本品的需求。对于复杂的产品或服务来说,除了提供物质性商品,附加的服务也扮演着重要的角色,因为顾客常常需要向供应商寻求(技术)帮助,极端情况下,这种需求甚至在购买商品几年之后才产生。
(一般是)透明的市场	这里的个性化程度很高,因为组织需求往往是一种解决特殊问题的需求,在有些情况下这种需求只能通过个性化定制来满足。这要求供需双方进行互动。此外,在这种商业关系中,交互性很重要,即顾客选择了一个供应商,而该供应商反过来也在他那里采购。
相对长期的商业关系结构	特点之一——商业关系的长期性来自大部分产品的长期存在,以及相应服务(连续性服务)的重要性。此外,这里往往还需要附加投资(例如在双方企业交流时对信息技术进行调整,从而简化采购流程)。这种投资一般只在长期商业关系中才有意义和有利可图。
过程导向	采购决策的过程导向来自组织中所采取的阶段性方式。它决定了采购的过程(例如对备选项的评价过程)。
多重暂时性	决策程序在多个阶段进行,而单个阶段并不总是按照预先设定的顺序贯穿于整个过程。
多种操作性	采购程序往往需要很长时间,有时需要很多年。
形式化程度	组织内决策制定和采购过程的形式化程度越来越高。例如,根据投资规模有着相应的程序规则。根据该规则,采购者可以自由使用资金和其他资源。比如,要求更高管理层级的人员参与。
电子数据处理的技术支持	组织采购决策往往需要很大程度上的电子数据技术支持。这里需要区分计算机支持的采购决策(例如支持未来计划的需求预测)和计算机化的采购决策(例如使用自动分解模型的再次采购,这是一种自动化的采购决策)。
奖励/惩罚机制	在组织中,奖励和惩罚机制意义重大(比如,奖金作为奖励,处分作为惩罚)。
外来的确定性	在采购决策过程中外来的确定性是指那些可能由顾客指定哪个部件该由哪个子供应商供应的情况。
多重个体/组织	组织中的采购决策过程一般是集中性的,所以要考虑其中的互动。企业内部存在复杂的任务领域,即有很多决策制定者参与到采购决策中去(多重个体),而且采购决策与企业中不同的岗位有关(多重组织)。例如,采购部门、生产部门、法律部门等的责任(如采购中心)。除了需求方组织内部的不同职能领域,这里还可能涉及外部咨询机构(如银行)。因为在任务分派的过程中,供应方也有多个决策制定者和/或岗位参与,所以组织购买决策的复杂性会进一步提高。

资料来源:基于 Kleinaltenkamp/Saab 2009, p.1; Backhaus/Voeth 2014, p.7。

采购的重要性

如今,采购对于整个企业成功的重要性都是无可争议的。而在以前,相比于融资、生产和销售,它往往被认为是流程性的工作,甚至被简化为进货。在此期间,根据行业的不同,外部采购部分能够带来总共50%到70%的附加价值。企业中,采购日益增加的重要性还可以体现为大量的重组手段、对于岗位和薪酬的实时调整等。同时,采购变得越来越国际化,即目前的发展趋势就是战略性的、全球性的采购[也就是所谓的全球采购(Global Sourcing),见图2.11]。这种发展趋势的决定因素如下:

- 企业和采购市场都变得越来越国际化;
- 采购对于企业成功,尤其是增加企业附加价值方面(被感知到)的战略意义日益重要;
- 精益生产,关注核心竞争力,以及与此相关的将价值链的非原始部分外包给供应商,直至制造活动的所有任务;
- 在供应链上,通过提高供应商的参与度来增加灵活性,等等。

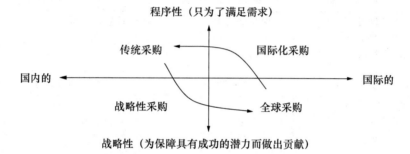

图 2.11 全球采购的定位

资料来源:基于 Arnold 1990, p.58。

全球采购的目标在于,让新产品到达顾客(Active Sourcing),并同时扩张产品范围(Wide Sourcing)。如果某企业在特定市场领域(如亚洲市场)欠缺经验,它也可以与其他企业一起合作采购(Cooperative Sourcing)。最后,依据现代视角,采购被理解为供应链的一部分,并拥有三个决策层次:

- **布局** 包括那些对活动进行传播或集中的决策,例如购买组织的所在地。这是关于支持或不支持国际化采购(直到全球采购)的决策,或对于特定采购市场的选择,它与对市场的评估相关联。
- **交易形式** 这方面的决策包括对市场和层级的选择,主要指对于是进口还是自己生产的选择。同时,合作也很重要:一方面,与供应商进行纵向的合作;另一方面,出于利益的考虑进行横向合作。

- 合作　这一决策包括通过结构性的、技术性的、个人导向性的准则来对独立的任务和过程进行协调,或者根据采购目标对组织单位进行协调和控制。这里的重点在于结构(中心的或非中心的)、责任、采购者的任务定义、信息传递、对于采购手段和进货的调整及协调。对于工作分配来说,比如,子公司、国际供应商和横向采购伙伴,合作在国际采购中尤其重要。

"主动的"购买者行为——采购目标

狭义上来说,采购包括通过"企业外部的"来源而为企业带来产品、原料、服务、法律以及机器设备,以获得竞争优势为目标的所有活动。采购管理包括与之相关的计划、控制和检查过程。表2.4选择性地展示了组织采购的一些目标。

表 2.4　部分采购目标

	企业管理目标		安全和成功目标		公共利益导向目标
基本目标	• 盈利目标 • 销售目标 • 成本目标		• 保持潜力目标 • 独立性目标 • 权力目标		• 社会性目标 • 公共利益目标
	采购目标		生产目标		销售目标
职能领域目标	降低: • 采购成本 • 采购风险 提高: • 采购灵活性 • 采购质量		降低: • 生产成本 • 生产风险 提高: • 生产灵活性 • 生产质量		降低: • 销售成本 • 销售风险 提高: • 销售利润 • 销售灵活性
	产品目标	服务目标	采购目标	支付目标	沟通目标
手段性目标	• 单个产品 • 低价产品 • 标准产品 • 创新产品 • 特殊产品	• 提高送货准备程度 • 延长零部件供应 • 扩展质保范围	• 保持一定存量 • 降低保持存量的成本 • 降低对中央仓库的依赖	• 采购价格低于市场发展 • 增加固定价格部分 • 延长付款期限	• 传递专业技术 • 保证部分标准化供应 • 提高竞争力

采购策略

为了实现上述目标,可以采用不同的功能性策略,而它们来自不同子策略的组合(如表 2.5 所示),具体如下:

表 2.5　用于确定采购策略的采购工具箱示例

采购品类/方案	广泛的		狭窄的	
采购对象	被动的		主动的	
供应商	唯一	单个	两个	多个
采购时间	库存		减少库存	无库存
采购主体	个体的		合作的	
采购地点	当地		本国	全球
采购组织	非中心化		中心化	
技术	人工的		电子的	

资料来源:基于 Arnold 2002,p. 208。

- 采购品类或采购方案的选择策略　这里首先要关注的是数量上的产品范围,而不是时间上的设置。这也是要区分狭窄采购(Narrow Sourcing,即指一个狭窄的产品方案)和广泛采购(Wide Sourcing,即指一个宽泛的、不同的绩效群组方案)的原因。

- 采购对象策略　这是采购策略中重要的一环,具体分为主动采购和被动采购。在主动采购(Active Sourcing)中,企业试图通过采购对象的选择影响产品设计与制造,如依照生产方针、技术策略、市场状况,以及对于物流来说最佳的包装来进行选择。在被动采购(Passive Sourcing)中,企业从市场上选择一成不变的采购对象。在生产商-供应商关系中,又可以区分出单位采购(Unit Sourcing)、模块采购(Modular Sourcing)、系统采购(System Sourcing)。在单位采购中,主要是在较低的复杂度下选择采购对象,购买者会在其中承担主要的价值增值任务。在模块采购中会选择复杂的、可以直接用于安装的模块。最后,在系统采购中则整合了供应商的研发能力,因为供应商在此承担了一些开发的任务。

- 供应商策略　主要是确定要进行采购的供应商的数量。又分为以下四种类型:唯一供方采购(Sole Sourcing)是指只存在一个供应商,或者是有些创新性的产品只有一家企业能够提供;单一采购(Single Sourcing)是指企业自愿只从一家供应商处采购;双来源采购(Dual Sourcing)则通过选择两家供应商来降低对其中一家供应商的依赖程度;多来源采购(Multiple Sourcing)主要是通过多家供应商来实现同样的绩效。

- 采购时间策略　其核心问题在于：采购、生产和销售之间应该相隔多久,以及应该持有存货多长时间。通常在存货采购(Stock Sourcing)中主要关注的是时间的衔接,从而保证合理的库存。如果某些品类或产品在短期内还有库存,就要适当减少采购。在无库存采购中,则无此担心。对于价值较高的消耗品和耐用品,所谓的需求定制采购常被用在减少库存的策略中。
- 采购主体策略　重点在于采购组织的最佳选择。这里可以区分出单独采购(Individual Sourcing)和与其他企业合作采购(Collective Sourcing)。
- 采购地点策略　主要涉及采购市场空间范围的确定。当地采购(Local Sourcing)指的是从空间上最近的采购源处采购,国内采购(Domestic Sourcing)指的是从本国供应商处采购,而全球采购(Global Sourcing)指的是从全世界的供应商处采购。
- 采购组织策略　涉及去中心化的或中心化的采购组织的决策。这里包括组织上的、技术上的和个人导向的合作手段。
- 技术策略　是指采购应该通过现代信息和沟通技术进行电子采购(Electronic Sourcing)还是人工采购(Manual Sourcing)。

考虑到组织的购买行为是一种"有组织的活动",尤其是当今的采购大多具有战略性的、合作性的以及国际化导向的价值创造功能,因此,组织的购买行为本质上是供应商和需求方组织内部,或供应商和需求方组织之间,或者说是所有在价值创造系统中的当事人之间的互动行为。

2.2.2　商品种类和业务类型

对于B2B市场上的组织购买行为来说,商品种类主要有资本品、消费品和服务。资本品是指营利性企业或其他组织为了长期使用的需求而购买的物质性和非物质性资产。狭义来说,它们是生产性商品的子集,其特征来自组织的特点,如长期的需求。更广泛的资本品还包括生产资料。由此可见,资本品或工业产品并不是资产的同义语。

消费品主要从零售店等处采购而来,目的是不经过大规模加工即可送达最终消费者手中。根据使用时长,消费品可以进一步分为消耗品和耐用品。服务主要是指那些由无形成分组成的并通过顾客在绩效过程中的参与(所谓的集成)而确定的绩效结果。

这里讨论的商品类型或分类基于传统视角,关注的主要是资本品。一个有意义且长期以来被人们遵循的采购决策分类通常包含三个因素:

- 产品对需求方的新颖程度,在此可以进一步区分为初次购买(即新颖性程度很高的决策)和经验性购买;
- 组织变化的程度,它触发了需求方企业的采购(如由于使用电子系统而造成的组织变化);
- 投资对象的价值,可以通过与需求方的总投资量进行比较予以确定。

采购决策中这三个因素的结合构成了如下三种商品类型:

- 类型 A 中的商品的采购决策受上述三个因素的影响都很小。它往往是单个的个人进行采购。这种采购具有经验性特点,进行的速度较快且不复杂。它往往应用于复杂程度较低的采购计划中。
- 类型 C 中的商品的采购决策往往具有很大的不确定性。因为这种复杂的决策过程中会有多个处于不同专业层级的人参与,而且由于对信息的需求量较大,因此这种采购所需的时间会比较长。
- 类型 B 中的商品的采购决策则处于类型 A 和类型 C 这两种形式之间。

对于供应商来说,最大的挑战是类型 A 中的商品可能同时也是类型 C 中所需要的。Wagner(1978)曾以"商品的合同相关方面"和"大规模原则的实施"为划分标准,得到如图 2.12 所示的商品类型划分。

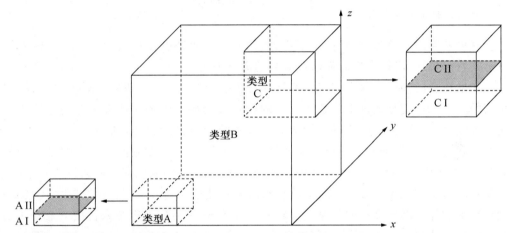

图 2.12 投资性商品的分类

资料来源:Wagner 1978,p.275。

通常,商品分类中采用的原则如下:首先,商品的区分需要遵循特定的合同,即它们是否正好是针对特定顾客或市场而生产的;其次,商品被分为单个生产、系列生产和大规模生产,这里关注的是产品计划和生产计划的特点。作为结果,资本品中类型 A 和类型 C 的商品可能被划分为单个系列生产和小规模生产,以及多个系列生产和大规模生产。

除了考虑这种多维度的商品分类方法,也可以考虑使用单维度的商品分类方法。在单维度分类中,可以单独考虑资本品的单个特征(例如投资对象的价值)。

对业务类型的划分,可以采用如图 2.13 所示的四个标准。

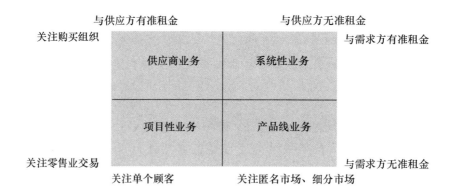

图 2.13　业务类型的划分

资料来源：Backhaus/Voeth 2010，p. 206。

这里基本的理解是，在合同结束后，无论双方是否还有依赖关系，即不安全性的商业形式，都只需考虑供应方和需求方自身的需求即可。

如果在合同签订后双方存在相互依赖性，则意味着存在所谓的事后不安全性。这种实际的关联可能是通过不同合约用户的特殊投资而产生的。从需求方的角度来看，这种形式的关联可以以使用一种特殊的软件系统为例进行解释：如果需求方想进一步扩展该系统，为了保证同样的技术标准等，它就会对同一家供应商有一定程度的依赖。此外，由于供应商开发出的是只针对某个顾客的解决方案，因此它不能或只能非常有限地将其出售给其他需求方。在这里就存在所谓的准租金，它由合约关系产生，代表了特别被绑定的那一部分资本的收益。如之前提过的，需求方的准租金来自接下来的交易，而要保证这些交易的顺利进行，前提必须是需求方与供应方保持一定的紧密关系。

其他有关业务类型划分的标准还有，是否有被单次交易限制的过程，以及购买过程是否构成一揽子购买。此外还要考虑，供应方所提供的产品是关注单个顾客，还是面向匿名市场。在面向匿名市场时，供应方可能就没有准租金，因为它们的产品并不是针对特殊顾客的。

依据上述假设，可以得出下列四种业务类型：

- 供应商业务　这种一揽子购买很重要，因为这种业务类型的主要目标是单个顾客，即专门为顾客开发或定制特殊的产品或服务。这意味着该顾客在其购买过程中会长期地与这种一次性开发出来的解决方案相关联。这也是为什么供应方与顾客在生产和采购过程中要互相紧密配合（例如，供应商和汽车制造商）。合作方往往在产品开发阶段就已经紧密参与到工作中了。总的来说，供应方业务的特点在于产品或服务的个性化和与之相关的互动复杂性，以及长期以来由单次交易所构成的一揽子交易。

- 系统性业务　指的是通过组合技术和产品管理（所谓的市场投放系统技术，例如建造一个可以进行个人培训的工厂）将功能单位集合成复杂的系统。在系统性业务中也要销售复杂的产品或服务组合。但它本身是为匿名市场而设计的，只有在销售阶段才进行顾客个性化调整。与供应商业务类似，系统性业务受到长期的一揽子购买（一种顺次的购买过程)以及广泛的而不仅仅是工程业务本身的深刻影响,还涉及售前和售后服务。

- **项目性业务** 面向单个的、具体的顾客。这里出售的是一种可销售的硬件或硬件/软件组合,顾客需要用它来生产自己的产品或服务。因此,项目性业务涉及的是那些由不同成分组成的功能单位(例如一台机器),以及组合性技术工程。这种业务类型的另外一个特点是,它的销售过程基于生产阶段对产品或服务进行的个性化改造。总的来说,项目性业务有以下特点:① 将顾客个性化的、复杂的产品或服务创造作为合同订单(单个)生产;② 项目价值高,合同融资很重要;③ 参与者的风险很高;④ 供应方和需求方之间存在专业差异;⑤ 这是一个长期的过程,且每个阶段差异显著;⑥ 在互动的过程中,供应范围和合同内容以及项目的最终设计会不断变化;⑦ 供应方联盟共同工作,并有第三方参与。

- **产品线业务** 通常致力于多重生产任务,它一般供应匿名市场,并独立地被顾客使用,这里不存在一揽子购买。另外,这里也没有顾客个性化定制,产品业务相对不那么复杂。但是,诸如咨询、培训和交接问题常常会使协同服务变得越来越重要,与之相伴的系统性业务也变得更加重要了。

表 2.6 总结了上述四种业务类型的主要特点,以及在市场营销中应特别注意的方面。

表 2.6 四种业务类型的主要特点和营销侧重点

	原则	举例	市场营销
供应商业务	以单个顾客为导向,长期一揽子购买,紧密协调的生产和采购过程	汽车产业	根据顾客进行调整,顾客关系管理
系统性业务	顾客选择一家供应商的整个系统,这样一来就会有一定程度的依赖性,即长期的一揽子购买;与之相反,供应商却不止面向一个顾客	计算机系统	建立对该系统的信任
项目性业务	供应商提供高度个性化的产品或服务,这里往往不存在长期的购买联合	发电厂设备	传授专业知识,提供咨询——根据采购程序的各个阶段进行调整
产品性业务	非常类似于消费品业务:提前生产,为匿名市场提供大规模的标准化产品,不存在或很少存在一揽子购买	复印机、叉车	每次单个购买前的信息策略

资料来源:基于 Backhaus/Voeth 2014, p.211。

在资本品视角下,企业的首要决策是如何定位其市场营销策略,即它们是要对单个部件或成分进行销售还是对集成的项目(系统)进行销售。例如,在系统性业务的销售中,可以从供应商或供应商联合会那里得到全包合约(交钥匙工程)。

戴姆勒公司对于零件的采购

戴姆勒公司的采购部门涵盖了三个采购领域,2015年,它就在全球范围内拥有超过50个采购地点。它对零件的采购可以说是一种供应商业务或产品业务:采购奔驰汽车和厢式货车,采购戴姆勒卡车和公交车,以及国际性采购业务。国际性采购业务负责采购非生产性材料。在面对财务和经济危机时,戴姆勒公司通过零件和组件的标准化来实现成本的节省。

总的来说,戴姆勒公司的目标在于与供应商达成绩效导向的、伙伴式的合作关系。这种理念2009年由戴姆勒供应商网络(Daimler Supplier Network,一种供应商合作模型)提出。基于这种模型,根据戴姆勒公司的采购量、供应商的创新性和能力,供应商被划分为不同的类别:供应商、核心供应商和战略性供应商(www.daimler.com)。

除了上文列出的业务类型,还有从整合市场的角度出发,即从供应方和需求方的角度出发的分类方法。例如,Kleinaltenkamp(2001)以"集成性"和"商业关系的紧密程度"两个维度区分的四种交易类型:
- 顾客集成业务,其中的顾客合作程度很高,同时它还关注超越交易的商业关系;
- 项目性业务,其中的集成性很高,而商业关系的紧密程度较低;
- 点业务,其中的集成性较低,而商业关系的紧密程度很高;
- 商品业务,它与整体交易的商业关系相关,但其中的顾客合作程度较低。

此外,还有一些不以供应方和需求方为导向的交易分类,如纯信任性购买、纯体验性购买和纯寻求性购买的区分。

2.2.3 组织购买行为的特点

研究显示,根据决策过程阶段的不同,企业中来自不同岗位的个人都会参与到采购决策中(见表2.7):
- 在少于100人的企业中平均有3人参与资本品采购决策;
- 在100人到499人的企业中,决策小组的人数增加到6人至7人;
- 在500人到999人的企业中,决策小组的人数增加到平均11人;
- 在超过1 000人的大型企业中,平均有34人参与决策。

表 2.7 投资品的决策过程——发起者和决策者

基础：企业中所具有的各个职能/领域/岗位	=100	提议阶段	上一个决策阶段
	%	%	%
企业领导	95	57	83
商务管理	76	34	23
会计	61	13	5
销售	61	19	6
技术管理	60	55	23
采购	59	16	12
行政/组织	51	23	6
人力资源	51	7	2
制造/生产	47	23	6
工会	44	8	2
计划/控制/财务	41	18	14
生产准备	36	11	9
中心数据处理	32	8	7
生产质量控制/实验室	27	22	7
设计	25	9	6
市场营销/广告/市场研究	23	17	4
技术性计划	15	41	6
研究和开发	13	18	2
能源/排放/环境工程	5	23	2
其他外部相关岗位	=100		
企业外的岗位			
仍在企业中	7	14	1
外部顾问（中立第三方）	6	36	7
供应方/生产商的销售顾问	6	100	0

举例：15%的企业有作为企业员工的技术人员；
　　　41%的企业由技术入股者作为最初发起人；
　　　6%的企业由有技术的企业高管作为最后决策者。
资料来源：Spiegel-Verlag 1982，p.7。

在此决策过程中，决策时长呈现出以下特点：

- 在少于50人的小型企业中，决策过程平均需要15周的时间；
- 在50人至1 000人的企业中，做出最终决策需要20周至22周的时间；
- 在超过1 000人的大企业中，许多人参与决策，制定决策平均需要32周的时间。

图2.14展示了某研究结果，其中分析了小型（最多99人）、中型（100人到499人）和大型（超过500人）企业的采购中心。三种规模的企业采购中心成员的平均值都被标示了出来。此外，该图还展示了采购中心内来自不同部门的成员的影响力是如何随着

采购阶段和采购对象而变化的。

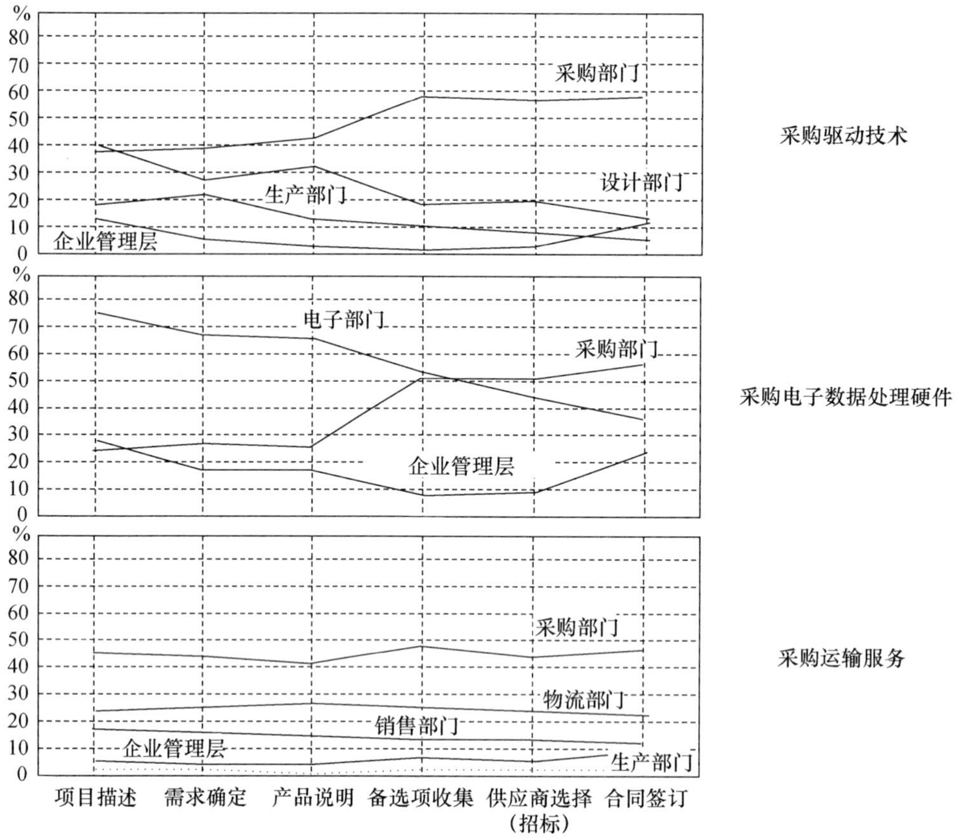

图 2.14　采购中心的参与者

资料来源:O. V. 1997, p. 20; Backhaus/Voeth 2014, p. 93。

根据采购中心参与者的特点,采购类型还可做如下区分:

- 对驱动技术的采购。首先,设计部门在项目描述阶段占主导地位。然后,采购部门决定了直至合同签订的整个购买过程。在中型企业中,设计部门在整个决策过程中都会参与至招标阶段,而采购部门决定供应商的选择和采购的合同签订部分。与之不同,在大型企业中,采购部门在整个决策过程的项目描述和需求确定阶段就已经参与了很多。在大中型企业中,采购部门在招标、供应商选择和合同签订阶段都是主导者。

- 对电子数据处理硬件的采购。在整个采购阶段,电子部门从产品说明到招标一直处于主导地位,而采购部门决定供应商选择和合同签订。在小型企业中,企业管理层在项目描述阶段大约有 46% 的决定性影响,而在接下来的阶段这个数值只有 15% 至 27%,而到了合同签订阶段又增长至大约 40%。

- 对运输服务的采购。采购和物流部门在整个过程中占主导地位。在小型企业中,相较于采购部门,销售部门在所有决策阶段都占主导地位。与此不同的是,在大型企业中,销售部门无足轻重,而采购部门的决策主导性却十分明显。图 2.14 中的趋势线展示的是中型企业中的决策过程。

Homburg 和 Kuester(2001)的研究显示,供应商的数量取决于企业所采购产品的经济价值以及购买情境的复杂性(见表 2.8)。

表 2.8 基于产品和购买情境的供应商组合

<table>
<tr><td colspan="2" rowspan="2"></td><td colspan="2">购买情境的复杂性</td></tr>
<tr><td>低</td><td>高</td></tr>
<tr><td rowspan="2">产品的经济价值</td><td>高</td><td>供应商数量:
多
(平均数量:4.01)</td><td>供应商数量:
中等
(平均数量:2.62)</td></tr>
<tr><td>低</td><td>供应商数量:
中等
(平均数量:3.50)</td><td>供应商数量:
少
(平均数量:2.16)</td></tr>
</table>

资料来源:Homburg/Kuester 2001,p.21。

由于相应的信息可以在组件或产品层面获得,因此它们也可以被用到资本品的采购当中。当产品的经济价值较低、购买情境较复杂时,企业会寻找较少的供应商;而当产品的经济价值较高、购买情境的复杂程度较低时,企业会寻找较多的供应商。

总的来说,在对产业性(投资品)采购进行分析的过程中,需要注意以下几点:
- 产品或业务类型(形式、意义等);
- 参与者(数目、组合、角色等);
- 购买情境(外部,如市场定位;内部,如企业规模)。

尽管截止到目前,还没有涉及与合作伙伴或经销商的关系,但本书提到的那些决定性因素仍适用于对非资本品的采购及非产业性企业(如经销企业、服务企业、公共性机构)的购买行为研究。

2.2.4 理论性解释方法对比

相比个体购买者,对组织购买行为的解释有着不同的方法(研究方向或研究传统)。传统的分类一般基于两个标准:认知标准和判断标准。

首先,按不同理论的认知标准区分,可以分为规范性方法、描述性方法和解释性方法。

- 规范性方法是从理论出发判断一个事物应该是怎么样的。规范性研究回答的是"应该怎么样"的问题。它是一种做出判断和决策行动的方式,最后给出一种解决方案或实施标准。
- 描述性方法主要是描述现象的现状与分布,提出某些假设,为进一步调查研究提供线索,它是分析性研究的基础。
- 解释性方法是一种要求更高的且充满实证性的研究。它通过提出各种假设,采取各种方法和手段收集数据,通过验证所提出的假设来阐明所了解到的社会现象出现的原因,试图揭示其作用机制,预测其变化的规律。

其次,按研究领域的判断标准区分。与第一种区分标准类似,这种研究领域的复杂性和问题数目,会随着无组织到单组织再到多组织而依次递增。因此,主要的区分标准

取决于研究领域是否明确地涉及组织背景,或者一开始就放弃了这种视角:
- 无组织方法。顾名思义,该方法放弃了组织性的或多个体性的环境,即假设要研究的个体是从组织背景下脱离出来的。

零售商采购的特点

在很多零售领域,现代采购越来越多地取代了传统采购,而且,现代采购将谈判与供应链的顾客导向管理联结在了一起。产生这种现象有以下原因:
- 零售商的国际化采购越来越重要。越来越多的产品品类,特别是欧洲的名牌商品——以及全世界范围内的非食品类行业——都在进行国际化采购。因此,零售业在采购环节要比销售环节更国际化。
- 零售业的战略性联盟或采购联盟变得很重要。它的建立是为了交流经验、交换信息以及进行共同的采购活动。因为在采购国际化和零售集中趋势的背景下,横向联盟成为竞争的一大要素。
- 采购的战略性意义越来越大。由于在现有的价值链中储备往往较少,而且企业追求价值链整体效率的提高,因此,纵向的合作关系变得尤为重要。此外,(纵向的)逆向整合也越来越多。例如,对研究和发展或者生产(例如对于自有品牌)施加影响力。这种逆向整合与单个采购功能的外包有关,而对于价值创造链条的整体控制仍掌握在零售商手中。
- 最后,对采购情况进行区分也很重要,在"多渠道采购"中,不同形式的采购——从所谓的唯一货源采购到多货源采购或灵活地改变供应商——很重要。

这种架构也给采购带来了新的挑战,特别是在引进品类管理(Category Management)之后。最佳实践研究(Best Practice Study)显示,采购过程中有针对性的、基于销售和采购市场要求的情境性的考量非常必要。在这里,需要注意采购在特殊情境下的意义、采购过程的特殊设计、所使用的采购源以及对负责采购团队的要求设定。

- 单组织方法是将其研究领域限制在市场营销系统或采购系统的单个元素上,即只考量一个组织,或只考虑供应方或需求方单一方面。
- 多组织方法则包含了交易的所有参与者——通常是与组织相关的,即供应方和需求方两方面都会涉及。

图2.15展示了理论与现实相结合之后所形成的不同理论解释方法。矩阵内用于连接的箭头显示了组织购买行为解释方法的预期发展路线。

传统微观经济学理论主要用来反映投资绩效,并尝试去解释购买决策行为(例如,只在资本价值为正时才投资)。除了投资模型,还有最基本的成本导向模型,其中,总成本最低模型将价格作为组织购买者关注的核心因素。总成本最低模型认为采购决策是基于相应的总成本而做出的。尽管在现实中,对于资本品的决策不只是基于理性思考

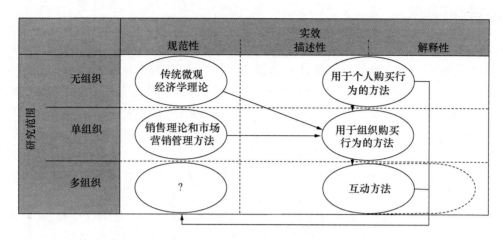

图 2.15　对组织购买行为的理论解释方法

资料来源：基于 Kirsch/Kutschker 1978，p.26。

而做出的，但投资理论对企业来说仍是很有意义的，因为在招标时（或者在一些网络拍卖情况下）通常都有对于所期望的绩效的明确说明。于是，这里的目标就是淡化与绩效有关的差异，从而做出理智的决策。这种情况在进行国际公共设施建设的承包中尤其常见。

销售理论和市场营销管理属于个人销售（Personal Selling）方法，它的目标是最佳的销售策略，采取的是生产方视角。这些方法包括基本的价格、沟通和产品策略等。

在组织中，考察个人购买者行为的方法主要是尝试描述其实际购买过程，因此它与消费者行为研究联系紧密。在新行为主义中，就是尝试解释心理和社会因素对购买决策的影响，而并不考虑组织的参与。由于对采购者的考察往往不考虑组织环境这一因素，因此，有关组织环境的特征并未纳入考虑中。由于组织行为变得越来越理性，因此，前文所述的 HS 综合模型在这里显得更加实际，也比那些消费者行为模型具有更强的描述性。

组织购买行为方法主要研究的是组织内的采购过程。这一方法的特点在于它更加关注过程，其中组织内的采购是作为整体决策过程被考察和分析的（购买者模型）。这一模型的出发点往往是将采购中心作为组织的一个功能性子系统，其中包含所有的采购决策参与者（例如采购者或产业员工）。

互动方法主要用于分析两个或两个以上参与到某程序（如采购）中的个人或群体。这种方法超越了单组织方法，因为它考虑到了这样一个事实：现实中的采购决策过程是在复杂的组织内部互动的情况下实现的。这种互动的特点在于多个组织相互作用。互动方法不像单组织那样将分析局限于一个组织内，而是考虑到了供应方和需求方的互动。这里，多边的沟通和影响是考量的重点。

公共性组织的特点

公共性组织的行为不容忽视,因为仅在德国,公共预算就达到 10 亿欧元,占国民经济总体活动的一大部分。公共采购涉及许多不同的产品和服务(例如,购买办公设备、交通工具或用于建设基础设施)。公共机构(例如政府部门)中的决策制定者在采购时要遵循一系列的法律法规。所以,这种购买行为的特点就是官方政策和要求描述,这也是为什么这种采购往往要进行公开招标,而这使得整个过程对于供应方来说更加复杂。

特别是在欧盟范围内进行招标时,根据法规,要求公共交通、服务或基础设施建设的委托交易量要超过欧盟委员会所设定的最低标准。

同时,采购过程还会受到其他因素(如政治利益)的影响,以及来自议员、联邦和纳税人等方面的审查。因此,合同签订不仅应基于完全公开招标,即供应商的数量不受限制,而且供应商还会被要求通过公开招标来提供产品和服务。

图 2.16 展示了公开招标的过程。冗长的公共程序对于供应方来说往往是不透明的。它们往往不清楚,需求方的哪些人直接或间接地参与了这个购买程序,以及还需要注意哪些政治影响。

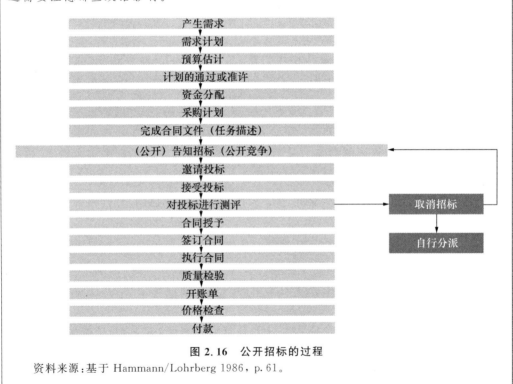

图 2.16 公开招标的过程

资料来源:基于 Hammann/Lohrberg 1986,p.61。

研究速递

我应该从菜单中点哪种菜?我们的航班还要延迟多长时间?办公室派对会如我们所期望的那样结束吗?我会收到什么生日礼物?世界气候是否会发生根本性变化?"脱欧"将如何影响经济?显然,我们的生活中充满了各种各样的不确定性,同时,大量科学研究表明,在判断与决策中,人们常常会依赖自己对目标的主观情感感受,例如,对生活满意度的判断通常基于人们在反思自己生活时的感受;选民对政治家的态度主要是基于他们对这些政治家的主观印象……因此,我们很好奇,不确定性的心理状态是否会影响人们做出决策的方式,特别是这种不确定性的心理状态如何影响消费者对情感的依赖。

Faraji-Rad 和 Pham 发表在 *Journal of Consumer Research* 上的文章《不确定性增加了人们对决策影响的依赖》(Uncertainty Increase the Reliance on Affect in Decisions)讨论了上述两个问题。文章推测不确定性的心理状态(相对于确定性)会增加人们在判断和决策中对各种类型情感的依赖,即消费者会在决策与判断时,更加重视这些情感输入。这里的情感输入包括:分散情绪状态(例如,处于"好"与"坏"的情绪状态),特定的情绪状态(例如,愤怒,骄傲,厌恶),对各种刺激的整体感觉和反应(例如,音乐的愉悦性),产品的情感属性(例如,公寓的美学吸引力,饮料令人不快的味道)。

为了证实上述观点,研究组针对美国 113 名大学生进行了 6 项系列研究。研究 1 通过电视广告的音乐配乐来直接测试不确定性的心理状态是否会增加人们在决策与判断中对其的依赖。研究 2 操纵了情感以及目标的非有效属性的价值,以评估它们在启动不确定(或确定)性条件时对决策的影响。研究 3 要求参与者在两个选项中进行选择:一种在情感上优越但在功能上较差,一种在功能上优越但在情感上较弱。研究 4 探究了上述结论是否适用于一般的不确定性,即无论是积极的还是消极的。研究 5 考察了所引发的不确定性是否也减轻了偶然的厌恶感对后续决策的影响。研究 6 则是为了探究不确定性对依赖于影响的作用机制与不确定性对启发式处理及系统处理的影响是正交的。

通过分析以上 6 项研究,作者证实了不确定性的心理状态会增加消费者对判断和决策中情感输入的依赖。其中,研究 1 论证了不确定性的启动增加了广告音乐配乐的愉悦性对目标行为意图的影响。研究 2 论证了不确定性的启动增加了图像视觉吸引力对消费者支付意愿的影响,但不会改变非有效信息对产品的影响。研究 3 论证了不确定性的启动使得人们更愿意选择有情感优势而非功能优势的产品。研究 4 论证了与负面和正面情况相关的不确定性都增加了人们对有情感优势的产品的偏好。研究 5 进一步论证了引发的不确定性不仅增加了广义积极与消极情感反应(感觉"好"与"坏")的影响,而且还增加了特定离散情绪反应的影响,如厌恶。研究 6 论证了不确定性增加了对系统处理的依赖,但减少了对启发式线索的依赖。

此外,作者还对该研究展开了一些延伸思考。在赌注高时,比如决定购买价值数百万美元的房子时,该结论是否适用?有两种猜测:一是,人们可能会在赌注非常高时,保持更"理性"的心态,减少对情感的依赖;二是,人们可能认为高风险和高度不确定性对自我构成威胁,并可能会被鼓励更多地依赖于他们认为"感觉正确"的东西。另外,研究所得的结论是否适用于与不确定性相关的影响?一些情绪,例如焦虑、恐惧、希望和惊讶,通常倾向于与不确定性的认知评估相关联,不确定性虽然增加了对情感输入的依赖,但是否可能会减少对与这些特定情绪相关的感受的依赖呢?这是未来研究的另一个重要方向。

资料来源:Faraji-Rad,A./Pham,M. T. (2017),Uncertainty Increase the Reliance on Affect in Decisions,*Journal of Consumer Research*,44(1):1-21。

第3章

作为消费者的购买决策类型

开篇案例与思考 消费者为何愿意为"网红"和"网红店"买单？

随着"网红时代"的不断升级，层出不穷的"网红"占据着各大社交与视频平台，流量的不断积累衍生出形式丰富的变现方，广告就是其中之一。品牌商也希望借用"网红"的亲民属性与巨大流量来吸引目标消费者。那么，消费者究竟为何愿意为"网红"或者"网红店"买单呢？这里的消费行为机制又是什么呢？

什么是"网红"？学者们公认的定义认为"网红"是在互联网空间中，凭借鲜明的人格魅力和超强的互动能力，通过聚集大量粉丝而将社交资产变现的人。在我国，"网红"早在1994年就已经出现，从最早的安妮宝贝到2010年前后的奶茶妹妹、犀利哥，再到如今活跃于各类短视频和社交平台上的诸多"网红"，"网红"的数量随着互联网的发展和移动社交网络的兴起而逐年增长。"网红"群体在互联网上活跃着，并用各种方式促进消费者为其买单，其流量变现能力越来越强，方式也越来越多。

随着"网红"的崛起，"网红经济"作为一种全新的经济角色出现。根据第一财经商业数据中心发布的《2016中国电商红人大数据报告》，2016年红人产业（包括与红人相关的商品销售额、营销收入以及生态等其他环节收入）预估接近580亿元。预计2020年，结合平台特征，中国网红电商行业规模将逾7 000亿元，2015—2018年的年复合增长率为59.4%。电商和直播是目前及未来几年中国"网红"产业变现的主要来源，以2016年为例，"电商＋直播"的变现方式将占中国"网红"产业总收入的86.4%，但"网红"广告代言方面的份额依然较小，仍处于探索阶段，具有巨大的发展潜力。

消费者为何愿意为"网红"及"网红店"买单？

首先，互联网及移动互联网带来的技术，使得人们得以即时、透明地与"网红""接触"。"网红"们通常借助更加现代化的视频植入、软文植入以及直接代言影响消费者。"网红"推广的形式、渠道的多样性导致消费者可以通过不同的平台，在不同的情况下被影响，通常多次数、广发布的曝光加深了消费者的印象。

其次，"网红"推广的亲民化、贴心化、互动化。由于"网红"本身多以草根的形象示人，因而与广大网民具有更多的相似性，其所言所行更易与网民产生情感共鸣，因而容易被网民熟知并获得他们的喜爱。

再次，"网红"在消费者面前充当了"关键意见领袖"（Key Opinion Leader，KOL）的角色。随着社会化媒体的发展，"大V"等KOL的影响力被互联网放大，作为草根的

KOL,其表达的观点更接近网民的需求,其价值观更能代表网民的诉求,其推广的产品更易被一些人追捧,从而进一步加大了"网红"的影响力,增强了一些"网红"的变现能力。

最后,"网红店"推出的"商品"多是形式新颖、创意独特、主张鲜明、率性表达的(如喜茶),从而很容易引发年轻人的联想,激发年轻人的热情,快乐着年轻人的快乐,悲伤着年轻人的悲伤,进而推动着年轻人的跟随与分享。

但消费者们愿意为"网红"或"网红店"买单的背后,究竟是一时冲动,还是对其真正的信赖,抑或是如有人预测的,即"网红"与"网红店"一样,都不可能持续保持热度?如何建立消费者对"网红店"持续的信任和忠诚成为"网红店"面临的一大严峻考验。

思考:如何看待"网红"和"网红店"的迅速崛起?消费者为何愿意为"网红"和"网红店"买单?

3.1 消费者购买决策类型

3.1.1 概览

为了使消费者购买决策这一复杂行为模式更加系统化、简明化,这里主要从认知参与的角度阐释购买决策类型,并将这一决策过程视为一个整体。

> 购买决策的概念既可以很宽泛,也可以很狭窄。这取决于将购买只看作某个决定(比如,购买某一特定品牌)还是看作一个完整的购买决策过程(比如,从对商品的感知到最后的购买)。

本章使用的是宽泛的购买决策概念,即从决策过程及心理因素的影响等方面进行全面的考量。如果把整个决策过程作为购买决策分类的基础,则可以根据 Katona(1960)的分类法,将决策分为一般性的和习惯性的决策。当一般性的决策出现时,消费者常常面临一个全新的或相对不熟悉的购买情境,这意味着他需要进行"心理领域"的重建,即期待、计划等。这时,与未来相关的态度也会发生变化(Katona 1960),甚至还会引发综合的问题解决程序。Howard 和 Sheth(1969)从另一个角度对决策进行了划分,分别是广泛的、习惯性的和简化的决策。Blackwell 等(Blackwell/Miniard/Engel 2006)也采用了这种分类方式。Kroeber-Riel 和 Gröppel-Klein(2013)则对上述内容进行了总结,并按递增的认知参与程度进行了排序:

第一,有着强烈认知参与的决策("正常的购买决策或认知性决策模式")。
- 广泛性(购买)行为或决策;
- 有限性(购买)行为或简化的决策。

第二,有着低认知参与的决策。
- 习惯性(购买)行为或决策(习惯行为);

- 冲动性（购买）行为或决策。

从目前处于支配地位的心理学视角来看，消费者在单个购买决策类型下的行为会同时受到消费品市场上所选产品的类型、购买情境和个人决策倾向等因素的影响。通常情况下：

- 产品类型既可以分为耐用品和消耗品，也可以分为便利品、寻购品和特殊品；
- 购买情境中的决定性因素包括情感性刺激值、时间压力和环境的新颖性；
- 个人决策倾向包括购买者的风险倾向、个人信息水平和参与度；
- 将单个变量反溯至激活或认知性成分（比如参与度）是非常重要的，否则就会带来影响因素不清晰和难以进行相互间的比较等问题。

Kroeber-Riel(1984)通过将上述众多因素和特征结合在一起，对购买行为的组成部分进行了新的定义，见表3.1。

表3.1 购买决策类型

个人倾向	消耗品		耐用品	
	强刺激情况	弱刺激情况	强刺激情况	弱刺激情况
参与程度高的顾客（高参与）	I, L	L, H	E	E, L
参与程度低的顾客（低参与）	I	L, H	L, I	E, H

I：冲动性购买行为；H：习惯性购买行为；L：有限性购买行为；E：广泛性购买行为。
资料来源：基于 Kroeber-Riel 1984，p. 322。

如表3.1所示，广泛性购买决策的总发生频率和冲动性购买决策或习惯性购买决策一样高，但在消耗品方面所占的比重却较小或完全没有。此外，习惯性购买行为只在生活中刺激较弱的情况下发生，而冲动性购买行为则正好相反，常常出现在强情感刺激的情况下。

近年来，在消费者行为研究中，越来越多的学者依据决策过程将消费者的参与引入购买决策的分类中。他们认为，情感/认知性参与和购买决策类型具有直接关联（见图3.1）。

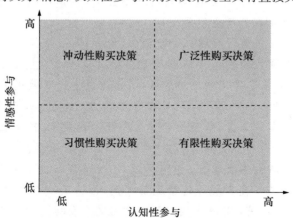

图3.1 购买决策类型和参与之间的关系

资料来源：Kroeber-Riel/Gröppel-Klein 2013，p. 463。

决策行为与情感性、认知性和反应性过程相互关联。表 3.2 表明只有一半的个人购买决策类型是由某种主导性过程决定的。它还表明,根据购买决策类型,在认知性过程之外还存在情感性和反应性过程。

表 3.2 购买决策类型的主导过程

购买决策	主导过程		
	情感性	认知性	反应性
广泛性	×	×	
有限性		×	
习惯性			×
冲动性	×		

资料来源:Weinberg 1981,p.16。

总的来说,情感在消费者行为研究中越来越重要。在决策行为中,消费者可以把在购买情境中所感受到的情感作为制定决策的信息,即 Schwarz 和 Clore(1988)所谓的"我对它有何感觉?"的启发法。另外,情感还可以加速决策过程。需要指出的是,情感性和反应性解释在一般的经济学方法中甚少提及。

经济学与行为学购买者行为研究

在经济学导向的方法或研究中,购买行为一般被限制在那些纯广泛性(一部分也是有限性)决策上,即在研究初始就对其做了相应的假设。这样一来,所研究的购买者行为只能基于广泛性(或有限性)决策,而这可能并不完全反映现实状况。然而,这些假设使得传统的购买决策模型(例如全模型)可以被使用。因为在这些模型中,购买者在做出购买决策之前,会收集很多可用信息并对其进行理性的处理。但是,这些假设都有一定的前提条件。

第一,由于物理性局限,消费者在大多数购买情境下都不能同时处理所有可用的信息。同时,决策过程中往往会受到情感的影响,从而影响信息处理的效率,当然,社会影响因素也会在此产生作用。

第二,广泛性购买决策过程往往会被简化,比如,购买者仅仅看到了很少的替代品,或由于被购买倾向或特别态度影响而早早地就做出了选择。再如,某人在旅行社或旅行网站上搜索信息并定制旅游服务时,很少做出广泛性决策。因为人们可能已提前设定了一些限制条件,如价格(最多 800 欧元)、地点(只在北欧)和旅游类型(只要温泉旅行),等等。同样,信息搜索过程也可能被中断,甚至立马产生冲动性购买决策(比如,在伊维萨岛上突然有一家"一站式"的五星级酒店正在搞促销活动)。

第三,虽然人们在做重大选择,如购买新的、价格高昂的商品时,常常会采用广泛性购买决策,但这并不代表所有的情况都如此,因为某一个顾客群体有可能偏向于依据某种模式进行决策,另一个顾客群体则可能会在相同的产品上做出冲动性购买决策。因此,结合情境来研究人们决策过程中的认知性和激活性行为就显得尤为重要。

第四，组织性的、认知参与程度高的采购决策往往也并非都是广泛性的，而可能是习惯性甚至冲动性的。在这里，一些有可能决定某种决策类型的因素变得十分重要，比如有关资本品的分类标准（诸如问题定义的新颖性、用户的组织性变化、产品的价值，等等）。

3.1.2 广泛性购买行为

在广泛性购买决策中，消费者具有很高的认知参与度，因为购买意向在决策过程中就已被确定了（即所谓的寻购）。广泛性购买决策的特点是高信息需求、较长的决策时间以及对评价指标的必要处理。这种购买决策在很大程度上与经典经济学理论中的假设相符。消费者拥有的可遵循的决策范本越少，越会因缺少经验而触发信息采集和加工过程。这往往需要相当长的时间考虑与权衡，由此带来的决策过程就会延长。当然，充裕的信息获得和加工过程往往会降低购买风险。另外，由于这种决策对消费者的要求很高，因此，简化这一过程就成了消费者行为的必然选择。购买决策行为之所以有可能被简化，主要原因有：

- 个人能力。每个消费者只具有有限的认知能力，却要解决复杂的问题。此外，每个消费者所拥有的有限的信息水平、对信息进行区别化获取及处理的能力也因人而异。
- 情境因素。一些情境因素有可能限制消费者在某购买情境下行为发挥的空间（比如，决策时间不够或注意力被分散），也会导致行为中断或决策过程的简化（比如，参考他人的经验）。
- 情感因素。伴随认知性决策行为中的情感性刺激因素，也会导致本来的广泛性购买变成冲动性购买。

广泛性购买决策始于信息获取。在这里，信息虽然是随机获取的，但仍具有目的性。在此，会用到如下信息来源：

- 内部信息源，是指那些存储在记忆中并可以作为知识被唤回的经验。
- 外部信息源，包括供应商主导的信息源（广告、包装、购买咨询）、消费者主导的信息源（个人沟通）或中立的信息源（产品测试）。在广泛性购买中，对外部信息的运用通常会占主导地位。

信息处理过程以及在广泛性购买中适用的决策准则与认知性决策模式有关。Kroeber-Riel 和 Gröppel-Klein（2013）区分出了两种选择，即依据备选产品的选择和依据产品属性的选择。在备选产品中做选择时，所有的备选产品会被同时进行评估并排序。在广泛性购买决策中，购买者常会做出"成本-效用"分析，从中选出那个感知到的效用（如质量）和感知到的成本（如价格）间差值最大的产品。这种基于"成本-效用"分析判断价值的决策方式与经典的家庭决策理论一致。为了实施这种方式,Kaas(1977)把对产品的态度和感知到的价格之间的差异作为判断标准。在依据产品属性进行选择时,购买者并不会全面地评价所有的备选产品,而是根据某一产品特征评价所有的备选产品。那个(从顾客的视角来看)能够最好地满足最重要特征的备选产品就会被选择,而其他没有达到某特定价值的备选产品就会被排除。在这里,购买者常常会使用简化选择模型(即启发式法则),具体又分为:

- 联合分析法则(Conjunctive Rule),在此,许多重要特征都会被评估。每个属性都具有一个最低要求水平。如果太多备选产品达到这个水平,或完全没有备选产品能达到这个水平,则该要求水平就会被调高或者调低。
- 折取分析法则(Disjunctive Rule),在此,认知性参与水平较低,某个备选产品会由于它在某重要特征上表现出众或具有最高值而被选择。
- 编纂式法则(Lexicographic Rule),在此,产品属性会根据某种意义而被置于一个层级上。所有的备选产品都会以某一最重要的属性进行评估,在属性上得分最高的备选产品会被选中。如果有超过一个的备选产品满足这一要求,就需要继续评估第二个重要的属性,以此类推。

在有时间压力或购买者参与程度较低时,这些法则就会被简化的启发式法则代替。例如,只顾及少数备选产品,根据简单程序进行决策,或基于预先存在的偏好进行决策(如用信息-显示矩阵进行信息加工、思考和记录)。

3.1.3 有限性购买行为

在有限性购买决策中,消费者已经具有某种购买经验,但还没有特别偏好于某一个选择。在某一购买情境中,具体抉择往往基于可靠的决策准则。在这里,当对决策行为进行认知性简化时,消费者会选择一个令决策既不广泛也未习惯化的状态。信息获取和加工的过程会受到限制,即消费者虽然也寻求信息,但并没有像在广泛性购买决策中那样大范围地寻找。有限性购买决策的特征包括:

- 消费者在有限的备选产品(即一个唤起集合)中进行考虑,但还没有最终确定到底该选哪个备选项,如某一特定品牌;
- 消费者对评估标准心中有数;
- 对于备选产品的选择在很大程度上取决于消费者的需求水平,即只要找到一个能满足要求的备选产品,决策流程就会被终结。

唤起集合是个体在购买情境中不由自主想起来的相关备选产品。消费者对它们一般具有正面的态度,而且它们与目前的购买并不矛盾。

在有限性购买决策中,信息决策和信息处理的重点就是唤起集合。在一些文献中它也被称为考虑集合。这里,信息处理过程会受到需求水平的控制,即消费者知道自己要如何制定购买决策。它往往被简化为对关键信息的处理,而关键信息会进一步简化决策过程。现实中,消费者往往具有固定的偏好。这种偏好是长时间通过产品经验而形成的,而在唤起集合中,它又被反映为与购买相关的感知备选项。

为了在具体的购买情境中确定唤起集合,可以采用以下程序(见图3.2):基本上来说,所有客观可用的备选项,例如品牌(全部集合或可用集合),会被分到不同的集合类型中。随着全部集合的确定,第一个选择层构建起主观的、有意识感知的备选项和无意识的备选项之间的界限,即有意识集合和无意识集合,其中,无意识集合中的备选项完全没有被消费者感知到,通常也就不会被考虑。一些学者还将有意识集合再度区分为处理集合(即消费者对此已有相应的知识)以及模糊集合(即消费者并不了解,但对此选项集合有所感知)。具有决定性意义的区分在于唤起集合、惰性集合(被评估为无关紧要的选项集合)和排除集合(被拒绝的产品集合)。

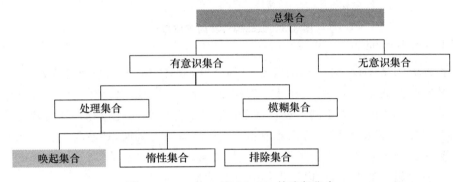

图 3.2 Narayana 和 Markin 的唤起集合

资料来源:基于 Mowen/Minor 2001,p.177。

唤起集合的范围主要有两方面的意义:一个唤起集合对于消费者而言意味着一个被简化的决策,对于企业而言则意味着更少的竞争。这里也可能存在一种特殊情况,即消费者只考虑一个备选项(如某一特定品牌)。例如,在功能性饮料领域,"红牛"占据了主导地位。这样一来,"红牛"就构建了一个由单独备选项构成的唤起集合,或占据了"头脑中第一选择"的位置。如果一个品牌占有这种"头脑中第一选择"的位置,它就会在消费者的心目中具有特殊地位,并会被第一时间想起来。

根据神经营销学研究,主观品牌偏好的存在会引发大脑认知性区域中皮质的放松。这种放松可以通过如 FMRT(脑功能核磁共振成像)的方式进行测量。在它的成像过程中,人们利用了富氧血和贫氧血不同的磁性特点。简单来说,受到刺激(通过展示某品牌)而被激活的大脑区域要比没有被激活的大脑区域含氧量更高,而含氧量的提高最终会带来核磁共振信号的改变。这就是所谓的 BOLD(Blood Oxygen Level Dependency)效应,即血氧水平依赖效应。一个相应的实验结果可参见图3.3,其中的被试需要选择一个咖啡品牌。然而,在两个图中,并不是所有的参与品牌都会在选择的大脑区域有所显示,只有那些因品牌亲和力引发的放松的、活跃程度较低的区域才会被用更深的颜色标注出来。

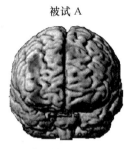
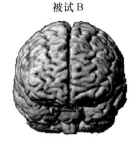

被试 A　　　　　　　　　被试 B

高品牌吸引力　　　　　　低品牌吸引力

皮质放松：$p < 0.05$

图 3.3　强品牌引发的皮质放松

资料来源：Kenning et al. 2002，p. 8。

值得注意的是，为了确定 FMRT 信号的强度，通常需要采用两种测量方法：一种处于平静的或受控的条件下，另一种处于实验条件下。研究显示，在每个产品组中，都只有最喜爱的品牌才能使决策制定过程富于情感化。这种情感化过程伴随着特定大脑区域活跃度的提高，而该区域与情感处理和自我反应有关。同时，那些与工作记忆或思考过程有关的大脑区域活跃度会降低，即所谓的"赢者通吃效应"或"首选品牌效应"。

参照唤起集合的大小，可以得出如下一些结论：

- 消费者年龄越大，越会频繁地与品牌产生关联，则唤起集合越小；
- 消费者对于产品的经验越多或信心越足，则唤起集合越小；
- 需要考虑的产品特征越少（复杂性、同质性），则唤起集合越小；
- 消费者对于某品牌或产品越满意，则唤起集合越小；
- 消费者与品牌的联系越紧密，或品牌忠诚度越高，则唤起集合越小；
- 品牌越强大，则唤起集合越小；
- 产品功能越多（解决问题的潜力），则唤起集合越小；
- 产品越成熟（生命周期阶段），则唤起集合越小。

表 3.3 展示了在某产品群组中唤起集合平均大小的实证研究结果，以及被试所考虑到的备选产品的数目。

表 3.3　有关唤起集合的研究例证

产品类别	个人的唤起集合（中值）	聚合的唤起集合	来源
啤酒	4	27	Narayana/Markin（1975）
加拿大啤酒	7	15	Urban（1975）
人造奶油	4	—	Reilly/Parkinson（1985）
研磨咖啡	3	—	Reilly/Parkinson（1985）
止汗剂	3	20	Urban（1975）

(续表)

产品类别	个人的唤起集合（中值）	聚合的唤起集合	来源
止汗剂	2	15	Narayana/Markin (1975)
护肤霜	5	30	Urban (1975)
非处方药	3	20	Urban (1975)
止痛药	3	18	Urban (1975)
洗发水	4	30	Urban (1975)
香皂	4	—	Reilly/Parkinson (1985)
漱口水	1	8	Narayana/Markin (1975)
牙膏	3	14*	Campbell (1969)
牙膏	2	9	Narayana/Markin (1975)
洗涤剂	5	24*	Campbell (1969)
洗涤剂	4	—	Reilly/Parkinson (1985)

资料来源：基于 Schobert 1979, p. 58。

注：* 所有在本地市场可以买到的品牌。

总的来说，有限性购买决策基于以下事实：消费者拥有做出购买决策的经验。然而，是否能成功运用这种内部信息，则取决于其是否能进行外部信息搜索。同时，有限性购买决策作为一种特殊形式的简化行为，有时是跟随着广泛性购买决策的。

3.1.4 习惯性购买行为

这里的习惯是指在重复购买的决策过程中，认知处在一种强烈的放松状态（Cognitve Relief）中。习惯性购买行为基于购买习惯，它是一种固定的购买模式，使预先存在的购买决策在购买行为中重复实现。对于消费者来说，在许多相关的决策因素中，只有很少的一些会在重复购买情况下被明确考虑。由于消费者认知过程已被大大地简化，这时的决策往往是反应性的，因此，对于习惯性购买决策来说，认知性参与程度很低。换句话说，习惯性购买决策可以说是"自动进行"的。习惯性购买行为的结果往往是购买相同的产品或品牌、去同一家店铺，等等。概括地说，习惯性购买决策有如下特点：

- 由于存在已有的决策模式，因此，狭义上来说，这时不需要任何决策；
- 往往对某一备选项具有明显的偏好；
- 决策时间短；
- 确保快速、低风险地达成购买（风险规避策略）；
- 面对的一般都是日常必需品。

显然，习惯性购买决策比有限性购买决策更简化。有限性购买决策是基于唤起集合而达成的，而做出习惯性购买决策的消费者的认知范围非常有限，甚至在极端情况下只会关注某个备选项。习惯性购买决策或者来自已被证明是可行的决策，即一种在社会化过程中对行为模式的接受；或者来自一种习惯倾向，即一种个性特征。在这里，习惯性购买行为可以是原本广泛性或有限性购买决策的延续或简化。可以设想，当冲动性购买决策令消费者满意，使得消费者认准同一商家时，它就有可能引发习惯性购买决策。

- 通过消费经验形成的习惯

基于习惯的决策通常可以理解为是学习的结果。它往往开始于一个广泛性购买决策过程。通过不断地重复关于某产品的正面经验，认知性参与程度不断降低并最终成为一个习惯性购买决策过程。因为按照人脑有效运作的假设，奖励性行为（通过满意而发生）会以更高的概率再次出现。因此，这时产生的习惯是一种由理性发展而来的习惯性行为。在这里，可以用经验、实践和满意度来描述一个具有习惯性购买行为的消费者的演化过程。从广泛性购买行为到习惯性购买行为的演化过程可以是这样的：他在第一次购买之前就获得了大量的信息；在第二次购买时，由于对某企业的产品很满意，信息需求和信息搜索的范围相应缩减，认知性参与程度也随之降低；当进行第三次购买时，就显现出了一种习惯性行为。

- 通过模仿而来的习惯

认知性参与程度的降低并不一定要基于个人的消费经验，还可以来自观察和接受已有的消费模式（所谓的基于模仿的学习），比如，有些成本密集型产品的经验和消费模式。如果没有先前的经验，习惯性购买行为更多来自初次购买时所获得的他人的推荐或消费经验。比如，孩子的消费习惯往往受父母的深刻影响，特别是在日常用品上，而耐用商品的消费往往更加个人化、因人而异。

- 作为个性特点的习惯

当对简化自己生活方式的需求成为预先条件时，习惯就可以理解为是一种个性特点。在购买时，习惯性倾向会使人的参与程度降低。在面对购买可能产生的负面结果时，个人行为会受到其风险偏好的影响。此外，习惯性倾向还体现在消费者的需求水平上：消费者越倾向于习惯性购买行为，其需求就越简单、越低风险。习惯性倾向还会随着年龄的增长和社会地位的降低而上升。

习惯性购买行为对市场营销来说具有长期影响：消费者追随着固有的购买计划，发展出自己对品牌、产品和企业的忠诚。通常，对习惯性购买行为测量的指标包括：购买频率、购买模式和对某品牌的重复性购买（去同一家店铺购买）或品牌转换（店铺转换）。

3.1.5 冲动性购买行为

冲动性购买行为的特点是高激活度和快速行动。它是计划之外的、很少受到思想控制的、暴露在强刺激环境下并往往伴随着情感水平的提升而增强的行为。同时，它也是一种即时反应行为，即一旦受到某种刺激就会立刻反应的行为：购买者并不主动行动，而是自动地对外部刺激做出反应。与其他形式的购买决策相比，它的主要不同之处在于认知性参与程度很低。当然，仅仅是低程度的认知性参与并不足以识别"刺激性购买"或"冲动性购买"，还需要考虑如下一些因素：

在购物时能够产生刺激的事物包括产品的摆放或呈现形式、展示材料、产品设计等。此外,冲动性购买行为受到反应性和冲动性等个性特点的推动,如高冲动性和低反应性较易产生冲动性行为。有关冲动性购买的分类和测量方法有如下几种:

- Stern(1962)基于情感性和认知性解释元素区分出了所谓的纯冲动性购买、记忆控制的冲动性购买、有计划的冲动性购买以及被说服的冲动性购买。
- Wood(1998)更关注个性特点或其他决定因素对于冲动性购买行为的影响(比如,在销售点的刺激、文化因素的影响)。
- Rook(1987)基于对无计划购买识别的研究,提出了可以通过语言性指标来对冲动性购买行为进行分类。

鉴于 Stern(1962)的分类方法,纯冲动性购买行为主要出现在已偏离原有购买模式,并促发了一种新的、情感性的行为时。记忆控制的冲动性购买行为是指在某店铺购物时,由于看到某商品而想起了自己的某个需求。有计划的冲动性购买行为是指消费者去某一店铺购买某一特定商品,但同时也可能计划在店铺里随机购买一些其他商品(如特别优惠的)。被说服的冲动性购买行为是指当消费者在店铺里第一次看到某商品时,因感受到了某种需求而临时促发的行为,它与记忆控制的冲动性购买行为不同,消费者在这时并没有关于该产品的任何经验。

糖果生产商的展示活动

在零售商店里,商店布局、货架陈列、展示牌的位置以及优惠活动都可以直接对购买行为产生影响。生产商可以通过设计具有强烈刺激的包装盒以及特殊的展示方式来影响店内的刺激展示方式。例如,糖果生产商根据季节改变包装设计,并为如图 3.4 所示的食品零售企业 Spar 提供展示柜。

图 3.4 糖果生产商的展示柜

企业在母亲节、复活节或圣诞节之前设置这些展示柜来吸引顾客的注意力。

展示柜的设置能够促进冲动性购买行为,从而带来销售额的增长。因为无法区分来自展示柜的销售额和其他销售额,所以很难对具体的销售额进行准确评估。尽管如此,研究人员还是可以在环境条件相同的情况下,对设置展示柜前后的销售额进行比较,从而得知其对于销售的效果。

冲动性购买行为常常是基于无计划的购买来进行测量的,即冲动性购买是实际进行的购买和提前计划的购买之间的差异。消费者在购买前会被询问,他们准备买什么。这种定义在英美文献中占主导地位。但它仍有一些明显的缺点,如它会受到购买计划不确定性的限制。

冲动性购买行为并不仅仅局限于计划过程和在购买地点的决策,还要注意其中的心理过程。因为在冲动性购买决策中情感水平很高(很高的激活程度)、思想控制程度较低,而且在购买情境中"反应性程度很高",因此,激活性过程和情感性过程应该成为考量重点。总的来说,冲动性购买决策主要基于如下原因:

- 冲动作为刺激情况下的结果,即冲动性购买行为取决于环境因素及对这些因素的主观感知,它们最终在购买过程中被触发。
- 冲动作为心理过程的结果,即冲动性购买决策过程中的高情感状态不仅来自环境中的刺激,还来自对情感性愉悦的追求(如体验性购物)。特别是那些对生活必需品没有后顾之忧的人更会有这种追求。为了体验到这种愉悦感,在特定的刺激存在时,人们会试图冲动地实现那些由情感所触发的经历。
- 冲动作为个性特点,即冲动性购买行为可以是一种缺乏自我控制或冲动控制的体现。由于不充足的冲动控制,这种消费者在购买后往往会感到愧疚或羞耻,但仍无法控制自己再去购买,或者说,由于就是想去购物,从而呈现出一种强迫性的购买行为。

购买决策的另外一种分类方法

基于情感性和认知性成分的参与,在区分正面的和负面的情感参与时,可以区分出五种购买决策类型(见图3.5)。

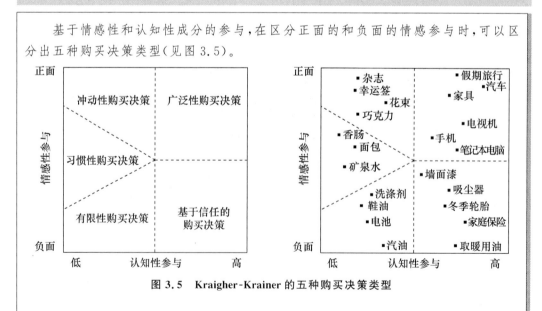

图 3.5 Kraigher-Krainer 的五种购买决策类型

与传统的把购买决策分为四种类型的方式不同,这里不仅在情感性参与的维度

> 上区分了高的或低的情感性参与,而且还区分了正面的和负面的情感性参与。此外,关于情感性参与的一个核心问题是,消费者是否愿意购买某种产品或服务。而对于认知性参与来说,就如传统的分类方法一样,可以分为高的或低的认知性参与。同样,感知到的风险也可以分为高风险或低风险。
>
> 相应地,冲动性购买决策行为出现在当消费者愿意购买某产品并感知到较低的风险时。如果购买某产品与高风险相关联,又同时具有正向的情感性参与,就会出现广泛性购买决策行为。消费者会尝试通过调动资源来降低感知到的风险(比如,投入时间,广泛地收集关于某产品的信息)。
>
> 如果消费者不想购买某一产品(负向的情感性参与),也没有感知到很高的风险,则会产生有限性购买决策行为。狭义上来说,所谓的懒惰有机体(Lazy Organism)或所谓的认知性吝啬将消费者对资源的使用限制在必要的范围内,例如将他们的注意力转移到关键刺激上或其他人的(产品)知识上。这时,习惯性购买决策行为不再被认为是参与决策的行为,而属于例行的决策行为。
>
> 与传统分类法相比,基于信任的购买决策是一种新的购买决策类型。它的特点是,消费者不愿意购买某产品,并感知到了高风险。为了降低这种高风险,消费者会调动外部资源,如向朋友、熟人、咨询人员或专家征求意见,因为他们可以为购买决策提供可靠的线索。这些特点清楚地显示了,基于信任的购买决策类型不是基于制度经济学而建立的,而是基于所谓的榜样学习。

由于测量的问题,企业将消费者引向冲动消费的经验走在了消费者研究的前面,因为时至今日,对于冲动性购买的有效测量仍是非常困难的。与此相应,在实践中研究者会用到经典的刺激-反应方法或试错法,比如,在零售店里持续改变特别优惠和展示材料的位置,以及根据收银柜台的数据,监测相应的购买行为效果并对其进行优化。

上述有关冲动性购买行为的解释采用的是归纳法,有关心理因素的影响则排除在现有的归纳之外。

3.2 购买决策中的偏差

3.2.1 前景理论与框架效应

前景理论是 2002 年诺贝尔经济学奖获得者、心理学家 Kahneman 和 Tversky 于 1979 年提出的。传统经济学基于精密数学模型的理性主义,提出了理性人的假定,然而,作为心理学教授的 Kahneman 等人却发现,现实中有很多行为是与理性人的假定相违背的,从而认为人的理性是有限的。

在传统的效用理论中,人们对"盈"的效用评估是通过对两种财富状态的效用进行对比来实现的,在这种理论下,盈亏的不同效用只是在符号上有所不同(正号或负号)。然而,他们发现当人们开始变换焦点时,人们所熟悉的风险规避的做法也许就会被冒险的做法取代了,即当人们进行有关收益和损失的决策时往往表现出某种不对称的感知,即"增加100元收入所带来的效用,小于失去100元所带来的效用"。由此,他们提出了"损失规避"(Loss Aversion)的概念,即大多数人对损失和收益的敏感程度不对称,面对损失时的痛苦要大大超过面对收益时的快乐。

为此,他们通过一系列的实验来验证这一推断。其中之一是用抛硬币来打赌:如果是正面,你会赢得150美元;如果是背面,你会输掉100美元。请问你是否愿意赌一把?

为了做出选择,你必须平衡得到150美元时的满足感和失去100美元时的失落感。从整体上来说,这个赌局的预期值显然是有利的,因为坐收的盈利显然要比可能的亏损大。但大量类似实验的结果证明,多数人还是不愿意玩这个游戏,而且从众多此类观察中得出的结论是"失去比得到给人的感受更强烈",即人们对"失"比对"得"更敏感。因此,人们往往更会选择规避损失。然而,有的时候人们又是风险偏好的。比如,情况一:你肯定会得到900美元,或者有90%的可能性会得到1 000美元。情况二:你必定会损失900美元,或者有90%的可能性会损失1 000美元。你会做出什么选择?在情况一中,你很可能选择规避风险,在情况二中你有可能愿意去冒险一试。这说明,在没有理想的选择时,人们更愿意碰运气。

按照前景理论,个体的风险决策过程分为编辑和评价两个过程。在编辑阶段,个体凭借框架(Frame)、参照点(Reference Point)等采集和处理信息;在评价阶段,个体依赖价值函数(Value Function)和主观概率的权重函数(Weighting Function)对信息加以判断。人们在面对收益时往往会小心翼翼,不愿冒风险;而在面对损失时会很不甘心,容易冒险。此外,人们对损失和收益的敏感程度是不同的,面对损失时的痛苦要大大超过面对收益时的快乐(见图3.6)。

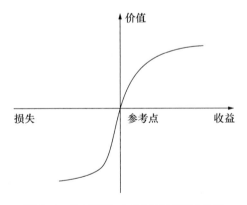

图3.6 前景理论中的"价值函数"曲线

前景理论指出,在损失和收益面前,人的"心是偏的"。在涉及收益时,人们是风险的厌恶者,但涉及损失时,人们却是风险的偏好者。这其中就有"信息框架"在起作用。框架效应强调人的决策结果受到选择的背景和选择问题的形式的影响。

假设美国正在为亚洲即将暴发的一场非比寻常的流行性疾病做准备,这一流行性疾病可能会导致600多人丧生。如何与疾病作斗争?有两套方案可选,你会选择哪一套?

第一套方案　方案A：挽救200人的生命。方案B：有1/3的概率600人全部获救，2/3的概率没有人会生还。你会如何选择？

第二套方案　方案A：400人会死亡。方案B：1/3的概率没有人会死亡，2/3的概率600人都会死亡。你会如何选择？

再比如，当有人问"你对生活感到满意吗？"时，给你的答案顺序一种为：A. 你快乐吗？B. 你经常有约会吗？最终得出二者的相关性是0.11。另一种为：A. 你经常有约会吗？B. 你快乐吗？最终得出二者的相关性是0.62。由此可见，提问的顺序对人的选择有很大的影响。

此外，人们在决策过程中，参考点，即参考依赖也很重要。参考点强调的是得失比较。一般人对一个决策结果的评价，是通过计算该结果相对于某一参考点的变化而完成的。人们看的不是最终的结果，而是最终结果与参考点之间的差额。一样东西可以说成是"得"，也可以说成是"失"，这取决于参考点的不同。非理性的得失感受会对我们的决策产生影响。

假设你面对这样一个问题，即在商品和服务价格相同的情况下，你有两种选择：A. 在其他同事一年挣6万元的情况下，你的年收入为7万元。B. 在其他同事年收入为9万元的情况下，你一年有8万元进账。

Kahneman的调查结果出人意料：大部分人选择了前者。这说明，多数人对得失的判断往往是根据参考点而做出的。

需要注意的是，当涉及小概率事件时，人们的风险偏好又会发生离奇的转变。这时，他们并不是风险厌恶者，而会乐意在合适的情况下赌一把。因此，人们真正憎恨的是损失，而不是风险。

传统经济学的偏好理论(Preference Theory)假设，人的选择与参考点无关。行为经济学则证实，人的偏好会受单独评价、联合评价、折中效应、锚定效应、禀赋效应、心理账户等因素的影响。

3.2.2　单独评价和联合评价

假如有两个比萨，它们的配料和口味等完全相同，只不过一个比另外一个更大一点，你是不是愿意为大的比萨支付更多的钱？答案似乎毫无疑问是肯定的。人应该都是理性的，对于好的东西和坏的东西，人们总是愿意为好的东西支付更多的钱。可是，在现实生活中，人们的决策却并不总是如此英明。

奚恺元教授在1998年做了一项冰激凌实验，实验中有两个装有哈根达斯冰激凌的杯子，一杯冰激凌(A)有7盎司(1盎司＝29.27毫升)，装在5盎司的杯子里，看上去快要溢出来了；另一杯冰激凌(B)有8盎司，但是装在了10盎司的杯子里，所以看上去还没装满。你愿意为哪一杯冰激凌付更多的钱呢？

如果人们喜欢更多的冰激凌，那么8盎司的冰激凌比7盎司的多；如果人们喜欢更大的杯子，那么10盎司的杯子比5盎司的大。可是实验结果表明，在分别判断的情况下(也就是不把两杯冰激凌放在一起比较时——人们日常生活中的种种决策所依据的参考信息往往是不充分的)，人们反而愿意为分量少的冰激凌付更多的钱。实验表明：

平均来讲,人们愿意花 2.26 美元买 7 盎司的冰激凌,却只愿意花 1.66 美元买 8 盎司的冰激凌。

这一结果正好契合了 Kahneman 等心理学家所描述的:人的理性是有限的。人们在做决策时,并不是去计算一个物品的真正价值,而是用某种比较容易评价的线索来判断。比如在冰激凌实验中,人们其实是根据冰激凌到底满不满来决定为不同的冰激凌支付多少钱的。

为了进一步验证结果的有效性,奚恺元教授又用餐具做了一个实验。比方说现在有一家家具店正在清仓大甩卖,你看到一套餐具,有 8 个菜碟、8 个汤碗和 8 个点心碟,共 24 件,每件都是完好无损的,那么你愿意支付多少钱来买这套餐具呢?如果你看到另外一套餐具一共有 40 件,其中 24 件和刚刚提到的完全相同,而且完好无损,此外这套餐具中还有 8 个杯子和 8 个茶托,但其中有 2 个杯子和 7 个茶托都已经破损了。你又愿意为这套餐具支付多少钱呢?结果表明,在只知道其中一套餐具的情况下,人们愿意为第一套餐具支付 33 美元,却只愿意为第二套餐具支付 24 美元。

虽然第二套餐具比第一套餐具多出了 6 个好的杯子和 1 个好的茶托,但人们愿意支付的钱反而少了。那么,到底 24 件和 31 件算是多还是少,如果不相互比较是很难引起人们的注意的,但是整套餐具到底是完好无缺的还是已经破损了,却是很容易判断的。于是,人们依据比较容易判断的线索做出了判断,尽管这并不划算。

由于可评价性假设的影响,人们在面对联合评价时,容易导致偏好逆转。因此,善于使用联合评价将有助于做出有利的选择。

3.2.3 折中效应和锚定效应

折中效应(Compromise Effect)是指消费者的决策具有非理性倾向,并会随着情境的变化而变化,当一个选项集合里新增加一个极端选项时,会使原来的选择方案成为折中选项,那么即使折中选项在选项集合中不存在绝对占优地位,它也会更具吸引力,被选择的概率会增大。

假设你去买橙汁,现在有两种橙汁可以供你选择:A 橙汁,600 毫升,12 元;B 橙汁,600 毫升,25 元。结果显示,各有 50% 的人选择了 A 和 B。

但在另一种情况下:A 橙汁,600 毫升,12 元;B 橙汁,600 毫升,25 元;C 橙汁,600 毫升,58 元。此时,选择 B 的人大大增加了,大约有 70% 的人选择了 B,20% 的人选择了 A,10% 的人选择了 C。

这说明,在第二种情况下,由于出现了第三个选项 C,从而使原来不那么有优势的 B 变得有吸引力了。

锚定效应(Anchoring Effect)是指当人们需要对某个事件做定量估测时,会将某些特定数值作为起始值,起始值像锚一样制约着估测值。人们在做决策时,会不自觉地给予最初获得的信息过多的重视。

换句话说,锚定效应指人们在对某人、某事做出判断时,易受第一印象或第一信息的支配,就像沉入海底的锚一样把人们的思想固定在某处。作为一种心理现象,锚定效应普遍存在于生活的方方面面。同样,当人们做决策时,思维往往也会被最先得到的第一信息（比如打折价）左右，就像沉入海底的锚一样，将思维固定在某处，从而得出该商品价格便宜的结论。

3.2.4 禀赋效应和心理账户

禀赋效应（Endowment Effect）是由 Richard Thaler 提出的，它是指个人一旦拥有某物品，那么他对该物品价值的评价要比他拥有之前大大提高。比如，你手里有一张已售罄的演唱会门票，这是一个著名乐队的演唱会。你当初花了 200 美元买了这张票，而你又是个狂热的粉丝，即便是以 500 美元买下这张票，你也愿意。现在网上有更加狂热的粉丝愿意花 3 000 美元购买门票，你现在手里有票，那你愿意卖吗？很可能的情况是，你不会卖，如果卖的话，你的最低卖价也要在 3 000 美元以上，而你的买价却最多只有 500 美元。

Kahneman、Knestscb 和 Thaler 1990 年重新做了一个实验，进一步验证了禀赋效应的存在及其影响程度。他们希望揭示用来使用的商品和用来交换的商品之间是否同样存在禀赋效应，即一旦人们得到可供自己消费的某物品，其对该物品赋予的价值就会显著提高。这种非理性的行为常常会导致市场效率的降低，而且这种现象并不会随着交易者交易经验的增加而消除。

除此之外，Richard Thaler 对"心理账户"之类的事情也非常感兴趣。心理账户是我们用于组织和管理个人生活的账户，它有利有弊，且来源广泛。现实生活中，同样是 100 元，是工作挣来的，还是买彩票赢来的，抑或是路上拣来的，对于消费者来说，应该是一样的。可是事实却并非如此。一般来说，你会把辛辛苦苦挣来的钱存起来舍不得花，而如果是一笔意外之财，可能很快就花掉了。这就是心理账户在起作用。虽说同样是 100 元，但在消费者的脑海中，分别为不同来路的钱建立了不同的账户，挣来的钱和意外之财是不一样的。

奚恺元教授曾在《别做聪明的傻瓜》一书中举例：今天晚上你打算去听一场音乐会，票价是 200 元，在你马上要出发的时候，你发现你把最近买的价值 200 元的电话卡弄丢了。你是否还会去听这场音乐会？实验表明，大部分人仍旧选择去听。可是如果情况变一下，假设你昨天花了 200 元钱买了一张今天晚上的音乐会门票，在你马上要出发的时候，突然发现你把门票弄丢了。如果你想要听音乐会，就必须再花 200 元钱买张票。你是否还会去听？结果却是，大部分人回答说不去了。

可仔细想一想，上面这两个回答其实是自相矛盾的。丢掉的不管是电话卡还是音乐会门票，总之是丢失了价值 200 元的东西，从损失的金钱上看，二者并没有区别，为什么丢了电话卡后仍旧去听音乐会，而丢了门票后就不去听了？原因就在于，在人们的脑海中，把电话卡和音乐会门票归入不同的账户中，所以丢电话卡不会影响音乐会所在账户的预算和支出，大部分的人仍旧选择去听音乐会；但是丢了的音乐会门票和后来需要再买的门票都被归入同一个账户中，所以看上去就是双重支出从而心有不甘了。

上述这些概念和效应都是在人们的决策过程中经常存在的心理感知上的偏差，正是由于这些偏差的存在，使人们在不知不觉中做了自以为聪明的决策。

❏ 研究速递

刷微博、看朋友圈、逛QQ空间、玩抖音时，我们总能看到各式各样的广告。就拿朋友圈来说，如果一段时间后打开，"第五条"一定是广告位，有时我们还可以看到朋友对该广告的点赞或评论。社交媒体作为营销的重要渠道，一直备受营销人员的青睐。据统计，营销人员每年在社交媒体上花费10亿美元来建立并维持在线社交网站的存在。因此，有越来越多的人在问："社交媒体的粉丝价值是多少？""在社交媒体上的营销推广真的有用吗？"

John等学者发表在 *Journal of Marketing Research* 上的论文《喜欢会导致爱吗？品牌社交网络对营销结果的影响》(Does "Liking" Lead to Loving? The Impact of Joining a Brand's Social Network on Marketing Outcomes)或许能给出一些答案。作者在文中提出了两个问题：第一个问题是"在社交网络中喜欢一个品牌会让人更积极地看待它吗"，第二个问题是"喜欢一个品牌是否会让消费者的朋友更积极地看待它"。

为此，作者对14 000多名参与者进行了5项实验，引导他们加入一个品牌的社交网络（即在Facebook上"喜欢"它），然后测量他们和他们的朋友对品牌的态度及购买倾向。为了提供比较"喜欢"效果的基准，作者还测试了广告对品牌态度和购买倾向的影响。

通过上述研究，作者得出了两个结论：第一个结论是，仅仅在Facebook等社交媒体上"喜欢"一个品牌的举动并不会让消费者更积极地看待这个品牌；相反，这种活动只是喜欢品牌的一种表现。品牌态度和购买是由消费者对品牌预先存在的喜好所预设的，无论消费者何时以及是否"喜欢"社交媒体上的品牌，这些都是相同的。第二个结论是，当消费者在线上看到一个朋友"喜欢"一个品牌时，与更有意义的社交认可相比，他们不太可能购买该品牌（更有意义的社交认可是指在离线意义上了解朋友喜欢某品牌）。

该研究进一步从营销人员的视角提出了思考。营销人员应该投资被人们"喜欢"的品牌吗？虽然作者并没有发现任何证据表明消费者在Facebook上"喜欢"某一品牌会带来直接的好处，但消费者"喜欢"品牌的意愿可能会给营销人员带来他们的社交媒体努力产生了影响的错觉，这一点需要引起营销人员的注意。

参考文献：John, L. K. et al. (2017), Does "Liking" Lead to Loving? The Impact of Joining a Brand's Social Network on Marketing Outcomes, *Journal of Marketing Research*, 54(1): 144-155。

第 4 章

作为组织的购买决策类型

开篇案例与思考　滴滴出行收购优步中国

如今,网上约车这种方式大大提高了人们出行的便利,而昔日的滴滴打车和优步中国两个国内市场网约车巨头已经合并成为一体。这一组织行为,不但影响了两家公司的未来发展,也影响到了普通消费者的消费行为。

2012 年诞生的滴滴打车一出现便带来了一场出行方式的变革,受到用户们的一致好评,极大地方便了人们的出行。滴滴打车于 2015 年 2 月首先收购其对手"快的打车",并更名为滴滴出行。

而起源于美国硅谷的优步(Uber),则早在 2010 年便先于滴滴打车,创新使用"互联网+交通大数据"的出行解决模式,构建起全球第一家通过智能手机应用软件实现一键实时叫车服务的互联网平台,并于 2014 年进入中国市场。

2016 年 8 月 1 日,滴滴出行宣布与优步全球(Uber Global)达成战略协议,滴滴出行收购了优步中国的品牌、业务、数据等全部资产。双方达成战略协议后,滴滴出行和优步全球将相互持股,成为对方的少数股权股东。优步全球将持有滴滴出行 5.89% 的股权,相当于 17.7% 的经济权益,优步中国的其余中国股东将获得合计 2.3% 的经济权益。滴滴出行也因此成为腾讯、阿里巴巴和百度共同投资的唯一一家企业。

那么,滴滴出行为何要选择收购优步中国? 这一组织决策的动机和过程又是怎样的呢?

首先,优步中国与滴滴出行拥有相同的市场定位和产品,双方都是以低价的网约车攻占国内一、二线城市,因此目标客户也大致相同。滴滴出行在收购快的打车后,成为国内网约车巨头;而优步中国由于来自国外,占领本土市场的难度很大,因此滴滴出行收购优步中国也算是合情合理之举。

其次,降低双方的经营成本成为此次收购的一大主要动力。中国的专车市场自诞生之日起,就是一个肉搏战场。长期以来,滴滴出行和优步中国都是相互比拼着对每一笔订单加以补贴,以争夺更大的市场份额。优步创始人兼 CEO 特拉维斯·卡兰尼克曾在接受采访时表示,2015 年优步在中国的亏损额达到 10 亿美元,而滴滴出行一年花费的补贴金额更是远远超过 30 亿美元。虽然滴滴出行方面对此不予置评,并且曾宣称花费不及优步的 1/4,但双方投入大量资金来维系客户是不争的事实。与其烧钱又难分高下,不如强强联手,共谋发展。

2016年7月27日,交通运输部、工信部等七部委联合发布了《网络预约出租汽车经营服务管理暂行办法》,在网约车平台公司、网约车车辆和驾驶员、网约车经营行为、网约车的监督检查等方面都做出了相应的规定。在此基础上,各地纷纷出台网约车新政细则,对专车市场提出了新的要求。优步中国作为外来户,政策适应和媒体公关本就是弱项,网约车新规的出台势必会加剧凸显其劣势。对于本土的滴滴出行来说,积极应对新规才是重中之重,继续被行业内的争斗分散精力,实属不明智之举。大形势下,双方握手言和也属正常。

总的来看,滴滴出行此番收购优步中国,是经过慎重考虑的决策结果。如今滴滴出行一家独大,可以看出这之前的一系列收购举措也算成功,使得收购者和被收购者都能够获得更大的利益。

思考:如何看待这次"收购"?假如你是滴滴出行的负责人,你在做出这项收购决策时,主要考虑了哪些问题?你认为影响这项决策的最主要的因素是什么?

4.1 组织中的个人购买决策

在组织采购中,个人购买决策主导整体的日常工作,然而,它并不是组织购买行为研究的重点,因为个人购买决策大多涉及的是需要经常购买的商品,这种采购照章办事就能完成。而且,这种情况下的采购主要取决于采购者,有时甚至只取决于调度员(而调度员的职责只在于维持秩序)。需要与之区别的是:

- 单个采购者在仅有一人的采购过程中的行为;
- 多个采购者(或个人)在涉及多人的采购过程中的行为和共同效果。

后者展示的是一种集体购买决策形式。接下来主要考察产业企业、零售企业以及其他组织机构的采购者。原则上来说,可以将它与消费者的个人行为做类比,只不过这里的个人是在有层级的组织架构中实施行为的,并且更加强调合作与控制。

个人投资品购买时的"非理性"因素

> 声誉对投资品非常重要,典型的例子如公司高层办公室和公务车的装饰。此外,品牌对组织购买行为也很重要,它的效果与在消费者行为中的情况类似:由于对知名品牌的偏好,采购者对所偏好的品牌会有更强的支付意愿。再者,因为组织内的需求往往是确定的,而且可以进行定量的结果陈述,因此,采购者往往更可以客观地做出决策。

在文献中,学者们更多地关注了购买者(采购者)特征所带来的局限性,而非关注其是否存在潜力。当然,这需要考虑相互间的互动结果,比如,买方和卖方个人之间的沟通如何。此外,可喜的是,学者们在销售、销售管理、大客户管理或者贸易营销等方面已积累了丰富的研究成果,但遗憾的是对采购或采购管理等领域的探讨仍相对匮乏。

采购任务及其变化

原则上来说,要区分战略性的和流程性的采购任务(见表4.1),因为它们都属于采购管理的范畴。

表 4.1 采购任务的类别

战略性的	流程性的
• 市场监控(探测新产品、创新、潮流) • 供应商管理/发展 • 条件管理/保障 • 引领与核心供应商的合作	• 获得和维护基准数据 • 质量保障和管理(与产品有关) • 采购控制(购买/销售核算、预算监控) • 计划一次性产品

采购中个人发展的重点往往在于专业资格的培训。在此,需要从对一个传统采购员的要求提升至对一个训练有素的采购专员的要求。Scholz(2002)揭示了战略在具体工作中的作用日益重要;与此同时,采购经理所能决定的范围也越来越大(见图4.1)。这里的核心在于,对采购经理(作为战略性的关系管理者和供应管理者)职业培训的重点是提升他们从企业角度思考问题的能力。

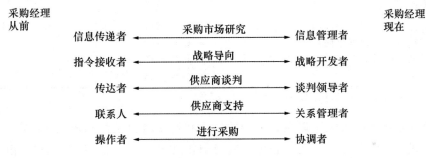

图 4.1 采购经理的工作内容变化

资料来源:基于 Scholz 2002,p.993。

在国际性企业中,有着不同市场和文化经历的人相互合作是十分重要的,由于文化或情境的不同,不同国家的员工行为也不同。因此,一家企业内员工的跨文化能力也变得越来越重要。跨文化能力指的是"适应陌生文化并有效应对的能力"。

对投资品市场的采购者行为进行分析的为数不多的方法之一就是采用观察采购者信息行为的方法(如人文特征、对象的可评价性和随机的被动性信息行为)。其二是采用观察效用表现的方法,区分出基本效用和附加效用。基本效用往往是理性的、通过组织架构来确定的,主要来自产品用途的适合性。附加效用指的是除基本效用之外的产品适合性,如是否易于操作,或者是否能展现自我特征等。在此,需要强调采购者的行为控制,以及在整个系统中的角色。在此假设,互动者(采购者)只根据成本-效用关系来行事,即他们试图通过自己的行为提高报酬/红利。其三是通过组织框架来进行,这种方法主要以描述采购活动的条件为主,同时还提供了采购任务之间互相协调的相关内容。具体来说,需要观察的因素如下:

- 中心化程度;
- 决策能力的高低;
- 组织的大小;
- 时间压力和主观感知风险;
- 对现有生产商(供应商)的经验。

表4.2展示了采购决策的层次、关键成功因素和任务。

表4.2 采购决策的层次、关键成功因素和任务

采购决策的层次	关键成功因素	任务
战略性决策 - 定义成功因素 - 设定需求/采购任务的计划原则 - 市场分析和选择 - 对产品和供应商的选择/评价进行详细说明 - 领先的战略性供应商评估 - 购买策略和条件管理	- 采购力量或合作伙伴关系 - 规模优势 - 产品风险 - 供应商风险 - 协定的目标	核心任务领域
流程性决策 - 绩效测量标准,例如与产品有关的质量保障 - 购买控制(核算、预算监控) - 订购策略和部署,例如订购、召回、时间安排、进度追踪	- 供应商资格 - 供应时间 - 供应可靠性 - 供应控制	非核心任务领域

资料来源:Zentes/Swoboda/Morschett 2004,p.352。

一个中心化采购组织可以保证采购的执行和对采购决策的控制,以及企业内的统一行动方式。而与其相对的非中心化采购组织则比较灵活。值得注意的是,由于相似的采购程序的平行性,因此有可能产生多种过程成本或间接的采购成本。此外,由于细节不同,因此战略性采购任务一般处于中心化采购组织中,而流程性采购往往是以非中心化(可能有多个采购者)的形式进行的。

4.2 集体购买决策的类型与过程

4.2.1 集体购买决策的类型

集体购买决策是B2B市场所特有的,其特点在于,在决策中有多个互相影响的个人参与(多个体性),以及/或者一次互动中存在不同机构(多组织性)。

就一个组织来说,集体购买决策主要以跨组织互动为核心。由于这种购买过程较为复杂且持续时间长,因此,有关这一购买决策过程到底是结构性的还是阶段性的目前仍存在争议。一般来说,结构模型用于描述行为的决定因素,而过程模型则将购买决策

和阶段划分联系在一起。无论如何,上述两种模型都主要关注以下三个问题:
- 哪些个人(组织)在哪种程度上参与了购买决策?
- 在组织中,应该在多大程度上将购买角色理解为一个可以分解为不同阶段并按阶段研究的过程?
- 哪些因素会对采购过程产生影响?

在此,多组织方法超越了以单组织视角研究企业的方法。因为在现实中,采购决策过程通常是在复杂的跨组织互动下进行的,同时,也更加强调多个组织间的互动过程。

4.2.2 单组织购买决策的架构和过程

4.2.2.1 采购中心的概念

> 采购中心包括一个组织内所有可能参与到购买决策互动过程中的人。它与组织中其他功能性子系统有关,因为(从理论上来说)所有参与采购的人都会集合在这个子系统内。

如前所述,采购中心并不是企业内的一个特定部门,而是集合了不同部门的人员,例如生产部门、采购部门和财务部门,这些人处于不同的层面。采购中心的大小和结构由采购情况及要完成的任务类型所决定。

角色概念

Webster 和 Wind(1972a)认为,在划定采购中心成员以及分析个体间相互影响的时候,有必要对采购中心各功能的承担者进行区分。具体来说,可以分为五种角色:

- 用户(Users),指的是那些购买后必须在自己的职责范围内对产品和服务进行最终处理的人。例如,生产经理/员工为自己的工作领域购买新机器。采购过程往往由用户发起。由于用户具有专业知识,因此在采购中会处于核心地位。采购之后,用户会通过其行为来判定所采购到的产品是否好用,以及采购是否成功。
- 影响者(Influencers),指的是那些提供用于评价产品的信息和标准/规则(例如最小尺寸),直接或间接影响采购过程的人。在企业内可以由不同的人来扮演这个角色,比如,开发工程师、产品经理或监管人员。这里还需要考虑到那些不属于企业内部的"影响者",比如,外部顾问。
- 采购者(Buyers),指的是那些持有正式合同,选择供应商,进行洽谈和完成采购合同的人。在大多数情况下,他们属于采购部门。
- 决策者(Deciders),指的是那些除拥有独立职权之外还有权力,并且能够决定合同分配或供应商选择的人。谁能扮演这个角色取决于相应的任务。通常,在大规模投资中这一角色往往由领导层成员扮演,当然,也有可能由用户(当产品规格处于采购核心地位时)或采购者(当价格作为决定性采购标准时)扮演。
- 信息筛选者(Gatekeepers),亦称"看门者",是指那些能对采购中心的信息流进行检查和控制的人(比如,决策者的助理,他们负责进行决策准备)。他们往往对采购决策具有间接影响,因为他们有可能通过有意的信息选择(或者信息操纵)对决策产生决定性的影响。

根据Webster和Wind(1972a)的角色概念,Bonoma(1982)还进一步提出了第六个角色,即发起者(Initiators)。发起者通过识别可能的、对现有情况有所改善的投资项目,将采购程序付诸行动。

采购中心参与者之间存在正式的(由于技术和层级位置)和非正式的(与职位无关)沟通关系。角色扮演者的相对权力位置最终决定如何达成决策。在此的一个核心问题是,到底何时只基于成本-效用关系就能决定最可能的采购对象。

鉴于之前提到过的采购中心角色,作为个人也可以同时或在采购程序的不同阶段扮演多个角色。例如,用户的角色常常与影响者的角色一同出现。此外,还可能有多个个人共同扮演同一角色。

采购系统网络(Buying Network)是经典采购中心概念的延伸,也可以看作一种对采购中心中不同参与者之间关系进行研究的方法:采购中心成员的行为方式和他们对采购程序的影响虽不会被单独考量,却可以作为解读采购中心内直接和间接关系的参考。因此,采购系统网络不只关注采购程序的所有参与者,还关注他们之间的关系,以及他们与第三方直接和间接的关系。这些关系可以通过企业内或采购中心内的沟通结构进行描述(见图4.2)。具体可以分为五个不同的维度:

- 纵向参与,是指出现在相应采购中心内层次的数量;
- 横向参与,是指企业内有多少部门参与到该采购程序中;
- 采购中心的规模,主要由成员的数量决定;
- 一致性,是指在一个采购中心内成员之间与任务相互关联的强度,该维度由成员之间实际的沟通关系和所有可能的沟通关系之间的比例决定;
- 集中性,采购中心内正式采购者代表的集中性,决定了采购者是如何进入决策过程中的,它通常由沟通关系的比例来决定。

对于供应商来说,识别采购中心的内部结构很重要,因为它能应付可能出现的问题,比如,部门间缺乏沟通,等等。此外,那些能够从关系结构中间接解读出的重要信息对参与者也具有影响力。这些信息一方面来自成员间不同的权力基础(奖励、惩罚、鉴定、参考、专家、信息及部门权力),另一方面来自他们对于相关信息的使用权、与其他成员间个人关系的质量和范围以及采购者的偏好和行为。

除此之外,还可以针对Fließ(2000)所说的不同权力基础(比如,特征、资源、购买过程的步骤、失败者的动机)、关于网络信息和角色分类(独行者、联络人、牵线人、界限守护者、中心人物等)以及行为方式(把关、倡导行为、建立联盟)等进行全面观察。

促进者/反对者的概念

一个基于采购中心内决策结构并可以描述其成员的传统方法就是促进者/反对者的概念。它最初是为创新性决策而开发的,之后被运用到其他形式的决策当中。该概念也被称为潜力概念,其围绕的问题是:哪些力量促进了企业政策性决策程序?该程序的特点在于,多个体和多操作的高层协商需要各种建议磋商、程序控制及协调。

值得注意的是,在企业内,很多决策很少以理性思考为基础,而更多的是习惯性的心理行为模式。其原因在于,人们常常倾向于拖延决策流程、避免做决策或者倾向于简

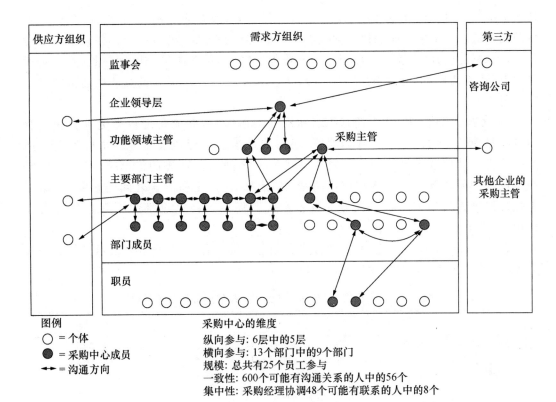

图 4.2 采购中心——结构和沟通关系

化决策流程,特别是在创新流程,以及随之而来进行的由促进者决定的创新性采购决策时。

> 促进者是指那些主动地、强烈地推动创新流程的人,或者是指那些在采购中心内主动推进采购流程、从起始直至购买都会产生影响的成员。

根据促进者推动流程的潜力可以将他们区分为权力促进者和专业促进者:

• 权力促进者——通过他的层级潜力,即他的正式影响力推动创新流程。他拥有决策的权力,并可以基于他的层级位置进行决策——鉴于具体的采购决策,他并不一定是专家。

• 专业促进者——具有客观上的专业知识,可以用这些专业知识来为采购提供建议。专业促进者是组织中某些决策的专家,这与他的层级位置无关,主要与他的客观专业知识有关,因此,他在采购决策中扮演着重要的角色。

创新以及由此而来的创新性采购决策通常不是由两类促进者中的一类独自决定的,而是二者互相配合完成的,即权力促进者和专业促进者为了同一个目标而相互合作。当然,一个人也可以同时扮演这两种角色。高效的采购决策过程(快速而高效地进行目标决策)是在权力促进者和专业促进者都主动活跃的情况下完成的。实证研究也证明了这一点,单方面的权力结构(只有权力促进者)或专业结构(只有专业促进者)效率都比较低。一个单方面的权力促进者尽管能够较快地完成决策,但其创新程度一般较低,问题解决的潜力较小。而当只有专业促进者时,尽管决策的时间较长,且创新程度并不高,但是其问题解决的潜力往往较大。Witte(1976,1999)的方法中还增加了一个新角色:

• 过程促进者——是指拥有组织知识和沟通潜力,并能帮助权力促进者和专业促进者搭建关系的人。他必须能够"……将技术语言翻译成在企业内能够沟通和理解的语言。他促进新事物……他具有在不同人之间八面玲珑的沟通手段"。如果要在某过程中激活复杂而多样的信息关系,弥合组织、专业和语言之间的差距,就需要有过程促进者的参与。因为权力促进者和专业促进者在这里都起不到这种桥梁性作用。

表 4.3 总结了权力促进者、专业促进者和过程促进者的角色模型,展示了他们的权力来源、绩效贡献和能够帮助克服的障碍。

表 4.3 权力促进者、专业促进者和过程促进者的角色模型

	权力来源	绩效贡献	障碍
权力促进者	• 高层级地位	• 制定组织性目标 • 设定具体目标 • 提供激励 • 制裁利益相关方 • 阻碍对手	• 意愿障碍 • 层级障碍
专业促进者	• 专业能力	• 评估新的且复杂的问题 • 评判和开发问题解决方案 • 实现问题的解决 • 发起和促进专业特定的学习过程	• 专业特定的能力障碍
过程促进者	• 组织知识 • 组织内部的沟通潜力	• 收集、筛选、翻译和解读信息,并将它传达给利益相关方 • 促进沟通关系和联盟	• 组织性的和管理性的障碍

资料来源:Walter 1998,p.106。

除上述三种类型的促进者外,还有学者提出另一种类型的促进者,即关系促进者。

• 关系促进者——有助于引导与那些不能或不想直接进行互动的人之间的对话。他有能力将对话的各方聚集在一起,且在一旁协调并拉近不同领域之间和人与人之间的距离。这种人在多组织关系中非常重要,因为他可以在所参与的企业间很好地进行斡旋。

此外,在总体的创新决策中,特别是在创新性采购决策中,需要克服某种意愿和能力障碍。这种障碍既可能是一些实际的困难,也可能是一些组织性的困难,并常以反对者的角色表现出来:

> 反对者是指那些想要阻碍或制止创新流程的人,或者是采购中心里那些想要耽误采购流程或阻止采购的成员。

因此,促进者除了要面对各种问题的复杂性,还需要应对反对者的阻碍。这种阻碍采购流程的人也可分为权力反对者、专业反对者和过程反对者。他们有时一对一地工作,有时三人一起工作,时而主动时而被动地(如通过不作为的方式)来反对决策。一般地,促进者都是公开采取行动,而反对者既可以是公开的,也可以是隐匿的。对此,存在一些有关反对者性质的争论,以及其他一些不确定性的争论,比如,技术方面的不确定性、采购对象作用方面的挑战和与采购对象有关的经济利益方面的不确定性等。Witte(1976)强调,反对者的作用并不是阻止新事物,而是引发企业内的风险意识和对安全性的追求。他们的活动也可能是积极的,因为他们的反对并非毫无根据,况且他们这样做还有助于释放促进者的生产力。因此,可以把反对者看作挑战,正是他们的存在才迫使促进者承担更多的推动流程的任务。比起没有反对者的决策程序,促进者和反对者同时起作用的决策程序具有更高的效率。

总的来说,促进者/反对者概念可以用于分析采购中心。对于供应商来说,找出潜在需求者内的角色分配很重要。需要识别反对采购计划的反对者,并分析他们反对创新的顾虑。除了反对者,供应商还需要考虑采购中心内的促进者。如果这种角色分配在销售团队或销售中心内是有组织的,就可以建立互动关系。

反应者概念

Strothmann(1979)认为,采购中心内的成员还可以根据其信息行为进行区分。他区分出了以下类型:

- 事实反应者(进行事实分解的澄清者)——广泛地收集有关某采购决策的信息,以便能够降低与采购有关的风险。因为对他来说,详细的论述更重要。
- 形象反应者(注重所收集信息的简化和针对性)——只关注较少的、较基本的信息。由于他对浓缩过的信息更感兴趣,因此他的工作才会更简单、更有效率。
- 中性反应者——一种混合类型,他既对采购的详细信息非常在意,也很关注整体的概览。通常,这种混合类型的反应者在事实反应者因实际情况(如时间压力)没有办法进行广泛的信息收集时才会出现。

对于供应商来说,重要的是满足采购中心内不同类型角色的不同信息需求。

4.2.2.2 组织购买行为的结构模型

采购中心结构的复杂性导致了购买行为的复杂性,因此,对其进行分析更适合采用具有多种影响因素(企业外部和内部)的全模型。这里将进一步介绍结构模型和过程(或阶段)模型。

> 购买者行为的结构模型试图将组织采购行为的不同影响因素进行归类,并放入模型中。因此,结构模型的主要目的在于对影响组织购买行为的因素进行系统化。

Webster 和 Wind(1972a;1972b)的结构模型是最初的结构模型之一,其中将采购中心作为模型的核心元素。该模型中存在四种影响因素(见图 4.3):
- 环境影响因素;
- 组织或企业决定因素;
- 采购中心内的人际决定因素;
- 个人内部决定因素。

环境影响因素很复杂,有时难以确定,其中包括政治、技术、经济和法律等因素,它们来自不同形式的组织(供应商、顾客、竞争对手、国家、机构和党派),对需求方产生影响。这些不同的因素会对以下方面产生影响:
- 主要要获得哪些产品和服务;
- 哪种商业环境会起支配作用(周期性情况、政治和经济情况);
- 哪些基本的价值观和规则会主要影响供应方和需求方之间、竞争对手之间的组织和人际关系,以及采购中心内的各种关系;
- 信息是如何从供应方到达组织内并影响购买行为的。

组织和企业决定因素显示了个体是如何在影响其购买行为的特定社会结构中做出反应的。

在这里需要区分四种因素:组织技术、组织结构、组织目标和任务以及组织成员。这些因素相互影响,并构成了组织购买行为的结构性框架。

人际决定因素与前面所提到过的购买中心成员角色有关。这些成员不仅会受到其任务的影响,也会受到那些与任务无关的试图在购买决策中实现的动机和目标设想的影响。那些与任务无关的动机更多的是某种价值观或态度,比如,某采购中心成员出于私人的或社会的原因而持有的价值观或态度。

组织购买决策程序中的个人内部决定因素强调的是,在集体决策中也不能忽略个人行为,因为决策最终还是落实到个人身上。因此,解释消费者行为的有关知识同样可以解释组织购买决策中的个人行为。

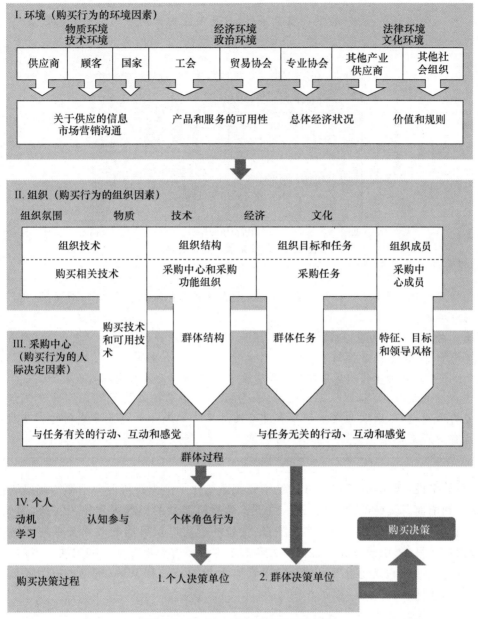

图 4.3 Webster 和 Wind 的结构模型

影响市场中心化采购行为的因素

在贸易活动中,对购买程序进行环境区别化的考察是非常必要的。通常,基于市场导向的并能影响采购概念的因素,主要通过两个采购标准来体现(见图 4.4):

• 销售市场的要求,特别是某一品类(货品种类)的(大致)角色(包括对服务水平的要求、需求满足、失误保障、顾客需求的复杂性等)。

- 采购市场的要求,特别是其复杂性(包括潜在的采购源的透明度和数量、供应商的持续性和能力、专业化程度、采购过程的常规性、货品的周转速度等)。

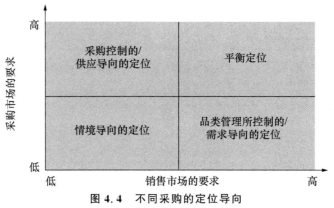

图 4.4　不同采购的定位导向

资料来源:基于 Swoboda/Morschett 2002,p.792。

需要说明的是,对于品牌制造商来说,由于贸易商只面对少数的制造商,因此其对采购市场的要求并不高,即使那些贸易企业想要通过这些品牌商来塑造自身形象亦是如此。由于对品牌制造商的高度信任,因此寻找采购源并对其进行分析、供应商管理和质量管理等类似战略性的采购任务,都变得相对不那么重要。作为结果,这类采购活动最终将被归类为销售市场导向的品类管理,尽管其中仍会涉及越来越多的合作关系。

在其他领域,如零售品牌领域,对采购市场的要求往往比较高。因为这里涉及大量的采购选择,所以采购市场具有战略性意义。如果一个企业希望通过零售货品塑造自身形象,那就有必要采取平衡定位。

总的来说,Webster 和 Wind 的结构模型系统化了组织购买行为中那些重要的影响因素。和前面所提到的全模型一样,由于该模型所涉及的影响因素较为复杂,因此,对该模型进行总体结构的系统的实证测量、变量的确定以及可能的效果关系的评估等会比较困难。另外,该模型在考虑供应方和需求方关系方面也存在一些欠缺。当然,采购中心内各种冲突和变化也不可避免。尽管如此,Webster 和 Wind 的结构模型还是具有很强的描述性。

把网络作为信息和采购源

采购市场研究显示,越来越多的决策者或决策参与者把网络作为获得供应商和产品相关信息的企业外部来源。

同时,企业也越来越多地把网络用作采购渠道,即所谓的电子采购(Electronic Sourcing),如电子招标,或者从电子市场上置办货品。这种市场可以被分为横向的和纵向的两种。前者关注的是跨行业的产品和服务(如 Mercateo 公司),后者关注的是某一特定行业(如汽车行业的 Covisint 公司)。

Sheth 模型

Sheth 模型通常被认为是组织购买行为研究领域影响最为深远的模型。除与其他模型的内容相关之外，Sheth 模型更侧重于展示寻找问题的路径，以及如何在组织购买行为中对其进行结构化。比如，在对购买行为的影响因素进行系统化研究方面，图 4.5 中的 Sheth 模型与 Webster 和 Wind 的结构模型有所不同。因为它不仅关注了集体决策，还展示了个体决策的可能性。这与前文中提到的 Howard 和 Sheth 的消费者行为模型在一定程度上具有一致性。但需要强调的是，Howard 和 Sheth 的模型运用得更为广泛，它更多涉及的是个体购买决策过程，其中包含的（影响）变量也更多。

Sheth（1973）通过三个核心元素解释了组织购买行为：

- 影响决策的个人心理因素（心理世界）（1）；
- 与参与者达成的共同决策的条件（2）；
- 冲突处理或冲突解决机制（3）。

该模型的核心元素是决策参与者（如购买者、技术人员、用户等）对供应商和品牌预期（1b）的鉴别。这些不同的预期源自个人经验和不同的背景（1a）（源自不同的教育、组织内的角色行为和生活方式），还源自他们通过主动的信息搜索获得的不同信息（1c），以及受到一定程度的认知扭曲（选择性的或者主观的认知）（1d）的影响。

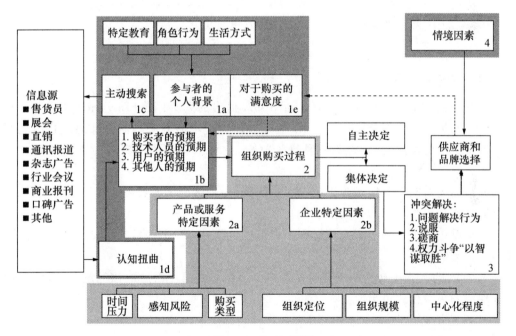

图 4.5 Sheth 模型

此外，这些预期还可能受到个体对于过去购买经历满意度的影响（1e），而这种经历会进一步决定组织购买过程（2）。通常，企业内实际的购买决策到底是由一个人独立做出的还是由集体做出的，取决于产品或服务特定因素和企业特定因素的影响。产品或服务特定因素（2a）包括当时的购买类型（如初次购买或习惯性购买）、主观感知风险（如可能的错误决策的影响)以及时间压力。企业特定因素(2b)包括企业的定位(如技术主导型定位)、企业规模以及中心化程度。

从模型的角度来看,大多数集体决策中都会存在冲突,这些冲突大多来源于参与者不同的目标或感知。通常,解决冲突的方法有四种选择(3):在有些情况下,可以通过收集和处理附加信息,或通过正确地论证、理性地说服"反对者"来解决冲突。为了解决问题,往往会推荐使用上述两种冲突解决方式。相比之下,与采购中心的其他成员进行纯粹的"讨价还价"(Bargaining)或"耍计谋"(Politicking)会被认为是无效的选择。

最后,复杂的影响因素中的情境因素(4),例如经济状况、罢工或者企业收购与合并,也可能对购买决策产生影响。

在评估该方法时,需要注意的是,这种全模型的价值在于其具有更大的启发性,而非实际解释效力。它的主要作用是有助于进行定位。为了对某特定情境进行有效预测,有必要对含蓄的、特定的情境因素进行具体化,弄清它们之间的关系,并对所有元素进行操作。

4.3 组织购买行为的过程/阶段模型

> 过程/阶段模型的特点是将购买过程作为研究重点。

购买网格的概念

Robinson 等(Robinson/Faris/Wind 1967)提出的购买网格(Buygrid)模型是一种关于组织购买行为的复杂模型,这一模型是专门为资本品的采购而设计的。它由购买类型和购买阶段组成,并且作为一种理论框架,它可以对组织购买行为进行区别化的考量。

该模型还对购买决策过程进行了二重区分:一是区分了购买决策的不同类型,二是将决策过程划分为不同的购买阶段。

该模型包含了三种组织购买过程中典型的购买决策类型(图 4.6 展示了工业品不同购买类型的例子):

- 初次购买——初次购买某特定资本品。由于是第一次解决该问题,所以组织内没有现成的决策模式可借鉴。
- 改进的再次购买——组织具有某种特定的决策模式,但对某资本品的再次购买与初次购买的情况可能会有所不同,比如,购买对象变了。
- 未改进的再次购买——再次购买某特定产品,即存在决策惯例或在相同的购买条件下进行再次购买。

这三种购买决策类型本质上被分为三个维度:问题的新颖性、信息需求和备选项的数量(见表 4.4)。

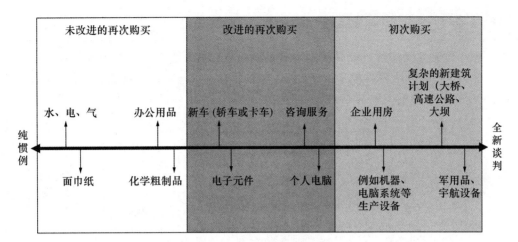

图 4.6　购买决策类型的例子

资料来源：基于 Kotler et al. 2011，p.332。

表 4.4　三种购买类型的维度

		维度		
		问题的新颖性	信息需求	备选项的数量
购买类型	初次购买	高	最大	很多
	改进的初次购买	中	有限的	有限的
	未改进的再次购买	低	最小	无

模型的第二重区分是关于组织购买行为的决策阶段。对于阶段概念来说，购买决策阶段是根据时间来划分的，即被划分为单个决策阶段。这一购买决策过程通常有以下八个阶段：

(1) 识别问题阶段（从有需求的组织角度来看）；

(2) 确定所需产品的类型和数量的阶段；

(3) 确定产品规格的阶段，即企业提出需求清单；

(4) 寻找可能供应商的阶段，即企业内部根据需求清单来招标；

(5) 从潜在供应商处取得供应的阶段，即供应商参与投标，或企业进行公开招标；

(6) 对投标进行评估的阶段，并基于需求清单进行选择；

(7) 选择订单处理方法（例如一次性合同或者例行订购）的阶段，在这里会有法律部门和管理层的参与；

(8) 购买后和使用阶段，其中会总结关于产品及供应商的经验，并用于未来的可能决策。

在一般性购买决策中，阶段(4)是最重要的，即主动搜寻供应商。在习惯性购买决策中，阶段(5)和阶段(6)的特点是其选择被限制在有限的供应商数量范围内，类似于消费者行为中的唤起集合。

以采购钻具为例的购买过程

有关购买类型方法对于采购中心结构的效果、采购过程的复杂性和持续时长请参见图4.7。采购钻具的例子表明,根据相应的购买类型(初次购买、改进的再次购买、未改进的再次购买),相同的产品可以以完全不同的方式获得。

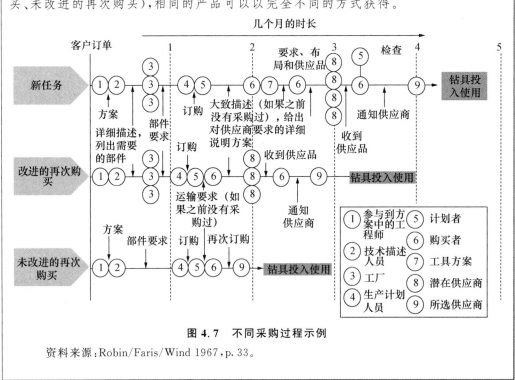

图4.7 不同采购过程示例

资料来源:Robin/Faris/Wind 1967,p.33。

总的来说,这里的基本假设是一个二维结构,即单个阶段根据不同的决策类型具有不同的意义和特点,在考察购买过程的不同阶段和购买决策的参与者时尤为如此(见表4.5)。

这种理念的优点在于它的结构较为简单,并将购买类型作为分类标准予以考察。然而,该模型的整体效度却值得怀疑。尤其对于资本品来说,它往往需要获取多重的信息和备选项评估过程,这时就无法满足这种购买网格模型的理想假设了。这也是为什么有许多质疑者对该模型做了进一步的简化,比如,Choffray 和 Lilien(1978)根据产品类型的不同(例如资本品或零件)对购买网格模型进行了部分修改,Johnston 和 Bonoma(1981b)则根据价值类型(比如,初次购买的是一只灯泡还是一个车库)又进行了细分。许多研究结果显示,购买网格模型中的情境变量并不是唯一的解释变量,初次购买、改进的再次购买、未改进的再次购买三者购买行为本身的不同,同样能够提供更深层次的解释。

表 4.5　购买决策的参与者

购买阶段	初次购买	改进的初次购买	未改进的再次购买
问题识别	企业领导层	采购人员	库存管理
确定产品特性(要求)	技术人员	—	—
描述生产特征	技术人员	—	—
寻找供应商	技术人员	采购人员	(考核过的供应商)
评估供应商的特征	技术人员	技术人员 采购人员	(考核过的供应商)
招标	技术人员 采购人员	采购人员	采购部 (也可能是委托/电子数据管理系统)
评估标书	技术人员	采购人员	采购部 (也可能是委托/电子数据管理系统)
选择供应商	技术人员 企业领导层 采购人员	采购人员	采购部 (也可能是委托/电子数据管理系统)
执行、再确认、再指导	采购人员	采购人员	采购部 (也可能是委托/电子数据管理系统)
执行控制和评估	技术人员 采购人员(非正式)	采购人员(非正式) 系统(正式)	采购人员(非正式) 系统(正式)

资料来源：基于 Brand 1972, p.71。

在这里，尤其需要把购买情况的复杂性作为一个变量。这种复杂性在初次购买时要比改进的再次购买或未改进的再次购买时更高，因为初次购买时信息缺乏，从而对信息的需求反而更大。

类似的争论还有，某产品的重要性最终取决于在初次购买情况下是否实际存在更高的信息需求，或者相应的采购决策是不是基于较低的重要性（从而复杂性也有所降低）而达成的。

Choffray 和 Lilien 的过程模型

该模型既展示了集体的、组织的购买过程，也展示了单个的决策阶段（见图 4.8）。它以一种可操作化的形式完成了上述内容，其中梳理出主要影响变量，并将它们与可控变量联系在一起。与之前讨论过的模型不同，这种方法关注的变量较少，并且购买决策过程也被简化为三个主要阶段：

- 选择备选项——排除不符合企业要求的备选项；
- 建立购买中心内决策制定者个人的偏好；
- 建立整个组织的偏好。

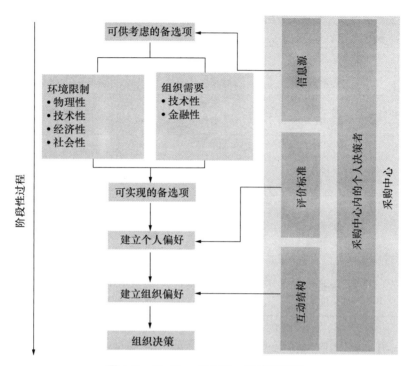

图 4.8　Choffray 和 Lilien 的过程模型

该模型中的三个阶段依次递进直至影响个体的或集体的行为结果，并最终形成一个完整的过程。该模型描述了组织购买行为的基本关系结构。根据该模型，购买过程从选择一定数量的购买备选项开始。这取决于采购中心成员的信息行为和可用的信息源。Choffray 和 Lilien(1978)将可能的备选项作为唤起集合。至于哪些购买备选项可以作为可行的备选项进入决策过程，则取决于环境限制，例如，法律上的环境兼容性规定（比如说对于某组织的特定要求），以及有多少预算等。预选过后，采购中心的成员基于个人的评价标准建立起自己对剩余决策备选项的偏好。实际购买决策往往由集体共同完成，并且该决策取决于互动结构和采购中心内的实际权力状况。

为了达到第二个要求——购买过程的可操作化——需要使用以下不同的响应模型（见图 4.9）：

- 知晓模型，主要研究的是供应方的市场营销活动和采购中心成员的沟通行为，为的是计算出某产品 x 被从 X 个备选项的唤起集合中选中的概率。这里会用到回归分析（服务费用作为自变量，而从唤起集合中选出的概率作为因变量）。

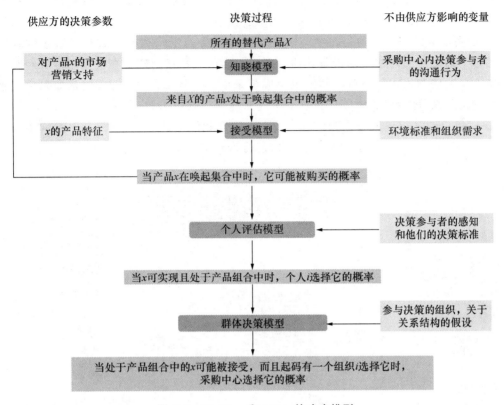

图 4.9　Choffray 和 Lilien 的响应模型

- 接受模型，主要是同时考虑了环境和组织特定的影响因素与各个产品特征，从而进行进一步的备选项选择或判断产品 x 是否可买。这里会用到 Logistic 回归方法等。
- 个人评估模型，强调了采购中心成员的偏好由供应方活动和感知区别造成的影响所决定。这里可以用回归模型来计算个人 i 是否偏好于产品 x。
- 群体决策模型，它反映了不同的偏好——在采购中心内成员间权力结构或利益群体的影响下——如何被浓缩成组织的、集体的购买决策。这里可以使用加权概率模型。

这种总体模型的解释力度取决于在现实中能够在多大程度上建立它的四个子模型，以及测量方法能够在多大程度上被实证检验。由于它相较于其他结构模型涉及多个影响因素，因此在实际中，Choffray 和 Lilien 的模型实用性更强。只是需要注意的是，在实际应用时，需要考虑该模型中所包含的变量是否能够表示实际购买中可能涉及的主要影响因素。

4.4　综合模型

Johnston 和 Lewin(1996)曾尝试对 19 世纪 70 年代以来六种市场营销期刊上的

165篇文章进行总结。通过总结他们发现了两个新的要素可以作为对已有模型的补充（见图4.10所示的Johnston和Lewin的综合模型）：

- 决策准则——指的是在冲突情况下制定决策的正式和非正式程序。正式程序指的是书面确定的评估或选择备选项的准则。非正式程序则建立在决策制定者经验的基础上。这些非正式程序对于其他组织成员来说具有较低的约束力，但是如果它们被书面确定下来，就会随着时间的推移具有越来越强的约束力。

- 角色冲突——来自采购中心内的不确定性和信息的缺乏，它涉及对采购决策的预期、用于满足采购决策预期的方法或角色行为的结果。

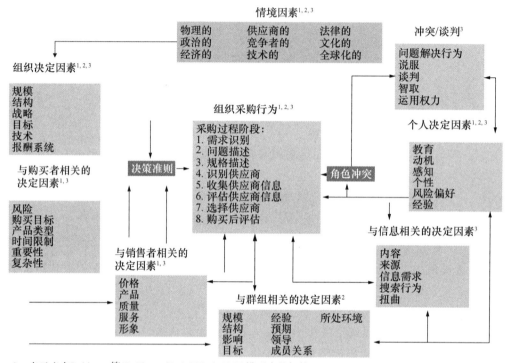

1：表示来自Robinson等(Robinson/Faris/Wind 1967)模型中的架构。
2：表示来自Webster和Wind (1972a, 1972b)模型中的架构。
3：表示来自Sheth(1973)模型中的架构。
■表示新增加的要素。

图4.10　Johnston和Lewin的综合模型

庆幸的是，这些变量的总体影响是可以被证实的。原则上来说，该模型不仅关注了进行采购的组织的内部程序，以及供应商和顾客之间的关系，而且还在决策准则和角色冲突的背景下，表明了组织内外所拥有的沟通网络及其强度的重要性。最后，作者还开发出了一个"风险连续"模型，其中以宏观视角分析了不同的（企业内部和外部）决定因素（狭义上指的是之前提到过的决定因素）对组织购买行为的影响，以及感知风险——尤其是因为该风险会引发大多数组织购买行为的差异。感知风险本身由情境因素所决定，之后进一步反映在购买计划的意义、购买决策的复杂性、成功解决问题的不确定性以及感知到的时间压力等因素上。

关于感知风险，Johnston 和 Lewin(1996)提出了风险连续模型(见图 4.11)，即随着感知风险的增加：
- 采购中心的复杂性提高，规模越来越大，因为更多数目的部门或相关方会参与其中；
- 对参与者知识结构的需求更加广泛(包括教育水平更高)；
- 提供良好解决方案的供应商会获得偏爱，而在多个供应商都能同时满足要求时，价格才会成为重点；
- 采购中心成员会主动或广泛地进行信息搜索，而且在初始阶段会较多地运用到非个人的或商业性的信息源(例如专业文献)；
- 采购中心内部成员间冲突的可能性会增大；
- 新的购买情境常常会用到"先做出决定再说"的办法(即先做出决定，然后"看情况")；
- 角色冲突越来越多；
- 拥有供应方和需求方之间关系和沟通网络的意义变得越来越大。

■ 简单的购买中心结构	■ 复杂的购买中心结构
■ 较弱的关系结构	■ 较强的关系结构
■ 非正式的决策准则	■ 正式的决策准则

低 ←——— 感知风险 ———→ 高

■ 最小化的信息搜索	■ 主动的信息搜索
■ 简单的网络结构	■ 复杂的网络结构
■ 较小的谈判强度	■ 较大的谈判强度

图 4.11 风险连续模型示意图

资料来源：Johnston/Lewin 1996, p.9。

该模型的意义在于，除那些在其他模型中常常涉及的因素之外，该模型还考虑到了在冲突解决的情况下如何有层次地分析这些因素，以及如何在考虑到感知风险这一因素后，探讨其对购买行为的影响。不仅如此，模型中许多相关关系也已在单个分析中被实证检验，从而进一步提升了该模型的价值。当然，Johnston 和 Lewin 的这种方法并不适用于所有研究。例如，Thompson 等(Thompson/Mitchell/Knox 1998)曾指出，该模型虽然强调了组织内关系和沟通的重要性，但并没能得出有关购买中感知风险越大，角色冲突就越多的类似结论。究其原因，也许是专业性、信任度或所参与组织的文化融合度决定了供应组织的成功。

一些学者也曾提出其他不同的风险维度。因此，对决策制定和购买过程中其他因素的影响进行考量仍很重要，只不过这里所使用的理论方法会有所不同。由于沟通网络在组织内部购买决策框架下很有价值，因此，企业层级之间的互动也很重要。

❑ 研究速递

在人们的购买行为中，通常会经历各种各样的情绪波动。比如发现新产品的兴奋、对产品生产日期的质疑、选择品牌或者口味时的纠结、买到心仪产品后的满意、遇到质量问题时的愤怒……这些情绪通常会对人们的购买行为产生重要的影响。Kemp 等学者在 *Journal of Business & Industrial Marketing* 上发表了《组织购买的核心：理解组织购买者决策与情绪》（The Heart in Organizational Buying：Marketers' Understanding of Emotions and Decision-Making of Buyers）一文，重点探讨了情绪在组织购买行为中的作用，以唤起人们对情感购买反应的关注。

作者认为离散的正面和负面情绪直接刺激购买者的思维过程、动机和行为；情感驱动着组织购买每一阶段的购买过程；有效地帮助潜在的购买者管理情绪——无论是诱导兴奋的积极情绪，还是减轻恐惧和焦虑之类的负面情绪，都能在组织中起作用

为了论证这一观点，作者采用了访谈的研究方式。他们选取了 12 名经验丰富的销售经理（10 名女性、2 名男性）作为采访对象。每一次访谈都是半结构化的，持续 30～45 分钟，集中于叙事以及与上下文相关的情感在组织决策中的作用。通过详细的访谈，得出以下 3 个主题。

主题 1：离散的正面与负面情绪直接刺激购买者的思维过程、动机和行为

情绪大致可分为积极与消极两种，它们都影响着购买者。一般来说，购买者希望从组织决策的过程中获得个人价值，比如骄傲自豪就是一种重要的情感。信任也是决策过程中的重要组成部分，促使购买者与合作伙伴合作，提高效率与生产力。同时，个人也希望降低风险，比如，购买者往往害怕犯错误，因此不愿意竞争和创新，这看起来很愚蠢，既会使他们失去立场，也未能解决问题，最后还会失去信任。恐惧、焦虑、后悔和挫折就是与个人风险降低有关的重要情绪。

主题 2：情感驱动着组织购买每一阶段的购买过程

传统的 B2B 购买决策模型共有 8 个阶段：认识需要—定义所需产品—制定详细的标准—寻找合格的供应商—分析收购提案—评估供应商的建议与选择—订购与接收订单—评价产品。在决策初始阶段，人们通常会很兴奋，但不久之后兴奋感就会随着时间的推移而消退。当开始搜索供应商时，购买者的积极和消极情绪（包括希望、惊奇、焦虑和挫折）混杂在一起，且被表达出来。供应商一旦被确认，购买者就将对其产生信任感，从而减轻先前的恐惧、焦虑等消极情绪。购买过程结束时，现有的情绪取决于供应商的实际表现，消极的表现引起遗憾与挫折感，积极的表现唤起信任、骄傲与喜悦。

主题 3：有效地帮助潜在的购买者管理情绪——无论是诱导兴奋的积极情绪，还是减轻恐惧和焦虑之类的负面情绪，都能在组织中起作用

例如，情感调节理论表明，个体经常主动地尝试缓解负面情绪。如果消费者体验到恐惧、焦虑，那么组织可以提供一种有助于缓解这种负面情绪的解决方案。同样，组织也可以诱导消费者体验积极情绪。

作者进一步给出了进行情绪管理的一些技巧，比如，通过幽默来缓解恐惧，通过分享有用的信息和资源，保持经常性的联系来消除挫折感，通过提供卓越的售后服务来打消顾客的后悔情绪……不过该研究也有一定的局限性和改进的空间。比如，参与者全

部来自同一家大型公司,并且全部来自销售部门。其实未来可以找不同类型的企业、不同领域的人来进行调查,那样会产生更多的洞察。同时,该研究全部采用解释和定性的方法来研究情绪,未来的研究可以采用定量数据来实证检验目前的发现。

资料来源:Kemp, E. A. et al. (2017), The Heart in Organizational Buying: Marketers' Understanding of Emotions and Decision-Making of Buyers, *Journal of Business & Industrial Marketing*, 33(1):19-28。

第5章

购买者心理激活过程和状态

开篇案例与思考 "双十一"的狂欢

"双十一"购物节指的是每年11月11日的网络购物促销日。"双十一"购物节最早由阿里巴巴旗下淘宝商城(天猫)于2009年提出并开展,11月11日成为淘宝举办大型促销活动的固定日期,随后京东、聚美优品等大型电商品牌也纷纷加入"双十一"促销大军。据统计,阿里巴巴2014年"双十一"全天的交易额为571亿元,2015年达912亿元,2016年达1207亿元,2017年的交易额则高达1682亿元。2019年11月11日当天,全网交易总额为4101亿元,同比增长30.1%。"双十一"俨然成为网络购物的盛大狂欢。

"双十一"购物节的盛况,有赖于电商平台对消费者心理的深入把握。它们究竟是如何刺激和引导消费者心理的?下面将以淘宝商城为例进行分析。

首先,全面覆盖,强力轰炸,煞费苦心进行前期宣传。为了引起消费者的关注,淘宝商城在"双十一"前两周甚至更长时间就开始进行铺天盖地的宣传。无论是淘宝商城App本身的界面,还是电视广告、视频广告、微博宣传,抑或是普通住宅楼的电梯广告,有关"双十一"购物节的各类宣传可谓是见缝插针,无孔不入。消费者长时间地暴露在这些广告的刺激之下,对"双十一"购物节逐渐有所了解,并予以重视,甚至产生期待,这激发了消费者的参与积极性,为后续"双十一"的疯狂做好了心理铺垫。

其次,折扣多样,低价冲击,刺激消费者需求,促使其扩大购买。许多商家在"双十一"前期都会维持较高的价格,同时提前标出"双十一"的特惠超低价,以其所展示出来的巨大优惠诱惑消费者,刺激消费者需求。与此同时,淘宝在"双十一"促销过程中推出了丰富的折扣规则,如"跨店满减""分会场优惠券""套餐优惠"等,消费者为了获得更大的优惠,倾向于选购更多的商品,扩大购买。然而,这其中,往往有很多商品并不是消费者真正需要的。

再次,限时特惠,限量抢购,利用消费者的焦虑感加速其购买决策。每一年的"双十一"购物节,成交效率最高的都是11月11日0点钟声敲响之后的几个小时。许多商家对于"双十一"优惠商品采用的都是限量销售、限时抢购的方式。在这样的"限时限量"压力下,消费者会产生一定的焦虑感,于是在"双十一"到来之前就选择好商品,放入购物车,在0点到来之时疯狂抢购,生怕自己错失良机。这样的焦虑感使得消费者的购买动机更加强烈,用于确认购买的决策时间被大大缩短,同时还增加了消费者购买体验的竞争感与趣味感。

最后,优化体验,完善服务,增强消费者对"双十一"的认同。消费者虽然在一定程度上对于"双十一"优惠活动的真实性存在质疑,但整体而言对"双十一"还是持认同态度的。很大一部分原因在于移动端的普及和系统优化带来的便捷流畅的购买体验,以及完善的物流和售后服务。这二者可以显著增强消费者参与"双十一"的真实感和满足感,进而认为"双十一"确实是商家让利、自己获益的"狂欢节"。

与淘宝"双十一"购物节类似,京东最早将其店庆日6月18日打造成其独有的购物节,与"双十一"遥相呼应。稍有不同的是,京东购物节从6月1日起就拉开帷幕,将持续大半个月的时间。后来,各大店商纷纷跟进,将"6·18"打造成每年年中的一个购物狂欢节。

持续走高的交易额是否就说明"双十一"购物节的前景一片大好?事实上,狂欢的背后依旧存在着一些问题,值得我们去思考。

一方面,各大电商目前都偏好于创造各种各样的购物节进行促销。比如,淘宝商城(天猫)2018年全年的各类购物节活动多达69个,其中包括"三八女王节""天猫粉丝节""天猫99大促"等。过多的促销活动容易导致消费者对于折扣的敏感程度降低,从而产生"打折疲劳","双十一"时的购买积极性也会下降。

另一方面,淘宝在"双十一"期间设计的促销折扣规则也日益复杂,例如将商品分为好几个分会场,从而拆分成不同的订单让消费者难以凑够满减金额等。过于复杂的促销规则也导致消费者不愿意投入过多的认知资源进行学习和了解,从而使折扣本身的吸引力大大降低。

"双十一"购物节的狂欢背后,实则隐藏着一场电商与消费者之间的"心理战"。其中存在的隐忧与问题,依旧有待于深入的分析和探讨。

思考:"双十一"购物节给消费者带来哪些消费心理上的变化?消费者如何看待"双十一"购物节?

5.1 激活

5.1.1 理论基础和特征

> 激活是所有驱动过程的基础,它为生命机体提供能量,并将机体调节到有能力产生并准备产生一定成效的状态。

激活指的是与内心兴奋和紧张相关的过程。这些过程为人类行为提供能量并驱动其实现。激活过程在广义上包括情绪、动机和态度几个方面。情绪是指主观上感受到的内心兴奋过程,可能是令人舒适或者不适的感受,并且或多或少是在有意识的状态下感受到的。动机是指在内部紧张的基础上附加了一种目标导向(驱动)。态度则进一步反映了内心的一种状态,以及面向目标时随时准备做出反应。简言之,情绪指向内心,动机指向行为,态度指向目标。这三个基本构念相互依存,一同解释人类行为的形成,而激活正是这一切驱动力的基础(见图5.1)。

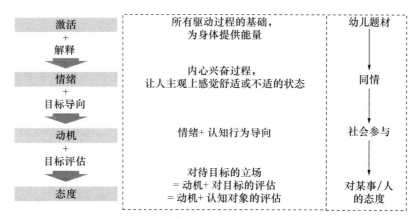

图5.1 激活、情绪、动机和态度之间的关系

在激活(可理解为中枢神经的刺激机制、关注度或者引导反应)中加入认知这一要素,有助于更好地理解情绪、动机和态度之间的关系。因为激活属于人们心理过程中复杂的内心活动,所以激活和认知过程并不总是可以被明确地区分开来的。当激活要素占主导的时候,心理过程就被称为激活过程。它关注的是个体的主动性和行动力。它一方面直接对人的行为产生作用,另一方面又会影响到认知的过程,比如收集、整理和存储信息。

激活与中枢神经系统的功能相关联,一般分为紧张性激活和实时性激活两种。紧张性激活研究的是个体的总激活水平(清醒的程度)和较长时间持续在这种激活水平上的有意识状态(清醒),以及个体的一般行为能力。这种激活状态只会缓慢地发生变化。相对而言,实时性激活研究的是短期内激活的波动,这种波动能够决定个体在此刺激状态下的行为能力,并且有可能是被某种外界刺激触发的。激活和成效之间的关系可以通过λ假设来表示,如图5.2所示。

可以对λ假设的分析进行如下分解:

1. 最小激活假设——个体成效以最低限度的激活为假设前提。

2. 正常激活假设——个体成效随着激活水平的提高而提高。正常激活关注的是从放松的清醒状态到清醒的注意状态那部分区域。正常激活水平越高,对信息的加工就越有效率。

3. 过度激活假设——超出某个激活水平以后(如强烈兴奋),个体成效会随着激活水平的降低而提高。

4. 出于完整性的考虑,还可以引入最大激活假设,即在极端的过度激活(如恐慌)状态下,不再产生成效。

对于市场营销来讲,狭义上只有正常激活区域和有条件限制的过度激活区域较为

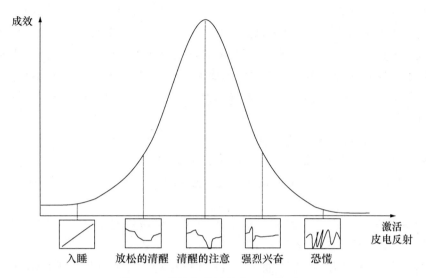

图 5.2　激活和成效的关系（λ 假设）

资料来源：参见 Kroeber-Riel/Gröppel-Klein 2013，p.87。

重要，比如身体不适就属于后一种情况。只有极少数的过度激活状态才会被市场营销中的某种刺激方式触发。成效这个概念也常被说成是一种行为能力、行为准备或者行为效率。在此需要强调的是，λ 假设只表示了成效的一个特定部分，即激活水平会提高或者阻碍行为的效率（心理过程或驱动过程），但没有表示出成效的方向和内容。

绝对阈值

关于激活的另一个问题是，刺激能量在多小的程度上还能够被有机体感知。心理物理学作为对感官产生作用的各种物理刺激之间的关系规律进行具体量化研究的科学，把它称为绝对阈值。表 5.1 给出了感觉刺激的绝对界限的例子，这些刺激有一半的可能性会被人感觉到。

表 5.1　感觉刺激的绝对界限举例

感觉形态	绝对界限
光感	在黑暗晴朗的夜里，一支蜡烛的光在约 50 公里外的地方可以被看到。
听觉	在安静的环境里，一只钟表的嘀嗒声在约六米之外也能够被听到。
味觉	一茶匙的糖溶解到 7.6 升水里能够被尝出。
嗅觉	一滴香水的气味充分扩散到整个三居室仍然可以被闻到。
触觉	一只蜜蜂的翅膀从 1 厘米的距离落在面颊上可以被感觉到。

资料来源：Gerrig 2015，p.83。

近年来，对 λ 假设的有关解释开始受到质疑，比如其曲线的走向，以及其最优状态可任意向左或向右移动。除此之外,还把激活与选择性集中力(一种暂时的激活增强,即对特定刺激的敏感性增强)和导向性反应(一种对某个新刺激直接的反射性关注)联系在一起。通过激活过程之间的相互作用,选择性地接受刺激和刺激加工处理的共同作用。这种共同作用会在重要(冗余较少)刺激下选择性地增强激活,在不重要(冗余较多)刺激下选择性地阻碍激活。以下对导致刺激选择(减少刺激过度涌入)的主要注意力反应进行了区分:

- 选择性的或者聚焦性的注意力——指的是注意力专注于某种刺激、一个物体的某项特质或者是店铺里的某个特定区域,与此同时忽略了其他的。
- 导向性的注意力——指的是注意力调整到某一个空间的方向上,或者时间的流向上。
- 分散性的注意力——指的是对涌入的多种刺激进行加工,以及"多任务能力"(能够同时完成多项任务)。
- 持久性的注意力——指的是长期的,能够保持注意力数秒以至数分钟的情况。

作为基本注意力反应的聚会现象

> 聚会现象是在人们并没有去特意关注,但仍会下意识地感知到某种刺激的一个经典例子。这里的前提条件是存在着某一个激活水平。具体的情形如下:一个人在一个热闹的聚会中非常兴奋地和一个有吸引力的同伴聊天。在聊天中这个人一直非常投入,以至于他完全没有注意到周围的人在聊些什么——直到他突然在另外几个人的对话中听到有人提及自己的名字。由此可以说明,这个人实际上一直以某种下意识的方式在追随周围人的谈话,所以那个特殊的信号——他的名字——即使在噪音环境下出现时也能被他听到。

对于消费者行为研究者和市场营销人员而言,有必要了解激活过程并不是单一维度的。它可以包括多个维度,比如在态度中有情绪的、认知的和意动的要素。了解这些概念对理解实证研究、测量手段及市场营销的运用都很重要。

5.1.2 意义和测量

激活在市场营销中应用广泛,主要是为了和顾客建立联系。激活机制可分为外部刺激和内部刺激两种:

- 外部刺激包括情绪刺激(通常与内心的兴奋相关联)、认知和思考刺激(例如由新式样或者意外刺激带来的认知不一致)以及物理刺激(如图片、文字、气味、声响)。
- 内部刺激包括认知和思考活动(将之前存储起来的信息唤回到意识中,比如购物时会想到互补商品)或者想象图景、情绪刺激、代谢过程(比如通过含有咖啡因或牛磺酸的饮品在物理上触发激活)。

较复杂的外部刺激通常不会引起直接的激活(因为它抑制了简单的关键刺激),而是需要一段解码过程。此外,外部刺激可能会在主观上产生不同的作用,即一个基本层面上的简单刺激(比如某种气味)可以被表达成客观刺激(比如新鲜烘焙出来的点心)和主观感受刺激(比如感知到的气味强度)。下面这些外部刺激(视觉的、触觉的、嗅觉的)可以被看作有目的地激活触发器:

- 主观感受刺激——先天的刺激-反应机制或者条件反射,例如关键刺激(童真、自然、情色)或者对个体有特别意味的刺激(比如一张展示女装的 T 台照片)。
- 物理刺激——通过物理特征引起反射式的信息反应从而触发激活,例如光的强度、颜色、声音的强度。
- 认知刺激——其效用基于多样性、新颖性或是让人出乎意料的内容,例如店铺出人意料的装饰风格。

激活方法在市场营销中核心的应用领域是广告。广告通过提供激活刺激来增强效果。比如可以设计一则广告,让其信息在相对较短的时间内被感知到。λ假设描述的就是激活对行为能力产生效果的一般规律,即随着激活刺激的增强,个体的成效首先会提高,直到某个激活强度后又会相应减弱。通过广告中有目的的激活刺激,消费者会收集更多的信息,更快地进行加工,更好地存储。当然,激活是使广告信息生效的一个必要但并不充分的条件,因为激活可以使消费者做出更多地关注广告内容的准备,而这种准备往往可被看成是认知的前置因素。图 5.3 给出了几种可以产生激活效果的视觉刺激的形式。如果一个消费者看到不同的广告,他会把注意力放在其中几个上面,并对其进行加工处理(即在刺激过多时进行刺激选择)。

激活方法对于广告的意义还体现在市场变化时:市场上出现的产品和品牌越来越多,其丰富程度令消费者无法有一个全貌性的了解,尤其是在质量类似的情形下,因此,如何在竞争中通过产品和品牌的区别化实现与消费者的有效沟通就显得越来越重要。

在关于激活的研究中,一些学者尝试通过感官刺激的店铺(或者是网店)布置来触发高的紧张性激活水平,从而引发消费者的购买行为,即在没有或者很少的认知参与下进行冲动性购买。Weinberg(1981)用如下几个特征定义了冲动性购买:

- 感受性的——高的情绪负载,意味着强的激活。
- 认知性的——在购买决策时只进行有限的思考。
- 反应性的——特殊的刺激情况,在购买中被触发的自发性购买行为。

引人注目的展示品、显眼的店铺橱窗、令人兴奋的音乐、联合展示或者附属位置等都是典型的可以鼓励销售点冲动消费的刺激方式。例如由生产厂家向零售商提供的带有广告的冰柜,或者附属位置的使用(比如零售店将做活动的商品摆放在过道的位置上,而不只是在货架上)。通过商家冰柜的设计或者是附属位置上的商品陈设和商品变换,消费者有可能将注意力转移到商家冰柜里的冰激凌或者附属位置上的巧克力糖上,并可能被激发出冲动性购买行为。研究表明,注意力的触发有一部分是取决于个别颜色、布局的细节或者商品位置的改变:据估计,人们有 40% 到 70% 的购买是没有计划的行为,其中真正的冲动性购买约占 20%。

图 5.3 通过主观感受的、物理的和认知的刺激激活

激活的测量

在激活系统和其他大脑区域中的中枢神经兴奋是不能被直接测量的。为此学者们开发出了多种层面的测量方法,旨在对激活进行捕捉。

在主观感受层面上的测量中,语言表达是重点。一种常见的语言测量量表是Russel和Mehrabian的PAD量表,即愉快(Pleasure)、唤起(Arousal)和主导性(Dominance)。当然,在语言测量中也有可能产生某种误差,比如,它测量的可能只是主观感受到的神经系统兴奋,而非兴奋本身;被提问的人有可能没有能力或者不愿意把自己的内心感受表达出来;此外,语言表达有被操纵的可能性(比如由于在社会中不受欢迎而有意淡化兴奋的程度)。除此之外,语言的激活测量(除了记录各种想法)往往在一定的时间延迟之后才有效,即在购买之后,或者在看到广告之后。

在外界驱动层面上,主要观察的是在激活过程中的行为方式,其中包括与情绪相关的行为方式(如手势、表情)等。以激活过程中涉及的情绪反应为例,观察消费者显示出的愉快、愤怒、惊喜等情绪。

一种对激活强度的有效测量方法是心理-物理检测。这种测量包含传统上的对身体功能的测量,比如,对皮电反射的测量(EDA),对循环系统[心跳(EKG)、血压、声音频率]的测量,通过肌肉活动电流或者脑电图(EGG)测量脑活动电流。这些测量都可以看作对心理兴奋反应的检测。较新的计算机断层成像和核磁共振方法能够显示出脑部的哪些区域在感受到刺激时被激活。这些方法虽然要求高、成本高,并且很难在插播的广告或者销售点中应用,却能与本质上受局限的样本一起证明传统方法的效度。这些方法也表明,激活是一种多维度变量,需要应用多种方法进行测量。在研究领域最常使用的生物心理学激活测量方法是皮电反射。图 5.4 给出了与激活波动相关的皮电活动的变化。

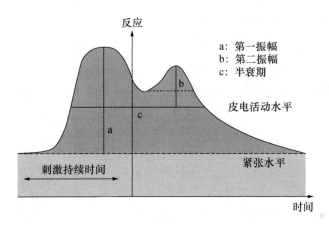

图 5.4　激活的测量——皮电反射的范例图示
资料来源:参见 Boucsein 1992,p. 134。

通常的测量过程是这样的:首先测量双手在紧握时固定于两手心间的电极所产生的电脉冲,之后这种电脉冲会被转变成数值,随后会通过曲线被描绘出来。这之中有两个值非常重要:电皮肤水平(EDL,记录肌肉紧张激活)和电皮肤反应(EDR,记录实时性激活)。近年来,测量激活强度的指示器既可以记录反应数量(频率),又可以记录各个反应强度的总量(振幅和)。这种测量结果一般都被认为是有效而可靠的,皮电反射尤其适用于展示刺激处理中的阶段性激活过程,而且还可以在低水平的激活程度时作为指示器来使用。

Fahrenberg 等(Fahrenberg et al. 1979)曾给出了皮电反射的一个范例性表述,其中特别指出了阶段性激活波动。在一个相对稳定的、肌肉紧张激活水平下,由于受到刺激而出现一种初次的、直接的反应(第一个振幅),这个反应因为靠近刺激而产生最大的振幅强度。在该刺激被处理之后,振幅——可能在一段延时之后——会令原始的肌肉紧张水平得以恢复,恢复的速度或者说具体的走向过程(第二个振幅)取决于多种相关因素。借助于振幅强度和反应半衰期,可以对不同激活潜能的刺激进行比较。这种测量方式相比于调查问卷或分类方法测量的优点是,不论被测试者是否有能力或者准备好表达出自己内心的兴奋反应,测试结果都不会受主观因素的影响。因此,可以将这种生理学上捕捉到的激活数据和通过问卷或观察得到的数据(例如,比较装备了皮电反射测量仪器的消费者和普通消费者)结合起来,校验结果,从而获取更多的信息。

可见,激活将会受到越来越多的重视,因为它在预测消费者的信息处理行为及认知程度时具有重要意义。通过现代成像技术(比如核磁共振成像)来测量人们下意识的神经生物学方法也越来越重要。当前亟待解决的问题是,如何能触发激活活动,以及激活如何决定行为。

5.2 情绪

5.2.1 理论基础和特征

> 情绪(Emotion)是内心兴奋的过程,它可能是一种令人舒适或者不适的感受,并且或多或少是在有意识的状态下感受到的。它是一种激活,一种主观阐释。

情绪在市场营销(如与品牌和购物场所的情绪相关联)中的作用越来越重要。这不仅是因为情绪好比是特洛伊木马,其目的是要(在认知上)接近人,而且还因为它是消费者行为的中介变量,以及驱动系统中的基本要素。本书将进一步拓展情绪这一概念。情绪一方面与一些相近的概念如心情、感受、感觉相重叠,另一方面又与这些概念不完全相同。

- 心情(Mood)(无方向的心理状态)可以被描述成一种长期持续的、分散的情绪(比如无忧无虑的、反复无常的),一种体验的持续基调。它不与特定的事实或物体相关联,却会对信息处理过程产生影响。
- 感受(Affect)可以被理解为一种基础性的、短暂出现的接受或拒绝的感觉,或者被理解成一种很少有认知参与的、内容上也很难相互区分开的情绪。(在英美文献中,Affect 常常作为 Mood 和 Emotion 的上层概念,有时与 Emotion 混用。)
- 感觉(Feelings)指的是一种和情绪相关的主观感受,其中涉及有意识的、主观的情绪感受,也因此包含认知的层面。人的感觉与体验有关,体现出一种联系,将想象中的内容或由情绪产生的精神内容相联结。

与文化无关的情绪表情

来自世界各地的人,尽管文化背景、种族、性别或后天所受的教育有所不同,但他们表达情绪的表情却都是一样的。在文化比较研究中,来自不同文化背景的参与者被要求看一些基本表情的照片——类似于图5.5中所示——并确认照片上表现的情绪的种类。即使是来自没有文字书写文化的、在参加实验之前几乎没有接触过西方文化的新几内亚的参与者,也能够准确辨识异域文化的情绪,因为他们对类似的情绪有所经历,例如,被野猪追赶时同样经历过恐惧,或者在自己孩子死去的事件中经历过悲伤。唯一会引起混淆的是对惊讶和恐惧的区分,这大概是因为经历惊讶的时候,同时也感到有些恐惧。

喜悦　　　恐惧　　　惊讶　　　悲伤　　　气愤　　　蔑视　　　厌恶

图 5.5　情绪表达的面部表情

如果借助生物学理论和认知学理论对情绪进行解释(例如归因理论),那么情绪最主要的功能是服务于激活(中枢神经的兴奋模式)。

归因理论

归因理论的目的是识别一些规律,以便人们在为某些行为或结果寻找原因时能以这些规律为导向。它的出发点是,人们都有为其行为寻找原因并解释因果关系的需要。

行为的原因在大多数时候并不是显而易见的,只能从表面的(部分)信息中寻找。

情绪基本上可以通过兴奋、方向、质量和主观意识几个维度进行说明。
- 兴奋。它表明了内在激活的强度。
- 方向。情绪感受的方向可以是积极/舒适的(比如幸福感),也可以是消极/不舒适的(比如不安感)。
- 质量。它是感觉的主要构成因素。在同样的情绪强度和方向下,它对感觉进行进一步的区分,给感觉赋予一种意义(比如爱)。
- 主观意识。情绪因人而异,它很少或经常没有清晰地被人们意识到。目前一致的看法是,情绪过程不仅仅发生在右脑半球,也同时发生在左脑半球。因为情绪这一过程经常会存在于人们的主观意识中,而人们的主观意识正是由承担分析职责的左脑半球来控制的。因此,情绪会同时激起左右两侧脑的反应。当然,学术界的争议是,一个刺激是必须首先经过解码/评估,再由情绪引发(显著性的估计),还是说情绪无关乎认知过程,只是作为一种对刺激无意识的反应而已。

进一步地说,关于情绪的激发是否与认知无关的讨论,起源于基本的情绪理论,比如,James(1884)从生物学的视角提出的认知归纳理论和Cannon(1927)从认知视角提出的评价理论的方法;抑或是Schachter和Singer(1962)的双元素理论,在双元素理论中生理上的兴奋及其主观解释被看作情绪不可分割的一部分。这一理论在最近的Zajonc和Lazarus的争论中重新被提及。以上提到的两类情绪理论都意义重大,因为它们:① 都从不同的角度解释了情绪的产生;② 说明市场营销工具中有很多能够产生不同情绪效果的方式;③ 对于理解近年来与情绪研究相关的人脑知识大有帮助。为了进一步深入了解相关内容,下面将概述性地介绍这几种相关理论。

- 认知评估理论,由Lazarus(1991)提出,其出发点是认为情绪只发生在当事人对某个事件有特殊兴趣,并且同时(根据个人目的)评估该事件如何支持或威胁到自己的期望状态时。这里要考虑的只有情绪的方向性,或生气、骄傲等特定类别的情绪。
- 生物学理论,由Zajonc(1980)提出,这一理论的出发点是,人们具有天生的、自然而然的基础(或初级)情绪,这种情绪对刺激做出反应,不受其他任何认知的影响。重复曝光假设指出,只要个体与某一物体频繁接触,就能对该物体产生一种正面的基本态度。

根据Izard(1977)的研究,人有十种天生的基础情绪:感兴趣、惊讶、喜悦、蔑视、羞耻、担心、恼怒、厌恶、恐惧和自责。其他的情绪都是这些基础情绪的某种混合。Plutchik(2003)基于进化论,进一步区分出了八种初级情绪,这八种情绪进一步诠释了Izard提出的基础情绪。此外,他还整合了"认可"这种情绪,认为"认可"可以和Izard提出的"蔑视"情绪形成相反对照。"自责"和"羞耻"在Plutchik那里被看作混合情绪,而非Izard理解的基础情绪。

图5.6中包含了Plutchik(2003)提出的情绪构成,并图示了八种初级情绪(如喜悦,处于中间的层级,表示它比狂热低一级,比沉着高一级)以及混合情绪的形成(比如失望是来自忧虑和惊讶的组合)。

基础情绪或者说初级情绪在儿童时期的早期就已表现出来。它被视为是跨文化适用的,而且伴随有特定的面部表情,或者说特定的生理反应。复杂情绪则通过初级情绪的"混合"来构建。

神经心理学和神经化学方面的研究为以下三点提供了基础:① 区分情绪过程和认知过程的必要性;② 无意识的感受和认知对不同大脑区域产生的影响;③ 不同生物反应(比如生物循环)的产生和认知过程(常伴有对目标可实现程度和问题克服可能性的权衡)的介入。这些研究对构建情绪作为激活元素和认知元素总和的概念意义重大,对考察它们如何支持双元素理论及其发展也是有价值的。

从目前的研究来看,由认知主导的方法(如认知评估理论)一直未能将情绪研究的核心——激活的问题——囊括其中实属遗憾。

5.2.2 意义和测量

情绪研究在市场营销中的应用是多种多样的,情绪产生既可以是某个市场营销策略的结果,也可能是某个购买决策的原因,同时还可能是一种中介或调节变量,从而起

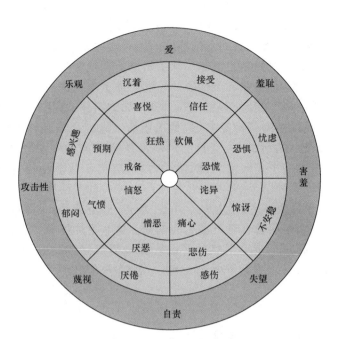

图 5.6　初级情绪和混合情绪概览

资料来源：参见 Plutchik 2003，p.104。

到斡旋或者调节的作用。

在广告实践中，人们普遍认识到，消费者的某种情绪一旦被激活，就会开始收集整理更多的信息，同时会更精心、更长时间地保存这些信息；也就是说，激活使人的认知能力得到提升。情绪激活是广告应用中的一种经典工具，这种工具在激发人类原始的生物性反应时尤其有效。这说明，人们对一个品牌的态度能够通过情绪类广告而变好，即使在广告中没有关于该品牌产品的任何信息。这种情况常常发生在通过幼儿题材或者出人意料的刺激进行情绪的关键刺激时（见图 5.7）。

图 5.7　情绪应用举例：幼儿题材和出人意料的刺激

幼儿题材（即具有大大的脑袋、圆圆的眼睛等典型儿童特点的幼儿）会激发观察者的同情心或关爱本能等自动反应。情色挑逗与其他关键刺激相比能够引发最强烈的反应，但同时也有分散人的注意力的风险。也就是说，当人们更多注意到激活刺激本身时，广告本身要传递的信息就有可能被忽略。由于这种刺激在成年人群体中不论年龄、性别、社会阶层等特征而普遍应用,因此有效地降低了成本。此外,有一种广告会用矛盾的或者惊讶的情绪引发人们认知上的冲突。因为这些令人惊讶的刺激会启发消费者去处理信息,并增强消费者的相关记忆。除了情绪上和认知上的刺激,广告还会用色彩或声音等高物理强度的刺激,如增大标题的尺寸或加重颜色来加深印象。

此外,市场营销中还会使用一系列基础情绪,如感兴趣、喜悦和羞耻等。

还有一些被广泛运用的营销策略,包括运用情绪来区分产品或增强消费者的情绪体验。用情绪区分产品的目的是,让自己的产品从竞争产品中脱颖而出,通过产品造型、广告等方式争取到一个垄断空间(购置潜力)。消费者对企业能力的要求不只在于产品在功能上能消除某种匮乏感,同时也注重与之相关的激活体验(附加的情绪体验)。市场营销的目的就是提供这种特别体验(声誉、情色、安全感等)。通过将附加的情绪体验与产品联系在一起,使消费者对产品更为偏爱。这些附加体验,提高了消费者对该产品的奖励值,并建立起一个带有情绪的产品形象。需要强调的是,情绪体验在饱和市场,尤其是消费品市场上扮演着重要的角色。当然,它在B2B领域也得到越来越多的重视。

情绪的测量

情绪可以通过生理的、语言的和运动的指标来测量。生理指标测量的主要是一种有效的情绪强度。一项被认为独特的指标是皮电反应。它被认为是测量情绪的一种恰当方法,因为情绪是一种特定的激活过程,它能凝聚成一种可测量的激活。与之类似的还有心理生物学方法,如测量血压、声音频率、脑电波及心律。这些测量可作为注意力、紧张程度和激活的指示指标。当然,生理指标只能测量出情绪的强度,却不能测量出情绪的质量和方向,要了解其质量和方向仍需要补充问卷调查。另外,通过对大脑的核磁成像技术,如正电子发射计算机断层扫描(PET)或者核磁共振,也能辨识出因不同刺激而活动的大脑区域。

运用情绪区分产品:Andrex

许多广告活动的成功都基于非语义编码。在英格兰,厕纸的主导品牌Andrex的市场占有率是其主要竞争对手Kleenex的两倍。两个品牌的广告支出几乎相同,销售的产品价格相仿、质量相当,并且使用类似的语义交流信息,Kleenex给出的语义信息是"特别柔软坚韧",Andrex的则是"柔软、坚韧而且超长"。

Andrex在市场上的成功主要取决于其隐含的、非语义的编码。公司在广告中使用了一只小狗的形象,以此情绪化了一个高替换率的产品,使消费者的购买决策成为一种习惯。

测量情绪的质量和方向需要额外的指标。语义指标可以用来测量情绪的方向和质量。这种测量基于测试对象的主观评估。图5.8中包含了一个语义差别量表,以回顾的方式进行测量(提问关于某些事件的记忆)。

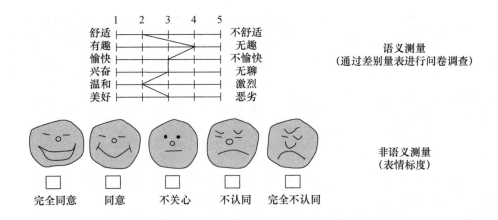

图 5.8　情绪的语义和非语义测量

类似于在激活中提到的方法，研究人员使用侧重于生物层面的量表，比如由 Mehrabian 和 Russel 或 Izard 和 Plutchik 提出的量表。较少使用的方法是联想测试。联想测试主要用于挖掘在特定刺激下被试被触发的联想，或者探究是否可以通过情绪类广告，让人们在有条件反射下产生与特定的品牌或符号相关的联想。认知评估理论常用的方法，除回顾式调查问卷之外，还有实验、日记、思考记录和以认知为中心的测量。

非语义测量运用的方法有：① 表情量表，测试对象将情绪归类到一个面部表情中，类似于在形象化例子中的等级量表；② 象形图，用它来表示情绪；③ 图像量表，用来总结心情或以图像形式存储的情绪；④ 程序分析器，被试将其情绪反应的强度通过操作按钮或者扳手的方式给出。此外，被试的行为表达，如身体语言和表情的观察也很重要。运动指标（如肢体语言）可以用来确认情绪的方向和强度。目前，较为广泛使用的观察人们行为表达的方法有：人脸自动识别系统（AFA 系统）、捷孚凯（GfK）公司情绪扫描软件和面部肌电图。

人脸自动识别系统主要是一种对人的面部表情进行分析的方法，这种方法基于 Ekman 和 Freisen(1978)发展出的面部活动编码系统。该方法将人的面部表情分成 46 种可区分的动作元素（Action Units，AUs）。这些动作元素表现出最小的但仍可区分的面部表情单位。不同的动作元素组合代表不同的情绪。图 5.9 给出了不同动作元素的片段以及它们可能的组合。AFA 系统不仅能在现实环境条件下自动识别人脸，在人脸运动实验中也很可靠。

GfK 公司情绪扫描软件基于 Frauenhofer 研究所的 Shore 软件，实时捕捉并分析情绪（见图 5.10）。这种方法能区分四种不同的面部表情（幸福、惊讶、气愤和悲伤），同时还可以辨别被试的年龄和性别。通过网络摄像头拍摄的表情能够自动地被分析。在分析过程中，这个软件会连接到一个面部模板的数据库，并依据像素比较相关的面部区域，如额头、眼周和嘴。由于只需要网络摄像头和网络连接，因此这种生物计量的情绪测量方法的优点就是成本低、易获得大样本。

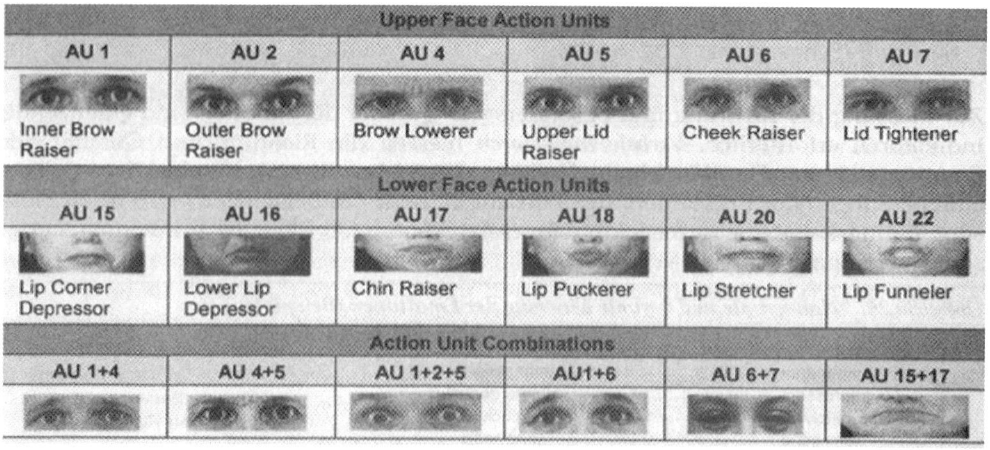

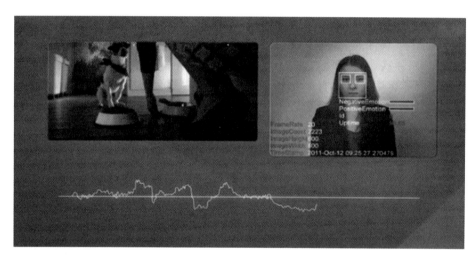

图 5.9　AFA 系统的动作元素

资料来源：参见 De la Torre/Cohn 2011，p.380。

图 5.10　情绪扫描

资料来源：www.gfk.com，2015-07-03。

面部肌电图通过测量面部肌肉的活动来测量伴随着肌肉紧张的情绪。这种方法能够测量到非常微小的、不可见的面部肌肉变化，并由此推断引起这种面部肌肉自发运动的情绪因素。如果某个信息被认为是积极的，那么控制微笑的肌肉活动就会加强，而控制皱眉的肌肉活动就会减弱。

情绪分析的其他方法，如 Berner 系统，不只限于对表情进行分析，还包括对整个肢体语言的观察。这种观察的优点在于，对激活强度能有一个相对客观的感知，而且不需要将情绪语言化。缺点在于高成本的实验室，以及时而需要额外获取数据，以确保所获得的情绪信息的质量。除此之外，还可能使用前文提到的那些量表，如语义差别量表。

心情

对心情的定义有很多种：无方向的、主观的心理状态；无方向的、低强度的、持续时间较长的心理状态；暂时的行为倾向。在市场营销中，首先把心情理解为相对无方向的主观感受，其次才把心情标记成不受客观事物导向的个人主观状态。而实际生活中，心情常被用来指人的总体感受（"某个人的心情很糟"）。这种惯用的语言表达掩盖了概念本身的某些意义。无方向性的定义标准将心情和情绪区别开来，比如，情绪是有方向的，会受到特定事物、事件或人的驱动（"某个人因为得到礼物而情绪高昂"）。尽管如此，它们的构成却也相互依赖。与坏的心情相比，好的心情可以让人不会因为一个坏的消息而那么生气（让自己的好心情"不会败了兴致"）。反过来，情绪也可以将人带入一种特定的心情状态中，或者影响人特定的心情状态。比如，一个美好的礼物带来的愉悦感可以给人带来一个总体上的好心情。根据具体情况，无方向性的心情和有方向性的情绪也会同时出现，并且相互之间可以或多或少地畅通过渡，相互转换。

为了在市场营销中利用心情这个元素，有必要对心情可能产生的效果进行阐述，只有这样才有可能去估计，一种营销方式在哪种心情下更可能取得成功；一种营销方式如何去适应现有的心情；以及如何改变心情以达到营销的目的。市场营销感兴趣的是心情对行为产生作用的方式。这种作用方式首先体现在心情对信息处理的间接影响以及态度的转变上，而态度的转变又会进一步对行为产生影响。人的心情一方面会对收集何种信息产生作用，另一方面也会影响到信息处理过程中涉及的容量、动机以及深度、广度、持久度。

关于心情对态度的影响需要区分直接和间接两种，这种区分与同样受心情影响的信息处理能力和动机无关。间接影响的特点是，人的心情首先作用于思考，然后作用于态度。一般来说，相比心情差，人们在心情好时更易受外界的影响。此外，心情还会影响到人们让自己接受哪些信息。比如，在心情差时有争论的信息会被看作一种强提示，在心情好的时候则相反。相应地，人所建立起来的态度在心情差时会比心情好时更持久，对行为更有影响力。

原则上讲，心情对态度和行为方式的总体影响需要区别对待。因为人们在心情好还是心情差的情况下更易受到影响不可一概而论，需要取决于具体情况。这些原则在市场营销的应用中需多加注意。

5.3 动机

5.3.1 理论基础和特征

> 动机是启动行为,将行为引向某个方向,以及维持心理和生理活动的内在推动力。它来自基本驱动力和认知驱动力。基本驱动力包括本能和情绪,认知驱动力包括目标导向和行动方案。

动机研究的关键问题是:是什么推动我们像现在这样行事?动机来自内部紧张,内部紧张与特定目标相关联,并对行为负责。动机可以被定义为一种感知上的缺乏状态,它意味着一种寻求消除这种缺乏状态的可能性的冲动。

与情绪相比,动机还包含着额外的(认知)行动导向。动机通过能量(激活驱动力)造就行动,并以特定目标为导向(行动方案作为认知驱动力)。因此,动机可以被理解为一种控制机制,而不仅仅是一种能量源。人们追求声望(动机)并购买相应的产品可以被看作其中一例。但仅仅由于情绪的作用并不足以将行动引向特定目标,还需要一种额外的认知过程,这种认知过程最终将动机变成了一种复杂的、目标导向的驱动过程。

除认知动机外还有一些其他的基础动机形式,如本能和激励。本能可以被定义为一种内部状态,它是一种对有机体基本需求的反应。它试图让生物体保持平衡状态,即所谓的内衡态。当这种平衡状态受到干扰(即所谓的丧失),或体内存在某种内部紧张时,就会产生本能。作为对本能的反应,有机体会尝试减轻这种紧张感。当内部平衡再次被建立起来时,行动就会中止。另外,行动并不仅仅来自本能,还可能来自外部环境的刺激,而这种刺激可能与人类的生理需求没有直接联系。实验显示,有时候,现有的生物更偏向于跟随外部环境而非内部基础需求而变化。由此可见,行动的原因是内部和外部资源的混合。

对于消费者购买行为来说,可以区分出不同的动机。Kroeber-Riel 和 Gröppel-Klein(2013)将动机理解为一种通过购买活动而被满足的、基本的、目标导向的内部力量。需要强调的是,这里不仅考虑了狭义上的购买行为,还考虑了消费者在购买前、购买、购买后和使用阶段的所有行为。根据人们动机的不同,一些学者将不同的消费者群体赋予如下名称,如多样化寻求者、樱桃采摘者或者伺机猎人。一些学者将购买动机分为享乐主义和功利主义(实用导向)。另外一些学者则将动机进一步细化为价格导向、刺激、商标导向、沟通、谈判导向、采购优化和实用性等。

动机和需要的类型

在消费者行为研究中,作为行动的动力,动机和需要常被当作同义词来使用。这里主要分为生理性需要(如吃和喝)和心理性需要(如对成就和认可的追求),后者主要受到个体所处文化的影响。

> 通常,需要被理解为一种主观的甚至不合理的缺乏感。这种感受基于主观的、情绪化的价值评估,并力求予以摆脱。需要可以与情绪(以及生理本能,即生理缺乏状态)一起被归入动机中。

在研究中,原则上要把动机分为主要动机和次要动机。这种区分涉及不同的动机实现过程。主要动机或生理动机指的是人类与生俱来的先天动机,它在有机体中是通过生理过程被激活的。与之相对的次要动机指的是后来获得的动机。人类从周边环境及其社会化的过程中有意无意地习得次要动机。次要动机往往来自主要动机,并可以在消费者不自主决定的问题(自身的和非自身决定的需要)中看到。

对动机进行分类的经典研究来自 Maslow(1975)。他将动机分为五个层次,称为需要金字塔(见表 5.2),在这个金字塔中有高级和低级的需要。Maslow 根据不同的行为紧迫度对人类的动机进行了分层。当然,在动机研究中还有其他分类方法,如认知心理学、情绪心理学中的动机研究以及感受预期。

Dichter 和 Maslow 的动机-需要理论

Dichter(1961)是动机研究的先驱者之一。他认为,所有的人类行为都是内部紧张的结果。在广泛的(定性)调查研究中,他探索了这样一个问题:哪种动机导致了人们对某种产品的购买?基于精神分析学,他得出了如下观点,比如人们购买香肠是出于安全感的动机。特别值得一提的是,这种说法只有在这种需要占优势的情况下才有可能被解读。

Maslow(1975)从多因素动机理论中提出了一个五个层次的需要结构(见表 5.2),其中最底层的是人的基本生理需要,最顶层的是对自我实现的追求。根据 Maslow 的假设,一个人低层次的需要被满足后,就会转向高层次的需要。

表 5.2 Maslow 的动机-需要理论

动机	在消费中的具体化	与营销相关的行为和表现类别
自我实现的需要	追求体验 追求快乐 能够做某事的喜悦 技术上带来的乐趣	另类生活方式、自我创作、爱好(读书、音乐、手工)、自己修缮房屋和汽车、慢跑、竞技运动、教育进修和宗教修身养性

(续表)

动机	在消费中的具体化	与营销相关的行为和表现类别
尊重需要	认可 声望 荣誉	奢侈品、豪华汽车、名贵酒水、定制服装、二次置业、异国旅行
社会需要	爱 感情 社交 慈善 社会参与	便利店、美食、酒店和捐赠
安全需要	• 对健康、拥有物、环境的保障 • 对供应短缺、购买风险认识不足 • 对疾病、失业和年老的预防	有机食品、天然食品、医疗保险、人寿保险、疗养、养老院、安全服务、财务咨询、品牌产品、催化剂、无铅汽油
基本生理需要	基本生存保障	食品、饮品、衣服、住所、家具和汽车

资料来源：参见 Maslow 1975，p.358。

从某种意义上说，该假设是动态的。因为在低层次的需要得到某一特定程度的满足后，更高层次的需要就会占据主导地位。值得注意的是，尽管该理论很难被实证证实，它对消费者行为研究的参考价值也有限，但它所具有的重要的启发意义仍值得肯定。此外，人们对自我实现的需要（所谓的成长需要）永远也得不到完全的满足。

认知心理学中有关动机研究的重点是强调人类的行为是有意识的目标导向的，因此首先就要研究动机的认知成分。该研究方向所用的方法都基于一个假设，即有着或多或少明显趋势的行为，一方面与主观感知到的目标-方法相关，另一方面则与主观预期的目标满足值相关。

在手段-目的分析中，消费者通过评估某目标的实现值，权衡到底采用哪种合适的手段才能最终达到目的。根据相关认知成分，可以将动机进一步分类如下：第一，根据对产品的认知程度进行分类。第二，根据从学习中获得的产品知识进行分类。此外，还可以根据理性洞察、模仿学习等对动机进行区分。

在情绪心理动机研究中需要注意的是，并非在每次行为发生之前都会存在有意识的目标导向。这里的核心是内部驱动力。例如，对于沙漠中干渴的人来说，饮品有没有品牌都是无所谓的，最重要的是它能解渴。这表明了，在主要动机背后存在着一些生理过程，这些生理过程将动机变成特别强的驱动力，并进一步自我加强了学习过程中的这种动机-驱动力系统。

目前，一种相对较新的研究方向着眼于所谓的感受预期。它侧重于研究动机强度和稳固度对人们实现目标的影响，也可以说二者是动机的导向力量。这里的基本假设是，个体会最大化自己的感受平衡，为了优化这种个人感受平衡，那些能够带来积极感受的行为就会被强化,而那些与消极感受有关的行为则会被尽可能地避免。

在解释人类行为特定原因的消费动机分析中,最常用的是驱动力视角。具体来说,要想理解某一特定动机,关键在于弄清驱动力是什么。比如,哪种驱动力决定了人们购买服装的动机。此外,相同的驱动力(如声誉)是否又会是不同的动机(目标导向)所致。

动机理论

从驱动力的视角出发,可以对单因素、多因素和无因素动机理论进行区分。

单因素方法试图通过单一动机解释人的行为,这种单一动机包括寻求快乐、避免不快乐或追求价值。但是,这种只着眼于基本驱动力的笼统的动机理论只能部分解释人的购买行为。而要通过营销活动传递快乐和价值,就必须分别研究能够带来快乐和价值的各个因素,但这样显然效率很低,因此有必要找到一种与单因素方法不同的方法。

多因素动机理论能够解决上述问题。该理论通过多种不同的动机来解释人的行为,它在寻找人们不同的动机的过程中,发现了上千种驱动力。显然,这种方法对市场营销来说也不太实际。因此,简化的、被广泛应用的方法就是上文提到的 Maslow(1975)的需要层次理论了。

对单因素和多因素动机理论的主要争议在于,它们无法抓住个体行为的复杂性,尤其是其不稳定性和动态性。为此,一些学者发展出了无因素动机理论。该理论认为,对购买行为的解释应取决于特定的时间点和购买者,并在特定情况下使用与之相关的动机内容。不同的动机列表和排序并非普遍适用的,真正有意义的、值得考虑的只有动机的呈现形式(精华、基本形式),它或者为人类所共有,或者可以被运用到某一特定群体上。这种呈现形式包括利得动机、省时动机、舒适性动机、安全动机、价值动机、模仿动机、情绪动机、生态动机和变化动机。

还有一种动机研究的方法被称为逆转理论,它特别研究了发散的动机状态。逆转理论的四种情况及其特点可参见表5.3。

表 5.3　逆转理论的四种情况及其特点

有目的的	超目的的
• 严肃的	• 嬉戏的
• 目标导向的	• 活动导向的
• 事先计划的	• 为瞬间而活的
• 避免焦虑的	• 寻求刺激的
• 进步或成就导向的	• 期待娱乐与享受的
顺从的	逆反的
• 服从的	• 反抗的
• 墨守成规的	• 打破常规的
• 传统的	• 非传统的
• 愉快的	• 愤怒的
• 愿意适应的	• 愿意独立的

(续表)

控制的	同情的
• 权力取向的	• 关怀的
• 把生活当作奋斗的	• 把生活当作合作的
• 坚强的	• 敏感脆弱的
• 有控制欲的	• 亲切友善的
• 争取支配的	• 争取关注的

自我中心的	他人取向的
• 首先关心自己的	• 首先关心他人的
• 以自我为中心的	• 认同他人的
• 关注自身感受的	• 关注他人感受的

资料来源：参见 Apter 1989，p.30。

Apter(1989)认为动机这一概念不再仅仅是一种消减紧张的手段，而应出自存在的四对动机状态。这四对状态分别相互对立，相互逆转。因此，逆转理论的核心表明，在每个时间点，都可能有两种状态中的一种在活动，即从一种状态转向另一种对立的状态，而这一对立结构中的一种即被称为有目的/超目的状态。某一活动在没有特定目的的情况下，如只是为了享乐时，就达到了超目的状态。而当某活动遵从某一特定目的，如为了考试而学习时，就达到了目的状态。需要注意的是，人只能处在两种状态中的一种当中，永远也无法同时处于两种状态中。

动机冲突

与营销有关的冲突包括个体内部的、人与人之间的和组织机构间的冲突。其中最重要的是个体内部的冲突，它在消费者行为领域扮演着重要的角色。另外，(正在缓和的)人与人之间的冲突也很重要，它常出现在集体决策中。当两种行为互相对立时，就会产生个体内部的冲突，具体分为动机性冲突和认知性冲突。

• 动机性冲突。例如，某购买者出于安全动机偏向于 A 品牌的汽车，但出于声望动机又会偏向于 B 品牌的汽车。因此，从根本上理解，动机性冲突就是那些由于相反的驱动力而产生的相反的、互相排斥的替代行为的冲突。

• 认知性冲突。这种冲突往往存在于人脑联想的领域。它导致认知的重组，而非直接的行动趋势。认知性冲突的一个重要例子即认知失调，它是消费者在购买后体验到的思维冲突。

动机的特点在于接近主观期望的行为目标。这种接近行为是一种本能。例如，想要拥有一辆车的愿望，就是一种积极的本能。与之相反，消极行为目标则可以带来厌恶感。例如，为了回避高昂的价格，索性放弃购买某辆车。一个行为目标究竟具有吸引人的还是令人厌恶的作用，主要由情绪过程和本能来决定。相互矛盾的动机结合在一起时必然会产生冲突。在购买决策中，动机性冲突主要来自本能冲突和矛盾冲突。本能冲突是指个体同时偏好不同的替代产品，矛盾冲突是指个体所喜欢的产品同时具有积极的和消极的特点。

动机性冲突可以分为三类：

- 偏好冲突（本能-本能冲突）。它是指多种选择中的每一种选择都能引起积极的行为倾向，换句话说，多种选择同时被偏好或喜爱。例如，假期是去佛罗里达还是去马略卡岛度假。
- 厌恶冲突（厌恶-厌恶冲突）。它是指多种选择中的每一种选择都能引起消极的行为倾向，换句话说，想要同时避免多种选择。例如，是花更多的钱在旧车上还是买一辆新车。

这两种情况下，都是分别同时偏好和厌恶两个目标。这种冲突并不稳定，因为对任何一个目标的轻微偏好都会使该目标占上风。

- 矛盾冲突（本能-厌恶冲突）。它的特点是一种选择不仅能引发积极的也能引发消极的行为倾向：比如，一个消费者在吃掉一块美味的巧克力后心有不安。在这种情况下，当该个体达到本能和厌恶程度同样大的状态时，就会产生冲突。

偏好冲突（本能-本能冲突）与矛盾冲突（本能-厌恶冲突）的对比如图5.11所示。

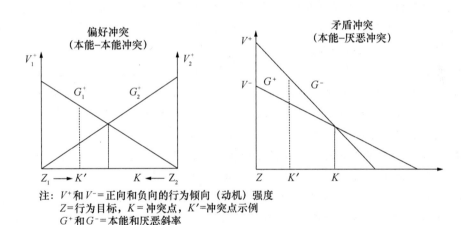

注：V^+ 和 V^- = 正向和负向的行为倾向（动机）强度
Z = 行为目标，K = 冲突点，K' = 冲突点示例
G^+ 和 G^- = 本能和厌恶斜率

图 5.11　不同的冲突状态

资料来源：参见 Kroeber-Riel/Gröppel-Klein 2013，p. 225。

对于冲突的产生和解决，Miller（1964）提出了多种假设，这里将阐述其中最重要的四种。这些假设的有效性是通过动物实验得到实证证明的。尽管把这些假设转用到人类行为上是一种类比，但是大部分研究者都接受了这些假设。

- 越接近目标，积极行为倾向的强度越大；
- 越接近目标，消极行为倾向的强度越大；
- 在接近目标时，消极行为倾向强度增大的幅度大于积极行为倾向强度；
- 当两个互相对立的行为倾向相遇并产生冲突时，强的一方获胜。

当然，也有一些形式的动机驱动力来自个人潜意识。个人潜意识包括所有在某一时刻没有意识到的东西，比如，轻易就能被唤起的回忆，抑或为了保护自己的心智而被压抑的创伤性事件。荣格曾以集体无意识烙印解释心智的另一面，具体指的是人类与生俱来的一种心理遗产或集体智慧。

这种智慧存在于人类心智深处的原型中。许多神话、童话和传说都以原型为主题，例如奥德修斯、尼伯龙根或《格林童话》。两个一再出现的原型是英雄和少女。如今，原型也在不同的作品中出现，例如《哈利·波特》和《欲望都市》。这些电影之所以如此成功，是因为其主题原型或多或少地直接反映了有意识的、人类与生俱来的愿望和潜意识的需要。有关原型在营销沟通策略中的效果已有大量的实证研究。结果表明，以实验的作品为例，比起不参考原型的情况，参考了原型的作品中，"王子角色"（根据《睡美人》的童话）能够带来更强烈的反应；而喜好浪漫的消费者对这种原型动机特别有反应。

5.3.2 意义和测量

市场营销的目标是，根据品牌、沟通和产品的交互来理解消费者的需要，从而通过消费者导向的服务来满足这些需要。当然，目前这些已知的方法、理论和手段只有为市场带来成功的、消费者导向的创新点时，才算是有效的。根据 Gfk 公司的调查，大约 80% 的新产品都会失败，每年有将近 20 000 件产品会在短时间之内从市场上撤下。可见，在动机研究中就不能仅仅调查那些公开的和能清晰感知到的需要，还必须包括消费者深层的、潜意识的愿望。因为对完全不同的消费者动机和消费者需要的客观数据进行测量及了解，对于成功来说是必不可少的。

经济学里有一个经典例子用于解释消费者动机的另一层含义，那就是 Veblen 效应（Veblen 2000），即商品的价格越高，消费者越倾向于购买该商品。消费者通过购买某些在社会上很显眼的商品，如时装、名表、汽车等，来满足追求声望和名誉的动机。这种高价格反而促进需求的现象就是 Veblen 效应。

社会排斥是消费者将某产品或服务用作满足某需要的另一关键因素，即当消费者害怕在社会中得不到认可，比如害怕自己不够干净或有体味时，就会去消费止汗剂、洗发水和牙膏等产品。这种担忧（比如对孩子来说）导致他"必须"购买某些"安全的"商品。这种被尊重的愿望和动机经常能（令人惊奇地）在猫粮广告中找到（见图 5.12），因为通过购买这种商品，购买者会得到宠物的喜爱，或者说他们能感受到被尊重，进而其需要得到了满足。

图 5.12 猫粮广告示例

情欲是另一个重要的动机。这种动机常常以各种形式被唤醒,其变化范围从模糊地表达情欲信号到间接地描绘情欲场面,效果则由接收者的主观理解而定。

众所周知,人类最基本的需要之一——获得食物——可以通过食品行业的生产得到满足。然而健康饮食风潮的流行则说明,人们对它的需要不仅因为它能够果腹,还因为它对身体有益并且能带来生命活力(比如,功能食品)。

在消费品领域,常常有很多行为科学导向的商业研究,其中可以找到很多调查特定购买动机和购买行为(如销售点消费)之间关系的实证研究。20世纪70年代,Tauber(1972)首先提出问题:为什么人类会去买东西?他通过深度访谈的探索性研究发现,不同的购物类型有着不同的购买动机。例如,某一个消费者群体的主要动机是奖励自己,而另一个消费者群体却仅仅把购物当作日常消遣,还有一些消费者群体只是为了享受逛街时感受到的兴奋和愉悦的刺激。

也有研究显示,有一种动机来自在讨价还价中感受到的快乐和愉悦("砍价的乐趣")。当店铺里的大多数商品都不能议价时,消费者会通过在不同店铺间比价并寻找特惠的商品来满足自己的需求。

寻求多样性的动机

在寻求多样性(Variety Seeking)的动机背后,是对新刺激的渴求或愿望。在消费者行为中,则表现为挑选新品牌、新产品、新购物点或通过其他渠道(如网店)购物。对于多样性的寻求表达了"需要研究的购买者行为"的基本驱动力。它是彼此关联的不同驱动力相互作用的结果,这些不同驱动力则取决于消费者的不同个性。在不同个性中,外向性、处理复杂刺激的能力和创造力会对多样性寻求产生潜在的积极影响。例如,有着武断和专制性格的人,其多样性寻求动机明显低于平均水平。基于基本的动机因素可以做出以下假设:对于变化、独一无二、风险、危险及神经刺激的追求以及好奇心,可以增强消费者的"探索性"购买行为。

对于不同种类产品的多样性寻求行为也有所不同。例如,替代产品的数量越多、再次购买的时间间隔越短、产品参与度或者感受到的产品差异程度越小,则越有可能转换品牌或产品。当激励或者某一特定目标带来的刺激低于某一特定感知水平时,消费者就会感到无聊。为了消除这种无聊感,他们也会尝试寻找新事物。多样性寻求正好可以通过这种现象得到解释。在市场营销中,这表示对某产品的再次购买虽然会降低使用价值,但会唤起顾客寻求变化的需求。

对动机的测量

在大多数情况下,有关动机的情绪成分和认知成分会被分开测量,因为认知成分只能通过语言描述性指标来测量,而动机强度(激活成分)则需要通过生理性指标来测量。在消费者行为研究中,由于很难通过简单的直接询问来了解消费者的真实动机,因此人们研究动机的热情逐渐降低。动机研究在分析人类动机时涉及很多关于目标、愿望、本能和趋势的心理学概念,这些心理学概念正随着心理学的发展被越来越广泛地运用到消费者行为研究中。

直接询问法是动机研究中常用的方法之一,但它也存在一定的局限性。一方面是因为被调查对象可能不愿意说出自己的真正动机;另一方面可能是因为他们没有足够的能力识别并用语言表达自己的动机。因此,在动机研究的方法中除了语义差别量表的询问法之外,还有联想法、投射法以及精神生物学等方法。

询问法主要通过开放式访谈和深度访谈进行。与封闭式访谈不同的是,在开放式访谈中不会给被询问者任何答案,而是让他自由无顾虑地回答问题。在询问过程中被询问者有一定程度的自由,询问者更多地会使用间接性问题。深度访谈一般持续的时间较长,而且比标准询问更加彻底。值得注意的是,一些不切题的表述可能会对访谈产生很大的影响。

投射法属于间接询问法的一种。投射的概念来源于弗洛伊德,它描述了这样一种过程:通过投射,可以对人的神经与心理状态进行外化和确定。在投射中,被试会将(特别是关于他人的)刺激组合理解归纳为某个特征和行为,而这往往是他对自身的描述或他对别人的期待。当然,对投射测验结果的解释需要丰富的心理学知识,此外,该测验需要被设计得尽可能清晰地反映投射,从而能进行进一步的定量分析。有关投射测验的方法和程序最初来自心理学,并且是基于精神分析学理论、临床社会心理学和文化人类学发展而来的。

最有名的测试方法是主题统觉测试(TAT)和罗夏墨迹测试(Rorschach Test)。通常,被试会被展示以不同的图片,图片上有典型的生活、消费和购物情境。这时,被试会被要求描述图片上发生了什么,这样的情境是如何产生的,以及之后会如何发展。他们将个人的主观愿望和想法"投射"到自己的回答中,研究者根据这些回答对他们的愿望或行为举止进行推断。TAT 测试中典型的提问有:

- 你对促销广告上的故事怎么看?
- 你可以将自己设想为故事中的一员吗?如果可以,你会扮演什么角色,为什么?故事又会如何进一步发展呢?
- 促销广告中的产品与背景故事相符吗?如果相符,为什么?如果不符,什么产品跟该故事更相符?你对该促销广告和/或产品有认同感吗?

产品的角色、被试在讲述中的行为举止以及动机等都会由专人进行分析,以使研究者能对被试有一个全面而深入的了解。此外,TAT 测试也可以被用于性格测试。在图 5.13 中展示了一个投射测验,通过该测试可以尝试分析,消费者出于什么动机会给自己买礼物,怎样解释其行为(购买)(参见 Solomon 2015)。在这个例子中,被试常会指出,图中的女士疲惫地工作了一天,想用一瓶新香水小小地奖励自己一下。于是,这种犒劳自己的愿望就可以通过香水广告表现出来。

图 5.13　为自己购买礼物的动机研究投射测验
资料来源：Solomon/Bamossy/Askegaard/Hogg 2001，p.510。

卡通或连载漫画测试可以看作 TAT 测试的一个变种。这种方法来自 Rosenzeig (1945)。他开发了所谓的逆境画面反应测试（PFT）。在该测试中，首先给被试展示一些漫画式图像，比如，两个人正在进行对话的情境。各自的对话会通过对话框（对话气泡）形式给出，但对话内容却只有一部分，缺失的对话内容需要被试填上。在此假设，被试会无意识地给出自己的真实回答，而他在直接询问中往往不会将其表露出来。其他投射测验方法还有词汇联想法（WAT）和文章完成法（SCT）。在词汇联想测试中，通过给被试单个的词汇，让他表达出自己关于该词汇的相关思考，如对某特定品牌的联想。文章完成法则常常和卡通测试结合使用，从而不仅有语言方面的而且有视觉方面的联想。

拼图技术是通过理想的图片来揭示有意识的和无意识的购买动机。首先，被试拿到不同的杂志，接着，他可以从中剪下图片并组成一幅新的图片，即所谓的拼图。例如，被试会被问到对自己未来的最佳设想。通过被试拼出的图片，便可以对其没有用语言表达的真实感受的隐藏动机进行推断了。

自发推动是另一种投射方法。实验中让被试展示自己在某个购物场景的照片或录像。之后，要求被试对自己的行为进行评论并解释自己的动机。这些从投射过程中得到的信息会被越来越多地运用到企业营销决策，如产品形象塑造、广告和价格措施等中。

阶梯法则（Ladder Technique）是偏重认知导向的动机研究中常用的方法，主要用于探寻人们购买某一商品的动机。通过特殊的询问技术，鼓励消费者表达他们的目标-方法设想，即所谓的手段-目的链。通常从产品属性的最底层逐渐上升至反映动机的最高层，从而获得对某一具体产品的功能动机和心理动机的全面描述。图 5.14 展示了以摩托车为例的手段-目的链，以及由此所获得满足的动机。该链从最底层的价格开始，到最高层的自信。

以摩托车为例：凯旋Speed Triple 900

图 5.14　手段-目的链示例

资料来源：参见 Botschen/Thelen/Pieters 1999，p. 42。

如前所述，经典的心理学方法在消费者行为研究领域中的运用已炉火纯青，但仍有一些新开发的、在市场上已取得成功的产品，却在市场调查中表现得"完全失败"，甚至完全没有被采用。比如，红牛饮料在产品测试中被顾客评价为"一般般""恶心""尝起来跟药一样"以及"我永远也不会买"。众所周知，红牛饮料在世界上的很多国家都是非常成功的。错误预测一方面源于使用了不恰当的研究方法，另一方面也会削弱正在使用的测量方法的效果。

在此背景下，一些学者开始关注神经科学在消费者行为领域的运用，开展了神经营销学的理论探讨。多数研究通过研究人脑"活动的轨迹"来确定人们的购买动机，其中的手段之一是采用断层 X 光对被试的大脑活动进行研究。例如，通过仪器观察某人在超市进行虚拟购物时大脑不同区域的活动，从而揭示其行为动机。如前所述，通过询问法显然已无法揭示消费者内心的活动过程，因此，有必要开发一些适宜的方法来测量人的潜意识或不清晰的因素。

响应时间法也是时下流行的一种方法。这种方法主要用于被试在面对词汇、符号或图像等的特别刺激时，如何通过按键的方式做出反应。通过反应时间长短测量其在无意识的情况下的行为动机。

下面两个实验就体现了类似的研究问题（见图 5.15 和图 5.16）。在第一个实验中，被试需要随机回答以下问题：哪个圣母看起来更自信？

图 5.15　圣母像的广告效果测试

资料来源：Scheier/Held 2012，p. 19。

大部分人都认为左边的圣母看起来更谦卑,而右边的圣母看起来更自信。实际上两幅图是完全一样的,只是把圣母的头从偏着到调直,就让一个谦虚恭谨的女人(左图)变成了一个自信的女人(右图)。在第二个例子中,需要回答以下问题:三个女人中的哪一个看起来更有吸引力?

图 5.16　女性身材的广告效果测试

资料来源:Scheier/Held 2012,p.19。

尽管很多人并不能马上看出具体区别,但大部分人还是选择了中间的女人。产生这种偏好的区别主要来自人们的潜意识。对中间女人的偏好来源于她的腰臀比,其比例为 0.67(腰):1(臀)。0.67 的比例,即来源于当今世界上所谓的女性身材最佳尺寸:90 厘米—60 厘米—90 厘米。一个女人的腰臀比的数值越大,越让人觉得这个女人没有吸引力。左图中女人的腰臀比是 0.8,而右图中的是 0.9。这两个实验都说明了同样一个问题,即消费者即便不知道背后的动机也能做出决定。

5.4　态度

5.4.1　理论基础和特征

> 态度是人们对所处环境中的某些事物、问题、人或行动好恶程度的一种总体评价。它是一种习得的、持久的、稳定的心理倾向和基本意愿。

态度是解释购买者行为的一个基本变量,是人类行为的驱动力之一。态度针对特定的目标,如产品,做出主观的和情绪导向的评价。对市场营销来说,态度在激活过程中尤为重要,对预测购买决策有重要的意义。态度是基于认知性(Cognitive)、感受性(Affective)和意动性(Conative)所构成的。

态度的特点是,它有着很强的时间稳定性。随着时间的推移,态度会逐渐固化并带来两种结果,即那些有着良好形象的产品或企业会在一段时间内保持这种形象,即便该产品的质量已经不如从前,或即使企业想要改变形象,也还是会维护之前的形象。当然,态度的改变是一个长期的过程。态度与形象相互对应,态度往往都是有特定主体的(一个人对另一个人或一件事持有态度),而形象一般是着眼于对象的(一个对象在另一个人心目中有一个固定的形象)。例如,一个学生对格拉茨大学和特里尔大学都有着积极的态度,这是因为他希望能获得实用性强的大学教育(动机),而且他知道这两所大学有同样的教育内容(认知性的对象评估)。

这种思路也是基于对态度的方法-目标分析(手段-目的分析),即消费者在设定了一个想要追求的目标后,就会设法通过特定方法达成该目标。这种原理是基于态度影响的经典模式的:唤起消费者的一个特定需要,然后在以下步骤中提供满足该需要的手段。

图5.17正是基于这种模式:左图唤起关于"对自己好一点"的需要,即根据皮肤类型使用合适的保湿液对自己的皮肤有好处。"适合你皮肤类型的保湿液"这一诉求正好可以满足这种需要。右图则透露出如下信息:"如果你(作为猫)想瘦到能钻进老鼠洞里,那就喝无糖版的百事可乐吧。"

图5.17　基于方法-目标分析模式的态度影响

在已有的研究中,理性行为理论(Theory of Reasoned Action,TRA;Ajzen/Fishbein 1980)和计划行为理论(Theory of Planned Behavior,TPB;Ajzen 1991)都很重要。这些理论都是从认知的角度解释和预测人们计划中的、有意实施的行为。理性行为理论通过人们的行为意向解释了其行为的发生,而行为意向则受到主体对于行为的态度(个人因素)以及主观规范(社会环境因素)的影响。主观规范指的是,个体对于是否采取某个特定行为所感受到的社会压力。理性行为理论也受到一些批评,被认为是认知导向的,因而不能解释类似冲动性行为等基于情绪的行为。

计划行为理论则对此进行了完善,它认为行为不仅有行为意向,还有一个新的解释性变量:感知行为控制。感知行为控制是个体感知到的完成行为所需要的资源和机会的丰富程度。

比较两种理论可以得出如下结论,即计划行为理论的解释力度随着行为控制的增加而增大。该理论已经被运用到行为解释的很多研究中。例如,研究显示,相比于德国这样以个人主义文化为主导的国家,在中国这样以集体主义文化为主导的国家中,对假货的购买意向更强烈地受到主观规范(社会环境因素)的影响(见图5.18)。

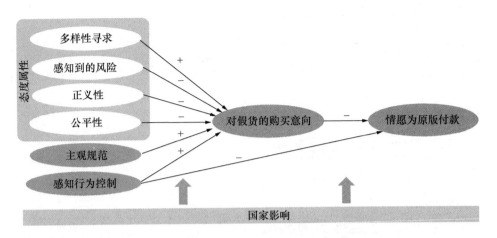

图 5.18　计划行为理论——以假货购买的行为意向为例

资料来源：Swoboda/Pennemann/Taube 2013，pp.23-41。

有批评者认为这些理论太过认知导向，而态度的三成分理论则不会如此。对于态度而言，该理论在之前提及的感受性和认知性成分旁边，另外增加了一个意动（意向）性成分（见图5.19）。

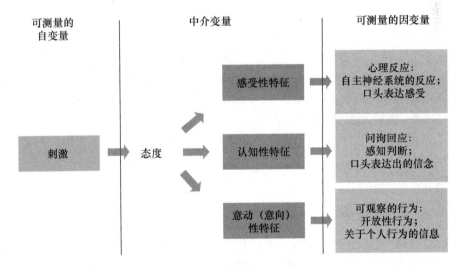

图 5.19　态度的三元理论

以下为态度的三种成分：

- 感受性成分（依感受而定），即其中显示的是情绪和动机元素。
- 认知性成分，其中反映了知识（例如关于技术价值的）和个人经验（表明了态度）。
- 意动（意向）性成分，它象征了行为倾向（例如购买某特定产品的意向）。

根据一致性假设，三种成分相互协调和一致。然而，从形式逻辑的观点来看，三成分论也有缺陷。三个成分是否能被看作"态度背后的"自变量也是存在争议的。特别是意动（意向）性成分在这种关系中常常受到质疑。

态度的ABC模型则扩展了相关问题，并考虑了在不同的效果层级中，态度的哪个方面(感受的、认知的、意动的)会占优势(见图5.20)。

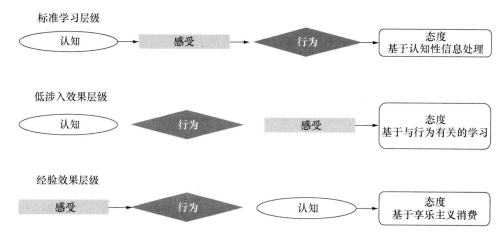

图 5.20 用 ABC 模型来解释态度结构

资料来源：Solomon 2015，p.325。

A(感受)指的是情绪性成分,B(行为)指的是行动性成分,C(认知)指的是认知性成分。在该模型中,所处的情境决定了三个成分中的哪一个会触发态度结构。Solomon (2015)区分出了三个顺序：

- 在标准学习层级中,消费者首先会收集产品信息,然后在该认知性成分的基础上形成一个关于该产品的情绪立场,之后再采取行动。
- 在低涉入效果层级中,消费者在之前对某产品还没有特别偏好的情况下,就已购买了该产品,而对该产品的有关认知评价是基于过去的经验。这种情况适用于低涉入的产品消费,例如卫生纸的购买。
- 在经验效果层级中,消费者基于感受采取行动,而感受有可能由一些无形的产品属性所触发。在产品具有相似的功能属性(例如电视机),没有办法有效区分时,这一顺序就很重要。

5.4.2 意义和测量

在市场营销中,态度有着至关重要的作用。其中的原因在于,很多的研究都可以通过态度来证实营销手段的效果。另外,所谓的态度-行为假设是构成三元理论的核心基础。在态度-行为假设中,假设态度决定行为,那么购买的可能性与态度的强弱有关。在这里,要注意之前提到过的态度的时间稳定性,即今天测量到的态度可以决定明天的行为。然而,这种关系只有在一定条件下才能维持,即当情境的、对象的和个人的条件等各方面都符合该假设时。

在最近的文献中,涉入度(Involvement)被认为是态度结构中的决定性因素。对于低涉入度产品,由于所需信息不多,对决策投入的思考也较少,因此这时的态度是通过其他方式建立的。换句话说,低涉入度的购买决策不一定受到先前态度的控制,而可能是因为临时记起某产品的特性或吸引人之处而达成购买,这时,态度的形成是在购买和有了使用经验之后。因此,在低涉入度时,先有行为后有态度的假设会占上风,特别是在顾客冲动地购买了其不了解的新产品时,从行为到态度的假设更加重要。Mummendey(1988)由此提出了态度和行为之间的相互作用。例如,一个人可以选择一项别人推荐的金融服务,在体验了该服务后形成对该服务的态度,而这种态度会进一步促使该顾客选择另外一项补充服务。此外,个人影响(例如个性因素)和社会影响(例如群体因素)也应当被考虑进去(见图5.21)。影响从态度到行为这一假设的因素可以是情境因素、经济因素、社会影响以及态度测量和行为间的时间差异,等等。为了对行为进行预测,有时会直接测量与行为相接近的购买意向。

由于态度对消费者行为具有较大的解释力度、较高的可行性以及可采用的测量方法多种多样,因此它对市场营销的作用越来越重要,例如:
- 作为解释和预测消费者行为的基础;
- 作为成功控制销售策略和手段的基础(例如控制品牌策略的效果);
- 作为市场细分的基础;
- 用于定义"理想产品";
- 用于定位产品、购物点和服务;
- 用于设计沟通策略。

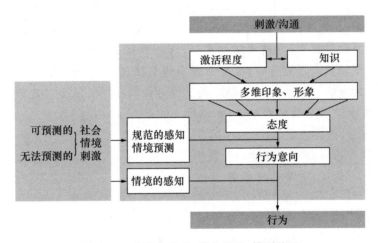

图 5.21　态度和态度-行为假设:模型关系

资料来源:Trommsdorff/Teichert 2011,p.127。

态度变化

在阐述了态度对市场营销的重要性之后,有必要了解态度是如何变化的。在此有以下四种理论可作为参考:
- 一致性理论(Consistency Theory)是指个体对无冲突和具有相互一致性的人或事物具有偏好,所以在营销时要避免或消除态度系统里的不协调因素。
- 自我知觉理论(Self-Perception Theory)认为个人行为对于评价事物的态度具有决定性作用。
- 社会判断理论(Social Judgment Theory)聚焦于已有态度对新刺激的评价。如果该刺激与之前的态度一致,它就会进入同化范围(Assimilation),被接受,进而强化态度;反之,则会脱离此区域,受到排斥。
- 平衡理论(Balance Theory;Heider 1958)认为,个体会平衡态度对象间的关系,并尝试在态度结构中建立一个一致的关系。例如,一个足球迷对德国球星波多尔斯基抱有正向的态度,但这位足球明星常常穿着印有德国一家知名体育用品制造商标志的衣服,而这个球迷恰好对该品牌有过负面经历。这样一来,三者间的结构就出现了不平衡,而要消除这种不平衡,就需要将其对该品牌的态度由负转为正才可以。

当然,如果要在市场营销中成功地运用态度转变,则需要注意以下几个心理原则:
- 交互性,如果一个人在之前得到过一些好处,就会更愿意多付出一些东西。
- 限制性,有时某种限制条件反而会使某些东西更具有吸引力。
- 权威性,一个严肃可信、有着良好信誉的刺激效果往往更好。
- 同情性,那些令人喜爱的人获得他人赞同的可能性更大。
- 一致性,那些适应社会刺激的(如第三方的)行为更易于被社会接纳。

社会心理学中的认知失调理论

Festinger(1957)把认知失调定义为一种不一致的状态。它是个体在做出决策之后、在某一特定行为之后或者存在信息不一致时体验到的。这种状态与个人目前的态度(如见解、感受和价值观)相违背。通常,人们会尝试减少或消除这种失调,从而在认知中(再次)恢复协调。原则上,需要考虑很多的手段,比如一个用来解释认知失调的例子是关于自己的知识("我是吸烟者")和关于吸烟的判断("吸烟会引发肺癌"):
- 改变关于吸烟后果的判断,如怀疑这个结果。
- 改变行为,如停止吸烟。
- 重新评估行为,如"我吸烟不是很多"。
- 加入新的认知,如改吸健康烟。

Festinger 和 Carlsmith(1959)通过一个实验(谎言后的失调减少或消除)阐述了该理论。他指示学生们做一项非常无聊的工作(顺时针绕线 30 分钟),然后让他们帮助实验人员邀请另外一个人来参加该实验。他们需要向对方声称,这项工作十分有趣和有吸引力。这样每个被试都会得到一笔报酬,一半的被试会得到 20 美元,另外一半仅得到 1 美元。之后,再通过问卷了解他们对绕线的真实态度。结果发现,获得报酬多的被试仍对绕线工作持有较低的评价;而获得报酬少的被试却提高了对绕线工作的评价,变得喜欢这项工作了。研究者解释说,这种不充足的外部理由使得参与者要为自己的失调行为找到一个理由,并由此改变了他们对任务的评估。获得报酬多(20 美元)的被试会用这笔不小的酬金为自己的行为辩解,认为自己之所以对别人说绕线有趣是因为有明显的外部好处,这样说是值得的。这样一来,心口不一所带来的失调感就削弱了。可是对获得报酬少(1 美元)的被试来说,用这种理由为自己的行为开脱就较为困难。由此可见,失调具有刺激效果并能引发相关反应,这种反应的目的就是消除那些在人们看来是负面的状态。失调越强烈,减少或消除它的动机就越大。

推敲可能性模型(Elaboration Likelihood Model,ELM)描述了在态度转变的情况下,消费者更专注于他们的认知过程,从而推敲某说服性信息的可能性有多大。模型中区分出中心途径和边缘路径。如果一个消费者通过中心途径进行推敲,则论据的强度对于态度改变起着决定性作用,因为这里有仔细的评估(高程度推敲)。如果一个消费者选择了边缘路径,则他不会仔细地分析信息,而是会对刺激和暗示做出反应(低程度推敲)。推敲(处理深度)由对信息加工的动机(例如信息的重要性和接收者的涉入度)和对信息加工的能力(理解能力、知识水平、注意力、情绪等)来决定。

态度的测量

对态度的测量有一系列不同的方法,但它们总是指向三成分论:
- 感受性成分是通过对感受的语言表达和对自主神经系统反应的检测来测量的。
- 认知性成分是通过对评价对象的判断(感知判断)的语言表达来测量的。
- 意动性成分是通过观察和询问个人行为来测量的。

不同方法间的区别可以通过下面这个例子来说明。总部位于米兰的嘉年华集团(CARNIVAL Corporation & PLC)是世界上最大的旅游和邮轮供应商,它旗下的知名品牌包括 AIDA、A'ROSA、Princess Cruises、P&O Cruises 等。嘉年华集团想要确定,消费者对其旗下的两个品牌(AIDA 和 A'ROSA)持有何种态度。态度-行为假设假定了态度对实际(购买)行为的重要性。对于嘉年华集团的态度-行为假设需要测量的是态度,而不是购买行为。除了一些企业所不知道的分解模型,嘉年华集团可以使用所有的一维和多维态度测量方法(见图 5.22)。但它最终的选择是询问法,理由是态度测量既然可以通过询问中的语言表达性指标来进行,那么生理测量(感受性成分)和观察(意动性成分)的方法可暂时不用。

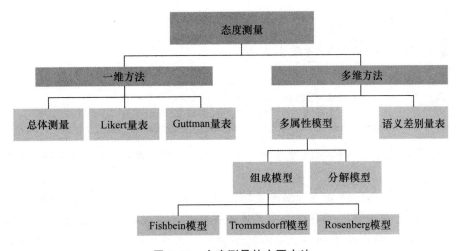

图 5.22　态度测量的主要方法

最后,对询问中得到的数值进行相应的计算。在多维方法中,通过前测确定了以下几个指标:令人兴奋的(放松的)、独特的(日常的)、有教育意义的(娱乐消遣的)、动感的

（优雅的）、诚挚的（有距离感的）、群体导向的（个人的）。结果如下：

一维态度测量

一维态度测量主要测量感受性态度。总分是取全部问题答案的平均值。图 5.23 表明，总体测量方法计算了以下消费者如何通过量表来评估两种邮轮旅行（从一个 AIDA 顾客的视角出发）。该评价量表即一个简单归类量表，用到的是定序数值。如果被询问者认为各询问项之间的距离相等，那么也可以把它们作为定距或定比数值（Metric Data[①]，数值型数据）来使用（所谓的类数值型数据水平）。

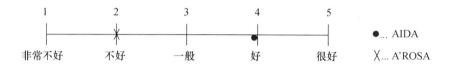

图 5.23　总体测量的结果

Likert 加总评级法会收集关于一个测量对象同样多的好与不好的表述，并使用双极标度询问人们对该对象的否定和赞同程度。该方法的测量结果如表 5.4 所示。

表 5.4　Likert 加总评级法的测量结果

用于测量 AIDA 态度的刺激因素	评估	
	被试 1	被试 2
1. AIDA 的邮轮旅行太令人兴奋了（—）	+2	−2
2. AIDA 的邮轮旅行主要是群体导向的（—）	0	0
3. AIDA 的邮轮旅行很独特（+）	+1	−1
4. AIDA 的邮轮旅行很有教育意义（+）	+1	−1
5. AIDA 的邮轮旅行充满了诚挚的氛围（+）	+2	0
6. AIDA 的邮轮旅行对我来说非常优雅（—）	+1	−2
评估总值	+7	−6

正向刺激量表（+）：+2（完全同意），0（既不/也不），−2（完全不同意）
负向刺激量表（—）：−2（完全同意），0（既不/也不），+2（完全不同意）

最后，将量表中各项的数值加总成一个态度值。结果表明，被询问者对 AIDA 抱有积极的态度。

Guttman 量表图示法是通过多个选项表达某种态度，通常采用两分问题的方式询问某人是赞同还是否定。所有被询问者的表述都会被填入量表图中。根据每个人的总分可以排出顺序，并由此得到一个一维排序量表。该方法的结果见表 5.5 中来自某问卷的记录（问题的顺序已改变）。

[①]　通常为定距和定比数据。

表 5.5 Guttman 量表图示法的测量结果

对于邮轮旅行态度的调查问卷(节选)	被试 1	被试 2
1. AIDA 的邮轮旅行很独特(＋)	同意(1)	不同意(0)
2. AIDA 的邮轮旅行很有教育意义(＋)	同意(1)	不同意(0)
3. AIDA 的邮轮旅行令人兴奋(－)	同意(0)	不同意(1)
4. AIDA 的邮轮旅行对我来说非常优雅(－)	同意(0)	不同意(1)

被试	陈述1		陈述2		陈述3		陈述4		总分
	1	0	1	0	1	0	1	0	
1	×		×		×		×		4
2	×		×		×		×		4
3	×		×		×		×		4
4	×		×			×	×		3
5	×		×			×		×	3
6		×	×			×	×		2
7		×	×		×			×	2
8		×		×	×			×	1
9		×		×	×			×	1
10		×		×		×		×	0

多维态度测量

Osgood 的语义差别量表使用了一系列相反的特征词,它们具有某种比喻的含义(见图 5.24)。

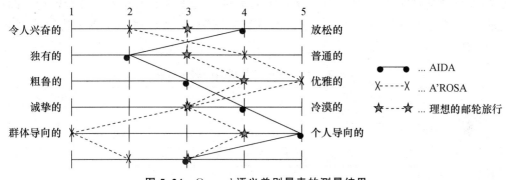

图 5.24 Osgood 语义差别量表的测量结果

需要注意的是,图 5.24 中的一些比喻性描述不能简单地按照其字面意思来理解,而需要经过意义转换,即反向编码。这些词语与评级量表相结合,测试者在量表上标记出不同的值,代表着他们对于某产品或服务的看法与某个特征词(比喻词)的一致性程度。如果把这些值的平均值用图形表示出来,就会得到关于某产品或服务的特征图或二元定向图。

Fishbein 态度模型的基本特点是对感受性态度和认知性态度分开进行测量。该模型基于两个基本假设:

- 对于某个对象,消费者可以感受到几个对其态度起决定性作用的特征。
- 消费者对于某对象的态度来自对这些特征的主观感受(认知性成分)和自己的

评估(感受性成分)。

该模型的具体测量见表 5.6 及其下面的公式。测量结果表明人们对 AIDA 的态度是积极的、正向的。

表 5.6 Fishbein 态度模型的测量结果

特征 K	特征表达 B_{ijk}		对特征 a_{ijk} 的评价		印象值 $E_{ijk}=B_{ijk} \cdot a_{ijk}$	
	AIDA	A'ROSA	AIDA	A'ROSA	AIDA	A'ROSA
令人兴奋的	5	2	7	5	35	10
独特的	3	6	4	5	12	30
有教育意义的	3	5	2	4	6	20
动感的	5	2	4	4	20	8
诚挚的	4	3	5	5	20	15
群体导向的	5	2	3	3	15	6
E_{ij}					108	89

$$E_{ij} = \sum_{k=1}^{6} B_{ijk} \cdot a_{ijk}$$

注:E_{ij}=测试者 i 对对象 j 的印象值;B_{ijk}=测试者 i 认为对象 j 具有特征 k 的可能性大小;a_{ijk}=测试者 i 对对象 j 特征 k 的评估;$E_{ijk}=B_{ijk} \cdot a_{ijk}$=印象值。

Rosenberg 态度模型认为,消费者有能力判断某产品和服务可以在多大程度上满足自己的动机(手段-目的分析)。该模型基于的假设是,个体对于某对象的态度取决于两点:动机的重要性(感受性成分),感知到的某对象能够满足该动机的适合性(认知性成分)。该模型的具体表达见表 5.7。测量结果表明,消费者对 AIDA 的态度是积极的、正向的。

表 5.7 Rosenberg 态度模型的测量结果

特征 K	动机 a_{ik} 的重要性	特征评估值 B_{ijk}		印象值 $E_{ijk}=B_{ijk} \cdot a_{ik}$	
		AIDA	A'ROSA	AIDA	A'ROSA
令人兴奋的	7	4	2	28	14
独特的	4	3	5	12	20
有教育意义的	2	3	3	6	6
动感的	5	4	1	20	5
诚挚的	2	3	4	6	8
群体导向的	3	6	3	18	9
E_{ij}				90	62

$$E_{ij} = \sum_{k=1}^{6} a_{ik} \cdot B_{ijk}$$

注:E_{ij}=测试者 i 对于对象 j 的印象值;a_{ik}=动机 k 对于测试者 i 的重要性程度;B_{ijk}=测试者 i 主观认为对象 j 能够满足动机 k 的适用性程度(感知到的工具性)。

上述提到的 Fishbein 态度模型和 Rosenberg 态度模型的争议主要在于,是否要将可能性数值和评估数值相乘。因为这两个值可以互相补偿,例如在 Fishbein 态度模型中,当可能性值为4、评估值为2时,(在实际上不同的态度之下)会得到与可能性值为2、评估值为4时相同的总值。

Trommsdorff 态度模型(Trommsdorff/Teichert 2011)则通过确定印象值(E_{ij})解决了以上相乘方法的弊端(见表5.8)。

表5.8 Trommsdorff 态度模型的测量结果

特征 K	特征程度 B_{ijk}		邮轮旅行 I_{ik} 的理想特征程度	印象值 $E_{ijk}=\|B_{ijk}-I_{ik}\|$	
	AIDA	A'ROSA		AIDA	A'ROSA
令人兴奋的	4	2	5	1	3
独特的	2	4	3	1	1
有教育意义的	3	5	4	1	1
动感的	5	3	4	1	1
诚挚的	4	2	4	0	2
群体导向的	3	2	3	0	1
E_{ij}				4	9

$$E_{ij} = \sum_{k=1}^{6} | B_{ijk} - I_{ik} |$$

注:E_{ij}=测试者 i 对于品牌 j 的印象值;B_{ijk}=测试者 i 对于对象 j 特征 k 的感知程度;I_{ik}=测试者 i 对于同档次产品 k 的理想特征程度;$E_{ijk}=B_{ijk}-I_{ik}$=印象值。

这里并没有摒弃对态度的感受性成分和认知性成分的分开测量;感受性成分是通过感知到的特征值(B_{ijk})直接测量,而认知性成分是通过询问调查对象心目中某特征的理想值(I_{ik})间接得来的。其结果显示,被试对 AIDA 的态度是积极的、正向的,接近于理想设想。

与 Fishbein 态度模型和 Rosenberg 态度模型不同,Trommsdorff 态度模型采用了加总的假设。在这一假设下,态度是由单个印象值相加而来的,其中的各个特征被认为是相互补偿、相互独立的。

模型的比较和扩展

可以通过两个模型来说明模型的变形,其中的效用曲线取决于特征的表达:理想点和矢量模型(见图5.25)。

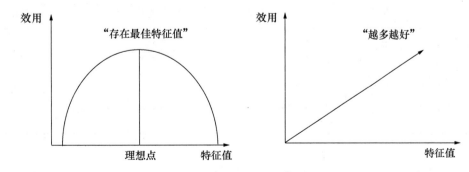

图5.25 理想点和矢量模型

资料来源:Backhaus/Erichson/Weiber 2013,p.370。

具体使用哪种模型，取决于对象的特征类型或者模型所表达的维度。例如，对一杯咖啡来说，一个理想模型中的特征就是它的浓度、温度和甜度。对于大多数喝咖啡的人来说，任何一个特征的值过大或过小都是不好的。这里的理想点就是主观感知到的各种特征的最佳组合。反之，一辆车的特征（安全性、性能和舒适性）则最好通过矢量模型"越多越好"的原则进行判定。

基于以上模型有或没有理想点的基本差异，Freter(1979)总结出了一个不同模型的概览。表5.9将各种模型总结到了一起。在这里，通过加总对于某对象特定特征的个体态度，就可以得到该对象的态度值。这个基本模型最重要的变形形式就是上述提到的Rosenberg态度模型和Fishbein态度模型，以及妥当-重要模型和妥当-价值模型。与Fishbein态度模型不同，在妥当-重要模型中要确定对象具有某特征的程度（定量表达）（信念）。这些特征会根据它们的意义被权衡（重要性权值）。妥当-价值模型同样也可被用于定量特征值，但其中的意义权重并不是通过一个"重要-不重要"两极量表来测量的，而需要通过一个有着好、坏两极的价值量表来测量。

表5.9　无理想点的多维态度模型

模型名称	印象 （认知性成分，A_{ijk}）	意义权重 （情感性成分，B_{ijk}）
Rosenberg （目标实现的强度）	感知手段 对于品牌j能够支持目标i的适应性的印象/设想 通过汽车品牌xy 阻止实现目标　　完全实现目标	价值重要性 目标i的价值重要性 汽车的"安全性"价值/目标 坏　　　　　　　好
Fishbein （目标实现的可能性）	信念强度 品牌j具有特征i的可能性大小 汽车品牌xy很舒适 很不可能　　　　很可能	可评估方面 对于特征i的评估 汽车xy的"舒适性" 坏　　　　　　　好
妥当-重要	信念 对于品牌j具有特征i的印象/设想 汽车品牌xy 不安全　　　　　很安全	重要性（突出性） 特征i的重要性 对于汽车来说，特征："安全性" 不重要　　　　　很重要
妥当-价值	信念 如妥当-重要模型 汽车品牌xy 不舒适　　　　　很舒适	价值 如Fishbein态度模型中的"可评估方面" 对于汽车xy来说，特征："舒适性" 差　　　　　　　好

资料来源：参见Freter 1979，p.167。

最后，需要着重强调的是扩展的Fishbein态度模型（基于计划行为理论，见图5.26）。该模型明确地考虑到了态度和行为（如社会影响和购买情境）之间某些所谓的"干扰因素"。该模型的基本假设如下：
- 行为意向是实际行为的直接"先导"。
- 行为意向与特定情境有关。
- 行为意向测量和实际行为之间的时间间隔应当尽可能短。

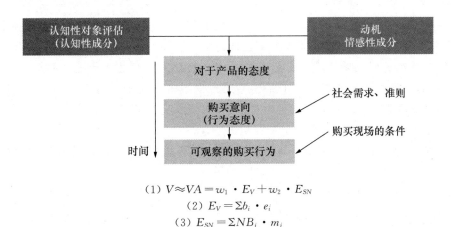

(1) $V \approx VA = w_1 \cdot E_V + w_2 \cdot E_{SN}$
(2) $E_V = \Sigma b_i \cdot e_i$
(3) $E_{SN} = \Sigma NB_j \cdot m_j$

注：V 为可观察的行为；VA 为购买意向；E_V 为对于某特定行为的态度；b_i 为某特定行为带来某结果的可能性（认知性）；e_i 为对结果的评价（情感性）；E_{SN} 为主观准则；NB_j 为某主体评估某参照人（组）j 特定行为预期的可能性（认知性）；m_j 为听从于某参照人（组）j 设想的意愿（情感性）；w_1, w_2 为通过回归分析确定的权重系数。

图 5.26　扩展的 Fishbein 态度模型

资料来源：参见 Kuß/Tomczak 2007, p.62。

联合分析

　　通过联合分析也可以进行多维测量，其中结合了组合和非组合的方法。作为依存分析的一种多元方法，联合分析研究（大部分）非测量数据之间的关系。而且，从其形式来看，它是一种多维标度的综合。经典联合分析的目标是，通过对象特征的组合（提前已经通过询问排出了偏好顺序）将每个特征对总偏好的相对贡献体现在量表上。参照之前的例子，嘉年华集团通过价格（高/中/低）、娱乐（多/少）、体验（多/少）和排他性（高/低）来区分旗下品牌。对于所有特征来说，获得的数据都有相同的数量级权重。因此，可以对它们直接进行相互比较，而且为了确定某特征对于总评价的相对重要性，可以建立一个表示特征间相互关系的模型。为了得到进行偏好测量所必需的数据，也可以使用现代技术，例如无线射频识别（RFID）。除了偏好测量，联合分析还可以被用于分析市场上已有产品的价格弹性。

　　联合分析基于以下假设：由实证确定的某复杂评估对象的总偏好值可以按照特定的特征被分解为部分偏好值。这种分解还需要一种联结准则，该准则显示了评估得来的部分偏好值如何集合成为实证总体评价值的估计值。使用多项联结时为多项联合分析，使用线性递增联结时则为递增联合分析，后者常常被用于定序数据。因此，至少能够得到总偏好的定序数值（来自对象所有特征的共同影响），以及特定设计（对象是根据该设计由不同的特征结合而成的）。我们还需要的是一种联结准则（测量模型），它要能够表示出感知特征组合的认知性和感受性处理方式,以及对于所有特征程度来说都有着同样数量级的定距测量值。

偏好(与态度不同)

偏好是一种一维指标(而态度常常是多维指标),它表示某特定时间段某特定人物对于某评估对象的倾向程度(而态度是长期的)。偏好的特征为:个人视角、替代品的倾向、只对某特定时间段以及具有特定条件的组合有效。偏好是评估过程的结果,评估过程中的主要元素包括一组替代品(在态度架构中不需要它们)、评估标准(例如感知效用)以及决策准则(例如主要标准和要求水平)。(个人)偏好构建的程序为:

(1) 问题决定和信息搜索;

(2) 在使用评估模型(矢量模型、理想点模型、部分效用模型)的情况下对主观感知的替代品进行评价;

(3) 合并成总偏好。

对于市场营销应用来说,实证数据是在心理测量量表基础上通过计算机辅助应用进行处理的,这种处理基于某种特定的联结准则,即该指标测量的是模型值与输出数据的契合度。另外,也可以直接通过电脑询问的程序进行联合分析。

❑ 研究速递

对许多"果粉"而言,苹果产品的更新换代必须紧紧跟随。每一次新品发布,苹果门店门口提前几天就已经排起了长队。哪怕不是"果粉",很多苹果手机(iPhone)的使用用户,都会忍不住购买和使用最新款的 iPhone,哪怕其旧款 iPhone 的使用体验并没有变差,一年换一部 iPhone 已是常态。那么为什么人们会忍不住地每年换一部 iPhone 呢?佛罗里达大学市场营销系教授 Aner Sela 的比较忽略(Comparison Neglect)理论给出了答案。

Sela 和 LeBoeaf 2016 年在 *Journal of Marketing Research* 上发表了《产品升级决策中的比较忽略》(Comparison Neglect in Upgrade Decisions)一文。文中指出:按照以往的理论,为了正确地评估产品升级,消费者应将升级后的选项与当下拥有的产品进行对比,以评估升级带来的附加效用。但是,作者发现消费者们往往并不这么做,当面临一个明显是现在已有产品的升级版选项时,消费者的理性往往会消失,他们更多地关注升级项与现有项的差异而并非其相似之处,从而使升级看起来有吸引力。在这样的情况下,消费者并不能正确评估升级的真实效用,而更可能会选择升级版,这就是"比较忽略"。同时,这也是为什么明明 iPhone8 与 iPhone7 的使用感受差别并不是太大,人们还是忍不住选购前者。进一步地,作者提出疑问:如果促使消费者将升级项与现有项进行比较,那么是否有可能减小这种"比较忽略"的可能性?

为了证实以上假设,并且进一步考察提升升级可能性的过程,Sela 教授的团队针对

1 000多名从18岁到78岁的智能手机用户进行了5项系列研究。研究1引入了具有真实支付后果的决策,以预测在升级决策期间提醒人们仔细思考现有选项是否能够降低升级的可能性。研究2将作为升级的决策与作为选择的等效决策进行了对比,以检验这种比较效果是否仅限定于升级环境。研究3测试了人们在未经"注意现有项"的提示时,是否在进行不充分的比较,以及提示后是否进行了过度比较,从而证明了比较忽视导致人们无法承认升级与现状之间的相似性。研究4则展示了升级项和现有项之间的感知相似性的中介作用,排除了浅层加工和损失感知的可能性。研究5的检测目的和研究4类似,并且还进一步检验了产品比较在升级决策中的基本作用。

通过上述5项研究,作者证实了,在消费者了解到两个产品(升级前和升级后)的一系列特点之后,大部分人都会选择升级后的产品,而在被提醒仔细比较二者的特点之后,选择升级项的可能性才会减小。作者在文中说:"我们并没有要求被试去回忆两个产品的特点,而是仅仅将产品摆在他们面前。但除非我们提醒他们进行比较,否则他们并不会这样做。这是让人非常吃惊的。"作者在文中还指出,比较忽视只会在一个选项明显是另一个选项升级后的结果的情形下才会发挥作用,如果只是简单地进行两个产品的选择,则即使一个产品同样优于另一个,比较忽视也不会产生影响。

作者在文章最后提到,数十年的研究表明,决策者在评估选项时倾向于比较,而该研究丰富了消费者在决策时的比较理论,即当选项中的一项被视为升级选项时,消费者往往会忽视或者无法充分进行比较。同时,该研究还拓展了先前已有的"焦点概念"——对于不是决策中明确的或明显是组成部分的有用信息,人们有时并不会深入比较和考虑。该研究进一步指出,即使在决策环境中已经明确应用了被忽视的信息,并且这些信息是直观的、易得的,人们对焦点信息的关注仍持续存在。

该研究具有很强的现实指导意义。试想一下,比较忽视是否会损害消费者的福祉?答案是不一定。一方面,如果比较忽视能促使消费者更快地更新产品,那么由于旧产品依然破旧而带来的不良体验就会被终止。另一方面,频繁的产品升级会对环境造成破坏,且消费者的大量支出也会影响其整体效用。因此,企业在制定产品线和出售产品时应承担一定的道德责任,想要通过不必要的升级来获取来自消费者的经济利益,终究是无法实现的。

资料来源:Sela, A./LeBoeuf, R. A. (2016), Comparison Neglect in Upgrade Decisions, *Journal of Marketing Research*, 54(4):556-571。

第6章

认知过程和条件

开篇案例与思考　重型猎鹰搭载特斯拉上天，意味着什么？

2018年2月6日，Space X公司成功地将重型猎鹰（Falcon Heavy）火箭发射升空。与往常的火箭发射不同的是，此次重型猎鹰搭载了一辆樱桃红的特斯拉跑车上天，车上循环播放的是大卫·鲍伊（David Bowie）的经典歌曲《太空怪人》（*Space Oddity*）。这辆特斯拉跑车的最终目的地是火星轨道，如果不出意外，它将会在太空停留十亿年之久。

Space X是美国一家私人所有的太空探索科技公司，由埃隆·马斯克（Elon Musk）于2002年创立，在此之前曾几次完成猎鹰系列火箭的发射。然而这一次的发射却非同寻常，在引起社会各界广泛热议的同时，也在消费者的心目中留下了深深的印记，甚至可以说是一次成功的营销活动。

在美国，太空探索公司发射火箭并非什么稀罕事，公众大多对此习以为常。并且，Space X公司此前曾经数次发射火箭时发生事故，导致发射失败，因此，即使重型猎鹰是当下最先进、载重能力最强、性价比最高的火箭之一，公众对它的发射期待也并不高。而当Space X公司对外公布，此次发射将搭载一辆特斯拉跑车上天时，公众的目光即刻被吸引住了。特斯拉和重型猎鹰的组合对于公众来说，是一种有趣的、出乎意料的强刺激，公众此时的关注点不再放在火箭能否发射成功之上，也不再放在重型猎鹰本身，而是转移到了"特斯拉上天"之上。

受到这一刺激的影响，消费者开始深入思考和了解，为什么此次重型猎鹰要搭载特斯拉跑车。大多数消费者开始意识到，重型猎鹰本身是世界领先的运载火箭，这为它能成功运载特斯拉提供了可能。而特斯拉同时也是电动跑车界的领头羊，代表着速度与绿色节能，其产品形象与此次火箭发射的特点相吻合——高速飞行，为人类的进一步生存发展而进行宇宙探索。消费者通过这样的思考与学习，让特斯拉与重型猎鹰甚至Space X在自己的记忆中建立起紧密的联系，此后如果遇到其中一个，便会自动联想到另一个。这样经过思考过后的认识在消费者记忆当中能够留存的时间更长，也更为深刻。

而一次本来属于航天科技界的火箭发射，因为这一独具匠心的设计而更具趣味性和高级感，成为舆论传播的亮点。世界各国各类媒体争相报道，意见领袖纷纷发言，又一次加深了重型猎鹰和特斯拉在公众心目中的印象。

而对于特斯拉品牌本身而言,此次发射也是一次成功的、辐射全球的广告。特斯拉这一电动汽车品牌,同样由埃隆·马斯克一手缔造。就中国国内舆论而言,自从在社交媒体平台上发布重型猎鹰搭载特斯拉跑车以来,各大社交平台,如微博、知乎等,对于特斯拉的讨论就占据了很大的篇幅,不仅对于这件事本身,更是深入讨论了特斯拉汽车的历史与发展。而火箭发射几天之后,特斯拉将在中国设厂的消息就被爆出,再一次将特斯拉推上舆论的风口浪尖。"特斯拉上天"一事的广告效应显而易见。

透过重型猎鹰搭载特斯拉上天这件事,我们能够勾勒出消费者认知过程的整个脉络,而埃隆·马斯克也充分把握住消费者认知过程的特点,做了一次精彩的营销。

思考:重型猎鹰搭载特斯拉上天这一事件,对哪类消费者影响最大?他们为什么会关注这一事件?你能描述一下这一消费者群体在得知这一事件时会有哪些思考与想法吗?

6.1 认知过程

6.1.1 理论基础和特点

> 认知是个体认识自己或周围环境的过程,也是他从思维上进行的一次信息处理过程。换句话说,认知主要是从思维和目的上对个体行为进行的控制。

当然,并不是所有的行为都由认知控制。例如,自动触发的(反应性)行为就是由于中枢神经系统中某个特定刺激被触发而发生的。消费者行为研究中所关注的认知过程,主要是指信息处理过程。这一过程可以被进一步分解为感知、思考、问题解决、学习和记忆等过程,具体分为三个阶段:

- 信息接收(感知);
- 信息处理(感知、思考、决策);
- 信息存储(思考、学习、记忆)。

信息处理从对刺激的接收和解码(就已经)开始了。之后,由刺激转化而来的信息会与已有信息产生联系,并在特定情况下最终长期存储于记忆中。个体从开始接收信息到对信息进行认知性处理,再到信息的存储,这一过程非常重要。图6.1展示了三元存储系统,即所谓的多存储模型或认知心理学的情态记忆模型。具体包含以下三个成分:

- 感觉信息存储(感觉记录);
- 工作记忆(中枢执行系统,短期记忆);
- 长期存储(长期记忆)。

感觉信息存储(感觉记录)只能将感官印象存储很短的一段时间,在这个过程中感知(刺激)被转变为生物电脉冲,然后由中枢神经系统进行进一步的处理。这里假设,该刺激不会在接收之后马上消失,而是会被整合到一个刺激组合中。这种存储的任务是保留一种短期的、被动的感觉印象,它是感知和记忆之间的联结。

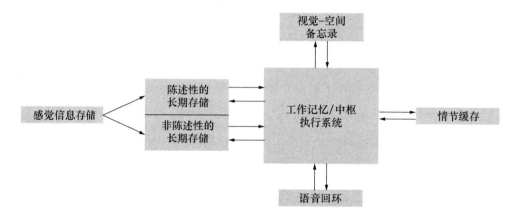

图 6.1　用情态记忆模型来表示基本认知过程
资料来源:基于 Baddeley 2000,pp. 417-423。

长期存储(长期记忆)等同于人类的记忆,是知识的内部表征。这种已有的知识是分类和解读新知识时的基础框架。为了对记忆结构进行系统化,需要区分陈述性记忆(关于事实和结果的描述性知识)和非陈述性记忆(不可描述的、意识到或意识不到的经历):

- 当信息处理深度和信息一致性提高时,记忆效率会提高。
- 当信息编码和信息检索期间具有同样的情绪时,记忆效率会提高。
- 当发送信息的情境被记住时,信息(如广告)就会被记得更牢。
- 当某架构中的某元素被唤起时,属于该架构的其他元素也可能被同时唤起。

工作记忆(中枢执行系统)与长期记忆在容纳能力上有所不同。工作记忆的容纳能力被限制在 7 ± 2 个元素之间。根据 Baddeley(2000)的研究,中枢执行系统控制着三个子系统:

- 语音回环,用于处理听觉的和音节的信息,在存储时会产生一种跟读。为了获得更高的记忆效率,该跟读应当被限制在两秒的范围内。因此,长的词语比较不容易被记住。
- 视觉-空间备忘录,用于处理视觉刺激。
- 情节缓存,解释了信息联结,例如语言信息和图形表达之间的联系。Langner(2003)认为,能够产生联想的品牌名称比没有意义的品牌名称更容易被人记住。

有关记忆的研究成果表明,存储不应当被解释为固定的记忆信息,而应当被解释为对感知到的刺激的不同处理深度(处理深度的记忆模型)。消费者的参与程度越高、他们对所得到的素材的关注度越高,对刺激素材(如信息)的记忆就越清晰。换句话说,人在信息处理中付出的认知性努力越大,信息处理的程度就会越深。

大脑半球的专业分工

大脑半球研究致力于探索大脑的两个半球在控制特定身体或精神功能当中的角色（见表6.1）。例如，信息获取是通过两个互相配合的系统来完成的。大脑的两个半球分别专注于不同的领域，其权重则因人而异。例如，语言属于左半球的功能，但对大多数人来说，大脑右半球一旦遭到破坏就会引发语言障碍等问题。

表6.1 大脑左半球和右半球的功能

左半球	右半球
• 自发说话 • 应对复杂任务 • 识别词汇 • 记忆词汇和数字 • 运动次序 • 积极的情绪	• 跟随说话，并非自发说话 • 应对简单任务 • 人脸识别 • 记忆轮廓和音乐 • 空间解读 • 负面的情绪 • 情绪响应（响应性）

原则上来说，只有人类才具有明显的感知不对称特点，大脑基于个体特点以稳定的方式将任务分配到两个脑半球。至今，人们对大脑半球的研究仍具有争议，因为人们还无法对大脑做出明确的功能区分，毕竟很多时候大脑的两个半球是一个互相配合的系统。

6.1.2 意义和测量

对市场营销人员来说最大的挑战之一就是，所提供的信息是否能被消费者长期存储。由于近年来不断增长的信息量，以及与之相关的消费者信息过载，完成这个任务变得越来越难。人们假定，大众媒体所传播的信息只有大约2%被消费者接收到了。鉴于不断严重的信息过载现象（1987年就已经达到98.1%），产生关注度变得越来越重要。

信息过载的问题，或者说消费者关注度有限的问题，一直是困扰广告信息接收效果的难题。观看一则5秒钟的广告，能够由感觉记忆转化为短期存储记忆的信息单位数量有限，让人们准确说出这些信息单位的数量就更难了，Bernhard（1978）认为，这个数量在20个左右。显然，多数广告中的大部分信息因无法被消费者保存而无效。因此，在设计广告时，企业必须让最重要的信息被广告受众接收到。图6.2展示了对某广告使用测量手段并使其得到关注的例子。

这里值得注意的是感觉适应（Sensory Adaptation），它可以抵消信息过载。如果存在持续的、稳定的刺激输入，感知系统的反应强度就会逐渐减弱。这种适应机制使得人们的注意力可以转移到新的信息上，并迅速做出反应。

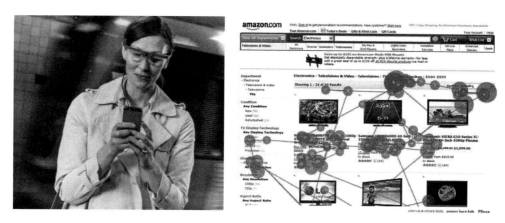

图 6.2　用眼球跟踪的方法来记录视线运动

资料来源：Tobii Technology GmbH 2014。

6.2　信息接收

6.2.1　理论基础和特点

> 信息接收包含了从刺激接收到中央处理器处理信息（短期存储或短期记忆）的所有过程。在中央处理器内发生的一切都是认知性处理过程，因为只有能够到达短期存储器中，并能感受到存储器的刺激才会被中央处理器处理。

在进行信息接收特别是信息处理时，被存储的内部信息（即在长期记忆中存储的知识）会被调动出来。广义上来说，信息行为既包括信息接收（见图 6.3），也包括信息处理（即整个信息处理系统）。

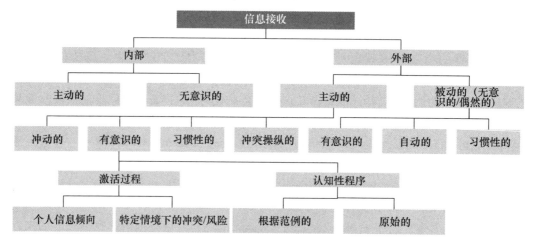

图 6.3　消费者的信息接收方式

资料来源：Kroeber-Riel/Gröppel-Klein 2013，p. 338。

本书认为,消费者的信息接收(获取)可以分为以下几类:
- 内部信息接收(来自记忆)和外部信息接收(来自环境);
- 无意识的、偶然的(被动的)信息接收;
- 主动寻求信息,其中内部信息搜索往往在外部信息搜索之前。

最后,信息接收背后的驱动力的强度决定了信息接收的范围和程度。下面着重叙述外部信息接收的形式:① 被动的;② 主动的;③ 内部搜索。

外部信息搜索来自消费者所处的整个环境,例如广告信息、店面设计、总体印象、朋友推荐、性能测试、咨询以及网络小组讨论等。在进行广泛性购买决策时,这种搜索行为往往处于主动层面;而在进行冲动性购买决策时,这种搜索行为则处于被动层面。

(1) 外部的被动接收(无意识的/偶然的)指的是,信息接收一方面发生在个人(面对面的)交流中,另一方面则由来自环境,特别是来自大众传播或销售点的信息所触发。消费者往往在无意识的情况下接收到这种信息,比如对某特定刺激做出的自动的或无意识的反应。再比如,消费者锁定某一广告图片然后长时间地观察。一般地,通过适当的编排视觉信息单位,或通过设计激活信息,可以直接影响接收者对这种信息的接收。在这里,一个重点运用是把被处理的激活过程和信息接收联系在一起,例如将眼动研究与广告设计相结合。

(2) 外部的主动接收构成了信息搜索的核心。它有很多形式:冲动的[往往以好奇心(探索式行为)为基础]、习惯性的(以固化的行为模式为基础)、由某种特定情况下的冲突引起的(往往很少被察觉到),或者基于深思熟虑的、有意识的决策。实证研究显示,许多消费者在购买前完全不搜索信息,而有些消费者则会比大多数人多做一点点努力。例如,大约四分之一的消费者在购买昂贵的电视机前并不搜索信息,或者他们只进行有限的搜索活动。这也是合理的,因为大部分的日常购买决策都是有限的、习惯性的(这时人们使用的是内部信息或社会认可标准),甚至冲动的。这里起主导作用的是先前的品牌或店铺经验,而不需要寻求朋友、亲人的推荐,通过与经销商的个人关系,或询问销售点的某个顾问。对于有意识控制的搜索策略,需要考虑个人信息偏好、信息搜索的范围以及信息来源。

消费者如何有意识地控制自己的信息搜索呢?最常见的解释是:
- 激活过程,取决于特定情境,以及信息搜索的个人驱动力;
- 认知程序,取决于所选择的搜索策略(即取决于特定的模式)。

一般地,消费者信息搜索的激活过程可以从心理学的角度,或根据特定情境下的特征(如通过对产品、购物点等的感知产生了一个信息需求)和个人特点(即比起消费者B,消费者A具有更强烈的信息偏好)进行分析。

通常,在某个购买情境下感受到的购买风险越高,寻求额外信息的驱动力就越强。个人特点或个性特征可以被理解为信息偏好或个体倾向,例如将其理解为偏好批评或偏好风险的人格特质。在消费者行为研究中,这种行为——在情境参与和特定产品参与之后——也可以被理解为个人参与。关注信息的个体(信息搜索者)总是在某个购买决策之前深思熟虑以获得充分的信息。通常,意见领袖和创新者是最积极的信息搜索者。然而,目前还不能很好地根据态度来界定信息搜索者,更多的是通过社会经济学的某些特征,例如良好的教育、高收入来间接描述他们。

另外,信息搜索通常被置于全模型的起点,或者是消费者行为系统中的购买前阶段。这里的假设是:当激活处于某个特定水平或者一个可识别的问题/需求出现时,往往会以解决问题为导向进行相关信息的搜索。因此,信息的搜索首先是在个人的记忆中(内部信息搜索),其次是在周边的环境中(外部信息搜索),在这种认知性方式中,信息源的激活效果,无意识的、被动的或随机的信息接收,以及信息搜索都显得不那么重要了。同样,信息接收、信息处理及信息存储的区分也就不那么明显了。在此,又可分为两种情况:

- 系统性搜索,出现在当消费者深入地依目标导向进行搜索,并随时准备做出客观的评估时。通常,进行系统性评价的人往往会使用多个信息源,经常会和其他人一起购物,在购物时投入大量时间并思考良久,他们可被称为比价购物者。
- 启发式搜索,与快速的"拇指规则"(Rule of Thumb)相符。这种方式虽不是系统化的,但考虑到进一步搜索的成本和效用,仍会被认为是理性的。比如,从详细信息中快速地得到宽泛的结论(例如"高价高质"的结论);从听起来很先进的技术术语中得到最新技术的结论(例如,不是所有购买带有"CI+""HDMI""3D"等功能电视机的消费者都知道它们背后的含义,但他们确信自己买到了具有最新技术标准的电视机);运用先前的经验;将品牌作为制定决策的参考;参考他人的(榜样的)决策。

除战略层面之外,外部搜索还可以被分为多个维度。具体来说,可以分为搜索范围、搜索方向和搜索顺序。表 6.2 展示了不同维度的代表性问题。

表 6.2 外部搜索的维度

搜索范围	搜索方向	搜索顺序
• 多少个品牌会被纳入考虑? • 搜索中包含多少个产品属性? • 要使用多少信息源? • 在信息搜索上要投入多少时间?	• 多少个品牌会被纳入考虑? • 会访问或联系哪些店铺? • 会包含哪些产品属性?	• 品牌会以什么样的顺序被考虑? • 店铺会以什么样的顺序被访问或关联? • 产品属性会以什么样的顺序被处理? • 信息源会以什么样的顺序被使用?

(3)内部搜索。它是指通过个人的知识或记忆,从现有的经验和知识中获得不同的产品和服务信息。这里需要区分信息的不同种类,例如语言的、非语言的,等等,而这又取决于个人的知识量和可达性。对某个具体决策而言,如果是有经验的购买者(比如,非初次购买者),其信息搜索的范围主要限制在内部。再次购买时,购买决策既可以通过内部搜索而产生,也可以通过外部搜索而触发。有关内部的限制(外部的放弃)在习惯性购买和有限性购买时也可以被观察到。根据 Sheth 等(Sheth/Mittal/Newmann,1999)的研究,内部信息搜索往往被认为是"不充分"的,原因包括以前的负面经验、前一次购买后的技术变革、不规律的/很久之前的购买以及高购买风险,等等。这种

观点也适合那些通过某些商品来寻求新鲜感的情况——所谓的"逛街"(Shopping),即为了购物而购物。但这种观点也值得探讨,因为降低购买风险的一个首要策略就是基于"内部信息"的品牌信任,不然就要调动激活过程和认知程序。

6.2.2 意义和测量

对于营销活动来说,信息接收意义重大,其原因在于它是购买行为的一个核心过滤器。尽管信息接收有着不同的形式,但消费者行为研究的重点都是在信息的外部接收上,尤其是在诸如广告/图像信息或店铺信息(固定的或电子的)这样的视觉信息上。购物时的交谈、与相识者的聊天、报纸上的测试信息以及广告也可以作为信息源。在这里,个人交流和与日俱增的电子信息咨询比大众传播的意义更大。

通过商店展示架吸引注意力

商店展示架被企业用在那些常常"塞满"新产品的生意中,以唤起顾客的注意。要弄清楚展示架对顾客行为所产生的效果,可以看下面这个关于食品商店和酒类商店的研究。他们在一些商店设置了展示架,而在其他商店则不设置。那些未设置展示架的商店作为参照组,根据参照组可以观察展示架是否对销售额产生了影响。为了更加深入细致地了解其影响,他们还设计了两种不同类型的展示架:静止的和移动的,观察在四个星期之内商店里销售额的变化(见表6.3)。

表6.3 不同商店展示架的效果

	静止展示架	移动展示架
食品商店销售额上涨	18%	49%
酒类商店销售额上涨	56%	107%

研究结果显示,通过设置一个展示架平均能够提高所展示产品50%以上的销售额。销量的大幅增长还表明,相比静止展示架,相应的移动展示架使食品商店中的销售额增长了三倍,而酒类商店中的销售额增长了将近两倍。

对不同信息源的使用频率取决于相应的产品、行业、消费者的参与度以及相应情境下的购买条件。例如,对于在服装行业里参与程度高、追逐时尚的消费者来说,主要的信息源是时尚杂志、网络和直接的个人销售沟通。而对于书籍的购买者来说,熟人、书店和网络上的建议则更受偏爱。之前提过,在购买某些商品时,消费者不一定会考虑那些他们特别看重的信息源,而是会使用其他的信息源。比如,那些被评价为最好的信息源,如消费者咨询点和专业杂志,使用率往往相对较低。有数据显示,那些认为消费者咨询点非常具有参考性的人,58%都没有将这一信息用在自己的上一次大量购物中。此外,对有些消费者来说,个人销售渠道和信息源之间的界限是模糊的。这说明,消费者越来越少地去区分自己是从哪里得到信息的(是从网上还是从一次个人交谈中得来

的）。最重要的是,消费体验要与期望相符,消费者要对某企业的表现感到满意。

Web 2.0 时代博主的力量

就算是快节奏的时尚世界也在 Web 2.0 时代改变了。以前,只有买家和记者才能坐在时尚秀场的第一排。如今,他们要把第一排的位置分给时尚博主(Blogger)了。当模特们还在 T 台上展示最新系列时,博主们就已拍下照片、写好关于服饰的文章,即刻在他们的博客上发布了。他们在街上拍摄陌生人,他们跟在名人身后,他们追逐潮流,他们描述、批评、测试、评价服饰、香水、眼镜、首饰、手表和包包。

博主们每天在自己的博客中与数以千计的读者互动,而企业已经意识到了他们的力量。例如,极具影响力的博主被邀请到发布会、时尚秀场和展览中,他们甚至还得到了在出版物中出现的机会。在苹果智能手表的发布会上,苹果公司不仅邀请了电子行业的代表,还邀请了著名的时尚杂志出版商和时尚博主们,就是希望他们支持将苹果智能手表定位为首饰。

根据以往的研究,下列因素决定了信息搜索和信息接收的方式:
- 对于购买或决策意义的主观感知;
- 对搜索的运用;
- 对于购买风险的主观感知;
- 产品的复杂性及其对于解释的需要;
- 来自先前决策(知识)的积极或消极的经验;
- 决策的紧迫性;
- 参与度。

显然,这些因素所发挥的作用在很大程度上都是不言自明的。但如果仅讨论搜索的作用,那么根据信息经济学的基本观点,消费者会尽可能多地搜索必要信息,以做出深思熟虑的决策。然而,因为任何信息都会带来(心理的)成本,所以只有那些预期能够带来收益的信息——具有更大效用的信息——才会被搜索(为了更好地决策)。考虑到这个原因,最先被搜索的信息往往是具有最大效用的那一个,而其他信息则根据它们的潜在效用被相继考虑。

社交平台上的消费者沟通

网络为消费者提供了很多不同的可能性,例如获悉来自其他消费者的、关于某产品或服务的意见和经验,或者把自己的经验分享给别人,一定程度上也是替那些网络上的消费者发声。显然,这些评论可以是消费者潜在的、现在的和以前的有关某产品、服务或企业的正面或负面的态度或意见,而这些态度或意见可以通过网络被更多的人接触到。不同虚拟社区(Virtual Communities,比如 www.ciao.de 或者一系列的博客)上的用户发声为消费者提供了大量的信息。与传统广告不同,消费者有机会自己选择信息。例如,与线下购买时的现场咨询相比,平台上的这些评论的优点在于,它与"对面的人"无关。现在Facebook是最著名的网络平台之一,拥有5亿用户①,也是世界上最大的社交网络(Social Media)。当德国还只有15%的Facebook用户时,在英国这一比例就已达到50%。许多企业已越来越清楚地认识到这些关系网在推广品牌时的作用,它们开始自己在Facebook上设立账号。例如,阿迪达斯(Adidas)公司旗下的许多不同品牌(Reebok,Adidas Originals,Adidas Sport)就在Facebook上拥有2 000万以上的粉丝。②

比较购物

"比较购物"是一种与网络紧密相关的、用于搜索与购买相关信息的方式。情况往往是这样的,一个消费者通过网络平台搜索关于某产品的价格信息,然后去相应的经销商门店拿到最便宜的价格。相反的情况也会出现,即消费者首先到专业经销商那里寻求咨询,然后在网上搜索所需产品的最低报价。比较购物还可以被理解为在网络辅助下的传统产品比较的进一步延伸,从而实现全网渠道的比较,如www.idealo.de或www.billiger.de③。

在这种情况下,与产品参与度有关的感知风险这一概念自然地被纳入考虑之中。当消费者在可用信息的基础上,意识到自己的经验或成功预期与他的交易(他的购买)的预期结果可能发生偏移时,就会产生感知风险。文献中常有这样的假设,即认知不一致或认知冲突会导致以下情况的出现:感知到的购买风险越大,搜索附加信息的驱动力就越大。这种情况尤其发生在购买新产品的时候,因为消费者会尝试通过个人沟通来最小化或完全消除风险。

实际上,到底应该搜索多少信息,取决于对可利用的风险降低策略的选择。除了主动搜索信息,还有其他一系列降低风险的策略可用。最广泛使用的策略就是对产品、品牌和购物点的习惯性选择,即最为忠诚的消费者行为。准确来说,感知风险与信息搜索之间的关系是间接的:感知风险影响人们对风险降低策略的选择,而该策略进一步促进了信息搜索。

---

① 到2017年3月,Facebook用户量已达19.4亿。https://zephoria.com/top-15-valuable-facebook-statistics/,访问时间:2020年8月20日。
② 截至2017年6月,仅阿迪达斯在Facebook上的主页就拥有2 700万以上的关注用户。
③ 德国的比价网站,可以通过输入产品类型或名称比较某产品在不同经销商处的价格。

风险类型

消费者在即将做出的购买决策下,感知到的风险是多种多样的,它们通常被分为以下几组:

- 财务性风险 通常发生在失去金钱或财产时。在收入相对有限,却要做出花费很大的购买决策(如购房、购车等)时,这种风险就会增大。
- 功能性风险 通常出现在功能性的需求满足时。对于那种追求实用性的消费者来说,这种风险尤其大。
- 心理性风险 通常出现在个人地位或归属感受到威胁时。那些自尊心不强或吸引力比较小的人往往受这种风险的影响。
- 生理性风险 通常出现在健康、生命或身体力量受到威胁时。
- 社会性风险 通常出现在社会认同或社会保护受到挑战时。对于很多象征性的产品,如汽车、衣服,尤其要避免这种风险。
- 时间性风险 通常出现在必须在某个特定时间点之前完成某个产品的购买时。这种情况可能是因为必须在商店关门前"买点东西"或"赠送礼物"。这种风险在于:首先,某个时间点过后就买不到了;其次,过了某个时间点就没有价值了(例如圣诞节礼物/生日礼物)。
- 遗漏风险 通常出现在某产品或某服务有限时。在不能错过的一次性事件上(例如特别版本、收藏品、亲笔签名产品或短期价格)尤其存在这种风险。

关于消费者所使用的上述策略原则上也适用于产业投资者,Strothmann(1979)在他的信息行为分类中阐述过这样的想法。购买投资性商品以及多人采购决策过程有着更明显的阶段区分,因此,更可能存在集中的和有意控制的主动的信息获得过程。与消费性商品领域不同的是,一些偶然获得的信息会被排除在外,并不会起主导作用。

信息接收的测量

除了上述提及的一些信息接收的途径,还有很多(狭义上的)信息接收方法。比如:

询问法,常常被用作信息接收的方法。对于外部的、被动的(无意的、偶然的)搜索行为的研究来说,采用这种方法获取信息显然是不完善的。事实上,口头表达只能确定信息搜索的一部分,即有意控制和记忆的部分,因为只有那些能让被试在短时间记忆里留存的信息,才可能被复述出来。实际的信息获取要远比这多得多,特别是那些反应性的和无意识控制的信息获取往往无法被口头记录下来。这就出现了效度问题,即测量意图和测量结果之间的相关性并不充分。另外,出于其他的一些原因,事后的、语言性的信息获取也存在很多问题,比如消费者可能只想起已经被存储的信息。需要考虑的是,尽管所有被存储的信息都是人们感知到的信息,但并不是所有感知到的信息都能被存储起来。因此,最理想的状态是能够同时对多个时间点进行测量,例如信息接收的时间点和购买决策的时间点。

观察法,即对消费者行为进行观察,比如在销售点可以对消费者身体的交流信号进行详细的测量。这种做法在信息获取的实际情境中具有优势,但是除了要考虑实际操作性,还要考虑下列问题:在可观察到的行为中,可能只有一部分实际感知到的信息被表达了出来。因此,为了收集非语言性指标,可以通过以下方式:

- 在实地或在实验室中观察消费者行为。当然,固定地点观察也会带来一些问题,如观察精度和可比性等。
- 行为被分解为单个的信号系统,例如表情、手势、身体姿势。在这里一般推荐使用录影等方法来记录个人的行为顺序。
- 可以先让那些受过训练的观察者独自在沟通情境里根据记录解读信号系统,然后再与其他的观察者一起工作。
- 为了对结果的有效性进行确认,一方面可以参考可靠性检验结果,另一方面还可以对被试进行事后询问(自我评价)。
- 为了检验信度,可以使用检验-再检验、平行检验或方差分析检验等方法。

在新媒体环境下,例如在网络上、网店中或者销售点终端有很多对信息获取或信息搜索进行测量的方法,但是它们通常被限制在该媒体搜索的范围内。所谓的日志文件中的信息检索的记录(网页点击量、网页曝光、访问量、点击率等),其相应的分析,直至语言或精神生物学分析方法的结合在这里都值得一提。(传统的)眼动记录技术[眼动追踪(Eye Tracking)]是一种测量视觉信息获取的高级技术或精神生物学方法。

这种技术的优势主要在于记录信息获取的反应模式,即习惯性的和自动的反应。在特殊眼镜的帮助下(见图 6.4),瞳孔的运动被记录了下来。在静止情况下,用于记录瞳孔运动的是提前安置好的红外相机。在这里,所有眼睛注意到的点(例如在一张报纸页面上)都会被识别出,但并不能确定这些点是否全部被保存了下来。比如,记录一个人对一张报纸的阅读结果显示,这张报纸页面并不会系统地、有计划地被观察到。当被试的视线通过不规则的跳跃扫过报纸页面时,他可能对此并无知觉。因为每一次视线活动都分为固定视线关注和扫视。固定视线关注时,视线会停留在报纸页面上的一个特定点上(时长:200~400 毫秒),而在扫视时,视线则从一个特定点跳到下一个特定点上(时长:30~90 毫秒)。值得注意的是,固定视线关注才是信息获取的真正指标,因为只有那些被视线固定关注了足够时长的视觉信息才能进入短期记忆中。这种方式可以用于评估广告或网站设计的效果。

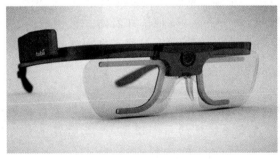 

图 6.4 移动眼动记录技术及其在销售点终端的运用

资料来源:Tobii Technology GmbH 2014。

眼动追踪的相关研究显示,信息接收至少有两种模式:
- 在习惯性信息接收中,被试跟随着一个熟悉的视线行为,它是由循环往复的经验而形成习惯的,例如学到的阅读习惯(从左向右)。视线行为在文本观察中是这样的:一方面,上方要比下方固定关注得更多,左上方是固定视线关注最多的地方,而左下方是关注最少的地方;另一方面,图画(例如在广告中)往往是最先被观察到的,它可以使视线行为颠倒,此外还需要注意的是图片的大小。
- 在自动反应中,通过视觉方式提供刺激为广告带来了打破习惯性行为的机会。这样一来,在众多广告中的某个广告被感知到的可能性就会增大。

图 6.5 展示了某次实验的结果。左图中,通过热力图,固定视线关注被形象化了,网站上最吸引注意力的元素被标记了出来。右图中,固定视线关注和扫视都被展示了出来,根据热力图的变化就可以分析出,网站上的哪些元素会引导观察者的目光,以及哪些信息在观察的第一眼就会被捕捉到。

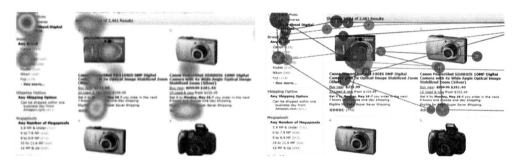

图 6.5 观察网站时的热点图和视线走向

资料来源:Tobii Technology GmbH 2014。

圆圈的大小表示观察的时长,它对信息接收的程度进行了说明。

6.3 信息处理

6.3.1 理论基础和特点

信息处理是指信息获取后对信息进一步加工的认知性过程,它与感知、思考和决策等过程相关联。通常需要注意以下两点:一方面,需要把认知看作一种主观的、有选择性的和活动中的过程;另一方面,需要把对刺激的评价看作一种认知性的信息处理过程。

> 感知是信息处理的一个认知性过程。在该过程中,个体接收到环境刺激和内部信号后,会根据自身的特点将其解码为有关环境的内部图像,并赋予其一定的含义(信息内容)。

感知意味着个体以一种特定的方式来看待对象、过程和关系,解读听、摸、尝、闻、感受等感觉印象，并让它们变得有意义。它首先是一个信息获取的过程，即从环境刺激及内部（或身体）刺激获取（外部和内部感知）。外部感知首先是通过有意识的信息获取进行的。在此，在感知临界值（潜意识的感知）之下的刺激也被接收到。对感知过程而言，它不仅会被动地接收信息，例如朝向反射（Orienting Reflex），也会主动地接收信息和对信息做进一步的处理。此外，对信息刺激的主观解读也包含了对其进行评估。因此，感知是一个复杂的认知性过程，它与其他认知性过程，例如注意、思考和记忆相关联。

朝向反射

朝向反射是一种与注意紧密相关的现象。在文献中，一些学者并未将两者区分开，另一些学者则把注意看作朝向反射的上一级概念。朝向反射是指有机体对某刺激或刺激组合产生的一种短期的、反射式的关注。由此产生的短暂激活使得人类对刺激的信息处理系统变得更加敏感。通常，这种反应通过头部朝向刺激源的转动和瞳孔的放大表现出来。测量朝向反射有一些特殊方法，即通过刺激的性质，如强度、颜色、大小、新颖性和不确定性等来决定。

重要的是，人们往往把这种复杂的感知过程理解为一种主观的、有选择性的和活动中的过程。具体说明如下：

- 感知由个体的主观性决定，它强调的是主观感知到的环境（企业、产品、购物点等），而非客观体验到的环境，是将复杂的环境转换为简化的、主观感知的环境。当然，这种主观解读和评价会带来现实环境与感知环境之间（例如关于对象、过程或个人的内部图像）的偏差。
- 感知并不只是被动地接纳从"外部"而来的刺激，它也是一种主动的信息接收和处理过程，即通过感知个体可以构建出自己的主观环境。
- 感知的选择性与主观性紧密相关，由于有许许多多刺激作用在感觉器官上，因此，会存在特定的筛选程序帮助信息过滤，否则就会导致信息处理系统过载。到底筛选哪个刺激，主要取决于信息接收方式——是反应式的还是意识控制的。这里会用到不同的筛选方式，比如说基于人类的生理进化的感觉器官。

人类感知是认知理论的优先课题，它通常借助情态记忆模型来解释信息加工。这表示，通过环境（比如说到店访问）触发的感觉印象首先会被动地、短暂地记录在感觉记忆中。其中只有一小部分感觉印象会进入短期记忆——中央处理单元——并依照长期记忆中的经验被处理。这里的核心过程是对外部和内部刺激的解码，这些刺激必须是可识别的、能解释的并且相关的。

图 6.6 展示了模糊刺激和感知错觉。例如，Rubin 花瓶可以被看成是白色物件在黑色背景上，或者两个黑色轮廓中间有一块留白。Müller-Lyer 错觉中两条一样长的线以及 Ebbinghaus 错觉中两个一样大的圆会被主观地感知为是不同的。Hermann 网格

错觉给人造成大的深色方块之间存在小方块的感觉。

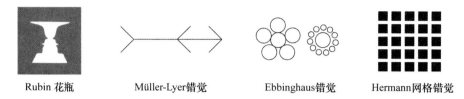

图 6.6　模糊刺激和感知错觉

资料来源：参见 Rosenstiel/Kirsch 1996，p.82；Felser 2007，p.76。

感知过程的一个最基本的特点在于，它将环境中的歧义和不确定性转化为一个主观的、清晰的解释。因为它要处理一系列复杂过程，如记录、合并、解读外部和内部的信息、刺激、印象、态度和图像等，所以很难将人类的感知作为独立的过程去区分和研究。在分析感知中产生的心理过程时，建议采用下列区分方法：

- 激活性决定因素（它们会被用在已选择的和集中的信息处理当中）；
- 认知性决定因素（它们与产品感知和评价相等同）。

完形心理学

完形心理学[格式塔心理学（Gestalt Psychology）]创立于 20 世纪初，它强调了人类的天生结构（设置）在感知时或在所谓的感知组织中所扮演的角色。完形心理学的代表性学者认为，某些特定现象只有作为有组织的、有结构的整体进行观察时，才能被理解。当它们被分解为感知的基本单位时，就不能被理解。格式塔（Gestalt）在这里代表着"形式""整体""形态"或"存在"。完形心理学的代表性学者将它的含义建立在这样的见解之上："整体大于部分的总和"，或"一个实体要大于单个部件的总和"。例如人们对于音乐或整段乐曲的感知，尽管它们是由单个音符组成的，但最终都会作为一个整体来感知。通常，感觉信息会以下面的方式来构建，即以最经济、最简单的方式被处理，以构成感觉刺激。

基于这种方法的感知（及其组织）的法则还有以下这些①：

- 相似性和接近性（相似的事物和邻近的事物要被放在一起）；
- 简明性（简单的模式、稳定的结构会是首选）；
- 整体性或闭合性（缺失的元素会被补回来）；
- 主体-背景感知（视觉刺激会被组织成主体信息和背景信息）；
- 连续性和方向性（连续的轮廓是首选）。

图 6.7 展示了整体性和主体-背景感知法则在广告及标志中的运用。

---

① http://cdc.tencent.com/2010/07/23/%E6%A0%BC%E5%BC%8F%E5%A1%94%E5%BF%83%E7%90%86%E5%AD%A6%E9%A1%B9%E6%B3%95%E5%88%99%E7%9A%84%E5%AD%A6%E4%B9%A0%E4%B8%8E%E6%80%9D%E8%80%83/；http://vide.tw/1823。访问时间：2020 年 6 月 6 日。

图 6.7　运用实例

资料来源：www.interaction-design.org；www.nike.com，December 04，2010（访问时间：2020 年 6 月 6 日）。

前文提到的两种区分，即激活性决定因素与认知性决定因素，强调的是情绪性和动机性两个方面，其中注意力扮演着重要角色。只有那些能够吸引注意力的刺激才能被有意识地感知到，并被有效地处理。此外，只有那些与消费者的需求和愿望相符的刺激才能被感知到。最后需要注意的是，感知是可以在无意识的情况下发生的（例如只在短时间内出现的微弱刺激，或是由于注意力不能或不只朝向一个刺激，因此，虽然有可能有意识地被感知到却被无意识地处理的刺激）。

产品感知和评价

如前所述，产品评价的认知过程或决策的认知过程与感知紧密相关。因此，基于现实关联性，所有与感知相关的方法对产品评价都很重要。

> 在（产品）评价的范围内，决策意味着对感知到的产品信息进行分类和评价，从而获得一个质量判断。

狭义上来说，可以把产品评价看作感知的一个次级概念。在这里，感知包括对刺激的解码、思考、处理以及最终获得对所感知对象的评价。相应地，产品感知可以被理解为一个当前的一般是通过刺激而触发的过程。某人对某产品的态度则是一个从以前的感知过程演化而来的固化的（习得的）结果。产品的展示则被定义为一个复杂的刺激组合，它可以进一步分为：

• 即时的产品信息，例如感知到的产品的物理技术特性（颜色、形状、设计）或感知到的其他特征（价格、质保）。

• 产品环境信息，例如感知到的产品展示的供应情境（陈列、店铺设施、店铺中的产品展示、销售人员）或感知到的其他与产品展示不直接相关的情境（例如和孩子一起购物或独自购物）。

根据完形理论的假定，人对某刺激的感知与环境是相关的，复杂的刺激组合（例如产品、店铺、供应商等）只能在理解了整个感知关系和不同元素间的相互依赖性时才能被真正理解。这说明，感知环境的单个元素可以决定整个产品评价，对某单个元素的改变也会带来对整个产品评价的改变。例如，在改变对单独的或是与竞争性产品同时呈现（品种混合）的产品的偏好时，这种现象尤为明显。此外，产品信息和环境信息可以分别来自环境（即时信息）与记忆（已存储的信息）（见图6.8）。

信息之间的相互关系可以在以下情况中显示出来：消费者从直接感知到的关于产品展示和环境的信息中推断出关于产品供应的其他信息（所谓的产品的派生信息）。例如，消费者通过展示方式推断出质量、实用性、寿命等信息。在这种情况下，引入关键信息变得十分必要。

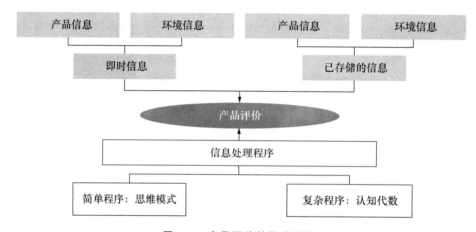

图 6.8　产品评价的影响因素

资料来源：Kroeber-Riel/Gröppel-Klein 2013，p. 372。

这其中包含对产品评价来说特别重要的信息，这些信息可以被捆绑在一起，也可以被拆分开来。无论是简单的还是复杂的心理（决策）程序，即思维模式与认知代数，都会在接下来的章节中一起被阐述。

6.3.2　意义和测量

对市场营销人员来说，由于感知是一个与激活过程相互作用的认知过程，因此，其意义非同小可。

例如，对于一个广告（或网站等）的平均观察时间有多长、从哪里可以计算某广告元素的感知概率以及最短曝光时间等问题尤为重要。相应地，广告元素（网站上的广告栏）就可以根据这些研究结果进行合理配置。还有一点值得注意，即消费者同时获取不同意义信息的能力是有限的。如前所述，诸如情感和动机（如受到参与度等的控制）的激活过程会有意或无意地影响感知的强度和选择性。例如，由于某种强烈的需求，注意力会被某种特定刺激吸引。只有那些能吸引注意力的刺激才能被有意识地感知到，并被进一步有效地处理。这说明，注意力取决于对某刺激的认知性处理能力。对于注意力或感知来说，具有决定性意义的不仅有刺激的激活潜力，而且还有刺激带来的驱动力的方向和质量。消费者会优先感知到那些与自己的需求和愿望相符的刺激，而那些不受欢迎的刺激则会尽可能地避免被感知到或仅有一小部分被感知到（感知防御）。

阈下感知

> 19世纪50年代，美国某私人研究公司的拥有者James Vicary声称，他找到了一种能让消费者在对所受到的影响无意识的情况下掏钱的办法。他表示，他仅在电影屏幕上放映了十分短暂的可乐和爆米花的广告，就让观众们在无意识的情况下感知到了这些广告。这说明，刺激以"喝可乐""吃爆米花"等口号的形式在绝对刺激阈值①之下被展示出来并被人们感知到了。据Vicary称，六个月过后，这些无意识的广告使得爆米花的销量增长了18%、可乐的销量增长了58%。
>
> Vicary的发现引起了人们广泛的兴趣。连美国国会都讨论了禁止阈下广告的可能性，因为这可能被看作一种"洗脑"形式。科学家们尝试在有控制的条件下确认Vicary的发现，但没能成功。Vicary本人也被要求重复自己的研究，但他也无法再次证实自己最初那"突破性的"研究结果。之后发生的事就不足为奇了，Vicary承认，他最初的结果是为了给自己失败的公司做广告而有目的地被"造出来的"。
>
> 然而，阈下感知影响的存在却不能被完全排除。有研究显示，某人暴露于某特定刺激下的频率会对该刺激的评价具有积极的影响。原则上来说，把刺激设定到对于有意识的感知来说所必需的水平之下，可以有很多不同的可能性。这其中包括在极短的时间内展示的视觉刺激，用很快的语速、很低的音量展示的听觉刺激，或者在图像材料中隐藏某些画面。例如，某消费者在无意识的情况下被暴露在"可乐"这个词之下，他可能就会感到口渴。但是"喝可乐"这个信息并不能让某个行为的可能性变大。如今，我们可以说，阈下感知的影响并不是很大或很特别，但确实不能忽视其一定程度的影响。

对市场营销人员来说，感知的主观性、活动性和选择性非常重要。可见，对企业成功起决定性作用的不是客观的而是消费者主观感知到的企业所能提供的那些信息，如主观感知到的价格、质量、购买条件或最终形象。显然，只提供满足客观标准的服务是不够的，提供能被消费者感知到的服务才是关键。

当然，产品展示也会影响感知和产品评价。从行为科学的角度来看，某信息在客观上是否正确或重要并不是重点，重点是消费者如何对该信息进行感知。典型的感知现象有：① 产品信息对消费者的误导。从接收者的角度来看，误导常常发生在某信息引起关于某特定事实情况的错误印象，以及在不能认识其影响的情况下就确定其与行为的关联时（例如，利用视觉进行强调的价格标签）。在完形理论的框架下，同样展示了② 产品环境信息作为刺激源影响人们对于刺激的感知。这种情况常常会被运用到广

---

① https://psychology.iresearchnet.com/social-psychology/social-cognition/subliminal-perception/（访问时间：2020年6月6日）。

告中。例如,Smith 和 Engel(1968)的实验显示,当一位女士与一辆轿车同时出现时会影响人们对这辆轿车的感知。正如图式理论(Scheme Theory)所解释的那样,有女士与车同时出现的广告会被感知为更年轻、更令人兴奋的,但有时也会被看作是更不安全的。③ 产品知识(作为已存储的图式)也会影响消费者的感知。与某(品牌/产品)图式相符的信息将会被消费者更快地加工和记忆。

正因为如此,市场营销中常会使用两种社交技术来影响消费者的感知:

- 所提供的刺激与为解读它而存在的前提条件相协调,以便适应消费者已经固化的预期(例如,消费者按照一种特定的方式对管理者进行预设,于是该管理者在沟通中就会完全按照这种预设来表现自己)。
- 某些前提条件(比如一个对产品感知来说是主观有利的解读框架)会被创造出来。人们可能不会去适应现存的感知模式,而是会尝试塑造一种新的有利的模式。

借助认知性程序,有些信息的处理会发生在短期记忆中。虽然这属于消费者的内部信息处理程序,但其中仍有两种程序在决策中起作用:

- 为了评价某个产品所进行的信息评估程序;
- 为了从众多替代品中选择某产品所进行的选择程序。

在认知程序中包含数学逻辑公式的情况非常常见,这种公式常被称为认知代数。认知代数的存在并不意味着人类的信息处理程序要遵从客观数学逻辑的规律。相反,人类的信息处理有自己的逻辑规律,即始终遵循一种主观的心理逻辑,即便有时会使用逻辑规则进行判断,却还是会遭受情感、成见和直觉导致的(判断)扭曲。有些因果关系的主观评估可以通过归因理论(Attribution Theory)来解释。Kelly(1978)研究了因果性归因中信息的种类和范围,并据此区分出了配置的协方差准则。根据协方差准则,某缘由的结果可以源自一系列可能的原因,该结果和缘由一起随着时间共同变化。原因可能在于个人、刺激物或环境。当一个人对信息的处理模式的特点是一致性(即与某人的行为保持一致)、差别性较低(行为受情境限制)和不一致性(即与某人的行为不一致)时,就可以进行相应的归因。Kelly(1978)的归因准则主要用在归因是基于单次观察并借助于因果模式时。在这里,因果性归因取决于相似的、先前的经验(通过思维模板进行简化)(Gerrig 2015)。信息处理的程序被分为简单程序(思维模板)和复杂程序(认知代数)。

简单程序的特点在于,消费者是通过简化的、在"客观上"又很难理解的方式进行评价的。它通常遵循自己主观的思维习惯和偏好,并通过下面的评估模式对程序进行简化。当然,这些评估模式并不是依照认知代数而形成的,比如:

- EP,即通过某单个印象(E)便可以得知整个产品质量(P)。此时,这一单个印象承担了核心信息的功能,它帮助消费者省去了对更多信息的处理。核心信息如价格-质量关联,即通过价格判断质量,或通过布局的高水准判断质量。测试判断,即通过某正面的判断替代详细的信息。品牌或品牌名称,即如果之前有过正面的体验,则对于某品牌的感知就会成为正面的核心信息,尽管消费者对于该品牌的新产品还没有任何经验。

- E1E2,即通过某印象(E1)便可以判断出另一个印象(E2)。该结论可以基于逻辑派生(类比推理),或基于主观印象关联,通过非逻辑的方式实现。该主观印象关联可以被称为反射(从感知的一个领域作用于另一个领域)、辐射或传导效应。例如,从某洗发水的香味来判断其护理效果。
- PE,即通过整体产品质量(P)判断出某单个印象(E)。如果已经对质量做出了判断,则它也会反过来影响对其他品质的感知[晕轮效应(Halo Effect)]。

复杂程序涉及的是系统的或者理性的信息评估方式。这其中包括消费者付出更多的努力和投入更多的注意力并理智地进行评估及决策。

产品评价时品牌的意义

> 对某个已知品牌知识(某品牌名称或设计)的预期,对消费者的感知具有重要的意义。这一点可以通过很多营销实验来解释:
>
> - Makens(1965)曾将客观上质量相同但标有不同商标的火鸡肉展示给被试(被试熟知品牌A,但不知道品牌B)。结果,56%的被试偏向于选择熟知的品牌A,而只有34%的人偏向于选择品牌B(10%的人觉得二者没有差别)。
> - 一个著名的实验是针对百事可乐和可口可乐两个品牌进行口味盲测,且后续在展示品牌的情况下进行口味评价,在这里,我们可以清晰地看到品牌的"力量"(见图6.9)。
>
> 这种现象的基础是所谓的晕轮效应:如果对整体的评判(某品牌的好印象)已经形成,就会反过来影响对某单个特征的感知(含咖啡因饮料的口味)。这背后是消费者对于认知一致性的追求。这种现象可以在人类判断的所有领域找到。例如,一个微笑既可以被一个人感知为"刻薄"或"自大"的消极态度,也可以被另一个人感知为"友好"或"迷人"的积极态度。

这种现象可用模型来解释,其基本假设为:感知到的产品质量基于对某单个产品性质的感知,即评价来自许多不同的产品属性。这里用到的模型被称为多属性态度模型(Multiattribute Model)。在态度研究中,该模型描述了已存储在人们头脑中的产品评价("固化的感知"),而非某产品当前的展示。商品测试基金会①的测试就是运用这一复杂过程或多属性态度模型的例子。

---

① https://www.test.de/(访问时间:2020年6月6日)。

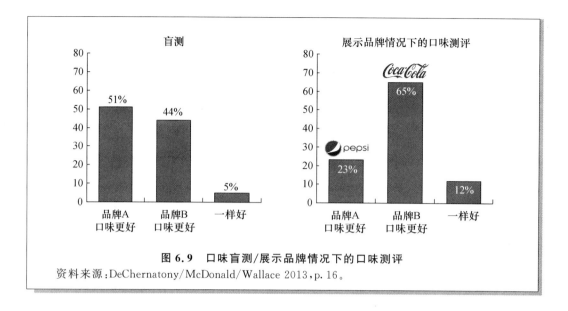

图 6.9　口味盲测/展示品牌情况下的口味测评

资料来源：DeChernatony/McDonald/Wallace 2013，p.16。

商品测试基金会的比较测试

自成立以来，商品测试基金会已经检验了近100 000件商品。此外，它还进行服务检验，其检验对象的范围十分广泛，从熨斗到度假公园再到保险。

商品测试的实施步骤见图6.10。它不仅展示了单个的处理阶段，也展示了在推进各个阶段的过程中需要注意的一些因素，例如在贸易过程中信息的获得、相应的制造商以及以前的测试结果。

测试首先是从选择测试对象开始的。对于测试对象的提议可来自消费者咨询处的调查和建议。由于产品的多样性，测试者往往需要为几乎每个产品选择一个市场进行测试。他们根据客观因素，例如市场意义、技术特征、价格水平等寻找测试产品。其次，一旦确定了对产品的选择，基金会的工作人员就会像普通消费者那样购买测试样品——在普通商店里作为匿名顾客购买。当然，也有例外的时候，即当季节性产品在测试开始时还未上市流通时，就不能采用这种方法了。随后，构建一个测试程序，该程序确定了要检测哪些性能，以及要在质量测试评价中使用怎样的权重。通常，对这些性能的评价都是基于一个五级评价量表，这样一来，整体质量评价都来自对单个性能评价的加权汇总。最后，呈现一份含有产品或服务测试结果的测试报告。此外，许多企业会将正面的测试结果用于沟通当中，而这又会反过来为商品测试基金会带来积极的口碑。

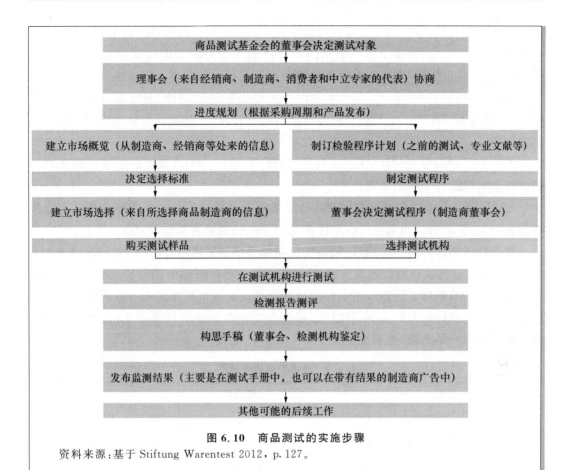

图 6.10 商品测试的实施步骤

资料来源:基于 Stiftung Warentest 2012,p.127。

值得注意的是,由于对评价中所参考的性能选择以及权重的确定都是由商品测试基金会的检验员来确定的,因此不可避免地代表了他们的主观意见,而不一定能反映消费者的真实想法。此外,在许多情况下,一些能被人们观察到的主要的产品特征,如设计、美观性、社会显眼性等可能并没有被考虑在内。比如,在对一款手机的测评中,其品牌名称和设计的相关性会很高,而和其技术功能的相关性可能并不高。

感知过程的测量

为了弄清楚一个消费者是用哪些产品信息得出自己的产品评价的,就必须确定消费者到底感知到了多少,以及感知到了哪些产品信息,并且如何将其用于产品评价。因此,讨论其测量方法就显得不可或缺了。除了眼动记录,还有很多可用的方法。以下方法的重点在于视觉感知刺激,它是整个感觉系统中的一环。重要的被测量的线索如下:

- 粗略感知的第一自发印象(例如在橱窗或货架前看到的,它们对于产品偏好的构建具有很大的意义),或对感知的理解和评价。
- 实时产品信息或产品环境信息。

对于第一自发印象,通常会建立起标准化的感知情境。相应地,在微变化感知测试中会使用一个(电子的)速示仪来分析感知程序的各个阶段。速示仪是一种仪器或软件,它与幻灯片投影机、电子投影仪或电脑屏幕连接在一起使用。通过速示仪可以控制材料的展示时长(曝光时间)。缩短展示时长可以引发感知困难,通过这一点就可以查明,从何时起能感知到一个刺激。感知通常有两个阶段(从对第一印象的感知到认知性解读):

- 1~10秒的曝光时间,在此期间只能对广告进行一个直观上的解读。对于感知到的刺激的解读只是一个印象。
- 更长的曝光时间,在此期间对广告能够有一个具体的认识和理解。通过有序地控制曝光时间,就可以识别出广告的哪些元素可以被消费者识别和理解。

如果要评估即时的产品信息,则可以使用信息显示矩阵(Informations Display Matrix,IDM)。它可以让消费者从直接可观察到的一系列信息中选出特定的信息,并最终形成对产品的评价。该矩阵遵循的是决策理论的决策矩阵结构。所给的这些信息将可能的产品特征的所有种类(信息维度)都重现在一个相应的具体表现(信息价值)中,从而帮助做出产品决策(见表6.4)。

表6.4 标准信息显示矩阵

产品特征	替代品							
	A_1	A_2	A_3	·	·	A_j	·	A_m
E_1	e_{11}	e_{12}	e_{13}	·	·	e_{1j}	·	e_{1m}
E_2	e_{21}	e_{22}	e_{23}	·	·	e_{2j}	·	e_{2m}
E_3	e_{31}	e_{32}	e_{33}	·	·	e_{3j}	·	e_{3m}
·	·	·	·			·		·
E_i	e_{i1}	e_{i2}	e_{i3}	·	·	e_{ij}	·	e_{im}
·	·	·	·			·		·
E_n	e_{n1}	e_{n2}	e_{n3}	·	·	e_{nj}	·	e_{nm}

资料来源:Kroeber-Riel/Gröppel-Klein 2013,p.375。
注:e_{ij}给出了替代品$A_j(j=1,\cdots,m)$的特征$E_i(i=1,\cdots,n)$的表现。

具体的操作过程如下:先让测试者站在信息显示矩阵前——上面列出了产品的特征和替代品,同时也隐藏了一些有价值的信息。测试者可以有偿地要求披露有价值的信息。如此往复,直到做出决策。但人们对信息显示矩阵的争议在于:它所展示的信息并不是在具体、实在的情境下给出的,而是通过一种抽象的方式给出的。另外,那些提供给消费者的大量信息,在现实中可能并非如此。可见,这是对决策行为的一种"过度理性化"的描述。

与之相反,直接观察的测量方法则尝试通过更加贴近产品的方式完成整个过程:先让测试者站在一个架子前(如果有内部有效性问题,则用桌子代替)进行观察,然后,看他如何接收那些对他来说并不即时和完全可见的信息。他也许会从架子上拿下产品，并尝试从产品本身或其包装上识别特定的信息。当然，只有那些被他感知到并能马上观察到的信息才会被纳入决策的考虑中。

还有一种特殊方法，叫作不假思索的回应。通过该方法可以获得刚刚记录的信息和处理的语音报告。测试者需要马上说出自己在某（认知性）任务（例如购物或观察某商品）过程中头脑中的所有想法。对观察者来说，尤其重要的是可以借此方法得到特定的核心信息，或者能得知哪些信息是消费者最为看重的核心信息。该测量方法的核心问题在于对决策行为的"过度理性化"，并且因为是直接从销售点收集数据，所以评估过程难度大、价格高且耗时耗力。比较理想的方法是，通过与其他方法结合获得一些核心的信息，比如，使用眼球追踪方法、与统计方法结合使用等。当然，也可以选择第一个研究用联合分析，第二个研究用不假思索的回应或简单的询问的方法。

为了确定环境信息的有用性，也可以使用替代评估（Alternative Evaluation）的方法，即让两组消费者分别在不同的环境（同一个广告）下观察某产品。通过这种测试可知，一个具有情感性的环境是否可以让人更易于感知，并且选择性地强调感知到的某产品特征，或者与环境信息和产品信息建立一种特殊关联，最终，确定出某产品的最优感知环境。

6.4 信息存储——学习和记忆

6.4.1 理论基础和特点

与信息存储有关的重要过程或状态包括思考、知识、学习和记忆。它们之间联系紧密。例如，已有的知识对于学习来说非常关键，因为只有在与已存储的知识建立联系时才能学习新的（关于产品、品牌、服务或一般客体的）知识。

> 思考可以被描述为对（目前的）感知进行评判、排序、抽象化和进一步发展的过程，但也可以作为对记忆内容的印象、重构和进一步发展。相应地，思考是从普遍或主观知识到新知识的联结。这些产生于思考过程的新知识可以是浓缩的信息、价值判断或者是由行为所驱动的。

思考是信息处理的一个过程，然而这个过程不一定非要依靠外部刺激（与感知相反，感知是一个信息接收和加工的过程）。在文献中，思考涉及大量的认知性活动。常见的思考包括解决数学计算问题、进行文本解读、做出购物决策或者为企业重组而付出努力等。

Behrens(1991)曾将思考分为两个基本的但不互相排斥的方面。一方面，思考可以被理解为知识过程，即这里要探索的是关系和结构。另一方面，思考可以被看作认知性信息处理的过程。为了达到一个目标状态,它要系统地克服各种抽象的或具体的障碍。对思考的多数研究都试图解答以下问题:在什么样的情况下(即在哪种刺激组合下),在哪种倾向、产品类型等条件下,消费者会进行哪种程度的思考。

> 通常,知识被定义为对于特定事实(模式)的认识,或者是对于相应思考内容的意识。

图 6.11 展示了知识形成的过程。除了要进行隐性知识和显性知识的区分,还应当强调陈述性知识和过程性知识的区分。

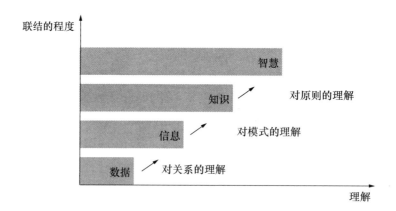

图 6.11　知识形成的过程
资料来源:基于 Voß/Gutenschwager 2001, p.10。

陈述性知识是关于事实的,即关于事物(狭义上来讲是信息)和它们的性质,以及图形、图像元素等基本感知到的刺激。它可以被区分为语义知识和情节知识:在语义知识中,记忆内容被理解为某品牌词语的意义、概念或特征,例如从产品"Balsamico 香醋"(一种意大利醋)可以得到"来自意大利""味道有点甜"等信息。反之,情节知识更偏向于归于某人的知识和经验,例如使用 Balsamico 香醋的记忆内容(比方说与核桃油在一起时味道最好)。与之相比,过程性知识由技能组成。它尽管可以被学习和存储,但比起陈述性知识,它往往从本质上很难被语言化。它是关于事情如何被完成的知识,比如,Grunert(1990)从行动计划的层面出发,Kuhlmann 等(Kuhlmann/Brünne/Sowarka 1992)从生产系统、识别—行动循环或归类—执行循环的角度出发分别探讨了这一问题。这种行动过程(或脚本)在多次重复后也可以在无意识、低思考控制或自动的情况下完成,因此,这类知识的传授有时要相对困难些。过程性知识来自学习过程,下面将会进一步说明。此外,这种知识在习惯性购买行为领域尤为重要。图 6.12 展示了在多媒体、交互式通信(如网络)中的知识结构。

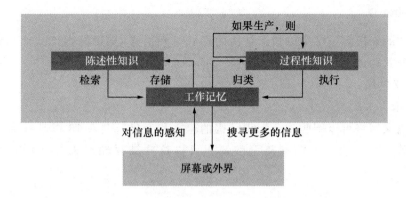

图 6.12　多媒体、交互式通信(如网络)中的知识结构
资料来源:基于 Swoboda 1996,p.105。

这些在几秒钟内就发生的过程,阐明了消费者的信息接收、加工和(与这里相关的)存储的复杂过程。消费者在使用信息系统(例如屏幕上的滚动文字)时,信息就会被感知和解码。首先,信息单位会被纳入人们的工作记忆中。然后,大脑将会对该信息单位的含义与来自长期记忆的信息结构进行比较。在进行比较时,以往所存储的陈述性信息会被唤回工作记忆中,而新的信息单位会被分配到合适的位置上。

智慧的特点

Gerrig(2015)通过汇总各种知识形式探讨了"智慧"这个概念。她将其看作:
- 丰富的实际知识,即关于人类生活的情形和多种多样现象的一般的或特殊的知识。
- 丰富的过程知识,即关于生活中的评价策略和对各事物的建议性的、一般性的或特殊性的知识。
- 有关知识在整个生命周期的情境性(或文脉性),即伴随着生命状态的知识,以及它们(由发展所限制的)在时间上的关系。
- 关于不确定性的知识,即生命中相对不确定、不可预知及应对它们的各种办法的知识。

如果信息单位与网络结构相符,则它就满足了某种生产的条件(或者说"如果……"部分),于是就会产生与该条件有关的活动(或者说"那么……"部分)。例如,根据与陈述性知识单位的比较,如果对一行文字的视觉感知可以被验证("理解"),条件部分就被满足了。而与此相关联的行动,例如对这一行文字的阅读,就可以完成(阅读行为)。这又表明,行动被带入工作记忆,并从那里出发被转换为阅读行为。类似地,生产也可以被模式化,进而带来知识的获得,或者在其他交互系统中进行进一步的信息搜索。

知识的表现

被存储的知识在记忆中以知识结构的形式呈现出来（知识的内部代表），它往往由以下两种形式构成：

- 语义网络；
- 图示。

通过语义网络可以阐明现有知识结构的建立和变化。图 6.13 以品牌 Milka（德国巧克力品牌）为例，表明了不同类型的知识可以这样被存储起来并在相互之间建立联系。

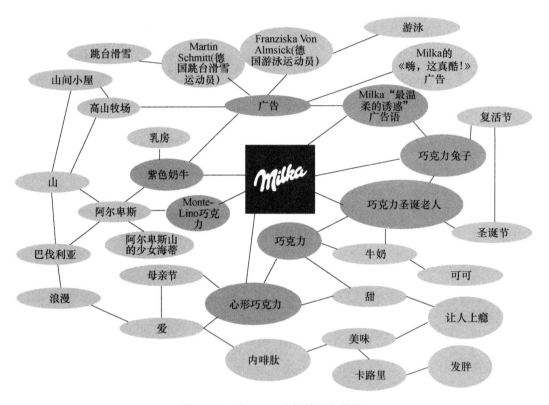

图 6.13　以 Milka 为例的语义网络

注：图中的许多词汇为品牌 Milka 的经典形象、产品和广告。如紫色奶牛是 Milka 的标志，其品牌形象往往与阿尔卑斯山相关联。Milka 的经典产品——心形巧克力、巧克力兔子、巧克力圣诞老人等是德语地区节日期间的常见礼物。另外，Milka 做过著名的《嗨，这真酷！》广告，并请了 Martin Schmitt 和 Franziska Von Almsick 两位运动员做代言。

图 6.14 在右边展示了一个位置网络，在左边展示了一个层次概念，用以表现知识。该层次概念假设，在记忆中，网络的节点和边框表现在不同的层次上。一个层次就是该网络的一部分，其中的一个特定的认知范畴是通过与其他的认知范畴相互联合而被定义的。为了在网络中表示这种知识，相应的理论［联想网络理论（Associative Network Theory）］会被运用到节点和边框的解释上。在图示的例子中，"报纸"可以作为一个单

独的概念被定义,但在其他的层次中,它也可以被看作认知范畴的"报纸"来定义(如"买报纸")。虽然一个认知范畴在这里只被定义了一次(作为类型节点),但它却可以出现在许多其他的定义中(作为象征节点)。在按标准构建和描绘出的位置网络中,每个节点或者知识单位都会被分配到认知范畴(在这里是产品替代品、产品特征和产品运用)中的一个特定位置上。在此可以区分出替代品、特征和运用的层次。

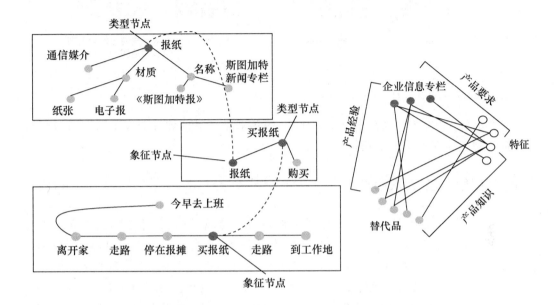

图6.14　网络模型中的信息表达——层次概念和位置网络方法对比
资料来源:基于 Grunert 1990, p.65, p.71。

图示理论(Shema Theory)从另一个角度进行假设,它认为知识是由标准的概念所构成的,它揭示了某特定的事实在典型意义上看起来是怎样的。有关该事实的观点都被存储在所谓的图示中。其特点在于,它们不仅表明了某对象领域内最重要的特征,而且也表明了它们往往是以抽象的或者具体的,甚至是某种结构层级被组织的。因此,一个图示就已很好地表现了信息处理中的一个重要功能,它控制人们的感知、简化思考过程以及对组织信息的存储。脚本是图示的一种特殊形式,它涉及事件和过程。根据 Abelson(1981)的研究,为了让这些存储在记忆中的图示真正能对行为产生作用,通常需要满足以下条件:

- 一个图示必须是个人事件顺次的、稳定的思想表现;
- 一个情境必须要激活相应的图示;
- 个体必须要能鉴别行动情境与行动脚本是否相符。

在记忆中,图示与语言性观点或图像性观点相联系,并可以做如图6.15所示的划分。

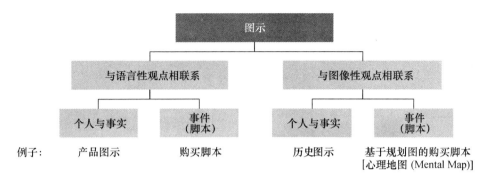

图 6.15　图示的划分

资料来源：Kroeber-Riel/Gröppel-Klein 2013，p.319。

在产品评价中，图示也有很重要的作用，因为对某产品的偏好取决于感知到的产品与已有的观点在多大程度上相符。

类似电话拨号式的知识编译

> 陈述性知识和过程性知识的区别可以通过电话拨号（与网络上的用户账户相似）进行说明。首先，要完成一个陈述性事实的列表：要先选0，然后选1，最后选9，等等。如果某些数字被选得够频繁，它们就能够被做成一个单位：一个基于电话拨号键就能很快完成的行为顺序。这个过程被称为知识编译。通过练习，人们就能够下意识地完成一系列长长的任务；但是在这种"自动的"拨号过程中，人们对汇编到一个单位中的数字并没有进行任何有意识的干涉。于是就可能会有这样的情况：某人记不得电话号码时，需要想象自己是怎么拨号的，这样才能想起来。
>
> 过程性知识很难与其他人分享，这里面有知识编译的任务。例如，父母很难教自己的孩子开车。尽管他们都是好司机，但是他们很难把被编译的知识内容通过过程进行分享。

学习

学习可以带来行为的改变，它是基于经验（练习）的，尤其在信息加工的过程中，它表达了信息存储的过程。

> 学习是指在特定的刺激情境下某特定行为发生改变的概率。它不仅涉及具体的行为变化，还常常涉及认知性变化，例如知识水平的变化或态度系统的变化。基于此可以进一步区分出驱动性变化和认知性变化，并解释它们之间是如何相互影响的。

有关学习的概念基于心理学的学习理论，它与行为科学中有关的消费研究以及神经生物学中的学习理论都有很大的关联。心理学中的学习理论包括：
- 模型化的学习理论，它对学习过程的知识进行了图形化的梳理；
- 实证性的学习理论，它主要涉及刺激-反应学习理论和形象学习（意象研究）、认知学习理论；
- 社会学习的复杂理论，它基于与社会环境的互动关系，并处于购买者行为的社会决定因素（狭义上说为消费者社会化）的框架内。

如果某个个体被重复地暴露在某种特定刺激下，他就学习到了某内容。之后，他会以一种特定的方式比以前更加频繁地对此做出反应(Gerrig 2015)。刺激泛化和刺激辨别的过程在这里扮演着重要的角色。
- 刺激泛化是以刺激的一般化为基础的，它表示，在一个学习过程中，一个人不仅会以习得的知识对相同的刺激做出反应，还会在感知到与其可比较的或相联系的刺激之后同样做出反应。由此，一个刺激的意义即被泛化了。根据该过程是与物理刺激有关还是与语义刺激有关，可以进一步区分出物理刺激泛化和语义刺激泛化。通过模仿成功的产品，并采用形象转移的方式，就可以把这种关系运用到市场营销中，比如，把某个已有产品的正面形象转移到新产品上。
- 刺激辨别是指，当一个个体学会区分刺激，并相应地对不同的刺激做出不同的反应时，就会产生一个分化的行为表现，产品差异化（如通过品牌）正是利用了这一学习过程。

信息存储的意义是，上述内容不仅会被学习到，还会被保留下来。于是对某信息（例如广告信息）的初次学习进行重复就很有必要；另外，信息的存储需要不断重复，以防止遗忘。完美的学习曲线，即学习过程的结果是S形的（见图6.16）。学习曲线靠下的、凸起来的部分常常被忽略，因为此时个体往往会从某个特定的学习体验出发。学习曲线凹下去的部分表示，从一个特定的学习基础出发，经过不断练习或者使用材料，存储材料的规模递减地扩大，直到完全掌握学习材料（饱和水平）。

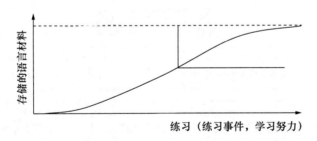

图6.16　S形的学习曲线

资料来源：Rosenstiel/Ewald 1979，p.126。

当然，关于学习曲线的论述不能被看作普遍规律，因为学习成效取决于重复的次数，以及被激活的学习过程的处理深度。在研究学习过程时，还应当考虑紧接着学习阶段之后的遗忘阶段，所以我们还需要一个学习曲线和遗忘曲线的结合。Zielske(1959)很早就开发了关于广告信息的学习曲线和遗忘曲线，显示了集中广告（陡的曲线）和分散广告（锯齿形曲线）的效果（见图6.17）。

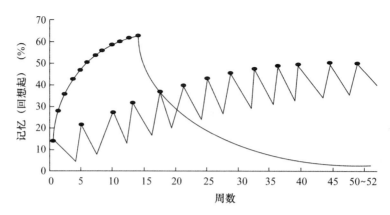

图 6.17　集中广告(陡的曲线)和分散广告(锯齿形曲线)的效果
资料来源：Kroeber-Riel/Gröppel-Klein 2013，p.456。

他研究了某广告活动在有规律的或是集中性投放的情况下不同的广告效果(记忆)。对于集中性广告，观察到的整个一年的回想值大约为21%(最高达到63%)，而对于分散性广告该值为29%(最高48%)。就学习成效而言，集中性广告达到了更高的峰值，虽然在整个时间段内其平均值可能更小。这说明它有可能只在某些特殊情况下有意义，比如，季节性商品。因此，当遗忘曲线达到一个临界值时，就要使用规律性的广告，让消费者回想起某个产品。

实证性学习理论

实证性学习理论可以被分为基本的实证性学习理论和复杂的实证性学习理论(见图6.18)。基本的实证性学习理论中包含基础的、相互不同的假设，而复杂的实证性学习理论将来自不同理论的不同假设相结合。

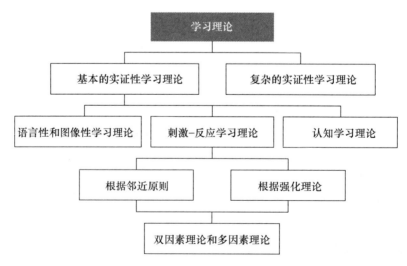

图 6.18　实证性学习理论
资料来源：Kroeber-Riel/Gröppel-Klein 2013，p.422。

基本的实证性学习理论又包括语言性和图像性学习理论、刺激-反应学习理论和认知学习理论。

语言性和图像性学习理论关注对信息不同的编码及存储方式，它对现代消费者行为研究有着重要的意义。刺激-反应学习理论将行为或反应视为特定环境下的刺激组合所产生的被动学习的结果。而认知理论更注重人的主体价值，肯定学习者的自觉能动性，强调人是问题的解决者以及人对外界事物的感知、领悟和推理。无论是认知理论，还是刺激-反应学习理论，都致力于解释语言性和图像性的学习行为。

刺激-反应学习理论中的一个基本理论就是巴普洛夫的经典条件刺激理论。在该理论中，个体行为发生改变的可能性取决于该行为可能为其带来的后果。这些后果包括环境刺激，而这些环境刺激作为行为的结果对个体产生影响。对于个体来说，它们可以是正面的/奖励性的，也可以是负面的/惩罚性的。

所谓的邻近原则是指非制约刺激和制约刺激在时间上的相近性，邻近的物体更会被看作一个整体。

所谓的强化理论是经典刺激理论中所指的人的行为矫正，即人或动物为了达到某种目的，会实施一定的行为作用于环境。当这种行为的后果对其有利时（奖励，正强化），这种行为就会在以后重复出现；不利时（惩罚，负强化），这种行为就会减弱或消失。

在这里，还应该提及对记忆内容的遗忘，因为它是一个与学习相反的过程。遗忘是指一个一次性被存储下来的材料无法再被激活。关于遗忘，传统上有两个相关理论：

- 衰减理论（Decay Theory）认为，遗忘是一个被动的过程，它取决于时间。之后，记忆内容在学习阶段过后随着时间再次被建立起来。该理论有一个典型的曲线，被称为遗忘曲线。
- 干扰理论（Interference Theory）认为，遗忘是一个主动的过程，它与时间无关，并且受之前和之后学到的材料的影响。根据主要的遗忘理论，学习到的信息会一直存储在长期记忆里。之后，对于学到的信息的复述会受到抑制，因为随着时间的推移，该信息会与其他被存储起来的信息重叠，所以就记不起来了。这种复述能力的递减也可以用遗忘曲线来表示。

如今，人们达成的一致的共识是干扰和自动衰减都可能导致遗忘。

6.4.2 意义和测量

学习和记忆，在市场营销中的现实意义尤为重要，这里重点从三个领域进行说明，即认知性广告效果研究（在这里是对学习过程的测量）、意象研究以及形象和形象传递。

认知性广告效果研究（对学习过程的测量）

广告效果，一方面可以把对接收者的激活作为目标，另一方面还可以针对消费者的认知性过程展开。这里的认知性效果包括感知、认可、可信度，以及对一个广告信息的学习和记忆。广告效果控制是对所实施的广告手段的有效执行力以及活跃着的广告媒体进行检验。为此,鉴于广告效果的不同方面,可以有针对性地通过合适的方法对所关注的目标的实现程度进行测量。例如,为了测量一个广告信息的学习和记忆效果(广告的记忆效果),通常会使用回忆和再识别法[回忆和再识别测试(Recall and Recognition Tests)]。回忆和再识别测试一般可以分为两种形式:

- 无辅助回忆测试(Unaided Recall Test);
- 有辅助回忆测试(Aided Recall Test)。

在无辅助回忆测试中,被试会在没有任何记忆辅助的情况下回答他们能想起来的产品或品牌。在有辅助回忆测试中,被试在回答是否记得某广告的同时会得到广告标志、品牌名称等形式的记忆辅助。例如,德国斯皮格尔研究中心所采用的一种广告测试方法 adVisor 就是一种有辅助回忆测试。通常,主持者会按比例选择 130 名被试,然后向他们展示一个广告。图 6.19 展示了该方法的应用过程。被试需要说出自己是否能记起曾看过的企业的广告或品牌。之后的面谈则需要查明,他在看到广告时想到了什么、留下了怎样的印象。具体要查明的重点有:

- 被试是否可以记得看过多少个广告;
- 广告或广告元素给被试留下了多深的印象;
- 广告是否被正确理解了;
- 广告触发了哪些关联;
- 它触发的是正面的还是负面的共鸣。

最后,再把访问结果与对照组,即没有被展示广告的那一组(所谓的广告前情况)进行比较。

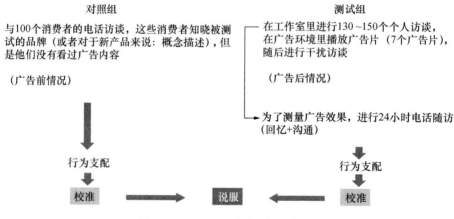

图 6.19 adVisor 方法(应用过程)

在再识别法[再识别测试(Recognition Test)]中,首先需要把要研究的广告材料展示给一个特定的目标群。之后,被试会被问及自己是否见过或听说过再一次展示给他的相应的广告材料。

一个典型的再识别法就是广告的 Starch 测试。测试者与被试一起翻阅一本杂志。测试者负责翻页，然后问被试，他是否见过某个广告或记得某个特定产品。对于每个广告，要确定百分之多少的读者能够完全或部分地识别出该广告。Starch 测试使用了下述一系列的指标：

- "注意到"（Noted）＝百分之多少的读者能指出他们在相关杂志里看到过或记住了某个广告。
- "看到/有联系"（Seen/Associated）＝百分之多少看过广告的读者能对其中的部分进行阅读，并能清楚地记得某产品、服务或做广告的企业的名称。
- "最多阅读"（Read Most）＝百分之多少的读者不仅看到了广告，而且还承认他们读了该广告半数以上的内容。

运用该方法的一个问题是在辨认单个广告时混淆的风险。为了解决这个问题，需要使用一个受控的再识别方法。比如，除了实际的广告材料，还需要展示一个虚拟的广告材料。以下原因有可能导致误差：

- 与其他广告相混淆；
- 在不确定的情况下被试的猜测；
- 有意识的夸张；
- 断言自己知道某广告，而实际上只识别出了其周围的一些材料；
- 取悦测试者的意向，或掩饰自己的无知；
- 对于指令的误解。

从方法学的角度来看，回忆法和再识别法都可以作为预备测试和事后测试来实施。通常，回忆法更容易实行，例如通过电话询问；而再识别法因测试者和实验室条件的不同难免会产生扭曲效果。

对学习过程的测量

一般来说，对学习过程进行测量有两种方法：直接的和间接的。

直接测量方法主要测量人脑中已存储的信息，可以通过回忆测试（被试需要把学到的东西自由地、无辅助地复述出来）或再识别测试（当问起被试的记忆时，他们要把学到的材料和其他材料一起展示出来）进行测量。

间接测量方法是一种低认知性的方法，主要分以下两个阶段进行：

- 阶段一，通过练习留下印象，即通过不断地重复展示让人记住语言性材料。在此基础上，才可以对个体所形成的单个印象，以及其对不同印象的衔接能力进行测量。
- 阶段二，并不经过练习，直接对存储的信息（记忆阶段）进行测量。

对信息的长期存储与材料性的记忆痕迹（与短期记忆中的生物电的过程相反）有关。通常，长期记忆需要大约一刻钟到一个小时的强化，而短期记忆只在之前很短的时间内发生。

如果基于遗忘曲线对学习过程进行测量,则必然会产生测量误差,因为有些已存储起来的信息并不能被客观地测量到。通过回忆来测量已存储起来的信息本身就是一个认知性过程,而这会产生歪曲效果。因为回忆所带来的认知性过程使得此时的回忆水平高于实际情况。

意象研究

意象研究致力于研究内部图像非语言性的、思想性的形成、处理和存储的内在过程。这种记忆图像可以被描述为某人所学到的、视觉的印象(见图 6.20)。意象研究基于两个研究方向:
- 心理学导向的双编码理论;
- 生物学导向的半球理论。

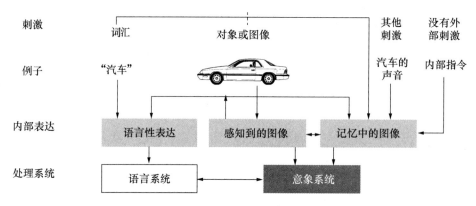

图 6.20 意象研究的概念网

资料来源:Kroeber-Riel/Gröppel-Klein 2013,p.440。

根据双编码理论,语言性的和非语言性的信息会在互相独立但彼此相连的系统中被表达和加工,即一个是图像代码,另一个是语义代码(见图 6.21)。

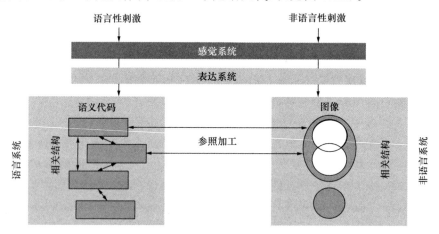

图 6.21 双编码理论图示

资料来源:基于 Paivio 1986,p.67,引用自 Swoboda 1996,p.114。

如前所述,半球理论与双编码理论有着极为一致的认识,即人类大脑的两半(脑半球),尽管互相联系,却各司其职发挥特定的功能。对于右撇子的人来说,其大脑左半球"主管"语言逻辑性活动,右半球则负责非语言的情绪性活动,此外,大脑右半球往往进行"整体的"(Holistic)活动,意识程度较低。

基于意象研究结果,可以得出以下结论:

- 人们从整体上理解图像,并对其进行自动处理,这种整体上的信息接收和处理速度很快。因此,图像信息的存储要比语言信息的存储快得多、好得多。
- 从情绪性角度来看,图像能够比语言更好地传递情感性内容。
- 图像处理过程通常遵循类比原则,而非顺序性的逻辑思考原则。那些在空间上接近的图像元素常被人们看作是具有因果关系的。
- 具体的词汇(例如,中心)既可以被图像化,也可以用语言进行编码和存储。而抽象的词汇(例如,道德)一般只能用语言进行编码和存储。抽象的图像信息也只能用特定的语言存储(见表6.5)。

表 6.5 图像信息优秀记忆效果的证明

图像	具体词汇	抽象词汇
	钢琴	正义
	钟表	我
	星星	勇气
	房子	道德

资料来源:基于 Paivio 1979,引用自 Kroeber-Riel/Gröppel-Klein 2013, p.443。

最新的功能性核磁共振技术的出现,进一步支持了巴甫洛夫的研究以及脑半球理论。通过伦琴射线可以得到脑部的电子图像,这使得大脑某个部位的血液流动变得可视化,从而可以得出关于其活动的一些推断。

在市场营销中,大量的意象研究分析的结果被广泛运用。

- 在广告中,由于人类信息处理系统过载以及涉入度较低的消费者的存在,快速、简明、活跃地传递信息变得十分重要。根据意象研究,信息最好是以词汇和图像的形式表达出来,而图像作为一种情感性表达尤其有效。
- 在市场研究中,使用图像量表也很重要。一方面,图像更适合回忆或再识别过程。另一方面,图像量表可以用于测量内部图像,以及测量一些很难用语言描述的事物。心理地图能够表达出个体关于某种空间秩序的内部图形,例如某店铺内的货物摆放顺序,也可以被消费者用于空间定位。

- 在信息的可视化中,常会使用很多易于理解的图形(条形图、曲线图或饼图),而非语言或数字的表达形式。这样就可以让接收者快速领会到某些重要信息。
- 此外,条件反射(制约)作为一种经典的 SR 理论也十分重要。对于经典条件反射(经典制约,见图 6.22)来说,邻近原则,即非制约刺激和制约刺激在时间上的相近,起着决定性作用。因为只有在时间上邻近时,有机体才能在它们之间建立联系,并构建学习过程。

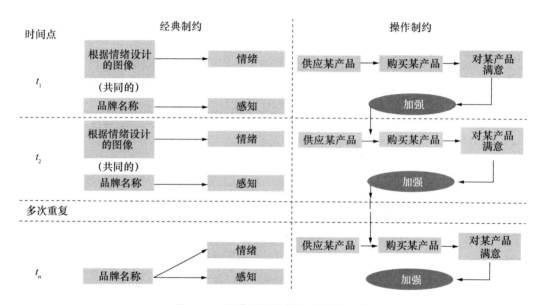

图 6.22　经典制约和操作制约的运用

资料来源:Kuß/Tomczak 2007,p.36。

形象和形象传递

某事物的形象(Image)与个体对该事物的态度之间联系紧密。根据事物的不同,可以区分出以下三种形象:

- 产品形象,即某产品线的形象;
- 品牌形象,即某特定品牌的形象;
- 企业形象,即某企业的形象。

情绪性制约

情绪性制约是为了让某品牌或产品富有情感的一项重要技术。这种制约建立在巴甫洛夫经典制约理论的基础上。经典制约理论基于著名的巴甫洛夫条件反射实验(见图 6.23):展示食物(刺激)造成狗的唾液分泌(反应)。这是一种先天的、反射性的反应。如果之后重复地将对食物的展示和一个中性刺激,例如铃声结合在一起,就会使得中性刺激(在没有食物的情况下)也能造成唾液的分泌。

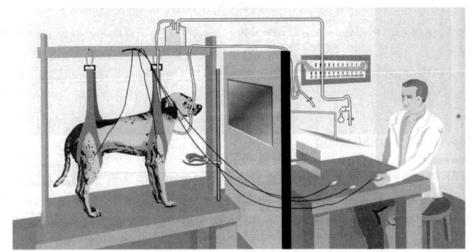

图 6.23　制约——巴甫洛夫的实验图示

市场营销中经常会用到情绪性制约。比如,将一个品牌或产品重复地和某情感性刺激一同展示,对接收该刺激的人来说,这时,该品牌或产品就包含了一个情感性的内容体验。因此,哪怕是一个中性的产品名称,通过情感性的宣传,也能激发消费者去消费。

经典制约最初是一种有机体机制,它独立于其他(认知性)程序。由于反射弧在进化史中处于中枢神经系统中较古老的部位,所以意识并不能影响反射的走向。动物实验可以解释这种机制。对于人类来说,不仅存在经典反射制约,还有许多其他形式的制约。学习机制在人类系统发育的过程中并不是孤立的,而是与中枢神经系统较高级的部分相关联的。与认知性过程有关的学习过程能够更改和抑制制约效果,这也就是为什么情感性广告刺激能够带来不同的效果强度。

依据 Keller(1993)的理论,品牌形象可以通过品牌联想烙印在消费者的头脑中。这种联想根据它们所带来的益处、强度以及特殊性有所区别。为了建立一个强大的品牌,需要拥有一个清晰的品牌形象,以及建立相关维度的正面形象。

形象分析的首要任务是对某事物已有的形象进行识别。这里需要确定该形象的来源、前提、形成关系以及组成部分,并通过分析该品牌形象的优劣势开发一个形象优化或改良方案。对企业来说,了解不同对象的形象差异是否存在,以及差异的原因很重要。例如,企业和品牌形象之间的差异,或者自己的形象和竞争对手形象之间的差异。

要进行"形象疗程",必须先确定一个"理想形象",之后再想办法让已有形象与之相匹配。形象分析还可以被用于确定市场定位,并以此为基础来开发新产品。通过一种特殊的技术,即多维标度,可以对某产品或品牌区域内所有已有产品或品牌的形象进行定位,并推广至新的区域。

形象传递(Image Transfer)是指不同类别下对象之间形象的相互传递,以及对象之间关联的增强。同时,它还是一个试图将某品牌已有的正面形象传递到另一个品牌上的策略,例如品牌延伸(产品线或品牌扩张)。从手段上说,形象传递通常是利用著名的品牌名称和它所具有的特征(字体、标志)进行一致性的沟通。在具有良好的商誉和品牌信任资本时,形象传递策略可以降低失败的风险,促进新产品的接受度以及节省成本,甚至可以建立起一个品牌家族。此外,还可以进一步拓宽形象传递这一概念的含义,比如与榜样的营销和赞助活动联系在一起。在这里,通过与某榜样或特定产品类型相联系,可以形成与某企业或特定产品的正面联系。

从消费者行为的角度来看,形象传递的重点是传递品牌的外延和内涵。外延指的是与某对象的技术特质有关的客观信息。内涵指的是品牌的情感性关联,它能够产生激活效果。根据 Schweiger 和 Schrattenecker(2013)的形象传递模型(见图6.24),不同对象在技术上和情感上的相似性是成功进行形象传递的前提。如果产品之间的外延和内涵互不兼容,就会产生问题。

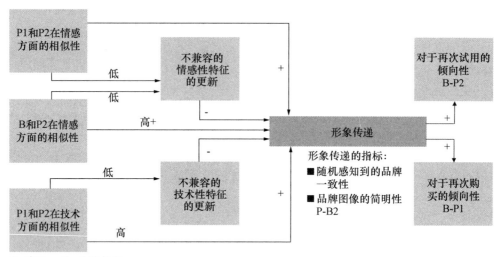

图 6.24　形象传递模型

资料来源:Schweiger/Schrattenecker 2013,p.108。

感知一致性是决定原有品牌和品牌延伸之间形象传递强度的重要中介,换句话说,感知一致性在原有品牌和延伸品牌的形象传递中起中介作用。同时,它也决定了从原有品牌到延伸品牌之间进行品牌关联传递的难易程度。根据 Park 等(Park/Milberg/

Lawson,1991)的观点,一致性由两部分组成,即感知到的已有品牌产品和延伸品牌产品之间的品牌特征相似性及概念一致性。通常,概念一致性对于声望型品牌(Prestige Brand)来说要比功能性品牌(Functional Brand)更重要。这也意味着充满情感的品牌具有更大的延伸潜能。

研究速递

"心理距离"是20世纪初被提出的一个社会心理学术语,指的是个体对另一个体或群体亲近、接纳或难以相处的主观感受程度。而"解释水平"是近十几年来兴起的一个概念,指的是人们对于事物表征的不同抽象水平,解释水平有高低之分:高水平是抽象的、简单的、首要的、本质的,低水平则是具体的、复杂的、无组织的、表面的。简单来说,如果把手机表征为沟通工具,则是高解释水平;如果表征为钱,则是低解释水平。

在过去的数十年中,无论是在社会心理学领域还是在消费者行为研究中,心理距离对于解释水平的影响都已经被广泛论述过了,类似的对心理距离近的事项解释水平低、对心理距离远的事项解释水平高的结论也已被广泛认可。然而,在心理距离与解释水平之间的关系中,是否还有其他中介变量产生影响,则未曾被深入揭示。Dengfeng Yan 等人2016年在 *Journal of Consumer Research* 上发表了《为什么心理距离会影响解释水平?加工方式的作用》(Why Does Psychological Distance Influence Construal Level? The Role of Processing Mode)一文,试图揭示上述二者相关过程中更多的细节。作者选取了加工方式作为中介变量,发现当解释近期事项同时涉及远期目标的更高程度的语言加工过程时,人们倾向于依赖更为视觉化的加工方式,结论就是视觉加工更可能产生低水平的解释,而语言加工更容易产生高水平的解释。

为了得出上述结论,作者及其团队进行了五项研究。第一项研究旨在检验:人们对于心理距离近的事件倾向于进行视觉处理,而对于心理距离远的事件倾向于进行语言处理。作者先让参与实验的192名香港的本科生每人写一篇关于"这个周末"的文章,被试可以想象2020年的某个周末,也可以想象比较近的时间点的某个周末。随后,被试被要求参加一项单独的任务:或是涉及视觉处理,或是涉及语言处理。研究者们发现,先前想象较近期的周末的被试在视觉任务上表现更好,而想象较远期的周末的被试则在语言任务上表现更优。第二项研究要求参加测试的香港的本科生设想第二天(或一年后)一个朋友即将来香港旅行,他需要向朋友介绍有趣的景点,并回答自己脑海中在多大程度上出现了影像。这个实验证明了语言处理和视觉处理两种处理方式的差异,可以部分解释心理距离与解释水平之间的关系。第三项研究通过同时操纵社交距离和加工方式,来证明当加工方式独立于社交距离而被操控的时候,解释水平理论是成立的。第四项研究则要求被试假想为自己未来一周或者一年后的旅行预订酒店。给定被试两个选择集:在非可视化的可获选择集(选择集1)中,一家酒店被描述成"服务优质",但在预订时,需要填写一张冗长的表格;而另一家酒店则被描述成"服务一般",但在预订时,只需要填写一张简短的表格。在可视化的可获选择集(选择集2)中,一家酒店被描述成"设计感强,但取消政策严格";另一家酒店被描述成"设计感一般,但取消政策宽松"。所有被试期望获得的/可行性的以及每个属性的相对可视化,都被仔细考虑以保证与研究目标相一致。实验发现,在第一个选择集的情况下,解释水平效应是成立的,而在第二个选择集的情况下,解释水平被逆转了。该研究是第一次发现解释水平被逆转情境的研究。第五项研究测试了加工方式的观点是否可以逆转从愿望可行性框架得出的另一个发现:收益与概率之间的权衡,得出的结论与第四项研究的结论相似。

虽然这项研究的贡献主要在于解释水平理论的丰富和拓展,但是它也通过对于视觉处理和语言处理的研究,对现有的视觉图像文献做了进一步的完善,同时也给未来的相关领域的研究指明了方向。未来的研究应该寻求心理距离影响解释水平的其他可能途径。通过阐明潜在的过程以及边界条件,这项研究为社会心理学和消费者行为研究提供了更加丰富的理论解释。

资料来源:Yan, Dengfeng/Sengupta, Jaideep/Hong, Jiewen(2016), Why Does Psychological Distance Influence Construal Level? The Role of Processing Mode, *Journal of Consumer Research*, 43(4):598-613。

第 7 章

购买行为的调节因素

开篇案例与思考 玉兰油——属于女人的数字只有年龄？

　　人们常说："数字是女人最大的天敌。"这里的数字，指的是女人的年龄。诚然，女人的年龄，与其内在、外在各个方面的不同表现有莫大的关系。随着"年龄"这一数字的不断增大，女人的外在形象会发生一定的变化，同时，女人内在的情绪、性格、人生观、价值观等也会发生持续的改变。而作为女性消费者，在不同的年龄段，其购买需求、购买心理、消费水平和消费行为，也会呈现出明显不同的特点。因而，年龄这一数字，确实是我们对女性消费者进行研究时不可缺少的一个课题，也是我们对女性消费者进行分类时必要的参考标准。然而，属于女人的数字难道只有年龄吗？实则不然。

　　从个人的角度来看，女人的生活态度和生活方式当中，蕴藏着不少数字。对于一个家庭主妇而言，数字可以是每周去几次超市，每天给家人做几顿饭，每天为了接送孩子需要出行多少公里等；对于一个健身爱好者而言，数字可以是每天跑几公里，每周去几次健身房，每周吃几次健身餐等；对于一个旅游爱好者而言，数字可以是足迹遍布多少个国家，曾经经历过多少次飞行，飞行总里程是多少等。这些数字看似毫不起眼，但它们所代表的却是一位女性生活中的点点滴滴，因此显得弥足珍贵。

　　从社会影响的角度来看，一位女性所扮演的社会角色与她所处的地位，以及她的家庭影响，都会给她的人生标记上不同的数字。作为企业高管，她可能年薪高达 70 万元；作为老师，她可能曾经培养过 2 341 个学生；作为作家，在她笔下可能诞生过 5 部小说；作为网店店主，她的店铺可能总共卖出了 2 万件商品；作为美食博主，她可能曾经撰写过 35 篇博文。而作为一位母亲，她养育了几个孩子，家里总共几口人，家庭每月的开销是多少，自己每月可以支配的收入有多少……所有这些对家庭中的每位女性都有着深刻的影响。

　　护肤品品牌玉兰油（OLAY）的一则广告，即以"属于女人的数字只有年龄吗"为主题，简要讲述了数位不同职业、不同年龄的女性，与其人生数字之间的关系。其中提到的数字诸如："经历过 3 次职业转变""设计出 89 款珠宝""下潜过 25 个潜水点""帮助过 99 个贫困地区的儿童病患""获得过 59 次世界冠军"。这些数字记录的并非年龄，而是其生活履历以及人生经验，也就是这些微观的关于生活与人生的数字，才是每一位女性不断积累、沉淀、改变的根本原因。因此，玉兰油在其广告的最后称："属于女人的数字，不是年龄,而是故事。"

如果说,年龄是属于女人的一个重要的数字,那么这个数字对女人产生的影响绝不仅仅来源于时间的流逝和生理的改变,更来源于随着年龄的增长而不断丰富的人生故事,而其中蕴含的一个个数字,才是真正属于女人的数字。

思考:如何理解年龄?年龄对消费者的行为会产生什么样的影响?玉兰油的这则广告传递的核心理念是什么?这则广告是否能引起女性消费者的情感共鸣?

7.1 概览

环境因素(近的/远的)是影响消费者行为的重要决定和调节因素。环境因素中的近环境指主要群体、次要群体和家庭这些直接贴近社会的环境因素;远环境则主要指文化、亚文化、社会阶层等因素。基于层次模型,需要了解以下因素:
- 个人因素,主要是个性、参与度和生活方式;
- 社会因素,主要是角色/身份、参照群体/意见领袖和家庭;
- 文化因素,主要是社会阶层、亚文化和(国家的)文化。

从趋势上看,上述这些影响个体购买行为的因素,其相对重要性从里向外逐渐降低。比如,个人参与度的重要性要高于家庭,并远高于(国家的)文化等。在效果模型中,这些因素(特别是性格和文化因素)常常作为影响消费者行为的调节因素。例如,参与度或特殊的文化对某些效果关系(如态度和产品偏好间的关系)起着增强或减弱的作用。

7.2 个人决定因素

7.2.1 性格

众所周知,营销活动的目标对象就是那些受个人性格、经验和周边社会环境影响的个人。

> 倾向(Predisposition)是指来自个体内在的心理和社会影响因素的"既有烙印"。

大致上说,倾向是由态度和性格特征(如风险倾向、个人参与度和信息掌握程度)构成的系统。它们是影响人类行为的主要因素。

> 性格是构成一个人行为激活和认知过程的基本框架。在这里,个体的基本倾向(如参与度、价值观)与其性格相互依存。

弗洛伊德基于心理动力学的性格理论

弗洛伊德建立并深刻影响了精神分析学、深度心理学和心理分析的性格理论。他的研究重点之一是性格的结构。他将性格的不同归结为克服原始本能的不同方式。他认为,性格中的本我和超我之间经常会发生冲突,常常需要第三方,即自我来予以缓和(见图7.1)。一方面,本我作为性格中原始无意识的存在(其中包含来自性、身体和情感愉悦的原始本能);另一方面,与其相对的超我则包含一定的价值。在本我的冲动和超我的理想之间,常常需要自我进行调和,它是性格中具有导向作用的部分(起着权衡作用)。自我既尝试满足本能的冲动,又尽量避免不必要的后果。

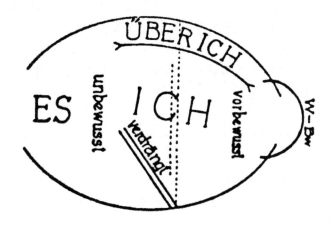

图 7.1　弗洛伊德的"精神结构"(原始图稿)

那些将弗洛伊德的理论运用到消费者行为研究中的学者把购买行为看作个人性格的反射。在这里,行为被看作冲突的结果,而消费者在大多数情况下并没有意识到自己购买行为背后实际的背景或驱动力。

价值代表了人们最基本的、明确或不明确的期望。一方面,价值具有目标特征;另一方面,价值体现了对目标、对象和行为进行评价的准则,承担了定位、指引和将行为引向某特定方向的功能。价值的变化和动态化都可以理解为是价值系统内的变动。当新的价值被纳入价值系统或被分类至某个价值层次中时(价值创新),就会产生这种变动。本质上来说,价值变化首先体现在价值的转移中。具体来说,就是某单个价值在价值系统中重要性的变化。如果社会中某种价值发生了变化,那么这一变化一定会映射到消费者的行为当中。与市场营销相关的价值动态变化的方面包括:

- 更多地强调与生态或健康有关的价值;
- 不断增加的对工作岗位的担忧;
- 不断增强的对广泛的人口问题进行批评的趋势;
- 对社会联系与社会融合的渴望,以及对个性更多的追求。

从流行的风潮中就能看到社会价值的转移或变化趋势(见图7.2)。在个人消费支出中,人们对旅行和文化产品支出的变化,也能反映出不同的价值变化。价值变化给市场营销和消费者行为研究都带来了新的挑战。对企业而言,这既是风险,也是机遇。

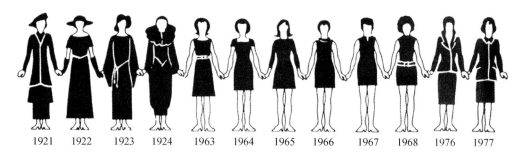

图 7.2　裙长的变化作为价值变化的指标

资料来源:Morris 1978,p.332。

为了确定个人不同的性格类型或特征结构,心理学家从五个维度出发,提炼出了一个"大五人格模型"(见表 7.1)。

表 7.1　大五人格模型

外向性		
健谈、精力充沛、自信	←→	安静、内敛、害羞
宜人性		
有同情心、友好、诚挚	←→	冷漠、好斗、无情
严谨性		
有条理、有责任心、谨慎	←→	马虎、草率、无责任心
神经质(即情绪稳定性)		
稳定、平静、满足	←→	恐惧、不稳定、易怒
经验开放性		
创新、理智、开放	←→	简单、肤浅、不聪慧

资料来源:Gerrig 2015,p.359。

这些维度非常宽泛,每个维度中都集合了个体大量的特征,而这些特征都具有一定的共同主题。实证分析证实了这五个维度的一致性和稳定性。当然,由于文化的影响,大五人格模型只区分出了人类所共有的、最重要的一些特征。

7.2.2　参与

> 参与涉及的是本我的层面,是个体融入某事件或某任务时所遵循的内部互动。

参与提供了人们处理信息所需的动机。参与可以进一步被分为低参与和高参与。在高参与情况下,学习过程中的认知性很高,而在低参与时的学习是一种无意识的、低关注度的、处理深度较浅的状态。这表明,与高参与的学习相反,低参与对人的思想控

制程度较低,因此,低参与时常需要频繁的重复性学习。一般地,参与又可分为以下三种类型(如图7.3所示):

- 个人参与[或自我参与(Ego Involvement)]——基于个人价值取向的参与;
- 产品参与——对于某产品、服务或购物点的参与;
- 情境参与——参与到即时的购买或沟通情境中,比如,在购买情境中对信息的加工,在沟通情境中对各种媒体的运用。

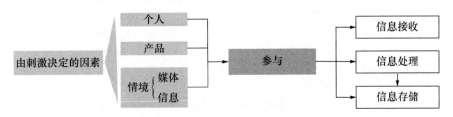

图7.3 一般参与模型

资料来源:基于Trommsdorff/Teichert 2011, p.52。

参与对消费者购买行为具着极大的倾向性影响,特别是在信息处理和态度构建阶段。实证研究显示,比起低参与度的消费者,高参与度的消费者会对信息进行更多的搜寻和处理。另外,高参与度的消费者在构建态度时,由于更强烈的认知性信息处理,会对论据的质量以及来源的可信度提出更高的要求。此外,他们还会对图像形式的信息做出更强烈的反应(详见表7.2和表7.3)。

表7.2 广告沟通中低参与和高参与的特点

	市场营销在参与方面的特点	
	低参与	高参与
广告目标	经常联系	说服
信息内容	较少	所有重要的内容
信息长度	短	长
重复频率	高	低
播放时间	经常的	决策时点
沟通材料	图像、音乐、香味	语言、文字
改变态度的办法	情感	论点(理性)
交互方式	销售点市场营销	个人推销
效果控制	再认测验	记忆测试、改变态度

资料来源:基于Trommsdorff/Teichert 2011, p.55。

在广告效果研究中,多数研究都侧重于探讨传统的广告效果,如高度注意力、认知效果、态度和购买行为。通过对高参与和低参与的比较研究发现,消费者在接收广告时往往参与度不高,这意味着消费者在购买前,其实并没有形成认知性的态度。消费者对产品特定态度的构建,发生在其购买或消费产品之后。因此,往往要通过对广告信息的多次重复,来改变消费者对产品的认知,并引发其无意识的情感联系。

表 7.3　高参与和低参与购买的特点举例（完美而典型的产品参与）

	购买汽车 （高参与）	购买家用清洁品 （低参与）
信息处理的方式	仔细地权衡产品特性（如价格、耗油量、马力等），对很多汽车进行比较	信任广告力度大的品牌或在超市里常见的品牌
信息接收的方式	阅读汽车测试报告、手册等，试驾，与同事交流经验	偶然地接触广告、促销手段、产品包装和标志等
对广告信息进行处理的方式	研究广告、手册中给出的技术指标和装备	偶然地接触信息量不大的广告（电视上、海报上）；低兴趣度
对最好的或可接受备选项的选择	寻找一款尽可能满足自己需求和能力的汽车	购买超市里常有的、价格合理的标准产品
与个性和生活方式的关系	对于个人形象和休闲活动而言，汽车往往非常重要	与生活方式没有显著关联
参照群体的影响	以社会阶层、亚文化等的标准为导向；通过奢侈品牌的汽车或跑车来彰显自我	由于所选择的品牌不会被参照群体注意，所以与参照群体没有关联

资料来源：Kuß/Tomczak 2007, p.77。

低参与情况下建立起来的态度常会失去对行为的控制。进一步来说，根据态度-行为假设，只有在行为受到认知控制时，态度才能对行为产生效果。而这正是在高参与时发生的情况。在低参与时，人们对产品的选择是随机的，大多来自唤起集合，而唤起集合往往出现在有限性购买决策的情况下。这时，消费者并不存在对品牌的态度，只存在对品牌的知识。对于某品牌的态度，只有在消费该品牌的产品时才能被构建起来，所以说，行为决定了态度（行为-态度假设）。

在近期的一些研究中，学者们还对情感性参与和认知性参与进行了区分，即参与的概念不仅与认知过程相关联，还与激活过程相关联。在对英裔美国人消费者行为的研究中发现，强烈认知导向的参与占主导。而在德语地区，情感的影响更大。这两种参与的区别来自不同的动机：认知性参与来自目的导向的信息检索动机，它主要关注的是信息的获取、加工和存储。而情感性参与来自与某对象之间的情感性联系，比如热情这样的情感性动机。在这种情况下，购买某企业的产品或服务会触发消费者某种特定的情感状态，但他们可能并不会仔细地考虑这种产品或服务到底如何。而在高认知性参与下，购买常常会与更多的信息搜索相关联，而高情感性参与往往会与强烈的情感反应相关联。

对参与结构进行操作的办法有很多，如 Kapferer 和 Laurent（1985）测量了参与的强度，并通过因子分析得出了五个主要成分（有些可能互相重叠）：

- 对于产品的兴趣；
- 购买或消费时的乐趣；
- 主要收益和附加收益的含义；
- 失败决策的成本（感知到的风险）；
- 产生风险的可能性。

在 Zaichkowsky(1985)的测量模型中,测量工具("个人参与目录")被设计为语义差别量表(见表 7.4),它能够评估个人与对象之间的关系。这种测量工具被运用在不同的背景下,从而对产品参与、情境参与或广告参与进行测量。

表 7.4　测量参与度的量表

对我来说(需要评估的对象,例如一个产品类别)……		
重要的	←→	不重要的
有趣的	←→	无趣的
相关的	←→	无关的
令人兴奋的	←→	没意思的
无意义的	←→	很有意义的
吸引人的	←→	无吸引力的
有魅力的	←→	俗气的
无价值的	←→	很有价值的
参与了的	←→	没有参与的
无关紧要的	←→	有用的

资料来源:基于 Zaichkowski 1994,p.70。

一项关于零售品牌的研究显示,个人的参与度会影响其对品牌价值的感知。这更表明了参与在构建强势品牌中的重要意义。例如,高参与度的消费者特别愿意受到沟通的影响。在高参与的情况下,信息(特别是价格信息)会在高激活状态下被处理。而且,那些对某零售品牌已经有所了解、已经把零售商作为品牌来对待的高参与度的消费者,在面对零售品牌时会更注重价格、性能等维度。

7.2.3　生活方式

对生活方式的研究大部分来自社会学领域,它们不仅涉及可观察的行为(如休闲时的行为、工作中的行为),也关注心理因素(如态度、价值观、观点)。为了把握人们的生活方式,需要考虑其运动、度假、社交、工作和消费等多种行为。生活方式在市场营销中的运用往往出现在分销(如在服装行业)当中。

> 生活方式表达了一个人或一个群体特别的文化和亚文化行为模式。在生活方式中,消费者表达了自己的价值和目标取向。

在特定情况下,人们基于价值预期、态度、期望和信念构建属于自己的生活方式。而这种生活方式往往会受到文化、普世价值体系、可用的经济资源、可行性及社会压力等因素的影响。

生活方式可以用于解释和预测消费者行为,因为在高度发达的消费社会中,许多产品并不是由于其功能而被购买,而是由于它们所具有的某种象征意义。这种消费行为要归因于消费者的生活方式,即消费者偏好那些与他们的生活方式相符合的产品,或某些产品符合他们所期待的生活方式。因此,可以将消费作为象征性的生活方式予以观察,与之相关的是自我概念理论(Self-concept Theory)。

自我概念理论

自我概念从属于社会心理学中的性格理论,它影响力大,阐述了人类如何应对自身或自我认同的主观经验。自我概念包含很多成分:
- 个人记忆;
- 对于特征、动机、价值和能力的假定;
- 个人的理想形象(完美的自己);
- 对于观点变化的预期(可能的自己);
- 正面和负面的自我评价(自我价值感觉);
- 对外部图像的表达。

Banning(1987)基于该理论开发出了一个生活方式模型(见图7.4),它解释了个人(与群体)复杂的、相对稳定的、受到自我概念控制的行为模式。该模型的核心概念包括:
- 自我意识——关于个人性格的所有观点的总和;
- 世界观——关于环境的所有观点的总和,包括学习到的知识、经验、政治观点或品牌形象;
- 自我概念——描述了性格中受认知影响的部分。它尝试将世界观和自我意识协调在一起,并追求连贯性和一致性。

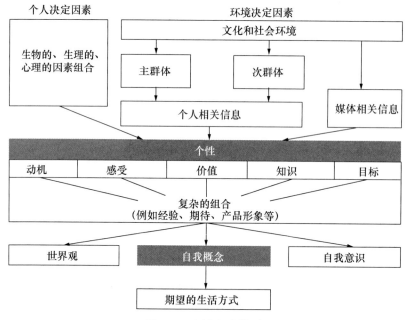

图 7.4 生活方式模型

资料来源:Trommsdorff/Teichert 2011,p.181。

自我概念具有对消费者行为产生强烈控制的功能。因为人们往往尝试根据个人的自我概念来行事。相比性格因素,自我概念在市场营销领域更加重要。通常,消费者会尝试通过某种行为使其与自我概念相一致,比如,他们会选择与自我形象相一致的产品。有时候,对于某产品的高度认同也可以带来消费者的自我实现。图7.5展示了消费者上臂文有哈雷-戴维森标志以及后脑勺文有耐克标志的例子。

图7.5　品牌、消费和自我意识之间的关系

对于生活方式的研究来说,AIO方法很重要。它不仅包含生活方式,也包括普遍的性格特征。它主要研究人类的三种生活表达方式:

- 活动(Activities)。可观察到的活动,例如休闲时、购物时、工作时以及在各种社会活动中;
- 行为(Interests)。情绪性行为,例如涉及家庭、职业、饮食等因兴趣而产生的行为;
- 观念(Opinions)。认知导向,例如对他人或事物的观点、见解。

通过个人的行为方式和行为模式,依据兴趣、价值观、态度、见解、性格特点和人口学特征可以区分出生活方式的不同部分(市场细分),即生活方式类型学。通过对生活方式各个部分的分析可以深入认识到各部分的具体特点、消费者的需要、可能的市场空白以及某特定产品或服务的市场潜力。此外,了解生活方式还有助于了解消费者对产品的适应度,并依此设计信息沟通组合。

服装行业中的生活方式概念

在服装行业的市场细分中,生活方式尤其重要。表7.5展示了女士服装领域的市场细分。对于企业来说,某细分市场内潜在的市场份额尤其值得关注。此外,各个生活方式细分下的风格特点也被展示了出来。

表 7.5　生活方式细分（以女士服装为例）

生活方式细分	风格类型	代表品牌	风格构成比例
潮流趋势	少女	Only, Viva, Dickies, Buffalo, Miss Sixty	100% 休闲风
	年轻时尚	S. Oliver Girl, Vero Moda, EDC	90% 运动风, 10% 都市风
摩登女郎	摩登女郎"主流"	S. Oliver Woman, My Diary, Esprit, Mexx, Street One, Cecil, T. Tailor Woman	90% 运动风, 10% 都市风
	摩登女郎"中性"	Olsen, Rosner, Mac, Lisa Campone, Taifun, Apriori	50% 运动风, 50% 都市风
经典风	摩登经典	Bianca, Gerry Weber, Brax	60% 运动风, 40% 都市风
	经典中性	Delmod, Frankenwälder, Trumpf, Marcona, Basler	40% 运动风, 60% 都市风
设计风	时尚设计	Gucci, Prada, D&G, Versace	40% 运动风, 60% 都市风
	摩登女郎设计	Max Mara, Joop, DKNY, Strenesse	30% 运动风, 70% 都市风
	经典设计	Jil Sander, Escada, Laurel	20% 运动风, 80% 都市风

图 7.6 展示了两个细分的例子及它们的主题风格。对于服装行业或时尚行业来说，由于它们总是跟随流行风潮，因此，为了对变化及时做出反应，就必须仔细地观察消费者的生活方式。

图 7.6　生活方式细分——时尚设计和摩登女郎风格举例

此外，了解生活方式对鉴别消费者行为中的文化和亚文化因素也很有帮助。

不同行业的企业都在进行生活方式的研究，虽然有些企业自己开发了一套研究方法，但普遍使用的方法还是 AIO 方法，以及与之相关的创新性的或标准化的科学测量评估方法。由于企业对国际市场的关注越来越多，生活方式的研究也被用在国际市场营销和管理中，以用于相互依存的市场开发。

GfK 公司开发了一套研究生活方式的模型,称为罗波-消费者-风格模型(Roper-Consumer-Styles)(见图 7.7)。通过这一模型可以得知当下的社会发展及不同的生活方式,并根据这些知识获得行动建议。

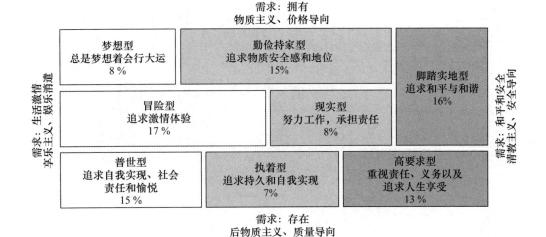

图 7.7　罗波-消费者-风格模型

资料来源:Peichl 2014,p.142。

罗波-消费者-风格模型是对欧洲-社会化-风格模型(Euro-Socio-Styles)的进一步发展,由于数据基础更广泛,因而在国际市场上得到运用。目前,消费者类型学在 38 个国家可用,并在每个国家评测了 1 000~1 500 名消费者。由于所运用的评判标准统一,每种生活方式所具有的价值观和目标基本相同,因而适宜进行跨国生活方式的研究。该模型通过使用这种统一的细分标准,对不同国家进行直接比较,描绘了八种可进行跨国比较的生活方式,得出了各生活方式的类型和范围大小,从而组成了一张生活方式地图。图 7.7 中根据价值取向和消费偏好将生活方式分为四个极:"拥有"(物质主义、价格导向)相对于"存在"(后物质主义、质量导向),"生活激情"(享乐主义、娱乐消遣)相对于"和平和安全"(清教主义、安全导向)。这八个罗波-消费者-风格模型如下所示:

- 脚踏实地型——追求和平与和谐;
- 勤俭持家型——追求物质安全感和地位;
- 梦想型——总是梦想着会行大运;
- 冒险型——追求激情体验;
- 普世型——追求自我实现、社会责任和愉悦;
- 现实型——努力工作,承担责任;
- 执着型——追求持久和自我实现;
- 高要求型——重视责任、义务以及追求人生享受。

Sinus 研究所提出的 Sinus-Milieu 研究法[①]展示了受国家特定的环境、社会阶层

---

① https://www.sinus-institut.de/en/sinus-solutions/sinus-milieus/(访问时间:2020 年 6 月 6 日)。

（下等阶层相对于中上等阶层）以及基本导向（传统相对于新事物导向）的影响而构建的生活方式。Sinus-Milien 模型基于对 18 个国家的研究，以德国为例，选出 10 个细分部分（见图 7.8）。

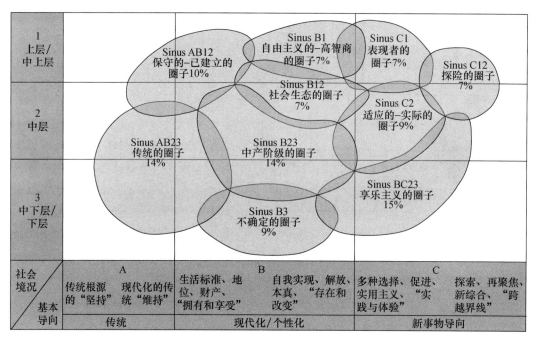

图 7.8　Sinus-Milieu 模型

资料来源：Sinus Sociovision 2015。

图 7.8 中一个占比最大的细分部分（15%）是享乐主义，这个细分群体中的人往往处于现代社会的下等及中下等阶层，以享乐为导向，主张活在当下，拒绝惯例以及精英社会的行为期待。总之，该模型基本涵盖了国际市场营销中的目标群，以及 GfK 的罗波-消费者-风格模型。

策略性商务洞察（Strategic Business Insights，SBI）开发了一种被称为 VALS 的生活方式模型，它的理念来自 Maslow 的需要层次理论。在这些类型中体现了以下基本假定，即在不同文化中会产生不同需要类型的细分市场。这些细分市场又会根据两个维度，即"原始动机"（即理想、效能和自我表现带来的动机）和"资源"（如能量、自信或冲动）进行进一步的区分。

7.3　社会决定因素

7.3.1　主群体和次群体

社会决定因素（近环境决定因素）包括社会群体（主群体和次群体），以及作为更加紧邻的社会环境的家庭，与此同时，还包括社会角色和社会地位。

群体是指一群处于重复的、非偶然的、相互作用的关系中的人。需要注意区别以下两点：
- 主群体，一个以成员间人际互动为特征的小群体（例如家庭、邻里），该群体强调"我们"的意识。
- 次群体，一个大群体，其中的成员之间往往存在某种正式关系（例如公司、协会），在这个群体中的很多人互相并不认识。

狭义上说，社会群体是消费者重要的参照群体。通常，社会群体内的成员有着共同的目标，并且会表现出一种共同的归属感（"我们"的意识）。此外，社会群体成员间会有一种紧密的关系结构，每个个体都会在其中扮演一个社会角色，而该角色又与一定的角色预期相关联。

从市场营销的角度，社会群体还可具体分为：
- 成员关系群体，即某个个体所从属的群体。
- 陌生群体，即某个个体虽不从属于该群体，但他的购买行为常常会受到这一群体的影响。因此，个体能感觉到自己与该群体有所关联（如消费者协会）。
- 参照群体，即某个个体的行为所倾向的群体。它既包括成员关系群体，也包括陌生群体。参照群体不仅会影响消费者，还会推动其产生相应的行为（适应的压力）。

参照群体是个体对自我和周边环境进行感知与评价的决定性因素。它为行为提供准则。参照群体的影响在于，它会让个体为了获得一致性而要面临一定的社会适应的压力。

根据参照群体的功能可将其分为比较性和规范性两种功能。比较性功能为个体提供测量自己的感知、意见和判断的标杆。它可以通过 Festinger(1954) 的社会比较理论（Social Comparison Theory）进行解释。该理论的核心是，个人的意见和视角是以社会习惯为导向的。规范性功能则为行为提供规范标准，并通过社会制裁来保证该准则的实施（例如在成员关系群体中）。

对市场营销人员来说，参照群体不仅为行为提供了准则，也为消费提供了准则。因此，在广告设计中，要根据消费准则进行构思。图7.9展示了参照群体的类型。

此外，参照群体的另一个影响是对产品的评价。这种影响可以为个体带来倾向性的以及符合群体标准的评价。因此，参照群体的影响尤其体现在产品的信誉和示范效应上。

对市场营销人员来说，参照群体的价值还在于提供了某种消费规范。这样一来，在消费者的消费决策中，所有不符合社会规范的选项都会被排除在外。

图7.10系统化地展示了参照群体对购买决策的影响。由于它在实际中的重要作用，这里将着重讨论小群体范围内的个人沟通。

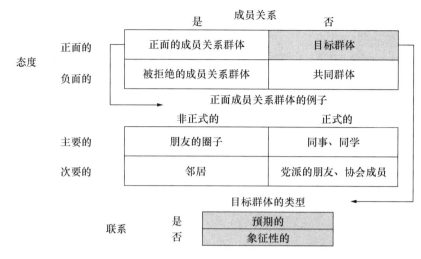

图 7.9　参照群体的类型

资料来源：Kuß/Tomczak 2007，p. 208。

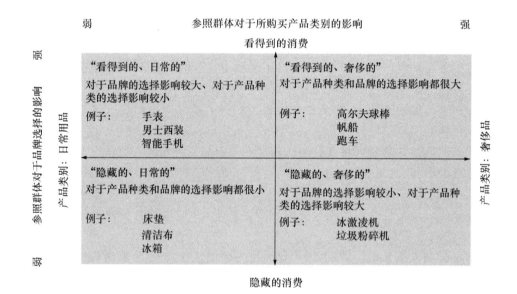

图 7.10　参照群体对于购买决策的影响

资料来源：Foscht/Swoboda/Morschett 2006，pp. 556–572。

小群体范围内的个人沟通

> 一般来说，沟通指的就是信息的交换。人们通过沟通对其他人产生影响（互动）。著名的拉斯维尔准则（Lasswell 1967）描述了沟通的过程：谁（信息发送者）通过哪种渠道对谁（信息接收者）说什么（沟通内容）？产生了什么作用（沟通效果）？

个人沟通指的是个人与个人之间直接进行交流（面对面）。主群体中的沟通有很多

不同的信息传递方式,如口头的、图像的、音乐的、非语言的(表情、手势)等。对于沟通效果来说,最核心的决定因素是:

- 信息传达者的特点——沟通的结果受沟通者可信度的影响。决定可信度的两个最重要的部分:一个是沟通者是否被认为是专家,另一个是沟通者是否值得信赖。可信度越高,从沟通中得到信息的可能性就越大。
- 信息接收者的特点——对于信息的接收取决于总体影响力和信息接收者对于沟通的态度。信息与已有的态度越相符,信息接收的效果就越好。
- 沟通情境的特点——这里包括人们之间形成沟通的所有条件。空间越小、社会距离越近,人们之间形成沟通的可能性就越大。

病毒式营销

> 病毒式营销(Viral Marketing)由于采用了很多不同的技巧,从而使某种沟通信息以很低的成本就能以指数增长的形式广泛传播开来(跟病毒一样)。这种传播的基础是以进一步推荐为依据的口碑传播(Word of Mouth),网络的发展使它逐渐繁荣起来。病毒式营销面临的挑战就是如何精准地开始整个过程。在这里,病毒式营销的成功范例就是免费的电子邮件服务——Hotmail(www.hotmail.com)。在成立之初,Hotmail 就是通过病毒式营销技术进行传播的。大约十年前,注册该服务的用户就超过了一亿,当时它属于微软公司。每个发送出的电子邮件上都会被附上一个广告信息,在展示该项服务的同时也促进了新用户注册。其他类似的病毒式营销的例子还有 GMX 和 web.de。

意见领袖

在小群体的沟通中,每个成员的重要性都是一样的。少数成员(意见领袖)往往能对其他成员产生强烈的影响。根据两级传播理论,意见领袖在整个人群中十分活跃。他们从大众传播中提取出信息,并将其转化为个人对话式的传播。

> 意见领袖(Opinion Leader)是那些能对周围人的意见产生极大影响的人。他们在小群体中处于关键位置,能够在消费者对某产品类别进行购买的时候对其施加一定的影响。

意见领袖的特点在于:高信息水准、持续的高参与度、强社会互动、高创新兴趣、高收入、高职业地位、高教育水平,等等。意见领袖并不是通过社会经济特点来与其他消费者进行明显区分的。他们在其参照群体中拥有核心位置,爱好社交,特别容易融入社会。相应地,他们也具有非常娴熟的沟通技巧。首先,他们对意见的主题非常感兴趣,并且能主动地、有计划地搜寻信息。他们较少关注提供者导向的信息,而是更多地关注技术上中立的信息(例如专业测试杂志、展览等)。另外,意见领袖对风险有着充分的准备。在此,意见领袖的两个功能值得关注,即他们在两级传播过程中的桥梁作用,以及在传播过程中的角色。

在沟通策略中,企业往往会追求两级形式的传播。它的任务在于,由大众传播而来的信息被带入个人对话中。尽管大众传播的核心在于广告,但它能够通过这种两级传播的形式得到补充。注意区分以下两点:

- 一级传播发生在当信息传达者与接收者直接进行对话并传达沟通信息时;
- 二级传播发生在当大众传播首先作用于意见领袖,然后才影响其他受众时。

在此,大众传播并不直接接触其他受众(见图 7.11)。

最新的研究尝试对沟通关系进行进一步的细化,并在寻求意见的人(那些作为被动受众的人)当中形成活跃的沟通。寻求意见的人往往会参与到与某个意见领袖的对话中,并成为这个影响网络中的一分子。

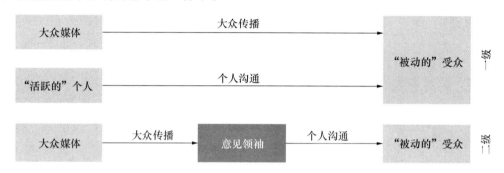

图 7.11 大众传播和个人沟通之间的关系

资料来源:Watts/Dodds 2007,pp.441-458。

除传递信息之外,意见领袖因在群体中的权威和信用还具有强化信息效果的功能。由于意见领袖通常会是群体中的创新者,因此,对市场营销人员来说,意见领袖在介绍或传播新产品的时候尤为重要。因为传播使得某个消息或某个新产品(创新)能在社会系统中迅速扩散,从源头一直到最终接收者。

图 7.12 描述了某新产品信息被扩散和接收的过程。它清楚地显示了意见领袖是

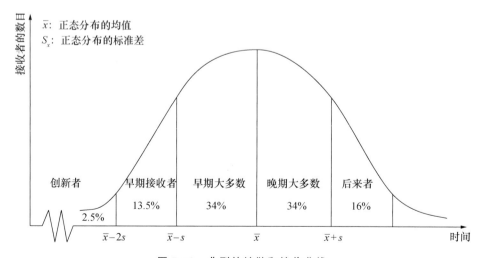

图 7.12 典型的扩散和接收曲线

资料来源:基于 Rogers 2003,p.247。

如何通过自己的行为带动新产品信息从开始阶段不断广泛扩散的。

对于两级传播模型的争议在于，它令消费者处于被动的境地。事实上，消费者有时也具有主动寻求满足的需求（例如阅读杂志），即他们会主动地寻求沟通。因此，就必须区别看待两级沟通模型。

网络中的意见领袖

> 意见领袖不仅在现实生活中很重要，在网络世界中也是一股重要的驱动力。他们在线上和线下的行为相似。他们往往拥有一个巨大的社交网络，并且还在不断地扩展自己的个人社交网络。他们通过不断创造新内容，保持自己在沟通中更高的活跃度。尽管意见领袖也会通过网络开展娱乐活动和消磨时间，但相比其他用户，在社区中的社会认同和号召力对他们来说更加重要。因此，他们会更多地将社区用于自我表现和意见表达，从而间接地提高整个社区的价值。显然，互动行为越多，成员之间的关系就越紧密，处理信息的速度就越快，用户与整个网络之间的联系也就越紧密。所以说，意见领袖对于社交网络来说很重要。
>
> 企业或者社交网络的提供方常常会利用意见领袖的这种自我表现的动机。比如说为他们提供额外的机会突出自己。全世界范围内，Facebook 和 Twitter 的用户数量一直在增长。所以社交网络和社会化媒体都应该对此有所准备。

当然，并不存在一个能使意见领袖对自己进行定位的"范围"，因为一个人可能在某一群体中是意见领袖，而在另外一个群体中则不是。这里的关键在于，意见领袖是否具有号召力，并能对他人施加影响。由于缺乏典型的共同性格特征，沟通行为常被用于测量意见领导力。通过使用社会经济学方法，可以体现出群体之间的互动，并识别出沟通的节点。此外，还可以在询问中使用自我评价的方法。意见领导力是一个循序渐进的过程。鉴于个人影响力的范围，人们对他人或多或少都具有一定的意见影响力。根据对他人所施加意见影响力的范围，可以区分出单一的和多维的意见影响力。显然，意见领袖的能力也不是自动就可以持续的，它往往涉及某一特定的产品或功能领域（如时尚、化妆品）。通过为不同的领域确定意见领导力，就可以得到一个所谓的能力概括；某个意见领袖的能力可以通过锤炼扩展到更大的范围中去。由此，就可以建立更为普遍的意见领导力。在大众传播中，可以观察到意见领袖被模仿的行为，例如广告中的象征性意见领袖。

Flynn 等（Flynn/Goldsmith/Eastman 1996）开发了一种在询问中对意见领导力进行测量的方法。被询问者要回答一个有 11 个项目的量表，该量表有效而稳定。例如，被询问者需要对以下语句进行判断："其他人在做出购买决策前总是来问我的意见。"

7.3.2 角色和地位

> 社会角色是一个有明确定义的行为模式。如果一个人在一个特定的环境/群体中活动,他就具有了某种社会角色。不同的社会情境带来不同的角色。

每个角色都具有特定的行为方式,它是人们对该角色承担者的预期。有些角色会贯穿某个人的所有行为(例如牧师的角色就需要对自己的所有行为进行约束),有些角色只会影响一部分行为(例如俱乐部主席的角色)。此外,还有客观角色(如在购买行为中被认为是客观的角色)和主观角色(如一个人对自己的重要性的评价)。社会的要求可以体现为以下两种:

- 对于承担者在其所处位置上的行为的要求(角色行为);
- 对于外在表现和特征的要求(角色特性)。

每个个体都可以处在多个位置上,如父亲、科学家、企业顾问等。在某个社会系统中的每个位置上都具有一个特定的角色。社会角色对个人产生约束——它们具有指导性特点。根据制裁的严厉性可以区分出"必须""应该"和"可能"的预期。如果不能满足"必须"的预期,可能会遭受法律的制裁;"应该"的预期也具有近乎强制的义务,其反面制裁是会受到社会排斥,而满足"应该"的预期的正面鼓励是受到欢迎。满足"可能"的预期能够带来其他人的赏识,当不能满足"可能"的预期时其反面制裁的强度并不大。这样一种社会鼓励和制裁的系统对其群体中的成员会产生一定的社会压力。

社会角色对购买行为影响的具体表现就是参照群体的影响,例如在家庭决策和在购买很显眼的产品(炫耀性消费)时所受到的影响。社会角色对于个人在市场营销行为方面的影响还取决于他们在某社会系统中的融合程度。由于消费者做出的购买决策往往与其他人的预期有关,因此他们的行为有时是以他人为导向的。由于每一个购买者都会处在不同的位置上,受到不同的社会影响,因此,人们对某个人不同角色的预期,必然会带来角色冲突。

社会角色反映了人们在社会系统中的功能性分类,而社会地位则是对其所处位置的评判。这是一种对某位置拥有者的价值评判,或与某社会位置相关联的价值感受。位置和地位之间,往往存在一定的差别。在市场营销中,社会地位是进行市场细分的关键,拥有同样社会地位的人倾向于被归属到同一社会阶层。

7.3.3 家庭

> 家庭、共同居住体、住宅社区是对消费者行为产生决定性影响的另一个社会因素。由此可以区分出核心家庭(父母和孩子一起生活)、家庭网(共同承担责任的亲戚)以及朋友的家庭(具有补充功能)。

由于当今出现了很多新的发展趋势,因此人们对家庭的理解也发生了变化。例如,当今分散的核心家庭形式、越来越多的独身者、人口老龄化以及家庭外的参照群体的影响越来越大。

对家庭互动的分析要从社会经济学和心理学两个方面进行区分。社会经济学因素包括家庭周期,而家庭周期是生命周期(整个生命过程被划分为各个阶段)的一个下级概念。家庭周期是用来分析家庭及其成员行为的指标中的一个,也是众多社会经济影响因素中的一个,它使得对家庭及其在某一阶段的购买行为进行观察成为可能。一般地,家庭周期的阶段分为:

- 阶段Ⅰ——未婚,年轻(至 27 岁);
- 阶段Ⅱ——已婚,孩子还小(至 37 岁);
- 阶段Ⅲ——已婚,孩子已大(至 47 岁);
- 阶段Ⅳ——已婚,孩子已成家立业并独立生活(至平均寿命 71 岁)。

在阶段Ⅰ中,由于工作,男人和女人的收入都很高,但孩子出生后就会有一个较大的回落。这时,家庭债务有可能达到最大值,而收入却还未达到最大值(平均要到 50 岁才能达到)。直至孩子五六岁时,按人头平均的收入都很低(如果女人有了孩子后一直未工作,直到这时才重新开始工作的话),这些都会对阶段Ⅱ的行为产生影响。同时,由于要配备基本的耐用品、满足孩子们的基本需求、满足随孩子们而来的对消费品的高需求,以及进行表现性消费(例如汽车、旅行),这一阶段往往是花钱最多的时候。阶段Ⅲ则受到孩子数量、夫妻年龄或收入的影响。这种分类方式有助于弄清家庭支出,以及家庭成员在某一特定阶段的角色划分。

除了家庭循环模型,还有其他划分阶段的方式。表 7.6 展示了 Wells 和 Gubar(1966)的理念,图 7.13 则展示了 Gilly 和 Enis(1982)的理念。后者尝试结合新的社会发展趋势,脱离目前社会学主导的家庭概念。比如,他们考虑到了逐渐增加的单身家庭及共同居住家庭(尽管没有结婚)。Gilly 和 Enis(1982)的模型通过年龄、婚姻状况、家庭中孩子的数量和孩子的年龄等标准对消费者进行了划分。

表 7.6 家庭生命周期的阶段

• 单身Ⅰ	年轻、未婚、不在家居住
• 年轻夫妻	年轻、无子
• 满巢Ⅰ	有六岁以下的幼子
• 满巢Ⅱ	有六岁或以上的孩子
• 满巢Ⅲ	中年夫妻,孩子还未经济独立
• 空巢Ⅰ	中年夫妻,孩子已成家立业,一家之主还在工作
• 空巢Ⅱ	中老年夫妻,孩子已成家立业,一家之主不再工作
• 单身Ⅱ	夫妻中的一方还活着,并在工作
• 单身Ⅲ	夫妻中的一方还活着,并不再工作

资料来源:Wells/Gubar 1966, pp. 355-363。

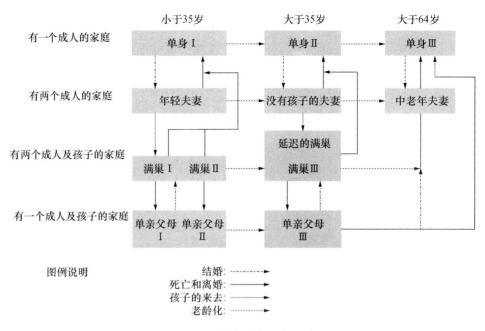

图 7.13　家庭生命周期总结

资料来源：Gilly/Enis 1982, pp. 271-276。

在家庭周期的每一个阶段都对应着特定的消费者行为趋势。年轻的成年人往往将消费的重心放在满足自己的个人需求上，其中一大部分是为了消遣。他们对于高品质、耐用的家庭用品及家具的需求也在增加。由于双职工，年轻的夫妇手头宽裕，购买家具等耐用品占了支出的一大部分。在满巢阶段，由于孩子出生或者一些女性放弃工作，家庭收入开始回落，而支出开始增加。这时，家庭中对于有限资源（家庭可支配预算）的使用将由于孩子的需要而转向日用消费品。对于耐用品的购买则主要是家庭用品（往往通过负债）和替换品。

在满巢阶段的后期，随着孩子长大、男人的事业发展和女人重新工作，家庭可支配收入又开始增加。空巢阶段的初期往往与高收入和高品质消费相关联。随着年龄的增长，收入及消费需求又开始回落。

在市场营销计划中引入家庭生命周期时，需要注意单个阶段的划分与界定（见图 7.14）。为此，需要间接地比较理想过程与实证检验。

家庭中的互动因素

对于家庭决策的研究一般是基于互动分析的，即通过人们之间的相互交流来分析行为。在这里，对于耐用品的购买决策往往更加重要，因为比起消费品，它的购买更多地涉及互动行为（见图 7.15）。在这里，重点是社会角色（属于个体的不同行为模式），以及那些在购买决策中包含家庭成员的情况。这种定位方式有助于个体在一个社会结构中的功能性融合，并与周边环境的预期（例如制裁）相联结。在此，涉及了"必须"的预期（必须满足的行为模式和结构）、"应该"的预期（可以有所偏差的预期）和"可能"的预期（并不属于角色，却可以与之协调一致的预期）。

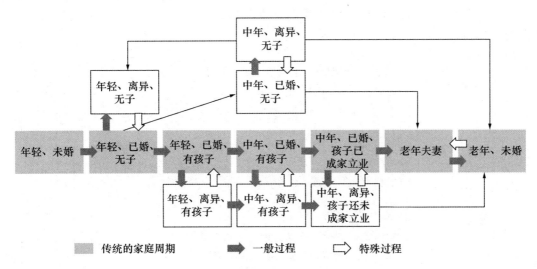

图 7.14　家庭生命周期的过程

资料来源：基于 Kuß/Tomczak 2007，p.222。

与家庭相关的角色信息来自观察（互动分析）、询问（角色访谈）和实验。

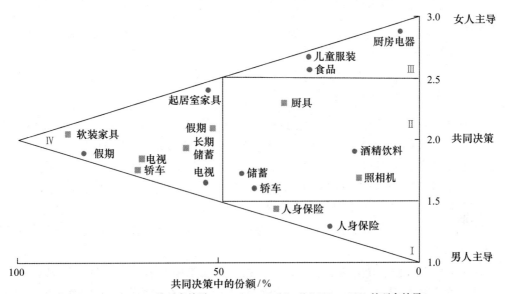

■ Davis 和 Rigaux（1974，p.54）的研究结果　　● Dahlhoff（1980，p.192）的研究结果

举例说明：(20%/1,3) 这个点表示，大多数的被询问者表示是男人做主，但也有20%的人表示是共同决策

图 7.15　已婚夫妻做决策时的角色划分

资料来源：Kroeber-Riel/Gröppel-Klein 2013，p.453。

互动分析是用于洞察小群体内角色及角色间关系的知名标准化观察方法，特别是 Bales(1971)的 IPA 分析法。在这种方法中，它将群体过程和对其产生影响的因素作为研究对象，并划分了 12 个种类，因此能对所划分的最小单位进行观察。在这里，每个可能行动都被分配到一个特定种类中，种类间不仅相互不重叠，而且还可以根据不同的参照系统进行排序。见图 7.16 展示了由认知性和情感性互动单位所组成的人际交往行为分类系统。

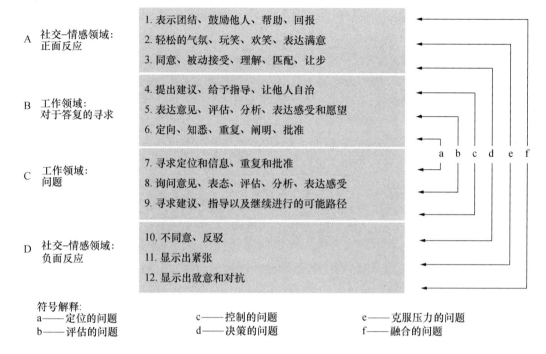

图 7.16 人际交往行为分类系统

资料来源：基于 Bales 1970，p.92。

依此系统可以区分出用于认知性地解决某问题的互动单位（B 和 C）和用于情感性地规范人际关系的互动单位（A 和 D）。B 和 C 适用于决策情境，而 A 和 D 适用于家庭情境。通过种类划分，可以为每个人描绘出一个互动状况。此外，IPA 分析法还考虑到了一个定量成分（某人有多频繁地表达自己）和一个定性成分（以何种方式和形式做出贡献）。当然，对于 IPA 分析法也存在一些争议，主要争议在于其分类是否遮掩了一些行为间的区别，或将相异的行为笼统地归为一类，以及它是否能通过分类充分地显示某些行为的强度。

通常，也可以通过访谈确定某家庭成员在购买决策中扮演什么角色。原则上来说，这里可能存在系统误差，因为人们被询问到的往往是自己主观估计的在购买决策中的角色。误差的大小取决于主观感知到的角色和实际扮演的角色偏差大小。为了减少误差，研究者尝试分别询问家庭成员，以及比较所有关于该角色的主观感知并求算数平均值。某成员感知到的角色偏差可能出于下述原因：

- 冲突性决策——当决策过程包含冲突且最终可以协商解决的话，就会产生一定程度的个人解读（例如，某人自诩的角色比实际中要重要）。
- 调查中的方法性缺陷（例如，暗示性问题）。

那么，是否有其他方法来避免角色访谈中带来的问题？由于家庭中大多数的行为往往是习惯性的，不需要用语言来解释，因此，绝大部分的家庭互动是不需要语言表达的。此外,家庭决策一般不通过实验进行测试,因为实验室内的人工控制条件有可能会降低效度,因此有必要寻找其他更合适的测量方法。

总的来说,人们在家庭中的角色是一直在变化的。通常,家庭购买角色会更多地受到以下因素的影响:夫妻双方的平等关系、同居家庭的趋势以及家庭之外日益增大的参照群体的影响。就此来说,区分典型家庭形式与其他家庭形式(母系的、家长制的、合作和伙伴式的家庭)十分重要。

有孩子的家庭中的决策制定

表 7.7 展示了某家庭中由谁来决定去某餐馆就餐的研究结果。Labrecque 和 Ricard(2001)的研究表明,在这类决策中可以明显地区分出两个群体:在传统式家庭中,一半以上的决定是由父亲做出的;而在非传统式家庭中,首先是母亲做决定,然后是孩子。

表 7.7 有孩子的家庭中的决策制定——以去餐馆就餐为例 单位:%

	孩子	父亲	母亲
传统家庭	12.0	52.0	36.0
非传统家庭	25.0	12.5	62.5
平均权重	15.2	42.4	42.4

值得注意的是,75.8% 的家庭都属于传统家庭,因此家长(不论是父亲还是母亲)的决定总的来说都更重要(鉴于以上的例子)。然而,对于糖果、运动装等特殊商品来说,结论则会有所不同。

7.4 文化决定因素

7.4.1 社会阶层

文化是对消费者行为影响最为广泛的社会因素。图 7.17 展示了社会群体的层级。

> 社会阶层包含了所有具有相同地位的人,通过他们的职业、来源、收入、财产等特征进行归类。

从市场营销的角度,阶层从属关系反映了特定阶层的消费行为,或者是某人希望通过相应的消费,表达自己对归属于某一阶层的追求。特定阶层的行为可描述如下:处于社会较低阶层的人由于收入很低,总是感知到有更高的购买风险;而处于社会较高阶层的人更多地将购买视作社交活动和表现自己的机会。

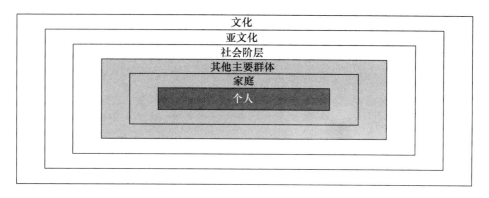

图 7.17 社会群体的层级

通常，人们会将职业、教育水平、收入（可以理解为后天获得的地位）、财富和家世（可以理解为先天获得的地位）以及权力和互动（作为地位的行为结果）等常用指标作为地位标准及阶层标准。在测量社会阶层时，有必要区分个人对自己和对他人阶层归属的主观判断以及他们"实际的"阶层归属。既可以采用直接询问的方式进行测量，了解个人对自己或对他人阶层归属的估计；也可以间接地使用一些指标，如态度、互动模式或地位标准来测量。测量往往需要构建一维或多维指标。Blackwell 等（Blackwell/Miniard/Engel 2006）提出了将人群分配到不同阶层的新指标：

- 经济指标——职业、收入和财富；
- 互动性指标——个人名誉、社会性和联系；
- 政治指标——权力/影响、阶层意识和流动性。

7.4.2 文化和亚文化

社会阶层与个人的地位有关，而文化则是一种属于社会内部的标准。文化是一个社会内部成员所共享的特点和习俗，其中包括价值观、语言、信仰等。亚文化作为一个社会内部的概念，代表的是社会内部某群体的行为方式。

将社会阶层作为消费者行为指标

过去，很容易把个人对某社会阶层的归属关系与消费者行为联系在一起。比如，某个人的行为方式会很自然地被归属于其所属的阶层（下层、中层和上层）。在折扣商店买东西会被看作来自社会较低阶层的人的典型行为，而作为"社会上升者"的社会中等阶层的人则试图通过购买行为来模仿社会较高阶层的人。社会较高阶层的成员总是在高档商场里满足自己的需求。

然而现在，明确地将购买行为和购买者的阶层归属联结起来已越来越不可能。因为在所有的社会阶层中，都会既出现"吝啬的"又出现"慷慨的"行为。例如，来自所有社会阶层的成员都会去购买高价食品和打折食品。当然，这种混合购买行为在这里非常重要，而且这种混合购买行为可以跨越阶层。一个人在某一产品领域可能一掷千金，而在其他购买情境中却使劲砍价，并努力以极低的价格买到东西。这种依据不同的情境产生的不同行为的发展趋势表明，消费者的社会阶层对于解释消费者行为的意义越来越小。由于混合购买行为向着多样化购买行为（一个消费者同时遵从许多行动准则）发展，因此这种现象会越来越多。

文化是影响我们行为的背景元素，我们往往不会对其影响有所察觉。它往往由明确的和含蓄的思考及行为模式构成，而这些模式又通过象征符号来获得和传递。文化可以被理解为某类群体所独有的物质与精神财富的积累。每种文化的核心都是那些通过传承而提炼的思想，特别是价值观。

在文化的定义中所提到的群体可以是企业、国家、地区，也可以是其他群体。文化的元素包含价值、约定、规范和态度。通常，人们的行为都以自己所属的文化为导向，而在这种文化中，作为文化媒介的要素又有英雄、象征、仪式和典礼等。如图 7.18 所示，文化与消费者行为直接相关联。

价值是人们对其所向往之物的概念和信念，人们常用它来评价行为、个人和事件。价值构建了一个有次序的优先系统，但又往往不随着事件和情境的变化而变化。

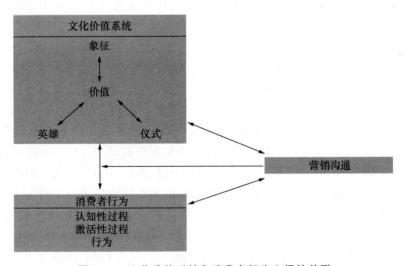

图 7.18　文化价值系统和消费者行为之间的关联

就文化的定义来说，价值处于核心位置，它为评估和行为指明方向。通常可以根据不同的价值取向来区分不同文化价值系统中的个人。当然，那些在各种文化中都有的普世价值会出现在所有文化中。

由于价值表达了人们的动机目标,其内容会随着目标而变化,所以可以据此区分各种价值。那些有着共同目标价值的一群人自然地被划分在相同的价值类型中。放眼所有文化,目前已有 10 种类型。通过这种价值分类,就能明确区分出哪些是相临近的具有兼容性目标的价值,哪些是具有对立性目标的价值(见图 7.19)。

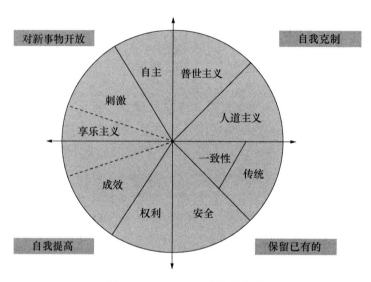

图 7.19　Schwartz 的价值分类

资料来源:Schwartz 1999,pp.23-47。

20 世纪六七十年代,Hofstede/Hofstede/Minkov(2010)开发了最著名的文化概念。他将文化理解为精神的心理编码。他认为精神影响思考、感觉和行为,并对人们的价值观、态度和技能产生影响。在文化系统中,价值观通过仪式、理想和象征保持活力。该研究的目的是从基本维度对文化进行比较,而这些维度基本囊括了不同文化范围内的共同特点。在一个关于 IBM 公司的研究项目中,Hofstede 询问了超过 116 000 位来自不同职业群体和 71 个国家的员工。Hofstede 在这里假设,一个国家具有一致的文化,这种文化在不同的国家会有所不同。作为结果,他首先提出了文化的四个维度,之后又扩展为五个和六个。这些维度可以被理解为是连续的,并具有相反的两极。

- 权力距离指数(Power Distance Index,PDI)指的是权力的不平等分配。不平等可以出现在名誉、财富和权力等方面。在权力距离指数很高的文化中,年龄和地位能获得很大的尊重。这样的国家包括马来西亚、危地马拉和巴拿马。丹麦、以色列和奥地利则与之相反,拥有很低的权力距离指数。但是在政治系统中以及财富分配上,可以看到二者的情况基本相同。对于消费者行为研究来说,权力距离指数影响人们对新产品的接受度。

- 不确定性规避指数(Uncertainty Avoidance Index,UAI)指的是感受到的压力,以及个体在某文化中感觉到自己在未来将面对的不确定性和模糊性。在具有高不确定性规避指数的文化中存在对于固定规则和生活方式的追求。这样的国家有希腊、危地马拉和葡萄牙等。新加坡、牙买加和越南则具有较低的规避不确定性的追求。消费者行为研究显示,低不确定性规避指数能够提高对新产品和创新性产品的接受度,而高不确定性规避指数则能够提高品牌信誉在购买行为中的重要性。

- 个人主义和集体主义(Individualism vs. Collectivism,IDV)指的是一个主群体内个人的融合程度。在集体主义文化中,个人目标处于群体目标之下。身份认同基于个人所从属的社会共同体。在个人主义文化中,个人的目标很重要。如果成员关系对于个人来说存在过多的要求,就有可能被搁置在一边。集体主义文化的国家包括委内瑞拉和泰国;而美国、澳大利亚和英国则属于个人主义国家。消费者行为研究显示,集体主义文化更易产生炫耀性消费。比起质量,它赋予品牌信誉更高的价值,因为这些文化强烈地倾向于集体主义。Aaker 和 Schmitt(1997)指出,消费者将品牌用于表达自己的个性。集体主义的消费者通过品牌与他们的参照群体保持一致,而个人主义的消费者选择品牌来使自己与众不同。另外,Gürhan-Canli 和 Maheswaran(2000)的研究揭示了原产国效应下的文化差异。原产国效应,即来源国对产品和品牌的定位及评价产生影响。集体主义文化偏好于本国产品,并不在意它们在国际竞争中的地位;在个人主义文化中,本国产品只在被感知为领先时才会受到人们的喜爱。

- 男性化和女性化(Masculinity vs. Femininity,MAS)指的是性别间情感角色的分配。在男性化文化中,成就、成功和地位被高度重视;而在女性化文化中,生活质量、关怀和人的价值更高。男性化文化重视角色分配,这样的国家包括日本和奥地利等;挪威和瑞典则属于女性化文化。

- 长期取向和短期取向(Long-term vs. Short-term Orientation,LTO)指的是人们对事物关注的侧重点:未来还是当下。长期取向导向的文化重视节俭、忍耐力和灵活性,往往受儒家思想的影响较大。亚洲文化,例如中国、日本和越南,特别倾向于长期取向;而德国、挪威和加拿大则倾向于短期取向。

- 放纵和克制(Indulgence vs. Restraint,IDG)指的是某社会成员会在什么程度上放纵自己:是允许自己追求享乐需求的满足,还是这种需求的满足会受到某些条件的限制。

在图 7.20 中展示出了五个不同文化维度的国家。当然,将文化维度运用在消费者行为研究上是否合适,以及解释度如何,是存在争议的。毕竟,这些文化维度是基于对员工的调查,而这也许更适用于人力资源管理研究。

对于 Hofstede 文化维度的进一步应用是在全球研究中。全球研究的目的在于描述某社会文化和组织文化之间的关联。对不同文化研究而言,全球研究使用了九个维度:不确定性规避、权力距离、组内集体主义、性别平等、明确性、未来导向、绩效导向、社会导向。在国际市场上,文化对于市场营销来说的意义具体表现在以下两个方面:

- 一方面,需要对管理技巧进行跨文化适用性测试(文化比较管理研究);
- 另一方面,国际市场也应当考虑文化差异,并回答标准化或差异化的问题(跨文化消费者行为研究)。

后者作为消费者行为研究的一个研究领域,关注跨文化情境下,消费者行为的心理和社会决定因素有效性如何。跨文化消费者研究的结果构成了国际市场营销活动规划的基础。这里的问题是,数据来源于许多不同的社会系统,而这些数据必须可以进行跨

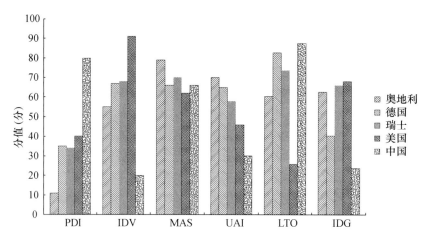

图 7.20 Hofstede 的文化维度

资料来源：基于 www.geert-Hofstede.com，March 25，2015（访问时间：2020 年 6 月 6 日）。

文化比较。在跨文化心理学中已开发了很多用于翻译调查问卷的方法，它们的作用在于使得各种文化背景下，问卷的内容和意义都能对等。翻译的质量会通过倒回翻译等方法进行测试。提取数据的方法（例如电话访谈、个人询问、实验）以及对不同量表的运用也要根据特定的文化进行调整。

全球化思维和本地贸易——对于市场营销的意义

> 与美国奥兰多迪士尼乐园不同，法国巴黎迪士尼乐园的游客在游玩的途中并不愿意听耳机里美国影星的讲解，而更愿意听 Jeremy Irons、Isabella Rossellini 或 Nastassja Kinski 等欧洲明星用他们的母语进行讲解。1992 年，迪士尼就认识到了这个问题。那个时候，迪士尼对美国和欧洲的文化差异认识还不够，认为不用通过迎合当地需求来推广自己的品牌。如今，迪士尼也在提供经过调适后的产品。比如，公司为香港迪士尼乐园制定了迎合中国文化的本地化战略。出于风水方面的考虑，迪士尼的大门被旋转了 12 度，入园的小路被修得弯弯曲曲，为的是把正能量带入园内。开园日被定在 9 月 12 日（一个黄道吉日）。酒店里的电梯没有四层，因为在中国，"四"这个数字被认为是不吉利的。广告和设计理念也根据中国文化的特征进行了调整。中国的家庭结构要比美国更宽泛，因此，在广告中人们常常能够看到祖孙三代同框的画面。另外，迪士尼还注意到，中国人在吃饭的时候往往要多花十分钟的时间。因此，他们在餐厅里相应地增加了座位的数量。

表 7.8 是 Hofstede 对文化维度的解释。此外，有关生活方式的研究也能为文化研究提供更多的可能性。

表 7.8　Hofstede 对文化维度的解释

• 权力距离	社会成员之间不平等的权力分配是可以接受的,拥有权力的人就拥有特权
• 不确定性规避	未知的/不确定的环境具有威胁性,只有能被估计到的风险才能被接受
• 个人主义/集体主义	在个人化的社会中,每个人都只关注自己和自己的家庭,以自我为导向是最重要的
• 男性化/女性化	在男性主义的文化中,男性和女性的角色被严格地区分开。男性在社会中占统治地位,并以一种决定性的、绩效导向的和物质化的方式行事,女性则主要追求生活质量
• 长期取向/短期取向	在长期导向的文化中,坚韧和耐性是非常重要的个性特征,人们的生活多是以未来为导向的
• 放纵/克制	在以享乐为导向的文化中,享受生活和生活中的乐趣是最重要的;而在与之相对的保守文化中,禁欲主义较为可贵

❏ 研究速递

如果你在学生放学的时候,走到北京某个小学的门口,你会看到,人群当中,一个个圆乎乎、胖嘟嘟的小朋友正在向你走来,看起来可爱得不行。然而,这样一份可爱背后,实则藏着健康隐患。儿童肥胖是当今全球面临的最严峻的公共健康挑战之一,2016 年,全球 5 岁以下超重儿童已超过 4100 万,其中一半在亚洲。并且,儿童肥胖症患者数量增加迅速,据世界卫生组织估计,到 2025 年,全球超重或肥胖儿童将超过 7000 万。

儿童肥胖问题与家庭因素紧密相关,比如遗传基因、体育锻炼习惯和家庭饮食消费习惯,等等。Moore、Wilkie 和 Desrochers 三位学者 2017 年 1 月发表在 *Journal of Consumer Research* 上的文章《家庭所致？父母养育方式在儿童肥胖流行中的作用》(All in the Family? Parental Roles in the Epidemic of Childhood Obesity)就探讨了家庭因素与儿童肥胖症之间的关系。

作者认为,肥胖从根本上来说是一种消费现象,是能量的摄入严重持续超过支出造成的脂肪储存、体重增加。儿童肥胖来源于能量消耗太少而摄入太多,其问题的核心是家庭。随着时间的推移,儿童将逐渐形成适合其发展的预防或者增加肥胖风险的饮食和活动模式,这是消费社会化的必然结果,而家庭在这个过程当中起着绝对重要的作用。

首先,从生物学的角度,儿童肥胖的风险始于父母的遗传基因。以往的研究发现,儿童天生的调节食物摄取量的能力因人而异,每个孩子身上所携带的调节食欲的激素、对于味觉的敏感性,以及关于进食的身体信号等都有所不同,这导致每个孩子对于进食的需求、食物的选择、进食的速率以及进食量都各有不同,进而每个孩子患肥胖症的概率就有很大的差异。这些由父母遗传的生物学倾向导致的差异,已经为孩子会否超重埋下了伏笔,我们现在常说的"易胖体质""易瘦体质"也就有了理论支撑。

其次,对于儿童本身而言,他们首先需要自己适应和接受,这样才能真正地把健康的饮食观内化。家庭消费与饮食当中的很多习惯是重复性的,面对这样的重复,儿童会自动地把这些习惯内化。此外,儿童的自我控制能力以及对健康和肥胖知识的了解,与他们的身体状况也有很大的关系。

再次,从父母和家庭的角度来看,一方面,家庭环境会对儿童肥胖症造成不同的影响,诸如家庭结构及成员组成、家庭经济条件、父母所受的民族与文化的影响,等等。另一方面,孩子对于饮食和肥胖的观念及其行为也会受到父母的知识层次与错误认识的影响,许多父母或许并不认为儿童肥胖是一种不健康的状态,或者即使意识到这个误区也无意去纠正;还有些父母对于健康的了解和信念不足,孩子从小缺少健康教育,也容易形成不良的饮食习惯。

最后,从育儿实践出发,父母与孩子的互动既可能防止也可能促使儿童肥胖症。家庭的氛围对孩子的影响是潜移默化却深刻的,如果家庭将体重或身材当作一个比较敏感的问题,重视健康,那么孩子超重的概率就会大大降低。父母对孩子的教育风格也值得研究,父母采取正、负面强化的方式不同,孩子的反应也大相径庭。

该文献是一篇综述总结类的文献,从多个角度说明了父母与家庭对儿童肥胖症的影响。当然,不仅仅是肥胖症,父母及家庭对于儿童生活的诸多方面,乃至其日后成人的生活方式等,都具有长远的影响。人,是社会人,每个个体在社会生活当中都不是独立的,其一举一动都是多种因素共同作用的结果,在研究消费者时,也需要将其放入社会的大小环境中进行深入了解。

资料来源:Moore,E. S./Wilkie,W. L./Desrochers,D. M.(2017),All in the Family? Parental Roles in the Epidemic of Childhood Obesity,*Journal of Consumer Research*,43(5):824-859。

第 8 章

顾客关系中的购买关系维护

开篇案例与思考 李宁——如何重新点燃"消费者的希望"?

李宁,是我国著名的本土运动用品品牌,由中国家喻户晓的"体操王子"李宁先生在1990年创立。目前,李宁公司已逐步成为代表中国的、国际领先的运动用品公司。

然而,李宁的发展并非一帆风顺。早些年,李宁的产品注重实用、优惠,其顾客群体一直都以35岁以上的中青年顾客为主。2010年,李宁宣布转型,试图取悦"90后"年轻一代,结果不仅无人买账,反而导致原有的顾客群体流失严重,以至于订单下滑,股价大跌,公司陷入困境,2011年至2014年"三年累计亏损31亿元、关店3000家"。2015年,李宁先生重新执掌公司,苦心经营,才使得公司终于扭亏为盈,到2017年上半年,核心财务数据得到显著改善,净利润达到1.89亿元。

李宁先生重新执掌公司,面临的一个重大问题就是,如何在稳定已有顾客的同时,吸引新的顾客,尤其是"90后"与"00后",恢复消费者对于李宁品牌的信心。为了解决这一问题,李宁进行了以下尝试:

首先,瞄准线上市场,为品牌注入互联网因素,迎合移动互联网时代消费者的喜好。新一代的消费者是互联网时代的消费者,李宁将拓展线上业务作为经营转型的重要任务之一,李宁线上旗舰店覆盖了各大主要的电商平台。为了取悦年轻一代,"体操王子"、前世界冠军李宁先生亲自上阵,开通微博,结合当下的槽点和各种"梗"发微博,与网友们交流,赋予李宁这一品牌年轻、充满活力的形象,增强消费者的互动感和参与感。这些尝试与努力重新改变了消费者对李宁品牌的原有印象,从而在消费者与品牌间建立起了一定的情感联系。

其次,着力对实体门店进行差异化设计,打造一个全新的李宁形象,丰富消费者线下购买时的体验感。根据消费者消费偏好类型的不同,李宁以地区为单位,细化门店的销售渠道以及产品类别与布局。比如,专营跑步类产品的门店,不仅销售各类跑步装备,而且还会提供专业的测试和训练指导;李宁工厂店则采用超市货架摆放类型的装修布局,销售"过气款"或"断码款"等折扣产品,让消费者对每一类别的所有产品一览无余,不需要导购即可自行挑选;李宁体验店则更多充当了品牌与消费者交流的渠道,店内配备了铁笼篮球场、跑姿测试器等体验设施,让消费者在更了解自己的同时也更了解李宁的产品,这种丰富而真实的体验感使得消费者在购买过程中更为充实和愉悦,也使得顾客关系得到了巩固。

最后,产品生产向以消费者为导向转变,注重产品本身的实用性和体验感。与耐克、阿迪达斯等国际知名运动用品品牌一样,李宁当下也将关注点放在了产品的科技性与智能性上。李宁与华米科技合作推出智能跑鞋后,又推出了智能足球装备、智能羽毛球拍等各类运动装备。与此同时,李宁的智能运动 App 上线,与其智能运动装备形成了小生态圈,在给消费者提供更好的体验的同时,其也能实时了解消费者的数据。通过App,消费者能及时与李宁客服取得联系,获得有保障的售后服务。消费者能否在购买后以及使用中获得良好的体验,是顾客关系能否维系并且更加稳固的重要影响因素。李宁作为一家运动用品公司,其产品的质量与体验才是消费者对其信心来源的基础。

对于顾客关系的管理和维护,是企业工作中的重要一环,而对于顾客的购买关系的处理,对于李宁这样面向普通市场的企业而言,更是重中之重。尽管李宁目前已经采取了很多卓有成效的措施来重燃消费者的信心,但购买关系的管理是一个动态的过程,能否呵护好消费者的信心之火不使其熄灭,李宁还有很长的路要走。

思考:李宁的主要目标消费者是谁?这些目标消费者的主要特征是什么?2015 年李宁先生重新执掌公司后,在维护顾客关系方面做了哪些战略调整?

8.1 概览

与尝试获得新顾客不同,近些年来,营销活动在维护顾客关系方面正在经历一场变革,而这在大规模营销中常常被忽视。对于顾客关系思考的复苏一部分是由于 Reichheld 和 Sasser(1990)的研究。他们认为,长期顾客关系比短期的更加有利可图。随后,又出现了一系列关于顾客忠诚管理的研究。传统消费者研究的代表人物往往不关注或只略微关注该领域,而更多地关注经济学理论。然而,对于顾客满意度和忠诚度的解析对企业实践来说却非常重要。因为企业为了保留顾客所做出的努力越来越多,以应付顾客对变化的寻求,即所谓的"寻求多样化"(Variety Seeking)。这种对多样化的寻求越来越多地成为消费的重点,也因此成了消费者行为的一个目标。

顾客关系作为研究的重点时,一方面可以观察顾客的所有关系总和,比如,顾客关系生命周期的概念。另一方面也可以将顾客关系的过程划分为单个阶段,具体来说可以将其划分为以下三个阶段:

- 购买前阶段;
- 购买阶段;
- 购买后和使用阶段。

事实上,这种划分顾客关系的方式是有其优势的,因为这样就可以直接针对交易的过程,以及那些长期的、多次交易的顾客关系过程(通过对阶段进行反复的观察)进行分析。最起码可以对顾客行为以及立足于它的市场营销手段的运用进行有针对性的分析。在此,可以通过单个子过程对各阶段进行内容上的区分。图 8.1 展示了一个典型的购买过程,其中的购买前阶段以识别消费者的需求开始。与之相关,根据不同的购买决策类型,接下来会进行或多或少的信息搜寻,并触发对备选项的考量。在购买阶段,消费者通过确认最优的选项——比如针对满意者(Satisfier)——构建起一个购买意向,并实施购买。之后,再针对对顾客关系过程具有决定性意义的购买后和使用阶段,开始对某产品的消费和使用以及有可能产生的抱怨及紧随其后的处理过程或其他过程进行分析。此外,在这个阶段,还会对企业绩效进行评估。理想情况下,在这一阶段产生的满意度会促进新购买阶段的开始。

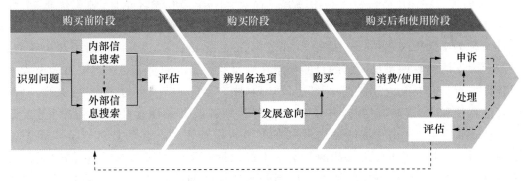

图 8.1　购买过程的三个阶段

图 8.1 中所示的结构让人想起了之前提到的全模型。实际上,把购买过程或顾客关系结构划分为三个阶段是一种理想化的过程。其中的子过程在现实中往往并不是以这种形式出现的。更确切地说,各个阶段中的子过程在产品或服务不同时(例如消费品、耐用品和服务)、在购买决策的类型不同时(例如广泛性的、冲动性的)、在参与程度不同时以及在人口统计学变量不同时都会不一样。这些例子显示了,购买过程并不一定要从识别问题开始:一个购买行为也可以由情感引发,就像在冲动购物中的情况一样。购买前阶段的一些子过程也可能被跳过——比如,对于日常用品来说完全可能跳过第一阶段直接进入购买阶段。对于这种类型的购买行为,其核心就是购买阶段本身。当然,购买后和使用阶段也很重要,因为对很多企业来说,将顾客和企业联系到一起是一个重要的目标。如果涉及的是广泛性购买决策,就可以观察到消费者自始至终地致力于制定购买决策的完整过程。在这种情况下,购买前阶段与购买后和使用阶段同样重要。此外,在服务中也有可能出现消费者在构建服务的过程中就有所参与的情况(例如在美发服务中),所以这里的购买前阶段、购买阶段、购买后和使用阶段被结合到了一起。三阶段划分法一方面可以对不同的行为方式做出不同的解释,另一方面也使得对特定市场营销手段的效果(以及要追求的顾客忠诚)进行解释成为可能。

在企业实践中,顾客关系越来越重要。尤其在一些行业及经济部门中,与顾客的关系一直以来都是重点,需要多加注意与之相关的信息,例如订购量及交叉购买(Cross Buying)。越来越多的企业把对消费者行为的结构化和系统化分析作为重点。基于这种分析方式可以得到特定阶段的和跨阶段的结果,其中也会使用其他的一些特殊手段和方法。这里需要注意的是,长期的顾客关系要求企业在整个过程中不断地分析顾客变化的需求和兴趣,并采用特定的市场营销和顾客关系维护手段。

在贸易过程中,常会运用最佳实践分析方法(Best Practice Analysis)等来探究创新型的企业具体在采用什么手段,尤其是企业在某一购买阶段所采用的手段及其过程。

- 购买前阶段——主要针对特定目标人群选择合适的语句和广告元素,并通过邮件、顾客杂志和提供产品试用机会等顾客活动以及利用网络为顾客提供信息。
- 购买阶段——集合促销活动中的店铺员工、鼓励店铺内的个人沟通、销售点终端和货架标签等。
- 购买后和使用阶段——利用顾客见面会、积分活动、顾客论坛、独家优惠、个性化邮件,以及在社交网络上与顾客沟通(例如博客、Facebook)等。

顾客关系管理(Customer Relationship Management,CRM)是一个以顾客为导向,以技术为支持的管理系统。它的目的在于在满足顾客需求和企业对顾客关系的投入之间获得平衡。它有三大支柱,即顾客忠诚计划(顾客会员卡等)、顾客服务(质保等)以及顾客信息管理(收集顾客信息,并在忠诚计划和顾客服务领域运用这些信息)。在此背景下,对于市场营销手段的运用可以在单个阶段被评估。其后是对于整体顾客关系的考量,这种考量往往是长期的。这里不仅包括对于顾客潜力的评估,例如顾客关系能维持多久,而且市场营销活动也应当是长期持久的。同样,在评估市场营销活动是否成功时,也要基于长期导向的视角。

长期顾客关系的含义

> Reichheld 和 Sasser(1990,1991)通过顾客终身价值(Customer Lifetime Value,CLV)的理念强调了顾客关系的经济学意义及其重要性。他们指出,一个顾客与企业的关系维持得越久,对企业而言就越有利可图。此外,他们还基于自己来自不同领域的经验指出了长期商业关系的利益从何而来。
>
> 这种利益可以被看作顾客忠诚的结果,因为利润来源于商业关系的延续,或者说主要来源于忠诚性的行为。其原因在于更低的营业成本、附加价格和顾客的进一步推荐带来的购买频率及销售额的提高。顾客关系存续期间的收益结构可参见图8.2。
>
> 总的来说,为了确定顾客终身价值,需要考虑一个顾客在整个顾客关系时段内能为企业的目标实现做出的贡献。研究证明,忠诚顾客的终身价值较高,并且,顾客终身价值会随着商业关系时长的增加而提高。
>
> 此外,Reichheld 和 Sasser(1990,1991)还考察了顾客流失率的降低是如何影响顾客边际收益或顾客价值并带来正面结果的。顾客流失率降低5%,顾客价值会提高25%(在信贷保险领域)到85%(在信托领域)。

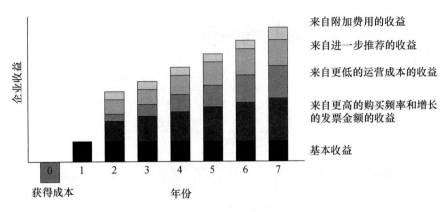

图 8.2　顾客关系存续期间的收益结构

8.2　购买前阶段

8.2.1　理论基础和特点

> 典型的购买前阶段从对消费者需求或问题的识别开始，其范围从信息搜索一直到评估。

该阶段的具体过程取决于许多决定性因素，比如参与、购买决策类型以及作为决策类型的初次购买或再次购买状态。此外还有产品的新颖性、商品供应的透明度、(顾客个人)信息或话语的形式，以及顾客的实时信息。顾客是购买物理性产品还是要求某项服务也会在这里产生影响。

识别问题或需求

> 一个问题通常包含三个元素，它们共同构建起了所谓的问题空间：
> - 初始状态——开始时所给出的或者是在某人还不满意的状态下的不完全信息；
> - 目标状态——一个人想要达到的信息状态；
> - 操作顺序——从初始状态到目标状态的步骤。

识别一个问题或需求的先决条件是，最起码要拥有一定程度的激活度。一般来说，激活来自针对某特定问题对目前状态和理想状态的比较。如果理想状态和目前状态没有差别，即不存在出入，也就无法识别需求(见图 8.3)。如果目前状态与理想状态有差别，那么，能否识别信息则取决于差别的大小。这里可以通过激活阈值或刺激阈值进行判断。

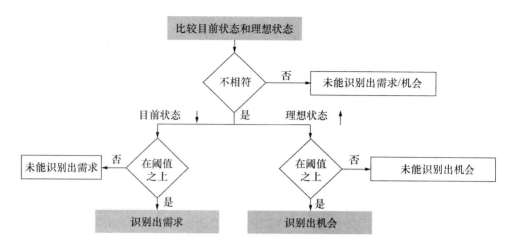

图 8.3 问题/需求识别过程

当目前状态有所改变,即在恒定的理想状态水平下,满意度水平下降时,就会产生需求识别。比如,家中的某日用品(例如洗涤剂)没有时、人们对某个产品不再满意时(例如认为颜色不好看)或当新的需求产生时(例如在开始工作时需要新的衣服),就会产生需求识别。当人们所追求的理想状态水平提高时,就会产生机会识别。这种情况出现在当某人看到了某个更好的产品或其周围的社会环境提供了一种更好的理想画面时。本质上来说,对于机会的识别是由市场营销特别是由企业的沟通手段而引发的。

问题或需求还可能以另一种形式存在,如明显的和潜在的问题(详见表 8.1)。明显的问题的特点在于,它们突然出现,并被突然地识别或感知到,尽管它们一般是已知的问题(类型 1)(如食品消耗完了、轮胎坏了等)。当消费者面对新情况时,也会出现一个明显的问题,例如搬家或结婚带来的生活情境的改变(类型 3)。

表 8.1 问题分类

		问题	
		明显的	潜在的
问题	已知的	类型 1——基于…… 损耗消费	类型 2——基于…… 敏感营销
	新的	类型 3——基于…… 生活境况的改变	类型 4——基于…… 新产品/新技术

资料来源:基于 Sheth/Mittal 2004,p.282。

与之相反的潜在问题出现得很慢,对它的识别通常需要认知上的努力,比如说对信息进行处理或进行讨论。已知的潜在问题(类型 2)可以是一年一度的车检、有规律的身体检查等。对于这类问题,消费者在情感上和/或认知上可能非常敏感("敏感营销")。新的潜在问题(类型 4)往往在存在新科技/产品解决方案时,才会被消费者察觉到。例如,消费者在多年前就想知道是谁在给他们打电话。这个问题只有到了一定的技术水平(通过通信运营商的支持或合适的终端设备)能显示出来电者的号码时,才可能作为可解决的问题被识别出。最后需要注意的是,一个问题的含义和有效范围也与产品或服务消费的地点有关,例如是在自己的家里还是在公共场合。

信息搜索

> 为了解决问题而进行信息搜索首先发生在记忆中(内部),之后才发生在消费环境中(外部)。

首先,内部搜索发生在认知性程序的范围之内。在这种形式的信息搜索中,消费者会参照自己在(消费)生活中的经验。基本上来说,经验越多,信息搜索的程度越低。

对于外部搜索产生影响(例如要考虑的品牌数目、要去的店铺、要联系的朋友)的因素主要有搜索的用途、感知到的风险、决策的类型、可用的时间、已有的知识或解决问题的能力。表 8.2 阐明了不同的购买角色类型之下外部信息搜索的强度。

表 8.2 基于购买角色类型的信息搜索强度

搜索对象	决策过程			
	广泛的	有限的	习惯性的	冲动性的
品牌数量	多	少	一个	少数
店铺数量	多	少	少数	少数
产品特征数量	多	少	一个	少
(外部)信息源数量	多	少	无	无
可用的时间	多	少	少	少

资料来源:基于 Blackwell/Miniard/Engel 2001,p.112。

本质上来说,消费者面对的决策越复杂,其对于信息的搜索越广泛,即决策涉及的品牌、店铺、产品特性和信息源越多,用在搜索上的时间也就越长。

可用的时间是指可以用于搜索信息的时间。时间不够就会限制信息搜索。假定在某种极端情况下,因为情况紧急而完全没有时间进行信息搜索,比如,冰箱突然坏了,这时可能就没有办法通过广泛的信息搜索来找到合适的修理服务。

基于搜索的频率、搜索时间点和搜索时长,可以区分出外部信息搜索的两种情况:
- 购买前的单次信息搜索往往直接来自要解决的问题。这是为了给即将到来的购买决策构建一个尽可能好的基础,以至于最终在购买后得到尽可能高的满意度。
- 正在进行的信息搜索并没有马上要解决的问题,它只是来自内在固有的动机。在这里,搜索的原因只是快乐和乐趣,即搜索的目标是为今后的购买获取更多的知识。

对于差别的感知

信息过载使得消费者为了达成购买、降低风险和了解产品特征而进行沟通越来越艰难。这里说的并不只是数量(例如广告短片的数量),还有信息的质量。广告商为了防止信息在大量内容中被埋没,往往会让刺激变得更强。例如,广告短片要更吸引人的眼球,突破习以为常的惯例或娱乐性更强,或者让食品的味道更重,等等。Weber、Fechner 和 Stevens(见图 8.4)提供了这种刺激变化的背景知识。

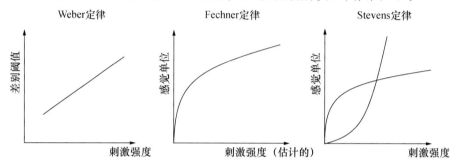

图 8.4　Weber 定律、Fechner 定律和 Stevens 定律

Weber 定律表明,标准刺激越强,刺激的幅度越要扩大(为了感知到差别)。或者与之相反,标准刺激越弱,它就越不用为了感知到差别而增加很多。Weber 展示的是一种线性关系。Fechner 从同样的基础出发,但他观察到相同程度的刺激增加从一开始就会引起感觉上很大的变化。在刺激更强的情况下,为了得到同样的感觉变化,要求刺激增加的幅度更大。在此,Fechner 展示了一种对数关系。Stevens 在测量刺激强度时用了另外一种方法,其是基于对刺激强度的直接评估——取决于刺激的种类——得到了与 Weber 和 Fechner 不一样的结果。不过,他的结果与 Fechner 有相似之处,只是对亮度和电流这样的刺激,结果明显不同。

已有的知识指的是已有的经验,其中还包括主观的感知、对于产品属性的理解等。可以设想到,信息搜索的范围随着产品知识的增长而扩大至一个极值点,然后又开始缩小。例如,一位参与度很高的顾客对某产品(比如滑雪板)感兴趣时,他就会全力搜索关于该产品及其动向的信息(例如在滑雪场)。这种信息搜索的动机可以是内在的也可以是外在的。从一个特定的知识水平起,消费者会不知不觉地变成专家;对于一个购买决策来说,也正是从这个点开始,其信息搜索的强度开始下降。其原因在于,这时的消费者已经拥有了比其他大多数消费者更多的信息,他只需要有选择地接收信息即可。

还有一个与知识紧密相关的概念是解决问题的能力。它起始于找到问题,并在其中以可用的资源对每一个操作步骤进行处理。如果同样的问题需要被多次解决,就可以对解决方案的每个部分进行练习。这样一来,随着时间的推移,解决问题所需的资源就会越来越少。

对备选项的评估

> 在对备选项进行评估时,消费者会从已有的备选项中筛选出对自己来说效用最大的选项。

从认知的角度出发,对备选项进行评估的范围取决于信息的搜索强度。于是,评估过程也取决于感知到的风险、决策的类型、可用的时间、已有的知识,等等。本质上来说,要做的购买决策越广泛(比如,买房或买车),评估的范围就越大。原则上,市场上的所有品牌(可用组合或总组合)都可以供消费者进行评估。比如,在有限性购买决策中提到的实证研究显示,当消费者对于某产品组合已经有一定的购买经验时,他们只会考虑一小部分的备选项即唤起集合。

从搜索策略的角度来说(特别是在所谓的系统性搜索中),一个有趣的问题是,消费者在评估备选项的时候是如何处理主观缺失的信息的。这里研究的重点是属性间推理(Inter-attributive Inference),即消费者从已有的一些属性中如何推断出缺失的部分:

- 属性替代 在属性间推理中,缺失的属性会被一个已有的属性替代(比如,对于一件毛衣来说,从其材料的厚度可推断出其抗皱程度)。
- 一致性推断 根据一致性的原则,也可从已有的属性中推断出缺失的属性。如果一个产品的所有已知属性都被评价为正面的,那就可以由此推断它缺失的属性也会是正面的评价。以数码相机为例,如果其所有属性都被评价为正面的,则可以推断这个产品与所有大众软件系统都是兼容的。
- 中值估计 可以通过考虑其他所有品牌相应的属性特点,用一个客观的中值来估计缺失值。当然,只有在某评价标准的属性在不同的产品备选项之间变化不大时,才能采用这种方法。
- 最后,缺失的信息也可以被理解为是负面的。作为结果,消费者会对相关的评价标准做出负面评价,或把有缺失信息的产品备选项排除在外。

在评价备选项时,消费者会根据个人效用最大化原则采用一系列的评价标准,这首先取决于具体的购买决策,因为产品种类繁多,标准不一。比如,在购买灭火器时,安全性是最重要的因素,而购买铅笔时这一因素就无足轻重了。此外,考虑不同的购买情境时,通常最重要的还是产品的性能、价格、品牌和产地。

关于产品的性能/特征,产品的核心性能或特征对于如今的产品区别化来说贡献不大,而产品的其他特征,如物理特性、美学特点、象征意义以及附加价值服务变得越来越重要(见图8.5)。

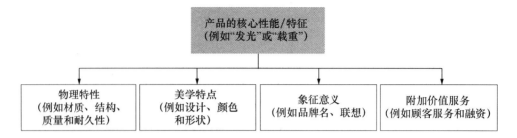

图 8.5　单一产品的核心要素

资料来源：基于 Meffert/Burmann/Kirchgeorg 2015，p.418。

由于产品的基础功能变得越来越相似和可比较，因此产品的附加价值在评估中越来越重要。

在许多领域，产品的美学价值和设计在消费者的评估中处于核心地位。对于这些概念的理解可以十分宽泛。Peters（1995）总结出了 142 种可能性。在市场营销领域，从美学的角度，可以有三个基本的维度，即"产品设计和图形设计"维度、"沟通"维度以及"空间设计"维度。

判断启发法

判断启发法是认知性的"快速过程"，它在减少可能的答案或解决方案的数量方面很有用，其中会用到"拇指法则"策略。启发法可以普遍提高思考过程的效率（Gerrig 2015）。在判断启发法中，消费者有着不同的考虑。表 8.3 展示了一些可用的方法及其特征。

表 8.3　不同启发法及其特征

	补偿性/ 非补偿性	特征式/ 备选项式方法	定量/ 定性处理方法	总评价 是/否
线性补偿启发法	补偿性	备选项式	定量	是
附加差异启发法	补偿性	特征式	定量	是
特征主导启发法	补偿性	特征式	定量	是
虚拟启发法	非补偿性	备选项式	定性	否
字典编撰式启发法	非补偿性	特征式	定性	否
顺序消除启发法	非补偿性	特征式	定性	否
频率启发法	补偿性	备选项式	定量	是

资料来源：基于 Bettman/Johnson/Payne 1991，p.61；Kuß/Tomczak 2007，p.145。

线性补偿启发法可以理解为：某备选项某个评价标准的缺点可以被另外一个评价标准的优点补偿（例如，去某店铺的路程比去其他店铺长，这显然是个缺点。但是该店铺的价格相对便宜，这又是其优点）。在对备选项进行观察时，每个备选项都会被单独评估。与之相反,在对属性进行观察时,通常会基于某相关特征对备选项进行两两比较。

如果对备选项进行定量的评估,一般都会进行评分估计。对备选项的定性评估往往是选择性的。最终,启发法也可以根据其是不是总体评估(一种对所有评价标准的总值进行评估的方式)而进行划分。

为了测量耐用商品的感知效用,可以使用 Sweeney 和 Soutar(2001)的感知价值量表(Perceived Value Scale,PERVAL),它基于实证研究定义了四个效用维度:
- 情感性效用,它由情感决定,并通过占有/使用某产品而触发;
- 社会性效用,它取决于消费者的自我概念,即通过占有/使用某产品而得到自我提升的可能性;
- 基于产品质量/性能的功能性效用;
- 基于产品价格/货币价值的功能性效用。

在评估备选项时,价格往往是很重要的参考项,尽管对不同的产品类别和消费者类型来说,它的含义会很不同。根据消费者怎样参照价格,可以引申出物有所值判断和可负担性判断的概念。如果消费者在价格评估时将价格与对产品的预期效用相关联,就是物有所值判断(例如性价比)。如果与竞争对手进行价格比较(例如比较交通费用),就是可负担性判断。除了物有所值性和可负担性,价格透明度、价格安全性和价格恒定对于满意价格的产生也很重要。它来自价格预期和价格感知的比较。通常,价格感知和价格评估由一系列影响因素来决定,它们可以被分为三组,即动机性因素、认知性因素和情境性因素(见表 8.4)。

表 8.4 价格感知和价格评估的决定因素

动机性因素	认知性因素	情境性因素
• 个人参与 • 追求社会认可、质量、认知一致性 • 购买时的舒适度 • 节俭性 • 最原始的因素(面包、牛奶的价格等)	• 进行质量评价的能力 • 记忆容量(价格知识、价格记忆) • 脑力(价格比较、换算) • 经验 • 对供应商的信任 • 自我信任 • 使用简化的决策规则(品牌忠诚等)	• 价格展示方式(形式、价格结构、数量等) • 购买、消费与付款方式的关系 • 付款方式 • 时间压力 • 竞争者的产品和价格 • 购买任务的复杂性 • 价格的变化性

资料来源:基于 Diller 2008,p.150;Simon/Fassnacht 2016,p.162。

品牌可以被定义为深植于消费者心中的、关于产品(服务)的,且不会与其他产品(服务)或品牌混淆的形象。这种对品牌的理解涵盖了所有类型的品牌,不仅包括传统的制造商品牌,还包括零售商和服务品牌。对于消费者来说,品牌可以降低购买风险。品牌信任可以被理解为是舒适性行为或降低供应复杂性的尝试。从需求的角度和企业的角度对品牌效用的解读,可参见表 8.5。

表 8.5 品牌效用

品牌效用……	
……从需求者的视角来看	……从企业的视角来看
• 定位功能 • 减轻负担功能 • 质量保障功能 • 识别功能 • 名誉功能 • 信任功能	• 企业价值提升 • 价格策略的变动空间 • 新产品平台 • 特定细分市场的市场培育 • 顾客忠诚 • 与竞争者进行差异化

资料来源：基于 Burmann/Meffert/Koers 2005，p.10。

"富人的理论"——Veblen 效应

原则上来说，企业对于价格的考量或多或少是基于理性消费者假设的，所以与传统价格销售函数相一致，需求随着价格的提高而下降，随着价格的下降而上升。但是在有些情况下会产生相反的效果，即尽管价格上升，销售量还是会提高。这里的一个可能原因就是所谓的 Veblen 效应（见图 8.6），它主要出现在炫耀性产品（如汽车、服装、手表等）的购买中。消费者希望通过购买这些产品来炫耀：产品价格虽然高，但自己还是买得起。

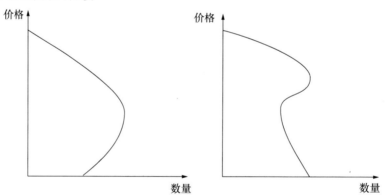

图 8.6 Veblen 效应

另外，在 Veblen 效应出现时可以观察到，价格的下降不会带来需求的提升，其反而还会下降。1899 年，Veblen 在自己的"富人理论"中对这种现象进行了分析和记录。

近年来，零售商品牌变得越来越重要。最新的研究显示，消费者把零售商品牌作为制造商品牌事实上的替代品。消费者对零售商品牌的价格水平和性价比评价更高。除了表 8.5 中展示的企业视角下的品牌效用，引入零售商品牌主要有以下目的：

- 增加与制造商的谈判筹码,独立性更强。
- 通过将零售商品牌定位在消费者的感觉和经验中来培养消费者,从而提高他们对购买地点的忠诚度。
- 通过影响毛利润来提高收入。
- 基于物有所值性和可负担性来提高价格竞争力。
- 提升零售品牌。在所谓的零售品牌化中,零售企业把自己直接定位成了品牌(如宜家)。

从消费者的视角来看,零售品牌为他们提供了获得更便宜的产品、从创新的产品类别中选择以及为买不到的制造商品牌找到替代品的机会。

此外,产品的产地也会对购买决策产生影响。这种现象在原产国效应中被广泛讨论过。正因为如此,一些企业将生产挪到可以获得成本优势的国家中。在一些消费者的印象中,外国生产的产品质量往往要比本国生产的低。极端情况下,有些国家的国家形象就是生产低质低价的产品、使用童工、低收入。因此,一些在国内进行生产的、在目标客户群中具有特定形象的企业,总是尝试强调它们的产品是"德国制造""奥地利制造"或"瑞士制造",以达到区分竞争对手,甚至提升产品质量形象、暗示产品质量高的目的。

对于消费者来说,产品的产地不仅仅会带来质量方面的信息。例如香水和化妆品往往跟法国联系在一起,产品设计则和意大利相关联。很多情况下,也许只是"意大利设计",产品的真实生产地并不明确。尽管如此,只要跟某产地建立联系,该国的形象就可能被用于"充实"某品牌。于是对有些消费者来说,从本地的企业购买产品也十分重要。例如,奥地利的食品零售商 Spar 在营销沟通中总是强调,自己是少数的纯奥地利零售企业。

8.2.2 意义和测量

由于购买前阶段的所有步骤都是目标导向的,因而许多测量方法都以此为出发点——具体指的是问题识别/需求识别、信息搜索和备选项评估。在测量时也应当针对这一过程中的心理结构(如激活、动机、态度)进行。

大致上,市场营销策略可以根据顾客关系是既有的还是新建的进行区分。这里将讨论营销策略在购买前阶段的意义:

- 在新建的顾客关系中,从企业的视角来看,营销策略可以唤醒顾客(潜在的)已有的愿望,并由此引发购买前阶段的启动,并能以更好的或优于竞争对手的产品满足(潜在)顾客的基本(评价)标准;
- 在既有的顾客关系中,除重要的需求导向之外,营销策略在购买前阶段还可以提高顾客满意度、加强与顾客的联系。

纸质媒体中的购买鼓励

在接下来的例子中(见图8.7),企业用沟通来鼓励购买,从而解决某问题。左图的例子中,问题(衣物上的细菌)被指了出来,并提供了相应的解决方案("Persil 清洁剂")。右图中,问题是关不紧的窗户,而提供给消费者的解决方案是"Pattex 强力聚氨酯泡沫",这种办法既环保又绝缘,而且防滑、强度高。

图 8.7 纸质媒体中的购买鼓励

资料来源:Henkel Central Eastern Europe GmbH 2015。

销售点的购买鼓励

对于零售商来说,货物的展示和货架陈列十分重要。实现销售区域利润最大化这个最重要的目标需要一定的购物氛围,它可以激活顾客已有的购买潜力("能够鼓励购物氛围")。在图8.8中展示了食品零售商 Spar 的水果蔬菜区商品展示情况。

图 8.8 实体店的鼓励性购买展示

资料来源:Spar Österreichische Warenhandels-AG 2015。

在顾客关系管理中，购买前阶段对于企业来说是市场营销活动的出发点，这不仅适用于获得新顾客，也适用于维护顾客忠诚。尽管满意和忠诚存在于整个联系过程中或购买阶段之后，但企业的顾客忠诚手段仍适用于购买前阶段，因为此时有可能是建立顾客忠诚的重要转折点。

市场营销组合（Marketing Mix，比如，在投标或沟通时的广告、个人推销、公共关系、促销和网络呈现）中，各式各样的营销手段在这里无法一一展示，这里仅展示几种与购买前阶段密切相关的手段：

- 产品性能特点的设计和沟通（这里的重点是性能）；
- 价格和适用条件设计；
- 产品性能的美学特点和吸引力设计；
- 与品牌相关的各个方面；
- 产品性能和沟通的个性化（这里的重点是顾客）。

需要注意的是，产品性能特点的设计和沟通在启动新顾客关系当中的作用越来越重要，而产品性能和沟通的个性化对既有的顾客关系更为重要。

产品性能特点的设计和沟通

购买前阶段，主要达成的目标如下：

- 刺激和激发问题识别和需求识别；
- 维护已有的或主动搜索而来的信息，或提供相应的信息；
- 为顾客评估备选项提供充分的支持。

原则上来说，获得新顾客的各种手段都是为了引起顾客的兴趣或触发首次购买。为了与竞争对手进行区别并引起顾客的注意，企业也采用新营销方法，例如所谓的逆向心理营销（Reverse Psychology Marketing）。在这种创新性方法中，营销策略和沟通策略常以一种看似矛盾的方式被运用。例如，广告中常会使用所谓的悖论（矛盾的）呼吁（例如"请不要想到某产品"），但其实是为了唤起意向行为。

与之相反，对于既有的顾客关系，一方面要保持和稳定这种关系，另一方面要加强这种关系。在此背景之下，对于顾客关系的加强包括：交叉销售（Cross Selling），即购买同一企业的其他产品或附加产品，或者满意的顾客对某企业的进一步口碑推荐（Word of Mouth，WOM），并由此"召集"新顾客。

在大众市场中，大众沟通的目的是激活（潜在）顾客的需求或强化顾客关于某产品、品牌或企业的已有记忆结构，从而使它们从市面上大量的产品和服务中脱颖而出。这里将主要讨论激活性、情感性、视觉性交流。

相对而言，购买前阶段有着较多的沟通和信息源，以及之前提到过的信息过载，在此值得一提的是沟通创造性，这一点以往很少被人关注。其主要原因是在购买行为研究中缺乏合适的研究方法，然而，在心理学领域，针对人的创造力已有测量的方法。本质上来说，它是基于项目的测试流程。其中的两种方法被展示在图8.9中。

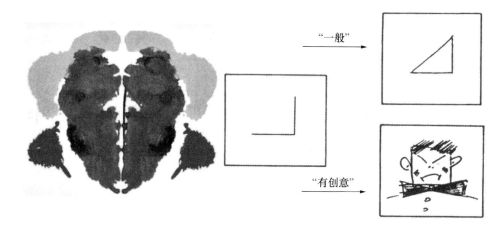

图 8.9 创造力测试

资料来源:基于 Gerrig 2015,p.381。

例如,将图 8.9 左图中的墨迹展示给某个被试,并让他解读其含义[即所谓的罗夏墨迹测试(Rorschuch Inkblot Test)]。有创造力的人会看到一种不同寻常的规则(例如有磁力的铁屑),没有创造力的人则会倾向于关注简单而明显的特征(例如污渍)。右图是一个补充画面测试。它展示了,没有创造力的人会根据对自己来说有意义的方式来填补画面,而有创造力的人则倾向于复杂而意义丰富的方式。即使采用了这种方法,也很难完全测量沟通中的创造性(例如在广告中的)。但至少这种测试结果可以解释不同的创造力具有不同的影响。换句话说,在这种背景下,"有创意的"广告、产品、包装盒、店面陈列更会让人们感知到。

需要指出的是,购买前阶段的沟通并不一定是被动的,它也可以为消费者解决问题提供信息,尤其是当沟通手段被用于提供信息时,例如测试报告和产品比较(例如通过产品测试、杂志测评以及消费者信息协会)。由于这些手段很少被消费者注意到,尤其是在参与度较低的领域,因此(大众)沟通在这里还是最重要的。因为它们为购买前阶段(例如推出新产品时)提供信息,并鼓励消费。

在被动获取信息(即为消费者准备好并能随时被"提取"的信息)方面,互联网长久以来占据着重要的地位。

通过这种媒介,企业可以以相对较低的成本,将信息源源不断地传递出去(就算在大量信息的环境中)。如今,许多企业的网站不仅仅提供笼统的信息以及电脑和手机的更新信息,还提供关于产品的运输和购买状态、完整的操作说明或关于可能出现的错误和问题的描述。在互联网上,企业和消费者也都可以发布信息。近年来还出现了很多消费者可以直接进行各种交流和申诉的平台。此外,在互联网上不仅可以提供信息,还可以进行与个人沟通非常相似的交互性沟通(如在聊天室中)。总的来说,企业可以通过这种媒介进行一对多的沟通(如将信息发布在企业网站上)、一对个别的沟通(如用电子邮件向订阅群组定向发送信息)或一对一的沟通(如通过发送电子邮件进行个人信息沟通)。

电子商务领域的购买鼓励

跟实体店一样,企业在互联网上也越来越注重即将到来的节日(例如圣诞节)。在美国,很多店铺一般是在"黑色星期五"(即感恩节后的第一个星期五)开始圣诞特卖,大打折扣。近年来,网络用户也开始利用这个机会获得折扣商品。例如,奥地利的运动休闲用品零售商 Blue Tomato 也在网上进行黑色星期五大促销(见图 8.10),部分商品可以打到六折。

图 8.10　电子商务中的促销手段示例

资料来源:www.blue-tomato.com,November 26,2014(访问时间:2020 年 6 月 6 日)。

价格和条件设定

在评价备选项时,价格往往起着关键性作用。特别是那些折扣店和专注于特殊市场的企业,由于迎合了消费者对价格的敏感性,因此越来越成功。

价格作为沟通中的核心信息

对于一些日常消费品和实体店,例如电子产品和食品零售,价格往往是沟通的核心内容。如图8.11所示,食品零售店Spar总是把价格放在前面,并通过宣传单告知消费者最新的活动信息,比如,它的"一周折扣"活动,总是给不同的产品种类打七五折,或者它的"Spar价格锤"活动,其口号是"敲打一下"价格。

图8.11 以价格为导向的沟通示例

资料来源:Spar Österreichische Warenhandels-AG 2015。

与之不同,有些企业的广告并不把价格摆在前面,而是更加注重质量、品牌、性价比及经典的设计。质量满意度的概念目前被广泛地介绍和运用,而所谓的价格满意度早在几年前就已开始被大量研究了。

为了对(全球的)网络供应商进行价格比较,消费者也可以使用网上的比价工具,类似的网站有 www.billiger.de 或 www.idealo.at。

在促销策略中,除价格之外,有些适用条款的设计,除了折扣、退款,质保也可能包含在内。质保在不同的行业和经济部门中有着不同的意义。一般来说,消费者在购买之前对产品或服务的性能进行检查和测试的可能性越小,即从消费者来看产品越有风险,质保就越重要。尤其在一些服务行业(例如美发)、传统邮购企业或电子商务领域,质保更为重要。当然,企业一直在尝试降低消费者所感知到的风险,或者最好让消费者完全感知不到风险。

质保——实体店

在那些相对消费者来说风险本来就比较低的行业,例如线下零售业中,商品的一些物理性特征起码是可以被检验的。这样一来,企业就可尝试通过质保来与竞品进行区分,尤其是在那些一般不提供质保的行业中,因为这种做法很容易成功。例如,零售商 Globus 提供以下质保:
- 低价保障;
- 促销保障;
- 产地保障;
- 新鲜保障;
- 换货保障;
- 退货保障;
- 电子产品三年质保。

质保——邮购服务

对于那些不能提前提供物理性检验产品的企业来说,质保有着特殊的地位。在邮购服务和电子商务中,质保尤其重要。研究显示,在纺织品行业中,无法满足期待、邮寄错误(例如发错货)、尺寸错误是退货的主要原因。因此,退货保障和换货保障在这里就很重要。例如,邮购服务公司 Otto 提供以下质保:
- 运输保障;
- 退款保障;
- 退货保障;
- 换货保障;
- 24 小时最佳咨询保障;
- 损坏维修保障;
- 设备故障调换保障;
- 电脑硬件到店保障;
- 特定商品长期质保。

质保——电子商务

在电子商务领域,不安全因素与邮购服务领域类似。另外,相比传统的邮购,网上的情形更不透明。比如,对消费者来说,他们很难判断这家企业是否存在、具体在哪里,等等。在此背景下,信任是电子商务中消费者和企业同时关注的一个核心话题。一些企业为此进行自助,开发出不同的质量认证,这些认证为消费者提供了特定保障。例如,奥地利零售业协会为电子商务和移动商务推出了一种品质认证,它的网站上展示了以下评价标准:

- 信任和安全性(例如通过获得SSL数据加密认证,在网上设置无风险和用户友好的支付程序);
- 数据保护(例如将网络数据保护解释纳入条款声明中);
- 提供关于订购及购买过程、产品本身、物流和退货的信息(例如关于购买合同、形式、运输时间点或时间区间的信息);
- 关于网上支付系统的信息(例如电子购物车、电子产品搜索);
- 用户友好的界面导航、可操作性和设计;
- 提供关于企业的信息(例如法律形式、企业所在地的详细地址)。

设计、美学和吸引力方面

在市场营销中,要与其他产品和品牌进行区分,设计和美学十分重要。这些设计元素在核心产品或服务有可能被完全替代或部分替代的领域格外重要。例如,在手机领域,不同制造商产品的基本功能具有可比性,于是产品设计在购买决策中越来越重要。

把设计作为区分标志

图8.12展示了一个具有简单功能的产品(开坚果器)如何通过设计变得独一无二。这七种来自不同供应商的开坚果器,除了它们的核心功能,没有其他太多的相似之处。

图8.12　七种不同的开坚果器

一家店铺的吸引力

原则上说,尽管对店铺的评估与对产品的评估标准相同,但是在这里还是存在一系列其他影响因素。表8.6展示了对店铺进行评估的一部分标准。

表 8.6 评估一家店铺的标准

维度	所选的标准
地点	• 停车位可用性 • 乘坐公共交通的可到达性 • 地点(市中心、购物中心)
外观	• 建筑 • 橱窗 • 入口区
店铺布置	• 店铺的大小和平面布置 • 走道的长和宽 • 促销区域
价格水平	• 价格形象 • 促销
品种的宽度和深度	• 货品的总数量 • 每一品类货品的数量
员工的能力和友好度	• 咨询质量 • 对申诉的反应
店铺氛围	• 颜色 • 气味 • 音乐
受众	• 店铺内消费者的数量 • 对其他消费者的友好程度
产品质量	• 品牌商品 • 质保
等待时间	• 等待时长 • 等待时间内的设计(例如通过店铺内的电视来缩短等待时间)
沟通	• 彩页/传单 • 特别展示

资料来源:基于 Antonides/Van Raaij 1998, p.416。

为了让消费者满意,某评价标准应当达到何种程度,取决于消费者的预期。它既受到消费者对于同一领域内企业的经验的影响,也受到他们对于不同领域内企业的经验的影响。

在服务领域,可以观察到类似的现象。例如,酒店所提供的服务实际上就是让人能够过夜,这跟其他酒店所提供的服务是类似的。然而,有些酒店经营者却做出了不同的反应:有些酒店称自己为所谓的设计酒店,它们将建筑或装修作为特别的评价标准。

对店铺的评估

尽管在选择一家店铺时可能涉及很多的评价标准,但在很多情况下,对于消费者来说,只基于少数几个方面就可做出决定。比如,在选择食品零售商时,评价标准往往就是"离住处近""来去方便""价格实惠"或"有折扣"。图8.13展示了对于店铺典型的决策流程。

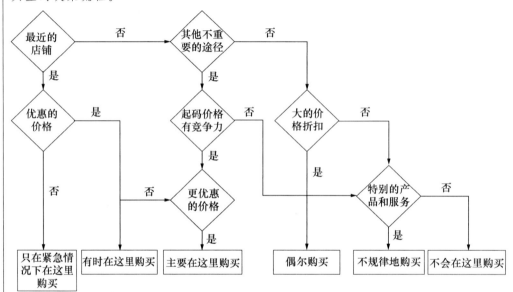

图 8.13　评估一家店铺时的决策流程

资料来源:Sheth/Mittal/Newmann 1999,p.715。

在消费者的感知中,某店铺内商品的价格有多便宜、离得有多近决定了消费者将其作为"应急"购物地点、偶尔的购物地点还是日常规律性的购物地点。

就产品设计而言,那些不依照统一模式而设计的产品(即那些包含陌生元素、不能马上被融合到某个产品模式中的产品)比那些依照统一模式而设计的产品具有更大的激活潜力。因为它们更容易被消费者快速地感知到,从而吸引他们的注意力,为他们带来惊喜。一般来说,一个根据统一模式进行的产品设计可以引发消费者的同化或调节过程:如果出现了轻微的不一致,统一模式中的信息就会开始调整其模式(所谓的同化)。如果存在强烈的不一致,就会导致新模式的构建(所谓的调节)。在后者中,消费者的正面审美体验达到了最大化。当然,企业应尽量避免一个产品设计激活多个产品模式,因为这样有可能带来认知冲突和认知失调。

设计和美学不仅在产品及包装设计方面扮演着重要的角色,它们在实体零售中也很重要。不仅是许多零售企业,购物中心的运营者们也考虑到了这些因素。设计一方面对外部架构层面有影响,另一方面对内部架构层面以及由此而来的店面设计也有影响。从企业的视角来看,这里的中心标准是一个一致的整体面貌,即整体沟通。

此外,在进行设计时要注意,该设计不仅要与不同的沟通方法相一致,还要与其他市场营销手段相配合。例如,消费者在食品折扣店购物时,由于店面的设计不同,他们的预期就会跟在精品店购买食品的时候不同。对于企业来说,它们需要为顾客提供一个尽可能一致的总体形象。

品牌相关方面

品牌在购买前阶段的很多方面都很重要。原则上,品牌会影响消费者进行信息搜索的范围。显然,对某个品牌的忠诚度越高,对信息的搜索就越少——在极端情况下,如果只考虑一个品牌,就可以完全舍弃信息搜索。当消费者感受到较高的不安全性或风险(如在网上购物)时,就会出现类似的现象。不安全性越高,就越会倾向于信任的品牌。在购买前阶段,对于品牌的看法,或者说对于品牌的重要性,之前已经区分过两种情况,即一个全新的顾客所经历的购买前阶段和一个已存在的顾客所经历的购买前阶段。在第一种情况下,一个潜在的顾客还没有关于某品牌或某品牌下产品的任何经验,但他起码对该品牌有一个特定的态度。这种态度可以通过企业适当的沟通方式或朋友的推荐而产生。在第二种情况下,一个顾客是再次购买某品牌,那他对于该品牌除了拥有态度,起码还有经验。可以确定的是,品牌在新顾客关系和已有顾客关系中都很重要。

为了测量品牌的意义,研究者在不同的目标设定下开发出了不同的方法。原则上,可以根据品牌的意义(即品牌价值)是从品牌拥有者的视角进行测量的,还是从消费者的视角进行测量的来区分(见图8.14)。第一种视角通过经济学变量来把握品牌价值,第二种视角通过心理学(非经济学)变量来把握品牌价值。

尽管经济学方面的一些考量有其道理(如在企业和品牌的买卖中,以及品牌组合的设计中),但在消费者行为研究中,还是有很多从心理学变量的角度进行考虑的理由,或更多地从行为科学的角度出发的原因:

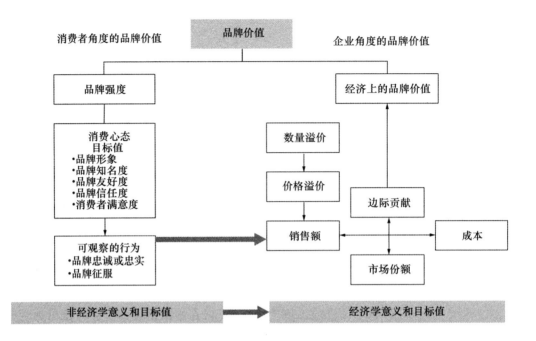

图 8.14　品牌价值的维度

资料来源：基于 Meffert/Koers 2005，p.280。

- 品牌价值主要来自消费者对市场营销手段的反应；
- 品牌价值在这里是市场营销生产率提高的标志（与竞争对手的相应值比较）。

品牌个性

"品牌个性"是与品牌相关的全部人类特性。这里的一个问题是，一个品牌能在多大程度上允许消费者通过使用该品牌来表达本来的自我、理想的自我和自我的特殊维度。品牌个性是基于心理学中著名的人格五维度（所谓的大五）而开发出的一种稳定、有效和通用的量表。基于该量表，可以对两个品牌以及不同的零售品牌进行比较。表 8.7 展示了对品牌个性进行测量的指标、要素和维度。在测量品牌的整体感知时，还应当考虑文化差异。一项在六个国家进行的研究显示，某产品的品牌个性（尽管品牌定位相同），由于文化差异，人们对它的感知也不同。

表 8.7 品牌个性的测量

指标	要素	维度	指标	要素	维度
脚踏实地的	脚踏实地的	正直的	可靠的	可靠的	有能力的
家庭导向的			努力的		
小地方的			安全的		
诚实的	诚实的		聪慧的	聪慧的	
正直的			技术的		
真实的			综合的		
健康的	健康的		成功的	成功的	
原始的			领先的		
开朗的	开朗的		乐观的		
感性的			讲究的	讲究的	精致的
友好的			迷人的		
大胆的	大胆的	兴奋的/紧张的	外表出众的	有魅力的	
时尚的			有魅力的		
兴奋的			女性化的		
生机勃勃的	生机勃勃的		柔软的		
酷的			亲近自然的	亲近自然的	粗犷的
年轻的			男性化的		
充满幻想的	充满幻想的		冒险的		
独一无二的			坚韧的	坚韧的	
摩登的	摩登的		健壮的		
独立的					
时髦的					

这样说来,品牌的价值并不在于企业,而是映射在消费者的头脑当中。基于行为科学导向对品牌价值进行测量时,主要是针对品牌知识进行测量,它由品牌熟悉度和品牌形象两个维度组成。Keller(1993)认为品牌熟悉度是指消费者记住一个品牌的能力,而品牌形象是指消费者认为其与某特定品牌的所有联想。在有些情况下,尤其在参与程度较低时,品牌熟悉度就可以触发消费者的积极反应。大多数情况下,品牌形象和与之相关的各种联想都非常重要。图 8.15 描述了一种对品牌价值的测量。品牌联想的优势在于,它能够带来对某品牌相较于竞争者品牌的偏好。从消费者的角度来看,这是重要的而且是正面的。联想的强度基于信息加工过程的数量和质量,与个人相关和一致的品牌信息能够加大联想的强度。最后,品牌联想的独特性来自与竞争者品牌所引发的联想的区别。

Esch 和 Geus(2005)提出了一种更易于对品牌联想进行差异化操作的流程,它从方式、强度、表现方法、数量、独特性、相关性、方向和可及性的方面来区分。

在进行测量时,不仅要使用定量方法(如对无辅助支持的记忆或有辅助支持的记忆进行测量),还要使用定性方法(如联想和投射技术)。

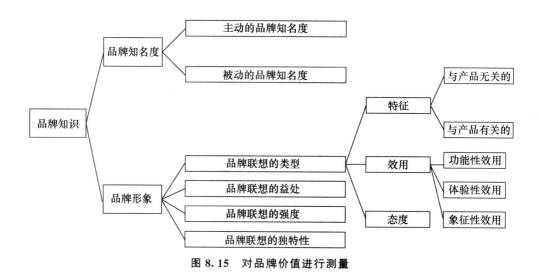

图 8.15 对品牌价值进行测量

性能和沟通的个性化

性能和沟通的个性化对于企业的差异化以及其后的顾客关系建立和加强来说意义重大。在个性化的领域,往往会联想到一对一营销,而且它也要根据顾客是新的还是已有的来进行区分。对于新顾客来说,一般没有关于偏好性的信息或关于顾客过去行为的信息,这样一来进行个性化的沟通和信息传递就相对较难。当信息的深度达到一定的程度时,许多信息发布者就会售卖特定的信息,例如社会人口学特征、职业、爱好等。这时就可根据其所提供的性能进行个性化,因为顾客往往具有相应的需求。对于已有的顾客关系来说,对性能、沟通和信息的个性化往往没有什么限制,或者只有技术和经济方面的限制。

通过大规模定制进行个性化

> 大规模定制(Mass Customizing,也称为"大规模生产")可以被理解为以经济低廉的方式生产个性化产品。除了纺织品领域,大规模定制在其他领域,如音乐、运动商品和钟表业也越来越重要。
>
> 大规模定制的一个例子是耐克的网上商城。在"Nike ID"这个品牌下,ID 指的是"个性化设计"。一双个人定制的耐克鞋在商城中的售价为 120 欧元。顾客可以从不同的鞋型(根据不同的运动类型)和颜色中选择想要的组合。另外还可以两次将六个字母——例如名字——融入鞋的设计中。其他的耐克产品,如背包等也可以进行类似的个性化定制。它的服务项目有电话热线、社交网络上的联络和与员工的实时沟通。耐克公司称,个性化定制产品的送达时间大约为四周(www.nike.com)。

个性化沟通的范围从个性化的传统信件到顾客个性化的网站。比如,顾客的名字连同个性化的表达一起被印在邮寄而来的产品目录上("亲爱的某某女士,这是您的个人产品目录")。网站上的个性化沟通有着不同的个性化程度。像亚马逊(Amazon)这样的图书零售企业提供顾客个性化的网站,其上的内容是以顾客之前显示出的偏好或迄今为止的订购记录为导向的。例如,顾客在确认身份之后,马上就会得到自己感兴趣领域的图书信息。一些传媒公司也开始尝试提供个性化的信息,比如,个性化的报纸,其中的内容都是与某人的个人兴趣相符合的(如为那些对体育感兴趣的人提供相关的体育新闻)。不过,可以看到的是,许多企业还没有认识到通过个性化得来的信息的重要性,于是也就没有完全认识到个性化沟通的潜力。

8.3 购买阶段

8.3.1 理论基础和特点

> 购买阶段包括鉴别备选项、确定意向和购买,狭义上来说包括购买意向和购买行为。

上述理想化的典型步骤之所以被归入购买阶段,是因为购买本身是由消费者的意愿表达、接收货品和付款而组成的:

- 在第一步中,消费者基于评估过程有可能找到最适合的备选项。他会这样想:"我喜欢这个备选项。"
- 在下一步,他会确定可能购买某产品或服务的意图。这种意图就是行为意向。消费者会这样想:"如果我再来超市,我就会(再次)买这个产品。"他可能会把该产品写入购物清单。
- 最后一步,购买达成,即产品被取走并付款。

理想情况下,在广泛性决策过程中,购买前阶段会继续进行。这表示消费者在收集完信息和完成对备选项的评估之后,还会基于这些信息来鉴定和购买适合的备选项。一般来说,购买阶段扮演着"执行"的角色,但在文献中它们很少被全面地考察。购买阶段也可能受到情境因素的深刻影响,例如,消费者可能在销售点受到情境事件的影响(如冲动性购买)。

重要的是,之所以把购买阶段分为三个子过程,是因为要考察它们的区别。第二步(意向的构建)和第三步(购买)之间或多或少会经过一段时间。在这个时间段,消费者还会受到很多影响(如个人接触、纸质媒体、电视、店铺资料以及其他的新信息)。在极端情况下,它们会造成已有购买意向的改变。在这里尤其要考虑到销售点的购买建议,零售企业希望通过它来刺激冲动性购物,或让消费者从已选择的某备选项变换到另外一个对零售企业的利润贡献更大的备选项上去。

表8.8列举了购买延缓的可能原因。这里涉及消费者不久前在服装、家具、运动商品、汽车或电子产品等品类上所购买的产品。当然,这里的答案主要是受到认知影响的(理性的)、事后收集来的,就像它们在广泛性购买决策中那样。与之相对,值得注意的

是,在购买阶段,那些专门以影响购买为导向的手段常被用于触发消费者的心理过程。就像之前提到过的那样,它会导致新定位或再定位。

表8.8 延缓购买过程可能的原因(1,非常重要;……5,不重要)

延缓的原因	重要性*
时间压力——太忙	2.09
需要更多信息	2.57
没有时间	2.81
关于必要性的不确定性	3.25
选错产品的社会性或心理性风险	3.30
其他产品"也挺好"的感觉	3.30
选错产品所带来的功能性或财务上的风险	3.35
预期近期会降价或有产品变更	3.48
需要其他人的赞成	3.59
购买让人感到不舒服	3.66
选择其他备选项	2.16
又有时间了	2.38
需求/问题只是暂时的	2.49
产品会降价	2.90
没兴趣继续购物了	3.30
找到了更好的店铺	3.59
找到了不买的理由	3.68
得到了必要的建议	3.86
得到了正面推荐/建议	3.99

资料来源:基于 Sheth/Mittal/Newmann 1999, p.547。
注:* 所有被询问者的平均值。

此外,由于意图构建(即购买意向)和购买之间的时间延迟,尽管消费者已经对某一特定备选项做出了选择,但到最后还是会选其他的。在这里起决定性作用的原因有以下几点:

• 缺货 选好的产品目前买不到或无法运输。这种(缺货)情况对生产商来说格外重要。如果一个消费者在零售商那里找不到某生产商的产品,他就会根据自己对该产品的忠诚度和购买决策的意义,购买其他替代产品、去别的零售店购买或一直等到又能买到该产品。在第一种情况下,从生产商的视角来看,丢失的销售额是再也补不回来了,因为消费者在购买替代产品之后已经满足了自己的需求,甚至发现了一种新产品,在下次购买的时候就会直接去买本来是作为替代品的产品。在第二种情况下,如果消费者变换了店铺,就会对原来那个店铺的忠诚度产生不利的影响。这样一来零售商就要承受损失。在第三种情况下,则会产生购买时间上的延迟。

- 原有评估的改变 消费者在购买前可能在销售点获得了新的信息,从而触发了一个新的评估过程。如果消费者原有的评估建立在过往的或不完全的相关信息的基础之上,那么,这时就会因获知了技术更新、性能和款式更好或价格更实惠的替代品而发生原有评估的改变。

- 付款方式 关于付款方式要到购买时才能得知。设想消费者正要购买并准备使用信用卡付款或分期付款时,却发现付不了款。在这种情况下,消费者可能会去寻找其他能接受信用卡付款或分期付款的供应商。

总的来说,当生产商将自己的产品直接售卖给最终用户时,购买阶段会按照以上描述过的(理想的、典型化的)情境进行。具体来说,可以通过自己的门店、工厂直销店和网络进行。如果有经销商在中间,则经销商会较少关注产品,而更多地关注品类或业务类型,以寻求属于自己的忠诚顾客和企业形象目标。

然而,因为大部分消费者的购买还是在实体店中进行的,因此,对购买阶段,尤其是消费者在门店中的行为进行观察仍十分有必要。尽管消费者在邮购公司使用产品目录时的行为、网络用户用智能手机和平板电脑访问某公司网站或使用公司 App 时的行为,以及通过某生产商的企业代表购买产品时的行为与在门店中的都各有不同,但这里接下来仍主要关注消费者在门店中的行为,相应地,有关新顾客和已有顾客的关系还会再次被提及。

对消费者来说,购买阶段有很多需要考虑的重要因素,比如,购买和订购流程是否简单、门店的透明性、等待时间的长短、可能的支付方式和营业时间,以及销售过程中的交谈和销售技巧等。

鉴于购买阶段的约束力,首先要使消费者的购买过程简化,其中包括核心效用(如有货、能够快速找到某产品)和附加效用(提供咨询和体验等服务)两个重要概念。尤其是在产品展示的区域要有许多关于触发购买的设计点,这些在消费者行为的分析中都应给予高度的重视。为此,可以运用以下两个研究方向的研究结果:

- 认知导向的研究,主要关注店内元素的布置、店内元素的价值,或者总的来说以店内消费者为导向;

- 情感导向的研究,重点是店内的体验性设计,以及激活性元素和影响因素,如停留时间、联合展示等。

研究门店中的消费者活动轨迹时,认知性方法扮演着非常重要的角色。在这里,消费者想要尝试理解他们周围的环境以便确定自己的位置(定位)。这时,他会采用认知地图帮助自己实现很好的定位。认知地图代表了消费者关于空间布置的知识,它被看作一张关于环境的心理地图,而它通常是基于某门店经验获得的。为了便于在门店中进行定位,消费者有时会用到已有的认知结构,帮助自己识别出单个的元素并将它们归类到门店的大环境中去,这一过程的执行会受到其他感知到的信息(例如信息标志)的支持。消费者在门店中的定位(即通过记忆功能来进行)既会用到已存在的认知结构,也会用到来自外部的刺激。

由于消费者在门店中的行为对其决策有重要的影响,因此,店内体验变得格外重要。那些以体验为导向的店面设计不仅有助于树立门店形象,还可以影响消费者的行为。对于店面环境来说,可以通过 Mehrabian 和 Russell(1974)的环境心理行为模型(即通常环境中的刺激)对体验传递原则进行解释(见图 8.16)。根据该模型,环境刺激(S)触发情感性反应(I),同时,个性因素(P)也会进一步诱发情感性反应,进而影响到购买行为反应(R)。个性差别或已有的倾向也会造成不同的反应。

图 8.16　环境心理行为模型

资料来源:Mehrabian/Russel 1974,p.8。

刺激变量有着不同的形式,如颜色、形状、光线(视觉形式)或音乐(听觉形式)。每个时间单位内环境中包含的(客观成分)和感知到的(主观成分)信息量决定了所谓的环境信息接收率。观察者处理的以刺激为形式的信息越多,信息接收率越高。

此外,信息接收率也受到环境的新颖性和复杂性的影响。通常,越是让人感知到不熟悉的、令人惊奇的、非对称构建的、运动着的和离得特别近的环境等,越会带来更强的刺激。

为了达到期望的效果,需要将注意力放在一致的刺激组合或刺激的联合效应上。比如,可以观察颜色是否会决定味觉体验和颜色体验,或者它是否能够影响人们对于温度的感知。

除了刺激变量,作为中介变量的情感性反应还可能受到消费者个性或者说个人性格类型的影响。这解释了为什么人们对同样的刺激反应不同。Mehrabian(1978)将性格类型分为"屏蔽刺激"和"不屏蔽刺激"两种类型。第一种类型总是试图回避大量的刺激,只处理对自己来说有趣的刺激。第二种类型则对环境中的各种刺激更为开放,更愿意将自己暴露在刺激中,对环境的反应也更强、更持久,但这类人没有屏蔽刺激型那么有选择性。

中介变量(I)即通过刺激变量而触发的感觉,有三个基本维度:
- 兴奋-不兴奋;
- 有趣-无趣;
- 占支配地位的-不占支配地位的/处于屈从地位的。

情感性反应的强度反映在"兴奋-不兴奋"维度上,它可以被解释为激活程度。为了对这个维度进行测量,可以运用激活量表和愉悦-激活-支配(PAD)量表,从而获得如活跃的、兴奋的、疲惫的、懒散的、无聊的等各种描述性指标。在对刺激进行设计时需要注意,刺激的数量不应当超过特定的水平。对于刺激的观察者来说,他们应该可以识别其中的一些结构,并将这些结构融入已存在的认知性模式中。这样一来,观察者就可以将情感与环境之间的关系建立起来了。

有趣-无趣这个维度提供了关于感觉方向的信息(正面的、负面的)。用于测量该维度的描述性指标有快乐的、幸福的、令人满意的,以及生气的、不高兴的、令人不满意的,等等。如果一个消费者喜欢周围的环境,他就会对它产生正面的感觉。还需要注意的一点是有趣和令人兴奋这两个维度之间在性能方面的关系。

在特定的情境下,个体的主观感受体现为自由独立的、占优势的,或受控的、占劣势的,这归属于占支配地位-不占支配地位/处于屈从地位这个维度。在这里可以用占优势的、富有影响力的,或恐惧的、受到命令的等描述性指标。然而,这个维度在实证研究中很少被提及——它更多的是一种认知性程序的表达。因此,之后的模型已将它排除在外了。

个体可以感受到自己被某个环境吸引。这样一来,如果消费者觉得兴奋和有趣(以及占支配地位),他就会进一步探索和认识这个环境,而这最终会对反应变量产生影响。与正面的、接近性行为相对立的是负面的、避免性行为,它带来对环境的抵触行为。个体的反应可以体现在变动的行为(比如探索环境的行为)或特殊的行为(比如侦查和搜索行为)上。

售卖空间设计

> 售卖空间设计不仅对消费者在购买阶段的满意度,而且对延长其驻留时间以及由此而提高的支付意愿和触发的冲动性购买具有重要的意义。冲动性购买的份额根据产品种类的不同而不同,但总的来说都比较高。研究显示,大约有60%的购买都不是计划中的,而真正的冲动性购买的数量估计在10%到20%之间。通常,对门店空间进行设计的手段包括:
>
> • 店面布置——对于店面布置的设计来说,一方面是空间划分,即将空间划分成不同的功能区(例如储货区、顾客区以及其他售卖区域),另一方面是空间布置,即对不同的功能区进行排列和布置(例如固定的顺序或个性化的顺序)。
>
> • 定性和定量的空间分配——在定性的空间分配中,主要是在售卖空间内对单个货品群进行分配和货品摆放。在定量的空间分配中,主要是要决定在有限的货架空间内哪个货品群或货品要放置多少。
>
> • 店面的气氛设计——这里指的是视觉性的沟通(光线、颜色和装饰)、听觉性的沟通(背景音乐)、气味、香氛和温度。
>
> • 店面环境的设计——这里指的是对橱窗和入口区的设计,以及停车区、道路和公共交通可及性等方面的设计。

为了更好地理解消费者在购物地点的行为,特别是理解消费者对于那些可以激发购买压力(所谓的压力源)的因素的反应,在消费者行为研究中目前又加入了压力和压力管理研究。例如,曾有研究表明,在超市购物的消费者会通过简化决策过程、推迟购买决策或变换至竞争对手那里来应对由于产品选择太多而产生的压力。当消费者面对一种拥挤不堪的环境时,为了不让自己被某种情感支配,他们往往会尝试摆脱由此而来的压力。

8.3.2 意义和测量

从顾客关系的角度来看,购买阶段是一个重要的而且在时间上相对比较短暂的阶段。具体来说,在购买阶段,实体购物点和网络商店中的下述行为是市场营销方面的重点:

- 售卖空间设计;
- 售卖时的交谈;
- 捆绑销售和交叉购买;
- 服务。

尤其是在零售领域,这个阶段能够促成购买或附加性购买,这也解释了促销在零售中作为沟通手段的重要性。从生产商的角度来看,要注意产品存量的问题。在远距离零售中(传统的或通过网络的),重要的是降低不确定性和风险。在这个阶段,往往可以观察到很多特别的活动。比如,鼓励门店中的个人谈话(个人推销)、通过促销来刺激(附加)购买、货架标签、销售点终端和定位导航系统、用来缩短等待时间(主观和客观)的手段(如饮料、电影或给孩子们准备的游戏),以及在远距离销售中提供(订购)状态信息的手段(即所谓的订购跟踪服务),这里要根据顾客关系是新的还是既有的采用不同的手段。

售卖空间设计

在零售领域,人们尝试了很多方法将 Mehrabian 和 Russell(1974)的环境心理行为模型运用到店面设计中去。这些研究大多是为了解释模型中某个单个的关系,而不是整个模型。例如,分析店内气氛会引发哪些感觉,这些感觉作为中介变量又将如何影响消费者行为(I-R 关系)。研究显示,店内的气氛特别会对"愉悦"和"兴奋"这样的情感性反应产生作用,而这又会进一步对"停留时长""支付意愿"等反应产生正面影响。此外,研究还显示,多变的店内环境对气氛有着正面的影响(S-I 关系)。一些网店设计的研究关注了单个气氛性刺激的效果,结果显示,浏览网页时节奏较快的背景音乐能够带来更多的愉悦和兴奋的情绪。

需要注意的是,如果研究的是整个过程,首先就要采用复合的展示方法,因为空间上分开的产品展示会切断自然的联系。此外,实证研究证明,通过有主题的装饰物(与环境有关的复合展示)配合复合展示,其效果会更显著。通常,这种形式的复合展示可以为门店带来正面的印象(从情感的角度来看)、带来对货品更高的功能性评价、帮助顾客更好地定位、带来正面的气氛和个性化的售卖区域形象的感知。在网店中使用体验导向的复合展示也可以收获类似的效果。

为了测量某售卖区域或购物中心的激活效果,可以进行皮电反应测量,即采用 EDA 方法,其中可以使用移动设备来进行实地研究。除此之外,还可以使用"愉悦-

激活-支配"的 PAD 量表搭配激活子量表（Arousal-Subscale，兴奋-不兴奋）来完成测量。

店铺中的购买行为

许多不同的关于销售点购买行为的研究显示，消费者：
- 青睐于走廊区域，主要停留在右侧，而且喜欢按逆时针的方向走；
- 有一定的速度节奏，在刚开始购物时比较快，然后越来越慢，到购物即将结束时速度又快了起来；
- 尽量避免后转和店铺的角落区域；
- 视线尤其喜欢偏向右侧。

在这种行为模式的基础之上，基于单个销售区域的重要性，零售企业可以总结如表 8.9 所示的一些经验。

表 8.9　高价值和低价值售卖区域的特点

高价值售卖区域	低价值售卖区域
• 店铺的主要通道	• 侧廊
• 客流右侧的售卖区域	• 客流左侧的售卖区域
• 顾客自动就会注意到的人潮区域	• 很快就会经过的入口区
• 十字通道	• 售卖区的死胡同
• 收银台	• 收银台背后的区域
• 运输区域（例如电梯或手扶梯）	• 楼层既高又靠尽头的地方

在销售区域或购物中心里被唤起的情感可以通过 PAD 量表的愉悦子量表（Pleasure-Subscale，有趣-无趣）进行测量。这里会用到高兴、愉快，或不高兴、无聊这样的描述性指标。

旗舰店的经验导向式设计

2011 年，糖果生产商玛氏在伦敦开设了一间 M&M 巧克力豆旗舰店。店铺面积有 3 250 平方米，一共四层，是世界上最大的糖果商店。在所谓的"巧克力墙"那里，超过一百种来自 M&M 的巧克力可供消费者选择。店内摆放着很多彩色的 M&M 塑像，还有英国本土典型的特色造型（见图 8.17）。为了营造更好的气氛，店员还会提供舞蹈表演。此外，在 M&M 营造的彩色世界里到处围绕着各种促销货品——从纺织品到厨房用具，甚至包括珠宝。

图 8.17　M&M 巧克力豆在伦敦的旗舰店

资料来源：M&M's World, Mars Incorporated 2015。

此外，消费者还可以自己动手设计心仪的 M&M 巧克力豆。他们可以选择将不同的文字、贴画或照片打印在 M&M 巧克力豆上，也可以选择不同的颜色和包装，还可以依照特别时刻，如生日、婚礼、宝宝宴或其他商业活动设计定制产品。另外，顾客还可以通过参加娱乐问答活动，决定属于自己的口味。

此外，也可以通过观察对情感进行更有针对性的实地测量。测量情感的方法可以参见本书相关的解释。

销售点的购买行为（例如停留时长和支付意愿）不仅受到激活和被触发的情感的影响，还受到顾客感知到的对于购买情境的掌控力的影响。为了测量这种感知到的掌控力，可以使用如 PAD 量表的支配子量表（Dominance-Subscale，占支配地位的-不占支配地位的/处于屈从地位的）。这里会用到富有影响力的、自治的或受到影响的、被操纵的这样的描述性指标。由于这个量表只能解释一小部分的变化，因此，在实证研究中采用得较少。在店面设计中，综合的、系统性的刺激组合对于多感官的消费者体验来说越来越重要。这也证明了，购物（例如体验性购物）越来越多地成为一种复杂的社会程序，它一部分体现了其目标本身，成为小康社会中的一种消遣。在此背景下，近些年来越来越多地出现了以体验为导向的店面设计以及商业模式，如包含体验元素的购物中心或城市娱乐中心。

近年来，强调体验的店面设计尤其注重店铺布局、装饰、色调、音乐和环境设计等设计元素的广泛运用。这种物理性的环境作为情感性元素触发反应，进而影响店铺气氛。店铺气氛作为环境心理行为模型中的一个中介变量（I），又会影响人们的购买行为。大量实证研究证实了这种关系的存在。尽管有关这一领域的实证研究，尤其是对情感性的店铺气氛进行测量相对比较困难，但仍可以借鉴已有的研究，如 Diller 和 Kusterer（1986）的印象概况等来进行。

此外，也需要对单个刺激之间的关系进行研究，因为店铺气氛只是购买行为的一个决定因素，还有其他相关因素，如产品价格、产品品类、卖家和买家的互动等也会影响人们的购买行为。因此，在进行店面设计时有必要把重点放在所供应的产品的各个方面。

售卖时的交谈

根据行业和对产品进行解释的需求，个人在售卖时的谈话可以成为一种核心的沟通和售卖手段，并在购买阶段起决定性作用。一种将售卖谈话细分至不同阶段的经典方法就是 Lewis 在 1898 年开发的 AIDA 程序（注意、兴趣、欲望、行动）。

尽管研究购买过程的模型有很多，但它们都共同具有以下三个基本阶段：

- 接触阶段。此时商业关系开始形成，卖家尝试建立正面的沟通氛围并传递良好的第一印象。除了关于顾客的一些初步研究，这里还有很多重要的因素，例如根据交谈对象和情境而定的特别谈话、主动聆听、相应的手势、表情和服饰。此外，在这个阶段要注意设计出合理的售卖环境，从而营造出一种正面的气氛。
- 布局和形象构建阶段。这是商业交易的阶段，卖家首要是在顾客询问产品和服务信息之前向售卖话题过渡。在这个阶段需要搞清楚的是，顾客"问题识别"背后到底存在着哪些具体的动机。因为卖家最终的目标是要说服顾客，让顾客相信，其提供的产品可以很好地满足顾客的需求。某种意义上，顾客的质疑可以看作其对产品的兴趣，这时卖家要尽可能地减少或消除他们的异议。

个人推销中的沟通元素

在个人推销（Personal Selling）中，沟通元素很重要。图 8.18 中展示了这些沟通元素。

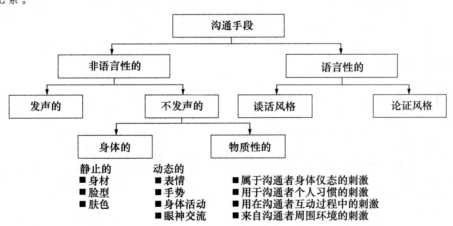

图 8.18　个人推销中的沟通元素

资料来源：基于 Weinberg 1986，p. 85。

基本上来说，个人交谈中的沟通元素可以区分出语言性的和非语言性的两种。语言性的元素还可以进一步分为谈话风格和论证风格，而非语言性的元素则可以分为发声的和不发声的。

- 结束和延续阶段。这个阶段主要关注当前商业关系的基础和未来商业关系的形成。这里重要的是识别顾客的愿望并做出合适的反应。对于一个已经做出决策并想要结束谈话的顾客来说,应该要尝试触发下一个论述,当然,这也可能会导致顾客已有的购买意愿又被推翻。通常,有一些想要结束交谈的特征信号,包括语言上的明确信号,如具体的购买表示、询问质保、询问顾客服务和成功案例,以及从行为上可以识别的信号,如点头越来越多、将产品拿到手里或者深呼吸。在购买结束后,卖家应当对售卖谈话进行评估。如果购买已经达成,顾客满意度将处于该阶段的核心位置,因为接下来的顾客忠诚度和投诉管理将变得非常重要。

表情、手势和身体语言这些因素作为非语言性沟通的元素在售卖谈话的各个阶段都十分重要。从卖家的角度来看,顾客无意识的身体语言有可能是其思维表达的重要线索,而它们有可能是顾客无法直接而明确地表达出来的。

从顾客的角度来看,卖家的身体语言也很重要,就算它们并不是有意识地被感知到的。它们应当与语言性的信息相一致,从而能让顾客得到关于产品的一个一致的、可信的印象。在这种情况下,如果卖家在非语言性沟通中犯了错误,情况就会变得麻烦而艰难。语言性沟通中的错误至少可以在一定程度上用语言进行纠正,而非语言性沟通中的错误在实际中却难以被纠正。表8.10简明扼要地列出了一些解读具体身体语言的方法。

表 8.10 对不同身体语言的解读方法

身体语言	解读
头部突然后缩	挑衅、拒绝或不相信
缩头(耸肩膀)	恐惧、紧张或不安
皱眉头	愤慨
挑眉毛	疑惑或者自傲
看向谈话对象后方	心不在焉
直视交谈对象	感兴趣的
不进行眼神交流	不确定或自傲
频繁眨眼睛	紧张
向上推眼镜	尝试获得更多的时间
(仓促地)摘掉眼镜	紧张或攻击性的
快速抓鼻子	被抓住弱点或尴尬
擦鼻子	沉思的
张开嘴	诧异或想打断
总是小声(缓慢地)说话	不确定或不愿意
嘴唇紧闭	克制愤怒或顽固

资料来源:基于 Weinberg 1986, p.106; Nerdinger 2001, p.217。

在许多以实践为基础的研究中都提出了很多对售卖谈话有益的建议,这些建议常以"销售技巧"的概念来表示。这些技巧包括开始时的、处理异议时的、处理问题时的、讨论价格时的以及结束时的,等等。

处理问题时,问题的内容、形式和频率对于成功的销售谈话来说很重要,而不同类型的问题又可以根据相应的目标设定来进行区分(见表 8.11)。

表 8.11　销售谈话中的问题类型

	效果	例子
信息性问题	提供关于情境的信息,并以谈话对象的经验为出发点。这种问题很短,可以是开放式的也可以是封闭式的	"您听说过我们的产品 XY 吗?"
建议性问题	销售人员应当能影响谈话对象,但要注意所提的问题不要引发谈话对象的反感	"您作为这方面的专家,肯定听说过……"
选择性问题	为谈话对象提供两个潜在的选择机会,这两个选择对销售人员来说都应当是正面的	"您希望这辆车是黑色的还是银色的?"
反问性问题	销售人员应为顾客提供反过来主动询问的机会	"您什么时候可以送货?" "您什么时候需要这台机器?"
修辞性问题	主要是为了获得或保持谈话对象的注意力	"您肯定要问,这个解决方案要花多少钱……该解决方案在这里的价格是……"
控制性问题	在销售谈话时提供机会来确定谈话对象之间在多大程度上达成了一致。这里往往会使用封闭性问题	"我们可以假设,这里需要……"
确定性问题	从谈话对象那里"掏出"信息,为的是知道能否以及怎样实现成功销售	"我对您的意思理解正确吗,您是想在 1 月份购买该机器?"
动机性问题	让谈话对象有展示自己真实动机的可能	"您为什么不想从这个竞争优势中受益呢?"

资料来源:Weis 2010,p.288。

这里需要指出的是,想通过运用销售技巧和简单的销售形式就能自然而然地获得销售成功的想法已陈旧过时了。

概括地说,用于分析、解释交易者的售卖谈话和行为的方法包括如下几种:

• Berne(2001)的交易分析法。它的目的在于解释两人之间的交流。其中一方面是结构分析,而另一方面是功能分析。在结构分析中需要找出,沟通是从哪个自我的状态下出发的。具体来说可有三种自我状态:作为父母的自我、作为成人的自我、童年的自我。交易分析的目的是要搞清楚是否所有参与交流的个人都具有相同的自我状态,即所谓的平行交易。如果不是这种情况,那就属于交叉交易,即人们只与和自己处于同一自我状态层面的人交流,但他们背后的目的却不同,可能存在着被隐藏的交易。功能分析则是要找出自我状态是如何出现在谈话中的,是什么让它们能够被识别和观察到。一般来说,交易分析有着较好的理论基础,且其作用已在实践中得到证实。它不仅基于沟通理论,还包含关于人类个性的理论,并致力于研究人类行为的所有三种表现形式,即思考、感觉以及基于思考与感觉的语言性和非语言性表达。

• Bandler 和 Grinder(2013)的神经语言程序(Neuro-linguistic Programming,

NLP)。他们认为,人类从本质上可分为三类:视觉型、听觉型、触觉型。这些不同的感知类型从环境中以看、听或身体接触的方式来获取信息,并由此通过语言性或非语言性沟通进行区分。神经语言程序的一个基本观点是,与沟通对象的各个感知类型相适应,有利于在沟通双方之间建立良好的关系,即所谓的密切关系。这说明,卖家要尽量将售卖谈话引到与顾客一致的水平上。为了得到这种密切关系,可以使用步调技巧和反射技巧。所谓的反射技巧被限制在表情、手势和身体活动的模式上,而所谓的步调技巧范围更广,它还包括如态度或行为模式等的步调。密切关系的最终目标在于通过所谓的引导更好地实现自己的目标(如销售目标):交谈对象(如顾客)被"引向"其所期待的方向。此外,神经语言程序中还有锚定法(如通过谈话触发特定的感知)和框架再造法(即将问题"放在其他框架下")。总的来说,尽管神经语言程序的理论基础还不够坚实,但它已从另一个角度为看待这种简单行为提供了指导。

捆绑销售和交叉购买

对于生产和贸易行业来说,除了成本和产能,不同产品及产品类别之间的关系在产品的规划和分类设计中也很重要。如果已知这种联合的效果,就可以推导出它对规划或分类设计以及货品展示的效果。一般来说,联合效应有三种类型:

- 需求互补,是对一些产品的共同消费。例如,咖啡和咖啡滤纸、电脑和键盘、西装和衬衫,或 CD(光碟)和 CD 播放器。
- 需求联合,指的是对某些产品的共同需求。这种状态可以来自需求互补,也可以通过消费者对于舒适性的需求或者情境性变量而建立。消费品市场就是一例。它的目标是消费者在一家店铺内能得到日常所需的所有产品(所谓的一站式购物、多目的购物)。
- 一揽子购买,即通过一次交易可以买到多种产品。这种联合类型对于企业来说最好辨认,因为它只出现在实际购买中。

尽管三种类型的联合效应都很重要,在抉择中也常被考虑到,但一揽子购买却是企业研究最多的领域。在零售中,可以基于柜台的扫码数据进行购物车分析,并通过它来确定联合购买。许多联合效应在购买中可以直观地被理解(如猫粮和猫砂),但也有一些一揽子购买行为分析,则得出了一些令人吃惊的结果(如啤酒和尿不湿的联合效应)。

联合效应对生产商和零售商来说都很重要。基本上来说,关于需要、需求或联合效应的知识对于产品规划和分类来说不可或缺。另外,联合效应还可以在零售中对货品的展示产生影响(联合展示)。这里的基本思路是,将可能会被同时购买的产品放在一起,以便顾客不必两次寻找,像咖啡和咖啡滤纸这样的产品就应放在同一货架上。从商业的视角来看,尤其有趣的是满意的顾客不仅仅购买一种产品和服务,他们还常常同时从同一企业购买更多的产品。这种现象不仅会带来更高的销售额,还会由此产生更好的顾客关系。从顾客的视角来看,这种现象叫作交叉购买;从企业的视角来看,则叫作交叉销售。表 8.12 展示了某金融服务商将一些产品和某入门产品一起售卖得到附加产品即产生联合效应的例子。

表 8.12　联合效应示例

		附加产品				
		信用卡	建房储蓄契约	抵押	股票基金	室内保险
入门产品	储蓄账户	0.6	0.3	0.1	0.4	0.1
	信用卡	—	0.5	0.3	0.5	0.2
	建房储蓄契约	0.3	—	0.7	0.5	0.2
	抵押	0.1	0.3	—	0.1	0.8
	股票基金	0.3	0.4	0.2	—	0.3

资料来源：基于 Homburg/Schäfer/Schneider 2012，p. 200。

具体到企业层面，如果顾客只打算购买一个入门产品（如开设一个存款账户），那么，他对企业来说也许就不那么有利可图。因为附加产品的利润一般都比较高，因此，企业往往会根据相应的成功率来提供某些附加产品。对于顾客来说，这样做的好处在于他可以从处于相似情况下的其他顾客的经验中获益。

电子商务中的交叉销售

> 对于交叉销售来说，正确理解那些针对网店访问者而做的产品推荐也很重要。例如，某人在网店（例如 www.amazon.com）上订购一本书时，如果他能得知其他消费者在买这本书时还买了哪些书，即其他人的购物车里是什么情况，则对其选择会有很大的帮助。相似的情况还有，消费者一登录某网站，企业就能根据他之前购买的产品为他提供相应的建议。
>
> 为了能为消费者提供合适的建议，有必要尽可能准确地知道相关关系的联结程度。当数据量很大或关系多样而复杂时，对这种联合关系进行分析的难度就会较大。例如，对于图书经销商来说，由于书籍种类繁多，以及由此而来的大量可能的联结关系，进行购物车分析是一项具有挑战性的任务。这里常常会运用到与数据挖掘相关的一些方法，如神经网络和遗传算法等。

服务

随着不同的产品和服务变得越来越相似，在竞争中进行产品区分时，服务的意义变得越来越大。服务不仅在购买前阶段（如信息随需应变），特别是购买后和使用阶段（如服务热线）意义重大，它也可以在购买阶段进行产品区分时展现出很大的潜力。本质上来说，在购买阶段，顾客要尽可能感觉到购买是简单而舒适的。

一般地，可以根据服务内容将其分为与产品相关的和与个人（或销售人员）相关的服务。另外，还可以根据顾客的期待不同，对服务进行区分，具体分类如下：

- 必需的服务——指那些出于法律或产品方面的特别原因而产生的服务。如果不提供必需的服务,对于核心产品的销售就会变得十分艰难。这种服务类型包括质保服务等。

- 应该的服务——指那些并不是绝对必需,而是从属于核心产品的服务。如果得到了应该的服务,顾客就会感到舒适和愉快。相应的例子有交通服务和金融服务选择等。

- 可以有的服务——指那些没有被期待的服务(即所谓的附加服务)。它们能够增大所提供产品的吸引力。因为这些服务是超出预期的,所以可以通过这种服务形式获得顾客满意,并为长期的顾客关系打下基础。

对零售商来说,在购买阶段可以提供给顾客的特色服务包括合理的营业时间、儿童托管设施、结账效率或对于不同的非现金支付方式的接受度。

对服务质量的测量——ServQual

对服务质量进行测量的一个著名手段就是ServQual("ServQual"代表着"服务"和"质量"的结合)。这是Parasuraman等人在顾客访谈的基础上开发出来的。该方法可测量预期服务质量和感知服务质量间的区别。对于某行业内提供服务的企业来说,预期服务质量是普遍相同的,即顾客会被询问到,该行业中的杰出企业将其号称的服务提供到了哪种程度。与之相反,感知服务质量主要关注要被评估的企业,即要确定某特定企业将其号称的服务提供到了什么程度。有关预期服务和感知服务的测量共有22个选项,最终浓缩为五个跨行业可比较的维度:

- 有形性(Tangibles,尤其是环境的便利性);
- 可靠性(Reliability);
- 响应性(Responsiveness);
- 保证性(Assurance);
- 移情性(Empathy)。

在ServQual的修订版本中,这五个维度也一直存在,只是说法和个别项目下的内容有所改变。表8.13展示了新修订的ServQual量表中一些用于测量感知服务质量的项目。

尽管构思ServQual量表的初衷是希望它能在跨行业中使用,但实证研究显示,仍有必要根据不同的研究背景对其进行调整。例如,Finn和Lamb(1991)的研究显示,ServQual量表并不适用于对零售企业进行服务质量测量。Vázquez(2001)则建议在实体零售店测量服务质量时应使用下列维度:

- 有形方面。主要关注店铺的形象和购物的舒适性。
- 可靠性。主要是指信守承诺和关注零售职能的顺利履行。
- 个人交互。主要涉及响应能力和调解的安全性。

表 8.13 ServQual 测量内容举例

维度	例子
有形性	• ……的设备先进 • ……的员工外在形象良好
可靠性	• 当……承诺要实现某特定目标时,他就会遵守 • 如果顾客遇到问题,……会显示出帮助他们解决问题的兴趣
响应性	• ……的员工总是愿意帮助顾客 • ……的员工总有时间回答顾客的问题
保证性	• 在……的店铺内会有安全感 • ……的员工具备解答问题的知识
移情性	• ……的营业时间对所有顾客来说都是适宜的 • ……的员工理解顾客的特别需求

资料来源:Parasuraman/Berry/Zeithaml 1991,p.448。

- 经营策略。主要是指所提供产品的质量和产品的种类(如引入高品质的零售品牌和有名的制造商品牌)。

值得一提的是,为了更好地测量服务质量而对最初设计的量表进行必要的调整不仅是因为行业背景的不同,还因为服务中不断出现的新技术(如自我服务技术)。

8.4 购买后和使用阶段

8.4.1 理论基础和特点

在购买后和使用阶段,首先是对产品进行消费,然后是对目前所得到的性能或经验进行评估。由于顾客的抱怨和投诉往往在这个阶段产生,因此,它对顾客关系的存续来说至关重要,此外,这也是顾客要做出最后处理决定的关键阶段。

消费

消费指的是对产品的消耗或使用,以及对服务的使用。

购买过后,消费品(如食品)会被消耗,服务(如一次飞行)会被消费,耐用品(如汽车)会被使用。对于消费来说,顾客有着不同的备选项,比如在下一个可能的时间点进

行消费、短期存储,之后再消费或长期存储,用完之后再消费。根据不同的需求,原则上可以将消费分为以下两种类型:

- 功能性消费——这种形式的消费是指通过使用某种产品来满足某种功能性的需求(如用洗衣液洗衣服)。
- 享乐性消费——这种形式的消费包括使用某种产品来满足幻想或情感性需求(如通过使用面霜变得"美丽")。

不同的消费类型首先取决于顾客的动机,即同样的一件产品可以是功能性的也可以是享乐性的消费。

在购买后和使用阶段,可能会出现所谓的购后失调,即顾客怀疑自己是否做出了正确的决策。当出现以下情况时,尤其可能会出现购后失调:

- 当超出顾客的激活和刺激阈值限度时;
- 当购买决策不可逆时;
- 当对于想要的某个性能没有备选项时;
- 当购买决策来自自由的个人意志时(比如,顾客没有受到社会压力的影响时)。

如果出现了购后失调,顾客通常会采用两种策略来应对。第一种策略是确信所做出的决定。第二种策略是改变决策,即当顾客发现决策错误时就会做出相应的改变。在第一种策略中,顾客会试图搜寻合适的、用于确认的信息。对于企业营销人员来说,这意味着应该可以通过提供相应的信息来帮助顾客消除购后失调的感觉。比如,如果意识到顾客可能存在购后失调,则企业应提前主动地与他联系。这种提前主动联系的一个典型例子就是,在顾客买车之后寄给他一封祝贺其"做出正确决定"的信件。在第二种策略中,当顾客确定自己做出了错误决定时,就会想办法解决这种失调,如退货。对于企业来说最不利的情况是,当顾客确认自己做错了决定,却不退货时,就意味着他会对该企业做出负面的评价,从而产生负面口碑传播。

显而易见,消费在整个购买阶段是一个具有决定性意义的子过程。然而,对相关消费行为的研究还比较欠缺,尤其是下面这些核心问题:

- 消费数量;
- 消费频率(规律性消费,偶然消费);
- 消费情境;
- 消费动机;
- 使用时产生的问题。

性能评估

> 性能评估是指对消费中所得到的全部性能和所收集到的全部经验进行评估的过程。

在评估过程中,顾客会对买到的产品、品牌、服务和去过的店铺进行评价。在现有文献中,学者对备选项评估的关注度要高于对购买后和使用阶段的评估。研究显示,顾客在购买前和购买后阶段会采用不同的评价标准。比如,在购买后和使用阶段,产品较少以单个属性为基础来进行评估,而更多的是进行整体性评估。另外,在购买后和使用阶段,顾客往往会把其他品牌作为参照标准,得到一个关于产品或品牌的总体评价。"内部的"评价标准,如完美的或期望中的性能,相比购买前阶段使用得较少。这种在购买前、购买后和使用阶段采用不同的评价标准的情况,尤其是对于产品和服务来说,说明了经验性(购买前)和信任性(购买后)两个指标。

此外,在对店铺进行评估时需要注意,顾客评价可能会受到购买时氛围的影响,比如,某人购买或消费某店铺的产品时是否有人陪同。研究显示,"消费"时人们会从一同在场的人那里体验到正面情绪,由此产生对产品性能的正面评价这一论点可以被运用到对店铺的回顾性评价中。

评估的最终结果是对产品、服务或供应者的满意或不满意,以及在满意的情况下如何建立顾客忠诚,这在顾客关系中至关重要。

申诉

> 申诉是一种对企业不满意的表达,通过向企业或第三方机构提出申诉,从而达到让人们关注该企业可能带给顾客的有害行为,并希望最终得到损失补偿,或促使有害行为的改变。

申诉与投诉不同,申诉只是顾客对企业某产品性能不满意,并没有诉诸法律,而投诉则是顾客对于某特定产品性能诉诸法律的行为。但是,对申诉的处理也会影响企业绩效,并影响顾客对企业的满意度评价,为此,对申诉进行友好的处理常是企业自愿提供的一种服务。

一般来说,并非所有不满意的顾客都会去申诉。影响该决定的因素包括:
- 申诉成本(邮费和电话费、估计的时间耗费、预期的麻烦、申诉程序的透明度);
- 申诉效用(解决问题的价值、申诉的成功率);
- 产品特征(特别是事件的重要性及所产生的损害程度);
- 问题特征(客观的可追溯性和问题的记录);
- 原因的独一无二性(问题的原因可以被明确地归咎于某个供应方);
- 个人特征(大部分的申诉者都是受过高等教育的年轻男性,收入中高等,自信心强);
- 情境特征(时间压力、评论、陪伴者的意见、第三方对该事件的观察);
- 文化特征(属于个人主义的还是集体主义的文化)。

顾客不满后的反应是具体的还是分散的、是冲突性的还是合作性的,除了申诉,还可能有其他的一系列行为,详见图8.19。

总的来说,顾客申诉,对企业来说是一件好事。因为它相当于让顾客间接地给了企业解决已有问题并化解顾客不满意的机会。相对地,那些尽管不满意却不申诉的顾客则可能对企业构成潜在的威胁,因为他们有可能会向其他顾客讲述自己的不满意。许

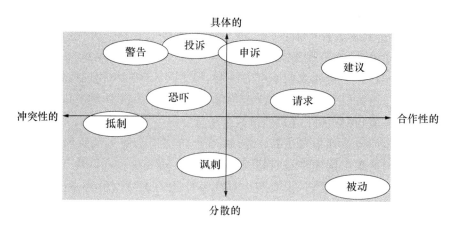

图 8.19 不满意顾客可能的反应

资料来源：基于 Schütze 1992，p.297。

多研究证明，大约有 50% 到 80% 不满意的顾客会克制自己而不去申诉，因为他们认为申诉不会产生任何改变，甚至不想让相关人士知道。

网络上的申诉和讨论平台

> 在网络上发布出来的顾客申诉，其意义已构成一个新的维度。一方面，在出于该目的而开发出来的平台上可以对许多产品和服务领域进行申诉及讨论。另一方面，还可以建立那种发布的申诉只针对某一企业的平台。第一种平台的例子包括 www.ciao.de 或者 www.epinions.com；第二种平台的例子包括 www.untied.com，在那里顾客可以针对美联航进行申诉。目前，一些企业尝试通过在自己的网站上为顾客提供相应的申诉和讨论平台或者通过社交媒体（例如博客）主动地与顾客沟通来解决问题。

除了那些顾客不能对企业进行明确表达的申诉，还可能存在的一个问题是尽管申诉能够被明确地表达，却无法被企业合理地记录和处理。

显然，如果企业出现负面事件，那么事件发生之后顾客的满意度就会下降（见图 8.20）。这时，如果顾客决定进行申诉，并能及时得到申诉答复，其满意度可能会随着时间的推移而重新回升。但如果顾客的申诉没有按照其满意的方式得到处理，其满意度则会显著下降。如果申诉得到了正面的处理，满意度就有上升的可能性——甚至上升至高于最初的满意度的水平。

对于申诉管理来说，这意味着企业必须建立一种申诉友好的氛围，这样才能让尽可能多的（不满意的）顾客进行申诉，而不是让他们把自己的负面经验讲述给其他（潜在的）顾客。申诉应该被系统化地记录下来，并以能够带来顾客满意的方式被处理。

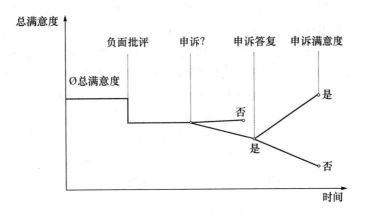

图 8.20　申诉对顾客整体满意度的影响
资料来源：基于 Müller 1998，p.207。

对产品的处置

> 从顾客的角度来看，除了扔掉不再能够满足功能性、美学性和社会性效用的产品，对所购买的产品的处置还包括赠送、交换和售卖。

产品在使用后总要被处置。但是顾客对于这个问题的认识已经发生了变化。通常，产品在被购买之时，顾客就已经越来越多地考虑到了之后应该如何处置的问题，起码尝试以更环保的方式进行处理——这种行为也在可持续消费这个关键词下被讨论。可持续消费要求在满足个人需求的同时，顾及其他人以及后代的生活和消费。

对于顾客来说，有很多"处置"的可能性（见图 8.21）。一般来说，考虑采用哪种处置方式取决于顾客选择建立关系的产品和顾客的个人性格偏好（例如环保意识）。

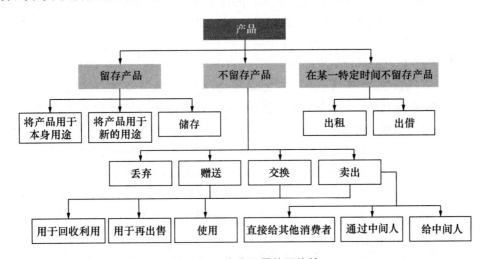

图 8.21　产品处置的可能性
资料来源：基于 Solomon et al.，p.214。

相应地,产品可以被抛弃、赠送、交换或售卖。而售卖可能是直接地也可能是间接地通过中间人卖给其他顾客。

正如之前提到过的,处置的方式还取决于产品是属于消耗品还是属于耐用品。消耗品往往会被完全消耗掉,只需要处理产品包装,而耐用品往往会被使用很长一段时间,只有在它们已不再具有相应的功能时,人们才会考虑处理它们和购买新的产品。在此,还需要注意垃圾处理系统,它的主要目标就是说服顾客将可回收的包装(比如,饮料瓶)进行回收,从而进行再利用。对于企业的营销活动来说,这意味着从产品开发到产品售卖以及咨询的整个阶段,都需要根据产品是属于消耗品还是属于耐用品来最终决定产品的处理方式。当然,服务行业的情况会有所不同,它往往随着消费而"沉没"。

8.4.2 顾客满意度

> 顾客满意度是考察顾客和企业之间长期关系的核心概念。它来自复杂的信息处理过程。在对企业绩效进行评估时,满意度最终的缘由是所选的备选项是否满足或超过主观预期。

满意度是一个与态度相近的概念,与态度不同的是,满意度是与具体的经验相联系的。鉴于态度由认知、情感和意向三个成分构成,满意度也可以被归到态度的认知性成分中去,因为信息处理过程本身就是一项纯认知性活动。此外,也有证据表明,满意度也倾向于涵盖情感性成分。因此,相应地,满意度也可被定义为一种正面的感觉,即来自某决策或行动所产生的情感。因此,按主流文献假设,满意度既基于认知性成分,也基于情感性成分。

尽管在解释顾客满意度时存在很多不同的方法,但一致的观点认为"确认/不确认"范式(Confirmation/Disconfirmation-Paradigma,C/D-Paradigma)是一种最适合分析终端消费市场购买行为的解释框架。需要说明的是,严格意义上的"确认/不确认"范式的运用需要进行两次测量(比如,为了确定对某产品的满意度,需要对使用产品前后分别进行测量;或者为了确定对某店铺的满意度,则需进行到访店铺前后测量)。

"确认/不确认范式"的核心在于对感知到的绩效(实际的绩效)和顾客的比较标准(应当的绩效)进行比较(见图 8.22)。这个比较标准可以来自顾客的预期或经验,也可以是顾客心目中的理想绩效水平。

在文献中,对于运用到的"应当-标准"的类型和数量有着不同的看法。需要考虑到的还有,消费者会同时且有顺序地采用多个不同的比较标准。大多数情况下,消费预期被明确地作为"应当-实际(绩效)",并由此得出不同的预期。例如,通过对可能的绩效水平(预测)和规范标准进行区分,最终做出满意或不满意的判断。其中,规范标准包括期待的理想绩效(理想典范)、应当的绩效(应当的预期)以及能接受的绩效(最低容忍度)。关于不同的"应当-标准"和特殊预期测量的主要问题在于,许多学者所开发的很多量表有可能难以互相比较。此外,满意或不满意只在顾客使用某产品之前就对其绩效有想法(或态度)的情况下才会出现,这也可能导致难以进行对比。因为如果某顾客之前并不知道某绩效的特点,那么,对他的满意度就无法进行解释。最后,如果根据这种理解方式,一个顾客在某绩效呈现负面特征的时候(客观来说)也可能感到满意,因为他已经提前预期到会有这种情况了。

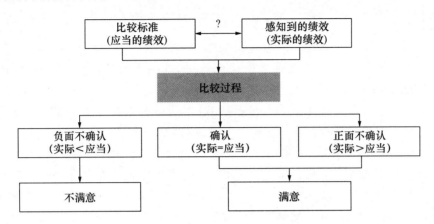

图 8.22 "确认/不确认"范式的基本原理

资料来源:基于 Homburg/Becker/Hentschel 2013,p.105。

关于实际绩效,在市场营销文献中已没有太多分歧。一般来说,它指的就是顾客感知到的绩效。在这里可以对客观绩效和主观绩效进行简单区分。某产品的客观绩效,即实际的绩效水平对所有顾客来说都一样,而顾客根据自己的预期进行感知时所产生的主观绩效则会因人而异。

当需要对应当的绩效和实际的绩效进行比较时,如果感知到的绩效满足了比较标准(例如顾客的预期),预期就得到了确认(Confirmation),满意度就产生了。如果在比较过程中超出了预期,就会出现所谓的正面不确认(Disconfirmation),最后的结果同样是满意。只有当出现负面不确认时,才会产生不满意。因为这时感知到的绩效未能达到预期。

对应当的绩效和实际的绩效进行比较这个过程所产生的满意或不满意来说,顾客是否参与其中具有重要的作用。它的作用在于,顾客在比较过程中会考虑什么样的标准对结果有很大的影响。关于比较过程,还需再考虑两点。一方面,关于感知绩效和满意度之间的关系存在不同的观点。如果假设这是一种线性关系,那就意味着正面和负面确认的预期对于满意度的影响大小相同。另一方面,假设负面不确认的预期比正面不确认的预期对于满意度的影响力度大很多,假定存在一个饱和水平,即超过该饱和水平的绩效提高不会再提升满意度,那么,超过需求的服务力度并不会为"已经被满足"的顾客带来更高的满意度。

需要注意的是,在"确认/不确认"范式中隐含着这样一层意思,即一个顾客有动机和能力对某绩效与应当的绩效进行比较。在此背景下,可以区分出两种形式的满意度,它们处于一个连续坐标轴的两极:

- 当顾客对感知到的绩效和预期绩效进行明确的比较时,他就是在进行有意的认知性评估,这时就会产生一种明确的满意判断,因为他为此投入了很多心血。

- 当顾客并不进行明确的比较,也没有比较动机或缺乏相应的认知性能力时,就有可能会产生隐性的满意判断,因为他没有为此投入过多精力。

解释顾客满意度的方法

在文献中可以找到对顾客满意度进行解释的很多方法。其中一个核心论点就是认知失调理论。认知失调理论属于一致性理论,一致性理论又是基于内衡原则(Homeostatic Principle)的,其中包括 Rosenberg 和 Abelson(1960)的一致性理论等。与其他一致性理论相比,Festinger(1957)的认知失调理论具有更大的优势,因为它对该理论在科学界的扩展方面做出了贡献:其他理论都仅仅关注不同态度的一致性,Festinger 则在他的研究中还纳入了不一致的各种形式,即态度间、行为间、行为决策间和承诺间的不一致。原则上来说,失调不仅会发生在知识和态度领域,还会发生在情感和行为领域。Festinger 认为要避免失调,就需要采取下列四种策略:改变假设、改变行为、重新对行为进行评估和加入新的认知。

在 Festinger 的研究中,有两个是最基本的假设:
- 心理上感知为不适的失调会鼓励人们去消除它并再造协调;
- 一旦失调发生,承受者不仅会尝试消除它,还会努力避免可能会引发这种失调的情境和信息。

从顾客满意度的角度来看,这意味着顾客会将不满意感知为不舒适的,并会产生某种行动需求,其中包括申诉或者变换产品。

与之相反,满意的顾客则会处于某种协调和平衡的生理状态中。由于这种状态让他们感到舒适,因此他们会尝试保持这种状态。这最终会带来顾客对某企业的忠诚行为。解释顾客满意度的其他方法请参见表 8.14。

表 8.14 解释顾客满意度的其他方法

理论方法	特点
同化理论 (Mittal/Kumar/Tsiros 1999)	在感知绩效和预期绩效之间存在差异时,顾客为了获得满意感而适应自己的感知或预期
对比理论 (Helson 1964)	在感知绩效和预期绩效之间存在差异时,顾客会在事后改变自己的感知或预期,并试图夸大这种差异(与扭曲理论相反)
同化-对比理论 (Sherif/Hofland 1961)	在差异较小时,顾客将自己的感知等同于(同化为)自己的预期。如果超过容忍限度,就会产生对比效果(更高的预期造成更低的感知绩效,于是不满意的程度更高)
公平理论 (Müller/Crott 1978)	顾客满意度取决于交换过程中基于投资成本和效用而对"公平"的解读
归因理论 (Kelley 1967)	顾客总结某次购买成功/失败的原因。如果这些原因被看作是来自产品/供应商的,而不是来自情境的或自己的,顾客就会产生满意/不满意

(续表)

理论方法	特点
前景理论 (Kahnemann/Tversky 1979)	如果预期没有得到满足，其所带来的不满意程度要大于超过预期时所带来的满意程度
Kano 模型 (Kano et al. 1984)	并不是所有的绩效因素对顾客满意度都会产生相同的作用。拥有基本因素只能避免不满意，而满意更多的是通过兴奋因素触发的。因此，绩效因素能够在多大程度上决定满意度，取决于它能达到的满足程度

资料来源：基于 Homburg/Stock-Homburg 2012，pp. 24-43。

基本上来说，满意顾客的购买意愿会更强，他们的行为最终是忠诚的。研究显示，顾客满意除了会带来更高的忠诚度以及对于竞争者产品更强的抵抗能力，还会带来以下效果：
- 满意的顾客会倾向于购买同一家企业的新产品，或用新产品替换旧产品；
- 满意的顾客会向他人推荐该企业或该企业的产品；
- 满意的顾客对价格的敏感度不高；
- 满意的顾客会向企业传达自己的想法和建议；
- 满意的顾客对于企业来说所需的成本低于新顾客，因为他们与企业之间的交易更流畅。

除了满意度，在满意度研究框架（见图 8.23）内还会考察不满意度。

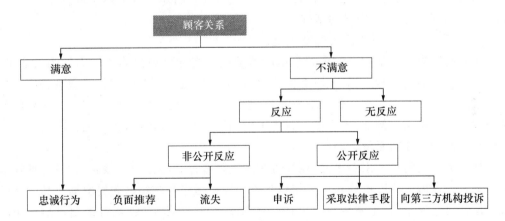

图 8.23 满意度研究框架

资料来源：基于 Homburg/Stock-Homburg 2006，p.21。

顾客会对不满意做出或不做出反应。如果顾客做出反应，也要区分该反应是否在公共场合发生。非公开的反应包括在朋友或认识的人的圈子里进行负面介绍，或者改变目标。公开反应包括对企业进行申诉，采取法律手段，或向第三方机构，例如消费者保护协会或网络平台投诉。

> **满意也要变换品牌或商家**
>
> 尽管顾客的满意是顾客关系存续的基本条件,但它仍不能保证该关系的存续。在许多情况下可以观察到,满意的顾客也会变换品牌或商家。这种现象的原因有很多。例如,某品牌长时间买不到,或者竞争对手的品牌长时间进行特价促销,都有可能出现这种情况。此外,多样化寻求动机(Variety Seeking)——有意识地寻求改变——也可能是满意却变换品牌或商家的原因之一。

8.4.3 顾客忠诚

> 顾客忠诚是一个二维的构念。它既基于顾客到目前为止的(忠诚性)行为(行为维度),又基于顾客对商业关系的(忠诚性)态度(态度维度)。

基本上来说,顾客忠诚可以有不同的目标,并可据此区分出下列形式:
- 顾客忠诚(Customer Loyalty)——是关于商业关系的;
- 品牌忠诚(Brand Loyalty)——是关于品牌的;
- 产品忠诚(Item Loyalty)——是关于产品、包装大小或某性能的;
- 店铺忠诚(Store Loyalty)——是关于某店铺的。

当然,顾客忠诚是最广泛的忠诚形式。基本上可以将忠诚分为两个部分:
- 一是建立在行为主义的基础上;
- 二是建立在新行为主义的基础上。

建立在行为主义基础上的忠诚是指能够被归入实际可观察购买行为的测量变量。其中包括购买强度、偏好、忠实、顾客渗透率、自上一次购买至今的时长或联系密度。这种基于单个因素的定义在文献中颇有争议,它往往缺少概念基础,以至于行为之后的影响因素无法被定义。例如,再次购买行为可以归因于情境性因素,较低的再次购买率可以归因于对于改变的愿望。

从行为主义的角度来看忠诚,往往观察的是顾客过去的行为。因此,它是一种纯事后考量。这样做的原因也许在于其相对简单的操作程序和较容易获得数据。其背后的假设是到目前为止的(忠诚性)行为和未来(忠诚性)行为的关系,或者说到目前为止的(忠诚性)行为决定了未来的(忠诚性)行为。于是,到目前为止的行为被看作未来行为的"替代指标"。这种情况往往出现在相对稳定的顾客关系中。对于该思路的另外一个争议在于这种基于行为的忠诚定义中可能会有循环效果,例如所谓的"双虞效应"(Double Jeopardy)现象。可以观察到,具有巨大市场份额的企业倾向于拥有一大群顾客,他们的购买也更加频繁——于是也可以说更加忠诚。相反,市场份额较小的企业倾向于拥有购买次数较少的顾客,即其忠诚度也较低。

但目前较为一致的观点是,人们基于孤立观察所获得的对忠诚的确定只具有有限的解释力度。例如,对于重复购买行为,无法确定到底是忠诚还是伪忠诚(Spurious Loyalty),而伪忠诚有可能是基于巧合或者情境性因素。

新行为主义对忠诚的观察主要关注心理性成分,包括对消费者的行为意向进行描绘和测量的变量(例如再次购买意向)。因此,它是一种事前考量。从这种视角考察忠诚的特点在于,它的变量无法被直接观察到。因此,这里的忠诚被定义为某顾客对于自己与某企业商业关系的态度。这是一种对未来行为的态度,即顾客进行接下来交易的准备。

综上所述,顾客忠诚是一个二维的构念,即忠诚是基于顾客对某企业到目前为止的忠诚行为,以及对于商业关系的忠诚态度。所谓的到目前为止的忠诚行为指的是有意地重复购买。一般来说,不论是迄今为止的忠诚行为还是忠诚态度都会以准备继续进行交易或最终进行交易为结果。

这两个维度应该说都基于一定的结构,从而使态度和再次购买率的组合形成或高或低的忠诚度类型(见图 8.24)。

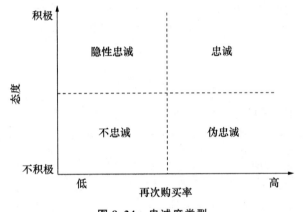

图 8.24　忠诚度类型

一个相对较积极的正面态度与较低的再次购买率相结合,就会形成隐性忠诚,在这里主观标准和环境影响对它来说非常重要。值得思考的是,顾客尽管具有较积极的正面态度,但还是会进行多样化寻求,这种被称为多样化寻求行为的现象越来越常见。从长期视角上,隐性忠诚对于不同行业的企业来说意义更重大。例如,如果一个学生产生了对于摩托车、汽车或手表品牌的正面态度,而他在上学期间却买不起这些产品,那么工作后,只要经济条件允许,他就会买那个自己多年来抱有正面态度的产品。

从公司的视角来看,最佳的、实际上最有意义的忠诚度,需要具有强烈的正面态度,同时还具有较高的再购买率。忠诚度可以被理解为是一个二维的构念,即一方面是从事后视角来看的迄今为止的行为,另一方面是从事前视角来看的顾客态度。

根据对忠诚的分类,不忠诚出现在再次购买率比较低和正面态度不积极时。较不积极的正面态度可能来自缺乏沟通(例如没有明确的顾客定位)或绩效不足(例如质量不好)。这种情况可能会出现在当市场上有很多相似的、可以互相代替的产品时,因此明确定位的意义更显重要。此外,对再次购买率进行评估时,也要考虑到顾客具有的潜力。可以设想,某顾客每年购买某特定产品一次,而另外一个顾客每周购买该产品一次。在此背景下,在再次购买率和购买率中往往要考虑到潜力的因素,因为这里涉及了顾客的预算份额[如钱包份额(Share of Wallet)]。

伪忠诚的特点是较不积极的正面态度,以及较高的再次购买率。再次购买率明显受到一些不在态度范围内的因素的影响,如主观规范或情境影响。同时,顾客的舒适度在这里也起着核心作用。伪忠诚常出现在如下情形下:当顾客由于距离因素以及缺乏其他替代项而在自己极其不满意和具有负面态度的某食品零售商处购物时。对于相应的企业来说,伪忠诚"蕴含"着风险。因为只要顾客有其他选择,他马上就可能变换至别处。

如图 8.25 所示,在行为维度上,再次购买、进一步推荐和交叉购买这些因素可以用于确定忠诚度;态度维度则由感知到的价值、满意度、承诺和未来行为意向等因素构成。

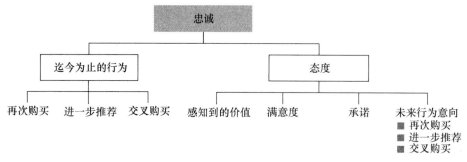

图 8.25 忠诚的两个维度

意向,即行为意图,指的是迄今为止的行为之后的再次购买、进一步推荐和交叉购买。态度既可以视作一个维度,也可以与态度的三成分观点相联系,分解为三个维度。

顾客忠实

> 与现实生活中的其他许多领域一样,在消费者行为研究领域,忠实也至关重要。在文献中,对忠实的定义与对忠诚的定义十分相似。原则上来说,忠实指的是对某产品(产品忠实)或品牌(品牌忠实)的重复购买或重复到访某店铺(店铺忠实)。忠实的主要特点就是重复购买行为,纯行为学的考量对于它来说太过浅显,心理学的评估决策程序(所谓的新行为主义)在这里扮演重要的角色。
>
> 与忠诚相似,忠实也包括行为成分和心理成分。这里的主要区别在于是否会考虑与时间相关的因素。因为在忠实中没有行为意向的影响,只有一种纯事后考量。而忠诚则与之不同,它同时包含了事前和事后两种考量。

为了对忠诚的构念进行更深入的理解,可以使用 Oliver(2010)的忠诚度模型,其中包括四个依次排列的层次。在第一层,顾客表现出认知性忠诚,而它又反映在对某特定企业的偏好上,因为顾客通过该企业可以感知到更大的纯效用(Blut 2008)。第二层的特点是顾客的情感性忠诚,它以多次交易为前提,不仅取决于认知,也取决于情感性因素——它特别来自对企业的满意度。当然,不论是认知性忠诚还是情感性忠诚都是相对表面化的。第三层是意动忠诚(Conative Loyalty),因为顾客具有在同一企业处再次购买的意向（Oliver 2010）。最后一层是行动忠诚，其中购买意向被付诸实施，即在同一企业处购买了某产品或要求某服务实际发生。

顾客忠诚的解释方法

一直以来，顾客关系维护都是理论界关注的重要话题之一，由此引发了众多学者从各自的领域对其进行深入细致的探讨，详见表 8.15。

表 8.15　顾客忠诚的相关理论

	解释对象	研究	理论内容
新古典主义	效用理论	市场营销领域发表了大量运用该理论的研究，在此不一一列举	质量的意义，顾客满意度，感知价值，关系营销中的关系质量
	利益理论	Blattberg/Deighton 1996；Schleuning 1997；Bruhn et al. 2000	从企业的角度评估顾客关系
新制度主义	信息经济学理论	Klee 2000；Roth 2001；Schmitz 2001	解释互动的不确定性，寻找降低不确定性的策略
		Ahlert/Kenning/Petermann 2001	对于服务型企业来说，信任作为成功的要素
	互动成本理论	Klee 1999；Homburg/Bruhn 1999	商业关系起始时具有优势的前提条件
		Grönroos 1994	长期顾客关系的有利性
	委托代理理论	Grund 1998	解释顾客关系中顾客和员工的行为
	心理学理论		
新行为主义	学习理论	Sheth/Parvatiyar 1995；Homburg/Bruhn 1999	顾客关系形成的解释和影响因素
	风险理论	Hentschel 1991；Sheth/Parvatiyar 1995	顾客关系形成的解释和影响因素
		Fischer/Tewes 2001	信任和承诺作为服务过程的中介变量
	不协调理论	Sheth/Parvatiyar 1995；Kroeber-Riel/Weinberg 1996	顾客关系形成的解释和影响因素
	社会心理学理论		
	互动/网络方法	Imp Group 1982；Grönroos 1994；Klee 1999	互动过程系统化
	交换理论	Houston/Gassenheimer 1987；Homburg/Bruhn 1999；Klee 2000	顾客关系的形成和维持；顾客关系的评估、长期性和稳定性
	渗透理论	Georgi 2000	顾客关系的形成和发展

资料来源：基于 Bruhn 2013, p.22。

顾客维系

尽管"顾客维系"在德语文献中同样用于描述顾客忠诚所描述的现象，而且这两个概念也多多少少地被当作同义词来使用，但从严格意义上来看，它们仍有着明显的区别。顾客维系基本上被看作企业和顾客之间的商业关系。这种界定使得顾客维系具有两个观察视角：

- 供应方相关观点；
- 需求方相关观点。

从供应方的视角来看，顾客维系往往被理解为顾客维系管理。顾客维系管理包含那些建立或加强与目前顾客关系的一切行为和活动。根据这种理解，顾客维系管理的目标在于与顾客保持尽可能紧密的商业关系。

从需求方的视角来看，顾客维系被理解为顾客的忠诚度。这样看来，与企业保持联系的顾客对其是忠诚的。在对顾客维系的讨论中，还需要区别实际顾客维系和心理（或情感）顾客维系（Meffert 2005）：

- 实际顾客维系，包括协议约定式的顾客维系（例如服务合同、订阅协议或最低消费协议这样的强制性协议）、技术功能性的顾客维系（购买扩展商品或配件，例如电动牙刷或激光打印机的墨盒）和经济利益性的顾客维系（一旦发生改变，就既有信息成本和启动成本，又有付出的认知性努力）。因此，顾客维系的基本目标在于，起码要阻止顾客进行暂时的制造商或品牌变换，因为一旦变换，就有可能产生物质上的成本。
- 心理（或情感）顾客维系，随时都可能发生变换。当顾客对某企业具有特别偏好以及对该企业满意时，他不会选择变换。如果有变换，则可能产生心理上的成本。

还有一种维系顾客的方式是约束和联结。联结的意义在于，尝试让顾客达到更高的满意度，确保其信任该企业且对其保持忠诚，从而既不变换竞争对手，又会向他人推荐该企业，等等。对顾客来说，如果存在阻碍他变换到其他企业的壁垒，或者变换在实际上不可行，就会产生约束。从这个意义上说，顾客维系可以被理解为比忠诚更为广泛的一种架构，因为它既包括供应方的观点，也包括需求方的观点，而忠诚只关注顾客视角。

8.4.4 意义和测量

原则上来说，即使在购买后和使用阶段，也需要尽可能地满足与顾客相关的那些标准。在维护顾客关系的这一阶段，长期顾客关系中极为敏感的一个领域就是评估。评估意味着监测顾客是否满意，而满意度决定其以后的行为。如果顾客满意，就可能会引发一个新的购买前阶段。如果顾客不满意，则不仅会带来顾客关系的终结，还会引发负面的口碑传播。为此，企业需要开展以下活动：

- 提供培训的机会；
- 提供服务、维护和修理的机会；

- 加强顾客满意度监测；
- 提供含有信息发布、用户论坛、时事快报、常见问题(FAQs)答复的网站；
- 开展广告、公关。

如前所述，企业在相应阶段要尽可能地满足顾客的要求或预期，甚至在理想情况下超出他们的预期。因为一旦在这些阶段出现了顾客认为的错误，哪怕已采取了一定的可感知的补救措施，在购买后和使用阶段仍有可能无法完全弥补。

顾客忠诚维系方法

表8.16根据不同的重点展示了市场营销中四种经典的顾客忠诚维系方法。这些方法的应用取决于企业到底是希望以情感性的方式还是以物质性的方式来联结顾客。情感性顾客忠诚维系的核心在于采用互动方式来提高顾客的满意度，物质性顾客忠诚维系的核心在于设置转换壁垒。

在顾客忠诚维系管理中有一系列将顾客和企业联系在一起的方法。在零售中最重要的方法有：会员卡、顾客俱乐部、奖励和忠诚计划、申诉管理、顾客杂志、折扣/奖励体系、优惠券和活动。

当然，采用这些手段的前提是，顾客是否愿意与企业联结。这一方面取决于企业及其提供的产品和服务，另一方面也取决于顾客个人的性格。

表8.16　市场营销策略中维系顾客忠诚的方法

	以互动为重点	以满意度为重点	以设置转换壁垒为重点
产品策略	• 共同产品开发 • 内在化/外在化	• 个人特供 • 质量标准 • 服务标准 • 附加产品或服务 • 特殊产品设计 • 产品或服务保障	• 个人技术标准 • 价值附加服务
价格策略	• 会员卡（在纯信息收集时）	• 价格保障 • 基于满意度的定价	• 折扣/奖励系统 • 价格区别 • 捆绑定价 • 经济刺激 • 会员卡（授予折扣）
沟通策略	• 直接发送邮件 • 会员卡 • 事件营销 • 网络营销 • 预先的顾客联系 • 服务热线 • 顾客论坛/咨询委员会	• 顾客俱乐部 • 顾客杂志 • 电话营销 • 申诉管理 • 个人沟通	• 发送包含个人信息的邮件（对顾客来说有很大的效用） • 建立顾客特定的沟通渠道
分销策略	• 网络/抽奖 • 样品 • 参观工厂	• 网上订购 • 目录销售 • 直接运送	• 订阅 • 普遍性 • 顾客导向的店铺选址

资料来源：基于Diller 1996，p.82。

宜家家庭俱乐部

宜家（IKEA）的家庭俱乐部是免费的，通常，俱乐部会为其成员提供以下服务（www.ikea.com）：
- 专为成员提供的产品；
- 免费的运输保险；
- 无时间限制的换货和退货（对于未使用的货品来说）；
- 不需要购物票即可换货；
- 免费咖啡及餐厅折扣；
- 独家活动和工坊；
- 在宜家的家庭俱乐部合作成员那里也能得到价格折扣；
- 提供宜家的家庭支付卡等灵活支付手段；
- 宜家的家庭装修杂志《生活》；
- 为成员的孩子举办生日庆祝活动；
- 宜家的家庭 App，如可以把会员卡以二维码的形式存在手机上。

顾客满意的影响效果

目前，基本的共识是顾客满意和顾客忠诚之间存在正向相关关系，而其实际的关联走向（线性的、累进式的、阶梯状的，等等）还在讨论之中。

顾客满意度和忠诚度的相关关系的形状可能受到不同因素的影响（见图 8.26）。行业不同、竞争环境不同，满意度对忠诚度的影响也不同。在竞争激烈的情况下，由于转换成本较低，产品区别不大，因此可以互相代替。这样一来顾客在满意度水平改变时变换企业也相应地比较容易。在竞争不太激烈的领域，转换成本往往比较高，所以可以

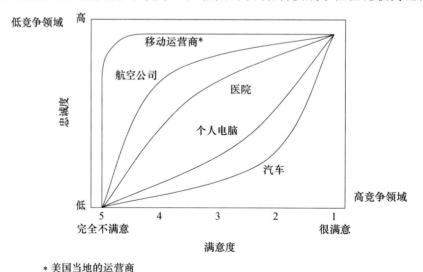

＊美国当地的运营商

图 8.26　顾客满意度和忠诚度的关系

看到强大的品牌、较好的维系方案、专有技术或类似于垄断的情况。在这种情况下,对于顾客来说就很难,甚至不可能由于满意度水平的改变而变换企业。

除了顾客满意度和忠诚度之间的直接关系,还存在一些能够强化或减弱这种关联的影响因素(分别根据它们的特点)。这种调节变量的作用详见图 8.27。

调节变量可以具体根据产品特点、卖方特点、市场环境特点、商业关系特点以及顾客特点来分组。以下仅讨论两种调节变量:

- **参与度**　满意度和忠诚度之间的相关关系会通过产品参与度而增强,这表明对参与度高的顾客来说,他的满意度比参与度低的顾客更容易带来忠诚度。例如,如果汽车对某个人来说价值很高,而他对某特定汽车品牌感到满意,则比起那些认为汽车价值不是很高的人来说,他与该汽车品牌的联系更紧密。
- **产品的特性**　它对满意度和忠诚度之间的关系也有影响。例如,对于技术上非常复杂的产品来说,其往往具有技术上的转换壁垒,即便顾客不满意,也不太可能转换产品。此外,产品复杂性往往伴随着与信息相关的转换壁垒,因为对于顾客来说,那些不可能或者需要付出大量努力(时间上的或金钱上的)才能获得的评估和使用竞争对手备选品的必要知识也会影响其满意度和忠诚度。

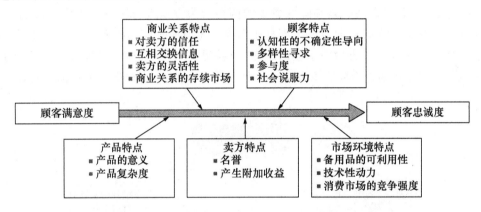

图 8.27　顾客满意度和忠诚度之间可能的调节变量

资料来源:基于 Giering 2000,p.103。

顾客忠诚的影响效果

从市场营销的角度来看,不仅顾客忠诚度架构的概念值得探究,顾客忠诚度能否以及能够在多大程度上决定未来的行为、顾客忠诚度对于企业来说有哪些意义都值得探讨。表 8.17 展示了顾客忠诚可能产生的效果。

顾客忠诚具有诸多的优点,如安全、稳定、增长和获利等。但同时也有其不足,比如,安全或稳定的关系也可能带来一定程度的惯性和不灵活性;(单方面的)增长关系也可能会固化单方面的顾客结构,并由此带来负面口碑传播;利润增长的同时,也会导致成本的上升,即顾客维系所产生的费用。

另外一种对顾客忠诚的效果进行系统性分析的方法,是将忠诚顾客的行为以直接或间接影响利润的方式系统化(见图 8.28),即同时考察这两种行为对收益和成本产生的影响。

表 8.17 顾客忠诚的效果链

	更高的安全性	更多的增长	更多的获利/更高的利润率
优点	• 商业关系更稳定 　• 习惯性 　• 免疫性 　• 承受度 • 更多的反馈 　• 申诉意向 　• 询问意向 　• 合作意向 • 更大的活动空间 • 更多的信任	• 更好的顾客渗透 　• 采购集中度 　• 购买频率 　• 购买强度 　• 交叉购买 • 更多的顾客推荐 　• 提供地址 　• 提供参考 　• 提供顾客 • 正面的 WOM 传播	• 节约成本 　• 对获得成本更好的摊销 　• 更低的获得顾客的机会成本 　• 更低的顾客受理成本 　• 更有效率的订购方法 　• 更小的发散损失 • 收入增长 　• 较小的价格弹性 　• 交叉销售收入
缺点	• 承诺 　• 不灵活性 　• 惯性 　• 抵抗的危险	• 单边顾客结构 • 负面的 WOM 传播	• 维护成本 　• 可归因的成本 　• 可归因的收入减少

资料来源:基于 Diller 1996,p.82。

因此,有必要对提高收益和降低成本的两种行为方式进行区分。需要注意的是,收益的提高和成本的降低可能会产生同样的效果。例如,向他人推荐一方面可能会使之前不是某企业顾客的人成为该企业的顾客(收益提高);另一方面,向他人推荐也可能会节省为了获得新顾客所需的高昂成本,从而降低企业为持续地获得足够的新顾客所付出的成本(成本降低)。

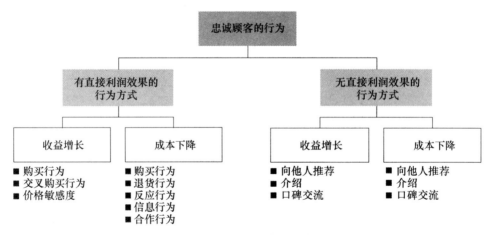

图 8.28 忠诚顾客的行为方式

可以假设,购买前阶段、购买阶段、购买后和使用阶段企业绩效评估的满意度是忠诚度的基础,或者说常常会带来顾客忠诚度。鉴于之前提到的一些原因,这样一来的最终效果就是为企业带来了利润(见图 8.29)。通常情况下,由此而来的利润要比从不满意或不忠诚顾客那里得到的利润高。

在这个效果链上也存在调节变量,即那些可能会影响顾客满意度和顾客忠诚度之间或顾客忠诚度和利润率之间关系强度的变量的影响。这些调节变量既有来自企业内

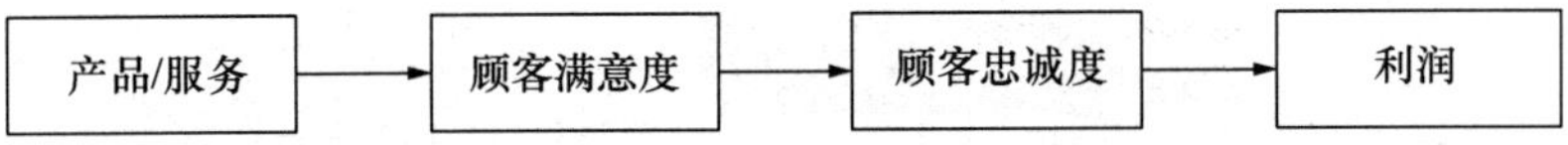

```
产品/服务 → 顾客满意度 → 顾客忠诚度 → 利润
```

图 8.29 产品/服务、顾客满意度、顾客忠诚度和营利性的功能链(利润链)

部的,也有来自企业外部的。企业外部的调节变量包括企业形象、顾客预期的异质性、市场相关复杂程度以及替代品的数量。企业内部的调节变量包括员工积极性、个人绩效以及绩效的复杂程度。

在考察该效果链时,还需要注意的是,出于经济方面的原因,满意度和顾客忠诚度都不会无限提高,因为这种提高会带来成本。通常已有的满意度水平越高,提高满意度所带来的成本上升越大。一个典型的例外是员工友好程度,也就是说,它既可以提高顾客满意度,又不一定会提高成本,例如未经企业培训却很称职的员工。

因此,企业的所有活动(优化绩效和产品、员工培训、采用顾客忠诚手段)都应当考虑,从哪个时期开始成本上升将不再带来利润的提高。这意味着,应当找到这种关系的最优点(见图 8.30)。尽管这种观点看起来很容易理解,但在实际中却很难如愿。即便如此,在实现满意度时考虑成本与利润率之间的平衡还是有意义的。

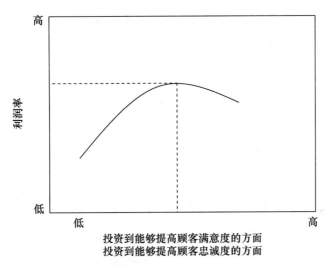

图 8.30 满意度(或忠诚度)提高成本和利润率之间的关系

对顾客满意度进行测量

当然,对顾客满意度进行测量可以有主观和客观多种方法,图 8.31 中展示了最重要的几种方法。常用的客观方法有销售额、市场份额和再次购买率等指标。这些方法在许多情况下已被证明是适用的。

主观方法针对的是消费者主观感知到的满意度。这里要区分特征导向的方法和事件导向的方法。特征导向的方法还可以进一步区分为含蓄的和明确的。含蓄的方法中最重要的一种是对申诉的分析;含蓄的方法也包括对绩效赤字的研究,绩效赤字主要指维修次数的记录等。对于明确的方法来说,一方面要对顾客预期的满足程度进行测量,另一方面也要使用满意度量表来测量。对后者来说,需要区分"整体满意度"的测量

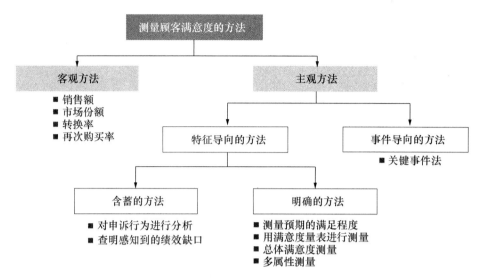

图 8.31 测量顾客满意度的方法

资料来源：基于 Homburg/Stock-Homburg 2006，p.48。

("您对卖方总的来说有多满意？")和"多属性"测量(问题 1："您对产品有多满意？"问题 2："您对服务有多满意？"问题 3："您对营业时间有多满意？")。

对顾客满意度的测量

一般地，对顾客满意度的标准测量要使用调查问卷。表 8.18 展示了以特征为导向的满意度测量方法的提问示例。这些问题指向单个的绩效指标，对它们的回答基于一个从"很满意"到"完全不满意"的回答量表，问题都是采取"您对……有多满意？"这样的形式。需要注意的是，顾客满意度是基于"满意度"这个结构内的所有方面而被确定的，并且要根据满意度的测量对象（例如金融服务）来对问卷进行调整。

表 8.18 特征导向的满意度测量方法提问示例

参数	评价标准
顾客服务	可及性、到访频率、主动交谈、专业知识、满足顾客个人愿望、决策能力、速度
证券业务	产品供应、满足顾客个人愿望、创新能力、产品透明度、持续提供咨询、条件的市场公平性
银行	安装、启动、软件的服务范围、易于操作性、运用的可靠性、咨询、照管、改正错误的速度、系统访问权限
办事处	业务进行的速度、专业知识、友好度、可靠性
金融业务	产品供应、产品透明度、持续提供咨询、持续照管、满足顾客个人愿望、执行的简单性、决策速度、性价比
服务中心	可及性、任务的执行质量、速度、友好度、员工的灵活性、关于顾客资料的信息水平

资料来源：基于 Beutin 2008，p.146。

由于消费者往往没有真正意识到自己对于某评价标准有多满意,因此如果只是在询问"压力"下回答具体的问题,就可能会产生偏差。这样一来,就需要开发可以采用联合测量方法对顾客满意度进行测量的手段。事件导向的方法主要指关键事件法(Critical Incident Technique)。在这种方法中,顾客关系被分解为单个的互动单元,然后由它们来建立确定的满意度的基础。

对顾客忠诚度进行测量

对顾客忠诚度进行测量时,需要考虑态度和行为两个维度。企业常常只参考行为维度的变量,因为这类数据往往易得(例如来自扫码柜台和顾客会员卡的数据)。当然,对顾客态度忠诚的测量相对困难,且花费很大。原因在于它往往需要对顾客进行大量的问卷调查。

如果使用Oliver(2010)的模型,则需要通过认知性、情感性、意动性和行动性对忠诚度进行测量。表8.19展示了顾客忠诚四个层面的特点,并给出了一个DIY(Do It Yourself,自己动手)领域的零售商在测定忠诚时的问题示例。

表8.19 测量顾客忠诚度的问题示例

忠诚度	特点	问题(举例)
认知性忠诚	基于信息的忠诚(例如价格、产品特征),它使得一个企业或品牌看起来更好	店铺XY的产品性价比很高 店铺XY很有吸引力 ……
情感性忠诚	来自偏爱或态度的忠诚("我喜欢在那家店铺购物")	基于迄今为止的经验,我对店铺XY很满意 我在店铺XY的购买体验总是很舒适 ……
意动性忠诚	来自意图或者某种联系的忠诚("我准备在那家店铺再次购物")	我会在店铺XY再次购物 我会把店铺XY推荐给别人 ……
行动性忠诚	某种(购买)习惯性行为的忠诚,它也可能与克服某种障碍的愿望有关	您在店铺XY内为DIY产品付出了多少? ……

值得一提的是,该模型中所假设的效果关系是递进式的,即认知性忠诚会引发情感性忠诚,情感性忠诚进一步引发意动性忠诚,意动性忠诚最终决定行动性忠诚。当然,这种相关关系的强度还可能受到一些调节变量的影响。一项对零售企业忠诚度的研究显示,顾客与销售人员之间互动的社会效用会对认知性忠诚和情感性忠诚之间的关系产生影响。此外,相关行业内其他零售企业的吸引力会影响情感性忠诚和意动性忠诚之间的关系,而转换成本又会进一步影响意动性忠诚和行动性忠诚之间的关系。

对忠实的测量

顾客的忠实可以通过不同的方面进行测量。这里主要涉及品牌或店铺忠实,或者说关注的是品牌或店铺的转换行为。

- **购买顺序** 主要指对顾客所购买的品牌或到访店铺的顺序——进行研究。假如一个顾客通过一家店铺(A)内的商品就能满足自己的全部需求(购买顺序 AAAA),他就被称作不需要区分的或完全的店铺忠实。需要被区分的忠实往往出现在交替到访不同店铺时(例如,其购买顺序为 ABAB),而不稳定的店铺忠实则包括 AABB 的购买顺序。最后还有像 ABCD 这样的购买顺序,在这里基本无店铺忠实可言。
- **购买数量** 其假设是忠实可以从顾客为了购买某特定产品而到访的店铺的数量推导出来。为了满足某种需求,顾客所到访过的店铺越多,其忠实度就越低。
- **依次进行购买的数量或份额** 它是指在不改变店铺的情况下依次进行购买的数量或份额。对于每一个购买次序来说,只需要考虑最终购买或平均购买的数量。

RFM 模型

RFM 模型是专为邮购企业而开发的模型。所谓的 RFM 模型属于打分模型的类别,是在邮购企业中使用了几十年的方法。该模型中,对于原始变量来说主要考虑的是其得分,例如,是不是最近的(Recency)、有多频繁(Frequency)、花费多大(Monetary)。越近期、越频繁、购买时花费越大的顾客得分越高。现如今还有一些改进后的模型,都同时展示在表 8.20 当中。因此,在对忠诚架构中的行为维度进行测量时,可以借鉴对忠实进行测量的一些方法。

表 8.20 运用举例

开始	25 分					
上次订购以来的时间	6 个月:+40 分	9 个月:+25 分	12 个月:+15 分	18 个月:+5 分	24 个月:-5 分	>24 个月:-15 分
过去 18 个月的订购数量	订购数量×6					
之前的三次订购的平均额度	5 欧:+5 分	10 欧:+15 分	20 欧:+25 分	30 欧:+35 分	40 欧:+40 分	多于 40 欧:+45 分
过去 18 个月的退货数量	0~1:0 分	2~3:-5 分	4~6:-10 分	7~10:-20 分	11~15:-30 分	>15:-40 分
上一次订购以来的联系次数	主要产品目录:每次-12 分		特别产品目录:每次-6 分		邮件:每次-2 分	

资料来源:Link/Hildebrand 1993, p.49。

8.5 对顾客关系的综合考察

8.5.1 理论基础和特点

前面对单个购买阶段(从购买前阶段到购买阶段再到购买后和使用阶段)进行了详

细的叙述和讨论,接下来将讨论顾客在顾客关系的存续阶段是怎样采取行动的。当然,这种顾客关系可以由单个或者多个购买阶段构成。

- **单顺序的顾客关系** 指的是当某顾客的某需求仅有一次(例如购买婚纱)或消费者的预期无法通过某企业的产品或服务得到满足时,顾客会不满意并拒绝购买同一企业的产品。
- **多顺序的顾客关系** 在大多数情况下,顾客关系是由一系列的购买阶段顺序构成的。多顺序关系可以涉及整个需求生命周期,即顾客只要具有相应的需求就会在同一家店铺购物或只买同一个品牌,例如顾客如果想要进行特定的体育运动,则需要相应的器材和特定的装备、更换零件或购买新的设备;想要打电话,则需要购买手机并选择相应的运营商。

单顺序的顾客关系主要用在传统市场营销中,它往往是一种特例。这里主要关注多顺序的顾客关系。

在顾客需求的整个周期内——从企业的视角来看即顾客生命周期——都可能会发生一系列使顾客满意、体现忠诚、顾客关系更加紧密的事件。在理想情况下,这种顾客关系对于企业来说是有利可图的。在顾客关系的紧密程度越来越高的过程中,也可能会出现由于顾客不满意而危及顾客关系的阶段,关系的紧密程度由此会在一段时间内不再提高。极端情况下还有可能导致关系的破裂。

从交易营销到关系营销

20世纪80年代初期,关系营销(Relationship Marketing)的概念出现了。于是就出现了从以交易为基础的营销——其主要目标是获得顾客——到以关系为中心的营销范式的转变(见表8.21)。

表 8.21 交易营销和关系营销

	交易营销	关系营销
考察对象	单次交易	关系
考察期限	短期	长期
营销对象	产品	产品和顾客
考察的子过程	购买前阶段	附加:购买阶段、购买后和使用阶段
主要营销目标	获得新顾客	获得新顾客 保持顾客忠诚 重新获得顾客
战略重点	信息	对话
经济上的成功和控制变量	收益、边际贡献、销售额、成本	附加:顾客边际贡献、顾客价值

资料来源:基于 Bruhn 2013, p. 16。

> 关系营销的核心元素是对顾客关系的关注,由此,越来越多的焦点被放在购买阶段、购买后和使用阶段,并采取更长期的视角,而且更多地关注双方之间的信任。对于关系的考量可以通过顾客层面上的一些经济考量来补充(顾客边际贡献、顾客价值)。

一旦尝试将不同的购买决策类型归入关系生命周期中去,就会发现,在许多情况下,顾客关系是以广泛性或者冲动性购买决策开始的。假如一个顾客搬到一个新的城市,他首先会广泛地评估自己在哪里可以买到最合适的食品、运动服装等。或者一个顾客随手购买了摆放在收银台前所谓的次要位置的口香糖。这两种情况(它们分别都与一种购买阶段有关)都可能是一段顾客关系的开始。

如果一段顾客关系开始了,则意味着该企业的产品或服务可以满足甚至超过顾客的预期,顾客就可能在同一家店铺购物或再次购买同一个品牌。值得注意的是,之后的过程就不会像顾客关系的起始阶段那样被认为是广泛性的(一开始就是广泛性购买决策)或者冲动性的(一开始就是冲动性购买决策)了,而可能是有限性的(如第二阶段,见图 8.32)。在顾客关系的第三阶段,他们的忠诚会达到最高点,这时,顾客不需要再进行广泛的思考来决定自己要买哪个产品、哪个品牌或到访哪家店铺。现在,他的决策已变成习惯性的了。例如,那个搬到新城市的顾客一年之后会自动地去 X 超市购物,当初冲动购买了 Y 品牌的口香糖的顾客可能会下意识地购买相同品牌的口香糖。显而易见,每家企业的目标都是拥有尽可能多的能够习惯性地购买自己产品的顾客,这也是企业竭力追求的目标,即鼓励顾客以这种方式来做出决策。

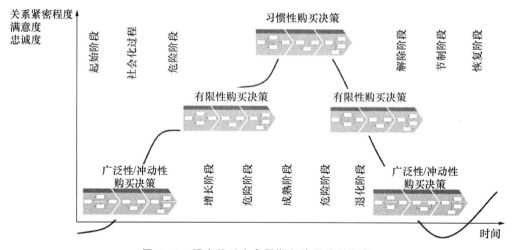

图 8.32　顾客关系生命周期和购买阶段顺序

当然,如果一段顾客关系中已经存在的习惯性购买决策受到质疑,根据起因(不满意、生活状况改变等)的不同,有可能会导致在该顾客关系内之后的购买决策又退回到有限性或广泛性购买决策了。

8.5.2 意义和测量

综上所述,每个企业都试图激励那些基于广泛性或冲动性购买决策而买过一次东西的顾客,并希望将他们的决策转变成只针对该企业的有限性或习惯性购买决策。当然,这种生命周期模型是理想化的。然而,购买决策类型不仅取决于顾客关系的各个阶段,还取决于决策的意义。务必要考虑的是,决策有时是广泛性的(如买车的决策),而在某一特定时间点又是习惯性的,因为之前可能从来就不存在广泛性或冲动性购买决策(例如,之所以做出对某特定牛奶品牌的购买决策,是因为他的母亲之前买过相同的品牌)。因此,顾客关系管理的核心在于顾客导向和长期视角的顾客关系。主要测量的指标是顾客边际贡献和顾客终身价值(Customer Lifetime Value,CLV)。总的来说,以顾客价值为基础进行顾客细分时,可以分为单维度和多维度方法(见表8.22)。

表 8.22 顾客细分方法

		分类	
		单个式	累积式
评价	单维度	定性细分 顾客边际贡献 顾客终身价值	所有顾客定性排序 ABC 分析
	多维度	评分方法(例如 RFM 模型) 雷达图	打分组合 重点顾客组合

资料来源:基于 Krafft 2007,p.75。

单维度方法是通过单个指标(如销售额、边际贡献)确定顾客价值,而多维度方法则是参照一系列指标(如购买频率、平均退货额)。单维度方法和多维度方法都可以根据顾客是单个的(个体展示)还是一起的(累积展示)来区别评估。

关注单个顾客的单维度细分方法包括定性细分和定量细分(顾客边际贡献和顾客终身价值)。定性细分发生在购买结束前,比如可以将顾客划分为大众顾客和领先用户(Lead User)。与大众顾客相比,领先用户的特点是他们具有协助企业创新的积极性和能力,因为他们能够更早地识别趋势。而定量细分则包括顾客边际贡献或顾客终身价值。在计算顾客边际贡献时,需要用到顾客在一段时期内为企业带来的毛利润、与顾客相关的销售扣除项、产品的可变成本、与顾客相关的合同成本、与顾客间接相关的市场营销成本和顾客特定的固定成本。顾客终身价值与之不同,它并不关注过去的单个时间段,而更多地考虑用关系预测顾客存留与流失的数量,最终确定顾客价值。在对所有顾客进行定性排序的过程中,会展示出顾客价值的累积结果,这种排序往往是以某个评价标准为基础将所有的顾客按顺序排列。在 ABC 分析中,可根据销售额将顾客分为 A 顾客、B 顾客和 C 顾客,而 A 顾客在这里对企业的销售额贡献最大。

在多维度的顾客细分方法中,评分方法是以多个评价标准为基础对顾客进行评价,最终得出一个总值(Score)。雷达图则不是计算得出一个总分,而是通过各维度的分项得分来分别进行评价。在打分组合中,根据顾客吸引力(这里的指标有支付意愿或被某企业满足的需求)、竞争地位(这里的指标有商业关系的存续时长或顾客满意度)将潜在顾客和现有顾客定位在一个矩阵中，而在重点顾客组合中则只考虑已有的顾客。

广泛性购买行为向习惯性购买行为的过渡

> Kaas(1982)和 Dieterich(1986)分别研究了消费者在整个购买决策阶段的行为。由于消费经验和不断地学习，广泛性购买决策会变得越来越习惯化。研究者选取了一些被调查者，并以1980—1981年为例，询问那些第一个孩子在54周之内大的母亲和怀孕7~9周的孕妇购买婴儿尿不湿的行为。因为对个人进行长时间的观察不太现实，所以要进行所谓的同期群分析(Cohort Analysis)。这项研究的基本目标在于解释人类的习惯性购买行为。
>
> 关于研究对象和产品组的选择所基于的背景是一次必须对焦三个基本问题：需要找到一种主观上一致认为的新产品，而它可以在不同的研究时间点进入市场。此外，必须对习惯性过程进行阶段性观察，并且最终能把单个购买阶段彼此区分开。为此，研究者只询问了孕妇和只有一个孩子的母亲，因为她们都是第一次被询问，她们面对的都是一种主观上的新需求。尿不湿之所以可以作为测试产品，是因为它在一长段时间内都会被用到。
>
> 研究的主要结果如下：婴儿的年龄越增长，即母亲的购买经验越多，与外部信息源及个体间沟通的频率越低。随着时间的推移，她花在信息收集上的时间会越来越少，因为主观的信息水平不断提高，而且信息可以更多地被加入产品经验中。在她做购买决策时不再需要感知到知晓组合(Awareness Set)，即所有可用的备选项，以及不合适的组合(Inept Set)，即那些被评估为负面的、对购买决策不再适合的备选项。随着婴儿年龄的增长，她还会更多地购买特价产品、更大包装的产品，而相应的决策时间却随之减少。
>
> 概括地说，习惯性过程可以通过顾客对信息的需求进行考察。随着顾客对某特定产品的经验越来越多，他对信息的需求和广泛性选择的考虑范围越来越小。渐渐地，当他在所有可选择的产品范围内选中了某一种产品，同时，他对这种产品的偏好越来越强时，其习惯性的成分也变得越来越大，直至最后成为一种惯性。此外，顾客所偏好的店铺也会出现一定程度的转变：只要顾客在购买中感到足够确信，他就会从专卖店转向超市。

在此背景下，可以对顾客或顾客群体施加某些市场营销手段。这里的市场营销手段既包括已经在单个阶段展示和讨论过的手段（例如针对个人提供信息），也包括那些与综合的和长期的视角有关的手段，如重新获得顾客以及在价值创造过程中对顾客的整合。

重新获得顾客

如果出现了顾客转移，就需要根据其反应的强烈程度和转移过程的时长区分出四种转移类型，如表8.23所示。

表 8.23　转移类型

		转移过程的时长	
		短	长
反应强度	强	激进式转移	计划性转移
	弱	迂回式转移	怀疑式转移

资料来源:Bruhn 2013,p.70。

重新获得顾客是顾客关系综合管理的重要组成部分。其重要性体现在:一方面,顾客忠诚度日益降低;另一方面,获得新顾客需要的成本越来越高。因此,企业面临的最大挑战是,为获得新顾客所付出的投资还没有收回来,顾客可能就已转向别处了。因此,对于企业来说,在那些即将转向竞争对手的人群中,首先应关注那些以前就是自己企业的顾客和自己已经进行过投资的顾客。重新获得顾客的另一个目标在于,要尽量保留那些想要结束商业关系的顾客,以及重新获得那些已经结束了商业关系的顾客。

在价值创造过程中对顾客的整合

在建立和保持顾客关系时,除了基于阶段性和以价值为导向,将顾客整合到企业的价值创造过程中被认为是顾客关系的理想状况。如果企业能成功地将顾客整合到价值创造过程中,那么企业和顾客之间的关系就会变得更加紧密,顾客对产品或服务的参与度也会随之提高。

对顾客的整合在服务行业比较普遍。例如,客户参与到建筑设计中;或者是汽车行业,直接在工厂提取新车已成为一种风潮,一般地,提车直接发生在参观工厂的活动中。

顾客终身价值

计算顾客终身价值的基本理念是将投资过程转化到顾客关系中去。顾客终身价值(CLV)代表着一个已有顾客或潜在顾客的资产价值。顾客终身价值的计算以资本价值方法为基础。对顾客价值的计算来自整个商业关系期间贴现的、可直接归因的顾客进出的现金流。因此,预测的销售额和相应的预测支出会根据假设的商业关系时长被贴现至今日的时间点。顾客终身价值可以根据下列公式计算:

$$V_{kt} = \sum_{t=0}^{T} \frac{x_t(p-k) - M_t}{(1+r)^t}$$

其中,V_{kt} 为顾客 k 在时间段 t 开始时的货币价值;

T 为预计某人作为某企业(潜在)顾客的时间段数;

x_t 为对时间段 t 的收入的预计;

p 为(针对顾客个人的)产品价格;

k 为单位成本;

M_t 为时间段 t 为获得和维护顾客关系而付出的特定成本;

r 为核算利率。

> 该计算方法基于顾客的长期货币价值。其中,营销支出的投资项是基于长期视角进行计算的。它与关系营销的原理一致。具体来说,顾客终身价值可用于计算在获得顾客或维护特定顾客关系方面的花费所产生的效果,或者计算价格让步对于资金回流的效果。基于此可以确定哪种投资对于顾客来说在经济上(仍然)有意义。还可以计算新顾客的价值,它们往往刚刚能够抵补成本或者刚刚低于能够接受的损失。除了边际贡献,在计算顾客终身价值时还可以引入其他变量。特别要注意的是顾客在通过与其他潜在顾客交谈,或展示自己的购买行为从而获得新顾客时所创造的价值。这种价值可以被称为通过沟通获得新顾客的价值。此外,顾客通过申诉和建议告知企业它们所存在的缺陷,从而使得企业能够避免顾客流失,这种顾客价值也很有意义,它被称为顾客信息价值。

这些做法,一方面容易让顾客产生他们也能够参与生产过程的印象,另一方面又会进一步加强他们与企业以及与他们所购买产品之间的关系。除了以上这些处于价值创造过程较晚阶段的整合手段,还有一些处于该过程起始阶段的整合手段,例如对顾客协会的组织化,以及在计划过程中对领先的顾客进行整合。

顾客整合

> 大众汽车在狼堡的汽车城,尝试将它的顾客整合到企业的价值创造过程中去。比如购买新车的顾客可以直接在工厂提车,而提车只是工厂游以及整个汽车城游的一部分——探访自己新车的出生地。这样做的目的是让这种探访成为一种全家出游的正面记忆。
>
> 当然,将顾客整合到价值创造过程中往往是很难的。例如在零售行业,顾客整合的选择就非常少。不过在有些行业,顾客几乎会自动参与到零售的价值创造过程中,例如自助服务、自助提货或自己组装家具,而且企业还在不断地寻找新的整合方法和可能性,比如顾客自己为所买的东西扫码。
>
> 在服务行业,顾客从一开始就是和价值创造过程相联结的,因为他们至少是服务创造的一部分。相应的例子有去发廊或享受交通服务(例如搭乘飞机)。但是也应注意,有一些服务领域不适用这种情况,如翻译服务或物流服务。

电子商务为顾客整合的实现提供了越来越多的可能性。在这里,可以将电子商务理解为下述行为方式的总和,即通过使用新的信息和沟通技术,在市场或企业层面对商业、沟通和交易过程进行有利于资源节省的协调或整合。这里需要注意的是电子贸易(Electronic Commerce)这个概念,它只是电子商务(Electronic Business)的一部分,包括通过电子网络进行的交换过程的起始、协商、执行和保持。

汽车行业也跟电子商务相关。汽车制造商在它们的网站上为顾客提供各种通过改变汽车配置来"制造"自己汽车的可能。除了可以选择许多不同的配置属性,计算出相应的价格,选好的车还可以通过图像的形式展示出来,让顾客检查,如查看所选颜色的效果。

互联网使之前不能进行顾客整合的领域,如物流行业,进行顾客整合成为可能。因为物流服务的物流跟踪系统使得顾客可以追踪自己所订购的服务,通过物流单号,顾客可以随时知道自己的包裹在哪里,这种过程的透明度和顾客参与可以增强顾客与企业之间的联系。

研究速递

企业和顾客之间的关系,绝不仅仅是购买与获益这一个简单的环节。更恰当地来说,不如将顾客与企业接触的全过程看作顾客的一场旅行。这场旅行从购买之前开始,到购买完毕之后结束,顾客在这场旅行中收获了完整的消费体验。而如今,随着多媒体的发展和社交媒体的官方运用,顾客与企业在顾客旅行(Customer Journey)中的每一个环节的联系都更为紧密,而顾客的体验也愈发依赖于社交活动。因此,了解并明确顾客旅行的全过程,妥善运用媒体和社交平台,为顾客创造积极的消费体验,成为企业必须研究的重要课题。

Lemon 和 Verhoef 2016 年在 *Journal of Marketing* 上发表的文章《通过顾客旅行理解其消费体验》(Understanding Customer Experience Throughout the Customer Journey)或许能给企业管理者提供很大的帮助。作者希望通过对顾客旅行中影响消费体验的来源进行探索和分析,加深对消费体验和顾客旅行的理解,为今后的研究指明方向。

消费体验这一概念虽然说是一个比较新颖的提法,但是背后有着诸多理论的支撑。顾客购买行为过程模型数十年来都是学术界的一个热议话题,与作者所研究的顾客旅行本质上是相同的。而顾客的满意度与忠诚度则为消费体验提供了衡量与判断的标准。企业服务质量方面的研究,也提醒作者将研究的目光放到体验产生的背景和消费体验与顾客旅行的映射之上。关系营销理论丰富了对顾客关系理论的理解,将消费体验的概念拓展到与体验相关的情感和感知上。顾客关系管理的研究对消费体验的贡献集中在消费体验的特定元素如何相互关联以及与业务成果相关上。此外,消费者中心理论、顾客契约理论以及早先已有的消费体验相关研究,都赋予了该研究更广的视角和坚实的支撑。

在作者看来,顾客旅行是一个随着时间而延续的漫长过程,由先前体验、当下体验和未来体验构成。而每一次体验又分为三个阶段:购买前阶段、购买阶段、购买后和使用阶段。购买前阶段包括顾客需求意识的产生、考虑以及对目标商品的寻找等;在购买阶段,顾客会进行选择、下单、支付;购买后和使用阶段是消费、使用产品,实施售后行为的阶段。而在此过程中,顾客可以与企业建立联系。产生体验的接触点有四类:第一类,品牌拥有的接触点,这些接触点是由企业设计、管理并控制的,诸如企业所拥有的媒体、品牌控制的营销组合等;第二类,合作伙伴拥有的接触点,比如由营销公司、分销商、传播媒体等拥有的接触点;第三类,顾客拥有的接触点,这些接触点是顾客自己掌握的,包括购买过程中的支付方式、顾客自己上传的使用体验视频和文章等;第四类,社交或外部的接触点,这些接触点无时无刻不在影响着顾客,包括其他顾客、意见领袖,等等。随着顾客购买行为的产生,这四类接触点在三个阶段都对塑造顾客的体验发挥着作用。

至于对消费体验的测量,目前学术界还未能达成一致意见,但一些常用的方法或许对此具有借鉴意义,比如,顾客满意度以及喜爱度之类的概念在预测企业绩效上还是有明显优势的。同时,如果从顾客接触点的角度出发测量接触点的影响,也有助于把握主要的消费群体。

如何管理消费体验?作者也给我们指出了几个方向。首先,通过渠道整合,能给顾客创造更强烈的消费体验。其次,在描述和分析顾客旅行的过程中,需要更广泛地考虑服务交付系统。最后,企业内部必须坚持以顾客为中心的导向,以创造更优质的消费体验。

资料来源:Lemon, K. N./Verboef, P. C. (2016), Understanding Customer Experience Throughout the Customer Journey, *Journal of Marketing*, 80(6):69-96。

第9章

合作共赢中多组织购买关系的维护

开篇案例与思考 可口可乐与百度"结盟推广"

企业要想在变化万千的市场当中站稳脚跟,靠一己之力已越来越困难。于是不同类型的企业间的合作开始变着花样地出现了。合作双方通过合作,希望在稳定的合作关系下不断提升各自的市场份额或地位,从而达到共赢的目的。2018年3月,可口可乐与百度联合推出了一项结合AR(增强现实)技术的可口可乐"探寻城市秘密"活动,最终大获成功,为两家企业都带来了不小的成绩。

作为本身就拥有一众粉丝的B端(客户端)公司,可口可乐与互联网公司进行合作也不是一次两次了,此次又与广告市场上用户覆盖率最高的开屏(广告)矩阵的拥有者百度联合进行了夺人眼球的营销活动。可口可乐在可乐的瓶罐上运用不同城市主题的包装,百度使用其开发的SLAM(即时定位与地图构建)技术——该技术通过识别平面放置模型,使之稳定地与用户所处的周围场景融为一体——用户只要使用百度App,利用开屏独有的AR技术扫描瓶身图案即可看到生动的景象,既新颖又有趣,这也引得社交媒体上年轻消费者踊跃地主动分享,一轮全新的创意营销就此展开。

可口可乐邀请明星界"流量王"鹿晗,而百度利用其旗下App、百度地图、百度贴吧等端口通过展示开屏广告获得大量曝光,这一结合成功地吸引了消费者的眼球。明星IP(IP本意为"知识产权",后引申为一个具有很强生命力和商业价值的能跨媒介运营的符号)具有较高的曝光度和知名度稳定的粉丝群,通过优质明星IP的营销效力能够吸引受众的目光。与此同时,百度开屏这一移动开屏界"流量王"的强势助力,为可口可乐此次城市罐新品的营销上了双重保险,不仅让可口可乐城市罐瞬间爆红,还提升了该品牌在受众心目中新潮、年轻、富有创意的形象,成功实现双赢。

可口可乐和百度,一个擅长线下营销,一个擅长线上营销。线下数十万商超、上亿瓶城市罐的受众均可通过手机百度扫描可乐罐,获取属于自己的个性城市,获得有趣且高科技的体验。可口可乐与百度开屏广告、原生广告联合发力,实现了线上+线下受众全场景覆盖的全链条营销路径。活动上线四天展现量就突破了0.5亿,双方的品牌影响力得到了显著的提升。

类似的企业间联盟达到双赢的案例最经典的可以说是音像制品租赁公司Blockbuster与环球影城(Universal Studio)之间的合作。由于当时影碟的单价很高,因此

Blockbuster 作为音像制品租赁公司,只购买并提供比较热门的影碟给顾客,而一些冷门电影(长尾产品)对于 Blockbuster 公司来说则没有很高的购买价值;环球影城作为音像制品生产商,与 Blockbuster 公司达成合作,即环球影城将影碟以很低的价格售卖给 Blockbuster 公司,并由 Blockbuster 公司提供货架,这样租赁所得费用双方进行分成。这既使得环球影城能够销售其库存影碟,又使得 Blockbuster 公司能够为顾客提供更多的选择,双方都获得了更高的收益,并建立了长期稳定的合作关系。

企业与企业间的联合需要找到合适的切入口,巧妙地结合双方的优势,共同创造企业更好的未来。可口可乐的流量与百度的技术相结合,为双方带来的曝光度的激增便是一个很好的案例,适当、合拍的企业合作能使双方都获得成功。

思考:可口可乐与百度"结盟推广"说明了什么?企业合作共赢的方式有很多,如何选择最合适的方式进行合作?

9.1 概览

> 在供应商和用户的互动中,市场伙伴的影响不是依据 SR 或 SOR 范式,而是依据相互依存范式(Interdependence Paradigm)来进行的。换言之,相互依存范式就是把购买和售卖过程中企业之间的交易理解为互动。

有时,独立地考量某组织的采购行为并不能得到满意的结果,其实这种情况并不足为奇,因为这正是单组织方法考量的弱点所在。为了理解单组织方法和互动方法的区别,有必要从以下几方面进行考察:

- 单组织方法中,企业作为需求方采购一定数量的某产品。该方法只关注供应方为了实现目标而采取的各种手段以及对信息进行的评估。类似的分析也可以用于供应方,只是需要将其中的需求方企业理解为不受影响的一方。
- 互动方法中考量的主要是需求方和供应方之间的互动。此时,需求方或供应方并非一定是合作伙伴的关系,需求方和供应方双方都是以目标为导向,采取一系列手段,并以特定行为为结果进行考量的。根据相互依存范式,尽管这时采购任务和报价都是具体的,但需求方并不针对供应方的特定手段做出反应,只是一个买卖双方相互影响的过程。因此,处于这一过程中的参与者不应当被独立考量,而应作为一个社会群体内互相关联的成员来对待。

在资本品市场中讨论互动方法时,要注意资本品交易中可能会出现的多种互动关系。不过,有关制造商和零售商之间的互动关系(近五年来还将消费者纳入考虑)的研究,在 20 世纪 90 年代中期之后才越来越多。

根据 Kern(1990)的研究,互动过程有以下特点:

- 至少存在两个伙伴之间的关联;

- 他们互相决定着彼此的语言性和非语言性行为；
- 行为和反应按照时间顺序进行；
- 伙伴的行为是互相关联的。

互动和交换关系

> 互动理论中的一个基本概念就是以交换货物为目的的交易,即互动。由于市场营销的目标就是让交换过程变得便利,因此,尽管其中的交易可能是市场伙伴间一次性的行为,但其交换关系却可以被看作持续的关系。
>
> 只要双方都有利可图(根据刺激-贡献理论的奖励原则),互动关系就会被维系下去。社会交换理论认为,组织内关系的发展是那些(在原则上)独立的组织有意追求的,目的是得到比交换成本更高的收益。该理论与交易成本理论类似,都是以个人主义为核心概念,将合作关系的产生仅仅归因于当事人的收益计算,而未能考虑社会关系的特殊意义,因此,还需要从社会关系的角度来解释平衡的(合作)关系,比如采用从社会交换理论发展而来的资源依赖方法(Resource Dependence Theory)。当然,对于垂直关系或合作来说较为典型的不平衡关系则可能需要采用其他方法。

9.2 互动的类型

> 传统上,将互动方法分为个人和组织两种。个人方法中的参与者为个人,即与其所处的组织环境相分离;而组织方法中的个人是在组织环境中被考量的。

个人互动方法的研究对象是买卖双方,这是一种最简单的社会系统。买卖双方的参与者虽为个体,但并不是作为独立的个体存在,而是作为一个社会群体存在。他们的行为并不是个体(决定的)行为,而是一种人际间互动。此外,还有研究多个个人之间关系(例如联盟形式)的多个体互动方法。

组织互动方法考虑到组织内的买卖双方是互相联系的,而且他们形成了许多组织内的互动。这些互动并不只发生在买卖双方的组织之间(二元组织互动方法),还发生在不同的卖方组织和第三方组织之间(多元组织互动方法)。

表9.1展示了典型的互动分类,它是根据参与组织的数量和参与者的类型来区分的。

表 9.1 典型的互动分类

		参与者数量	
		两个	多于两个
参与者类型	个人	二元个人互动方法	多元个人互动方法
	组织	二元组织互动方法	多元组织互动方法

资料来源：基于 Kern 1990，p.18。

二元个人互动方法

二元个人互动方法是历史上第一种研究个人间互动的方法，其中著名的有 Evans (1963)、Schoch(1969) 或 Bagozzi(1974) 等的方法。该方法的重点在于考察买卖双方的互动，即所谓的二分体(Dyad)。

除此之外，买卖双方不是被独立地作为个体，而是作为社会群体来考量的。他们的行为也不是个体决策行为，而是以互相影响为目的的人际沟通。在这个领域中，"个人销售"非常重要，因为其买卖本身通常被解读为某种社会行为。

例如，Evans(1963) 在他的"匹配研究"中已经讨论了买卖双方感知相似性的意义。他认识到，互动对象的人口统计学特征、个性相关性以及认知性特征越强，互动效果就越好。此外，主观感知到的社会距离越近，签订合同的可能性就越大。由于主观感知到的相似性很重要，因此，对销售人员进行这方面的相关培训也很重要，否则，特定的销售人员类型只能在特定的买方类型上取得成功。一个销售人员需要能够适应不同的角色预期。例如，他必须在面对产业采购者和官方代表时扮演不同的角色。影响买卖互动结果的另一个因素是参与者之间的权力关系。根据个人目标，权力意味着影响他人及其想法的可能性。例如，可以基于销售人员的专业知识来说服买方。除了这些专业知识，销售人员的亲和力、诚信和适应能力也可以对互动结果产生影响。

进行谈判时的哈佛理念

Fisher 等(Fisher/Ury/Patton 2009)提出的哈佛理念是一种谈判方法，它从沟通的视角有意识地将实质性层面和关系层面进行了区分。前者涉及的是谈判对象，而后者关注谈判双方之间的关系以及他们的情感。

这种谈判技术的标志是，谈判双方的收益是最重要的，即通过遵守下列谈判原则来力求达到双赢的局面：

- 通过"强硬对事，温和对人"的谈判技术来分别对待人和事，因为谈判对象首先是被感觉和价值观引导的人；
- 关注参与者的兴趣，而不是他的（谈判）位置，因为兴趣（愿望、恐惧等）是谈判位置背后无声的推动力，且具有协调作用；

> - 创造能为谈判双方带来益处的决策机会(或方案);
> - 在违背合同双方利益时采用中立的评判准则。
>
> 为了发展出更多的问题解决方案,Fisher 等建议,首先要具体问题具体分析。例如,要分清问题的缘由和阻碍问题解决的障碍。然后,通过诸如"头脑风暴"等方法寻找问题的解决方案,并将它付诸实践。

多个体间互动方法

多个体间互动方法中考察的是关系结构中有三人或四人的情况。该方法考虑到,一个 B2B 市场上的交易过程往往由多个有着不同目标的个体参与。所以,有着多于两人参与的互动关系与二元互动关系有以下区别:

- 互动参与者的数目越多,地位问题就越严重(假如采购中心内的某个管理层成员感觉自己受到歧视,他就有可能阻碍相互间的互动)。
- 权力关系可能会在购买过程中由于联盟(契约)的结构而变化,从而影响互动过程。如果买卖双方成员结成了联盟,例如外勤员工更愿意与顾客而不是自己的采购中心合作,就可能产生问题。
- 随着成员数目的增加,会牵扯到许多非直接的关系。这些隐藏的关系会带来难以把控的影响,但这些关系对互动过程往往具有重要意义。

需要注意的是,购买和销售中心内角色的重要性会随着参与其中的组织成员数目的增加而提高。在这里,可以将销售中心作为销售委员会来考察,即所有参与到供应方谈判程序内的人员总体。

与单组织方法不同,互动方法从有时间限制的、任务导向的、由采购和销售中心成员所构成的系统出发,而该系统处于所参与的互动伙伴之间。如今,在采购投资品以及一些零售品时(例如在品类管理中)更流行"团队销售",这种方法被广泛运用于价值链合作关系中。总的来说,个人互动方法只关注交易过程的一个环节。为了对采购互动过程进行更现实的分析,还要考虑影响组织的其他一些因素。

二元组织互动方法

二元组织互动方法考虑到买卖双方都与他们各自的组织相捆绑。那些参与到购买过程或最终合同签订中的人,其(采购时的)行为并不是完全自由的。因此,除了决定内部决策制定的企业内部关系,买卖双方组织之间的关系对于组织性互动方法也很重要。为了阐明二元组织互动方法和互动过程的成功条件的特点,接下来会介绍两个重要的实证研究。

Koch(1987)在他的研究中证实了 Evans(1963)的研究结果。采购和销售中心与谈判框架(功能、层次和决策结构)和谈判内容相适应对于谈判过程来说是有益的。例如,如果双方都由承担同样职能的人员参与谈判,那么,他们就会拥有相同的决策需求,这时整个谈判过程就能加速进行。

Gemünden(1980)认为整个互动可以被划分为两个部分:
- 解决问题的互动——为了解决某个(技术的、组织的)问题开发、方案选择和备选项实施而进行的互动;
- 解决冲突的互动——在履行合同相关协议时因意义分歧而进行的互动。

为了给互动双方制订有效的解决方案,还需确定需求水平和相应的互动模式。这里应注意区分满足上述条件的两种互动模型——委托模型和合作模型。在处理对方要求较低、较简单且买卖双方之间交易有限的问题时,宜采用委托模型,因为这时需求方已提供了框架条件,并向供应方提出了关于供应品的明确操作和设计要求。对于要求很高的买卖双方来说,采用合作模型更加适合,因为这种模型就是为复杂的互动过程而设计的。

多组织互动方法

由于很多购买过程都不止二元组织结构,很有可能会有两个以上的组织参与其中,因此,多组织互动方法将组织内的需求方和供应方整合在一起,其间的互动也不仅是买卖双方组织之间的,还可能包含第三方组织间(所谓的多组织性)多种多样的组织内互动。第三方组织可以是银行、保险公司、政府部门、咨询公司等。在这里,购买合同的达成是融合了整个社会经济环境而实现的。

所有参与到资本品交易中的组织形成了一个多组织系统或网络(Kern 1990)。单就产品使用者一方来说,可以将其看作一种多组织的采购中心。如果第三方组织作为咨询者或需求方的中介也参与购买过程,并被委托通常由需求方承担的大量任务,它就可以被看作采购中心。当第三方组织参与到采购和谈判过程中时,它也可以被看作供应一方及采购中心。在有些情况下,由于第三方的参与,供应方会丧失对需求方的直接影响。例如,当设计部门承担了某项目的设计和全部责任并有权决定购买某单个产品时(Plinke 1997a),供应方的影响就会减弱。

该领域的传统方法主要来自 Kirsch 等学者和 IMP 集团(Industrial Marketing and Purchasing Group)等。这些方法将交易阶段整合到更高层次的或正在进行着的过程中,原则上可以通过这种方法在交易中的运用考察商业关系。这两种方法都可以被看作从短期的、交易导向的视角向商业关系导向视角的转变。Kirsch 和 Kutschker(1978)模型的核心目标在于,将所有参与到资本品交易中的组织,通过一个总体的问题解决过程(即联合决策过程)来展现。这里的重点在于对交易阶段的划分:
- 交易过程的阶段——包括计划、决策以及在决策或采购过程的所有阶段组织间和组织内的谈判过程。
- 交易过程的潜力——指的是互动伙伴在过去决策中的经验,它会影响目前的交易过程。一个交易阶段并不是被独立考察的,还要考虑到交易伙伴以前的行为,以及由此而产生的信任度,这样一来,相互之间的商业关系就变得更加清晰明了了。

总的来说,交易过程的结构如图 9.1 所示。在谈判(目前的交易阶段)中由制造商、用户和第三方决定特定阶段的决策变量(任务范围、价格等)。独立于具体的交易,制造商和用户采用普遍性的市场营销手段来建立与维护潜力(1)。潜力又会进一步影响现阶段(2),而且来自该阶段的经验也会影响各种潜力(3)。但是,潜力并不来自有意识的市场营销活动或经验,而是外部行为发展的结果,它不受参与企业的控制,相应的例子有法律标准的变动等(4)。

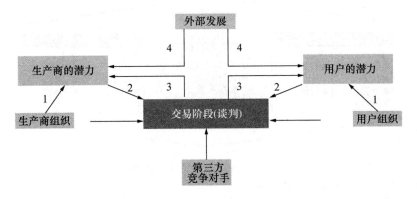

图 9.1 交易过程的结构

资料来源:基于 Kirsch/Kutschker 1978, p.40。

IMP 集团的互动模型将 Kirsch 和 Kutschker(1978)模型结合到了多组织网络概念中。它所基于的前提是,组织采购程序是嵌入长期的商业关系中的,而这种互动程序由四个主要元素构成:

- 互动过程;
- 互动过程的参与者;
- 互动过程的氛围;
- 互动过程的环境。

该模型的核心是互动过程,它又可以被区分为交易阶段和长期关系(见图 9.2)。在各阶段需要传递产品和服务、信息、财务资源以及"社会交换元素",尤其要特别重视参与者之间的社会互动,因为它有助于建立长期信任、巩固商业关系、减少不确定性,以及建立/强化长期关系。

各阶段在时间上可以是平行的,也可以是一个接一个递进的,但它们都嵌入在互动对象(伴随着各组织的特点)的关系网络中。根据 IMP 集团的观点,这种关系网络被称为"氛围"。这个抽象的概念包括权力、两个组织间的依赖度、合作意愿和组织邻近度等方面。由于不能孤立地考虑互动,因此还需要将互动嵌入环境中。例如,由于市场结构,需求方被迫与某供应商建立紧密的商业关系,这时就没有其他合适的供应商参与了。

IMP 集团方法所带来的进步在于,它将单个组织的采购过程以及长期关系的建立放置在一个可参考框架中,以便于进行系统性的分析。IMP 集团方法最初的结构是二元的,只是后来被进一步发展为一种(多组织的)网络方法。总的来说,这两种多组织方法为分析互动过程提供了基础,并将交易阶段作为商业关系中"正在进行的过程"中的一部分来进行解读。需要注意的是,尽管它们对多组织互动过程及互动对象进行宽泛

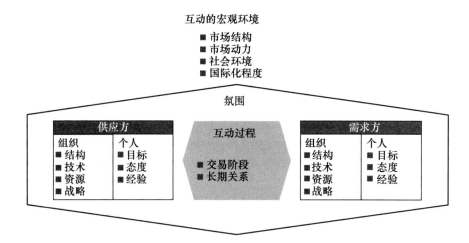

图 9.2　IMP 集团的互动模型

资料来源：基于 Håkansson 1982，p.24。

解释的力度很大，但其局限性也显而易见，即它们在对组织内外结构的深入理解方面还有所欠缺。

众所周知，文化代表着一个群体共同分享的知识，它包含着明确的或隐藏的思考或行为模式，并常以符号为媒介。文化影响人类的总体行为，特别是沟通和行为方式。由于采购越来越多地转向国际供应商，而且相关的多组织网络也部分属于其他文化圈的成员，所以文化背景作为组织购买行为的决定因素也变得越来越重要。

9.3　商业关系和合作

许多企业尝试与它们的伙伴建立紧密的关系，为的是通过合作来获得共同的价值创造潜力。关于紧密的、超越一次性交易的商业关系的意义和必要性，本书已经在介绍系统性和供应性业务时强调过。因为商业关系的建立不是一个被动的过程，也来自顾客（采购）活动，所以需要在采购或销售时探讨（战略性的）合作事宜。合作阶段可以被区分为起始阶段（决策、寻找合作伙伴）和实现阶段（建立、管理）。狭义上来说，商业关系方法关注的是顾客进入商业关系的动机。除了通过紧密合作和过程协调来降低成本，共同学习和降低采购风险也是他们的目标。广义上来说，从采购时顾客的角度来看，战略性合作方法可以被理解为通过合作来实现竞争优势。

> 一段商业关系（或者战略合作关系）代表的是供需双方市场交易的结果。在市场交易之间存在着一种基于供应方和/或需求方的内在联系，它使得有计划的市场交易联结变得有意义或有必要。

总体来说,对于组织(特别是产业的)购买行为的研究模式越来越关注长期商业关系。这种商业关系的起始条件对工业产品市场、B2B市场和消费品市场来说各有不同:

- 工业产品市场的商业关系越来越多地依赖于即时生产(Just in Time)和系统交易等。但是需要注意的是,在工业产品市场上或多或少地存在非自愿关系,例如一旦选择了某设备的供应商,再换别的供应商的成本就会很高。
- 消费品领域的商业关系更多地基于自愿关系,在这里改变供应商较为容易。从传统的制造商角度出发,这很容易产生问题,因为在许多领域,零售商、主动的顾客或者生产合同授予者一般处于主导地位(零售商品牌)。

为了适应之前提到过的模式转变,市场营销也要跟着转变。表9.2展示了B2B市场上市场营销的四种形式。因为交易营销和关系营销布局既能够面向单个顾客,也可以面向细分市场或整个市场,因此,可以在这两种行为方式下再区分出两种具体形式:在交易营销中,可以区分出项目管理和细分市场管理,而关系营销则可以分为大客户管理和顾客忠诚度管理。接下来的重点在于大客户管理和顾客忠诚度管理。

表9.2　B2B市场营销的形式

		供应商关注于	
		单个顾客	细分市场
供应商的行为计划	交易营销	项目管理	细分市场管理
	关系营销	大客户管理	顾客忠诚度管理

资料来源:Plinke 1997b,p.19。

大客户管理(Key Account Management,KAM)构成了顾客关系设计的传统形式(如从供应商视角出发的合同营销和贸易营销或者从顾客视角出发的逆向营销)。在企业实践中,大客户管理不会被顾客忠诚度管理代替,而只是作为一种特殊的顾客忠诚手段而已。

大客户管理

> 大客户管理是企业内的一个顾客导向的次级组织,它作为主要组织的补充被建立起来,而且(在大多数情况下)与主要组织平等(所谓的双重组织)。
>
> 所谓的大客户指的就是核心客户,企业通过他们可以得到可观的销售额,他们对于企业的成功尤为重要。为了进一步阐明其意义,需要把与某顾客的所有关系有组织地结合起来。通常有三种组织性结合形式:一是如果把大客户管理看作线性组织,则可以按客户(群体)构建市场营销组织的基本结构标准来进行。二是如果把大客户管理看作改进的线性组织(如作为员工职位),则可以通过大客户经理更多地考虑到横向的客户协调要求来进行。三是矩阵组织,在这里大客户经理不仅具有协调功能,还可能与各功能领域的主管平行,可以对企业内的员工发布指令。

大客户管理考虑到了大客户的价值,并把市场营销的重点放在这些客户身上。大客户管理的任务在于,计划、协调和控制针对一个客户或者一个客户群体的市场营销活动。这里,需要遵从以下目标:
- 提高供应商忠诚度;
- 优化沟通和协调;
- 巩固互动关系,从而优化商业关系;
- 优化售后营销和服务营销;
- 最小化协调开支;
- 优化市场地位;
- 强化纵向的市场地位;
- 提高销售效率;
- 提高大客户销售额,并参与其发展。

大客户经理和大客户之间关系的效率,以及大客户经理在经济上的成功主要受以下因素的影响:
- 参与企业之间在战略上和操作上的契合度;
- 大客户经理的企业性行为;
- 大客户经理和核心客户之间的沟通质量;
- 大客户经理在企业内与大客户有关的活动范围;
- 对大客户经理有形和无形的支持。

越来越明显的国际化趋势也影响到了国际性大客户管理,相较于国内大客户管理,其对制造商和企业政策的影响要大很多。因为它不仅对国内企业有影响,而且也影响整体的国际性企业群体。因为需要根据每个国内企业协调目标,所以相比国内的大客户管理,国际性大客户管理对战略性的要求更高。国际性的大客户管理在消费品领域的效率和成功常常会受到大客户管理结构的影响。

组织顾客忠诚的特点

好的商业关系对供应商和需求方(顾客)来说都有益处。对于供应商来说,具体有以下益处:
- 更容易接近需求方和具有信息优势;
- 通过附加互动而带来新的改进机会;
- 收购所产生的效果;
- 进入决策者和影响者的唤起集合;
- 受到正式决策程序之外权力组合的影响;
- 在可互换的任务中获得"有针对性的区别对待"。

对于需求方来说,则有以下益处:
- 因为"了解",所以决策的安全性更高;
- 获得绩效优势(个性化、时间、质量、创新);

- 获得价格优势；
- 通过这种关系对内部领导力进行描绘；
- 从企业外部得到更高的回报。

与企业和最终用户的关系相反,对于组织间的商业关系来说,"被强迫"的关系要比自愿的交换过程或商业关系更重要。理想情况是根据顾客是否必须处于(起码是短期或中期的)一段商业关系中以及他在这段商业关系中"感觉如何"来对其进行区分,即顾客之所以继续这段关系,是因为他感到满意,还是因为他没有理由结束这段关系。从这种观点出发可以得到如图 9.3 所示的分类。

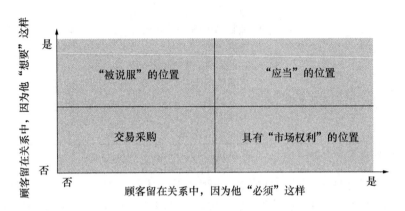

图 9.3 根据顾客的联结类型进行定位

资料来源:基于 Plinke 1997b, p.50。

顾客不愿从同一供应商处购买产品或不是必须从它那里购买时,就是所谓的交易采购(Transaction Buying),而这种交易采购是不包含在商业关系的模型中的。处于"被说服"角色的顾客常被其合作伙伴的产品或服务说服,也许是因为他没有更好的备选项,因此,在未来仍会保持这一商业关系,甚至尝试强化这种关系。在消费品领域常常存在自愿保持与供应商关系(类似于消费者行为中的情感性联系)的情况,因为在该领域更多的是生产商和零售商或者零售商之间(所谓的联盟)(横向)的"自愿"合作。这种合作中往往没有中心系统的领导(即没有占主导地位的企业),而是由相互平等的企业或系统参与。总的来说,处于这种位置的供应商,其目标往往是捍卫自己的市场地位,并同时促进顾客忠诚。顾客可以将自己从"被说服"的位置转变到"应当"的位置上。这样一来,就会使满意度得到进一步的提升,如产生更长期的、合同性的关系。如果顾客对商业关系不满意,但又不能结束这段关系,则意味着供应商在这里处于"具有市场权利"的位置。

在此,重要的是对这种忠诚的缘由和手段进行剖析,其目标是扩展商业关系,并将顾客与企业更加紧密地联系在一起。如表 9.3 所示,这里可以区分出自愿的和非自愿的维系缘由或手段。需要阐明的是,这些为了获得实际顾客维系的手段,在这里要比在消费品领域重要很多。

表 9.3　顾客维系的缘由或手段及其示例

顾客维系的缘由或手段	例子
制度的维系	• 资本分担[例如少数股权、联合经营(Joint Venture)] • 监事会内的授权
契约的或法律的维系	• 框架协议或合同 • 销售维系和排他性维系,以及排他性合同 • 许可证、专利和管理合同 • 价值创造性伙伴关系(例如共同的研发项目)
技术的维系	• 核心技术 • 即时生产系统 • 电脑化采购 • 系统维护
其他维系	• 经济因素,例如较高的转换成本 • 情境性因素,例如更便宜的地点
个人的、个性的或心理的关系维系	• 个人关系 • 习惯或偏好 • 顾客个人培训

资料来源:基于 Meyer/Oevermann 1995, p. 1342; Plinke 1997b, p. 52。

当然,也不能低估个人的、个性的或心理的关系维系。强调个人接触、谈判和"附带事件"(例如礼物)对于维护这些关系很重要。总的来说,商业关系的成功受到很多因素的影响。例如,在一致性理论方法中,战略性伙伴关系的成功条件是:各自的组织结构、核心程序以及(关系)文化(基于实证研究结果)在主观上的一致与认同。

解释合作的基本理论、方法和概念概览

除了已经提到过的方法,在研究中还有其他的理论、方法和概念可以解释企业间(不对等)的合作关系。这里列举了 Swoboda(2005)和 Zentes 等(Zentes/Swoboda/Morschett 2005a)的解释方法:
- 新古典生产理论的视角
- 竞争理论和工业经济学
- 博弈论
- 新制度经济学
  - 交易成本理论视角
  - 委托代理理论
- 管理研究方法
  - 互动理论,特别是交换理论
  - 资源依赖理论
  - 系统理论、权变理论和一致性理论方法
  - 网络导向的方法

发展一段商业关系的过程

与合作研究中合作关系的建立相似,商业关系的发展其实也是一个过程。简单说来,组织间商业关系的发展可分为四个阶段(见图9.4)。对于参与其中的企业来说,从一个阶段到另一个阶段的转变都是具有决定性的、意义深刻的:

- 第一阶段是知晓(Awareness)阶段(建立意识),即一个组织意识到其他特定的组织可作为其潜在的合作伙伴,但此时还没有产生互动。
- 第二阶段是探索(Exploration)阶段,其中潜在合作伙伴会权衡一段可能的商业关系的权利和义务,并严肃地考虑这个问题。例如,它们会进行初次的尝试性购买,交流彼此的预期,并探寻其他组织的能力和可靠性等。当首个规则标准被开发出来时,合作伙伴双方都会以此为导向,并且开始着手明确两个伙伴之间的权利比例,确定是否为两个组织中的一方发展出一种单边依赖关系。一般来说,这时的关系还是比较松散的,这也是为什么在这时很小的分歧都有可能造成关系破裂。
- 第三阶段是扩展(Expansion)阶段。它的特点是双方的效用和互相依赖程度的持续提高。由于对迄今为止的商业关系感到满意,特别是基于不断加强的相互信任,双方都有意加强这段商业关系,并会增加相应的投入。
- 第四阶段是承诺(Commitments)阶段。由于合作伙伴之间已达成某种协议(明确制定的或含蓄的),因此,更希望继续这段商业关系。此时,双方都准备对这段商业关系进行更大的投资,并对合作伙伴产生一定程度的依赖。

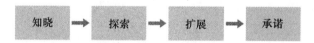

图 9.4 组织间商业关系的发展阶段

顾客的采购活动和价值创造集成

从顾客的角度来看,商业关系代表着主动的采购决策。除了传统采购和个人采购,合作性的采购包括:

- "可操作性的"、传统意义上的采购合作(如同盟组织);
- "战略性的"采购合作。

在这里,在传统关系的视角之外还可再加入一个国际化维度,即采购不再仅仅限于本地市场和单次交易的关系,而可能是面向国际市场和长期合作的关系。在此背景之下,对于商业关系的管理(作为价值创造活动的一部分)可以反映在不同的(战略)合作中。

> 采购同盟是一种横向和/或纵向的合作形式,是指双方在法律上是独立的企业,而在采购方面则采取合作的形式。

价值链重建作为建立合作或同盟的驱动力

麻省理工学院一项关于欧洲、美国和日本汽车产业的研究显示,相比欧美,日本制造商"为开发一款新产品什么都用得少,……一半的人员、一半的生产场地、一半的设备投入、一半的时间"。这里涉及所谓的精益生产(Lean Production),而这种现象只有在价值链重建的情况下才有可能出现。它要求越来越多的外包,同时与重要供应商建立更紧密的联系。过去几年,许多产业价值链都在专注于核心竞争力的同时进行了重建。

事实上,每个采购过程都需要与供应商联络,这本身就是一种供应商关系的形式。尽管如此,同盟(Alliance)更强调供应商和需求方之间长期、紧密的关系。建立采购同盟的出发点可能只是一种松散的契约,如框架协定或合约,或者是所谓的电话订单(Call Orders)和连续供应合同。但接下来的重点——"系统合作关系"——则是"真正的"(价值创造的)伙伴关系。篇幅所限,其他形式的纵向和横向同盟此处将不再赘述。

产业领域同盟建立的原因之一是降低成品化程度,它要求对价值链进行重建——供应商金字塔(见图9.5),从而减少供应商的合作问题。

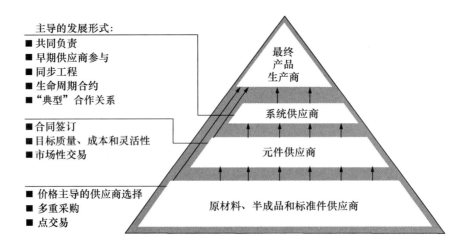

图9.5 产业价值链的新结构——供应商金字塔

资料来源:基于 Bogaschewsky 1994,p.107。

在系统采购(System Sourcing)中,不同的价值创造活动被转移给了供应商:供应商装配和运送整个系统,这其实是一种委托式生产形式。供应商通过控制前供应商(Pre-supplier)或子供应商(Sub-supplier)来提供一种物流集成服务,并承担了一部分开发的责任。

这种方式要求高度的协调和对合作机制的运用,其中还包括跨企业的团队合作和共同计划。由于在纵向合作中供应商不再是单独的企业,而是一个系统,所以在这个系统中只有通过成功的共同合作才能带来个体的改进。因此,合作常常与参与者的采购和生产自治同时进行。

采购的概念

采购这个概念伴随着对供应商不同程度的依赖。(跟供应商)紧密的伙伴关系可以由以下的表述以及图9.6中所展示的概念来解释:

- 在零件采购(Unit Sourcing)中,供应商仅对整个发展和装配系统提供很少的单个部件。
- 在模块化采购(Modular Sourcing)中,供应商是供应商金字塔的一部分,此时,需求方只和模块供应商合作。模块供应商提供主要的装配工作。它将不同供应商的元件及时组装成一种可以直接安装的模块(如汽车的整个发动机模块)。
- 在系统采购(System Sourcing)中,供应商负责开发和装配整个系统。
- 发展伙伴关系是另外一种采购概念,这种采购主要体现在需要与供应商紧密合作的研发领域。此处需要注意供应商在多大程度上参与了产品和生产技术的开发。

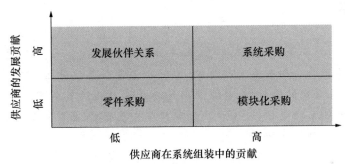

图9.6 零件、模块和系统采购

资料来源:基于Eßig 1999, p.35。

在这里,还有一系列值得一提的概念,例如关系联结者、二元系统或网络。总的来说,正如买卖双方关系的综合模型所示,市场营销和采购之间的界限并不明确。但与消费者行为研究的结论相似,组织行为研究也强调要将顾客整合到企业价值创造过程中(见图9.7),而这种顾客整合决定了商业关系的强度。原则上来说,提供给顾客的价值创造过程越特别、越个性化,商业关系就越紧密。

在资本品领域,这种形式的顾客整合可以被理解为一种对商业类型的新划分方式。

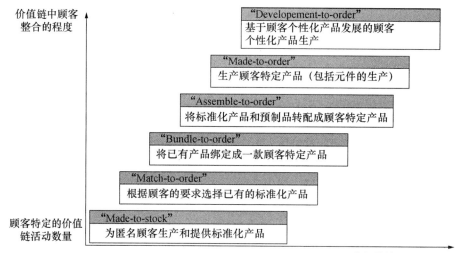

图 9.7 顾客整合的形式

资料来源：基于 Reichwald/Piller 2002，p. 35；Meyer/Blümelhuber 1997，p. 64。

研究速递

正如在本章的开篇案例中提到的那样，单凭一个企业本身，很难在市场的浪潮中站稳脚跟。因此，不同的企业在不同的情况下，就会选择与其他的企业合作。然而，由于市场的复杂性以及变化的瞬时性，企业之间的合作关系无时无刻不在经历着变化。因此，研究企业合作关系的变化，进一步细化到研究企业合作业务之间的变化，对于学术界和企业本身而言，都大有裨益。

Fonfara、Ratajczak-Mrozek 和 Leszczyński 三位学者 2018 年发表在 *Industrial Marketing Management* 上的文章《组织关系与业务网络的变化：商业现实》(Change in Business Relationships and Networks: Concepts of Business Reality)，从工业营销和采购集团（IMP 集团）的角度，对与业务变化相关的 16 篇文献进行了梳理分析，探讨了有助于变革企业之间业务交互的方式。该文特别强调了业务关系的变化（流程和氛围），以及对业务网络的重新定义。

文章的第一部分，作者先对变化的方式进行了讨论。由于商业关系并不是真正意义上的开始和结束，因此，变化的连续性是显而易见的，与此同时，变化的特征彼此间有所不同，有的可能是革命性的，而通常，因为商业关系随着时间而逐渐变化，所以变化是渐进的。产生变化的原因既有内生的（公司内部决策），同时也可能有不同企业之间相互作用的外生因素。关于变化，有四种理论解释：生命周期理论、目的论、辩证法和进化论。这四种理论强调了变化发生或实施所需时间的作用，同时也强调了企业之间互动的重要性——这是推动变革过程的机制之一。根据上述理论，作者将业务关系变化的过程归纳如下：产生变革冲动，商业关系状态发生改变，参与者之间的互动，商业关系进入新的状态;又一次产生变革冲动……整个过程是一个循环往复的过程。

在第二部分,作者对业务关系过程的变化进行了分析和讨论。相关的文献,一方面聚焦于描述过程特征的变化,关注合作过程中参与互动的顾客和其他参与者的活动,突出所有参与者的价值共同作用的积极影响;另一方面聚焦于通过适应过程重新建立商业关系。同时,也有文献分析了B2B关系网络中活动结构的变化以及社交媒体对其产生的影响。

在第三部分,作者讨论了能改变互动氛围的因素。根据IMP集团的互动模型,组织和组织之间会发生相互作用。当交流情节(短期视角)和关系过程(长期视角)嵌入在互动氛围中时,改变关系中的某一个伙伴就会改变整个关系的氛围。当然,不同参与者之间的相互作用也可能发生在由某些参与者主导的商业关系中。而不对称关系会促使较弱的合作伙伴改变当前的权力(和有利的)结构,并创建一个更加平衡的连接系统。

作者发现,变化既可能发生在单个行动中,也可能发生在关系或整个商业网络中。因此,在文章的第四部分,作者进一步对变化带来的业务网络的重新配置进行了梳理。当两个参与者之间的关系终止时,其业务网络也会发生变化。从能力发展的战略角度来看待商业网络会发现,改变商业网络环境可以成为开发企业发展潜力的一种选择,以便其他网络的参与者介入和进行资源整合。

最后,作者还指明了未来关于业务关系和网络变化的研究。第一,调查关系和网络变化的方法的选择应该由人们想要关注的分析领域来确定,例如,可以通过定性研究去分析一个较长时间内发生的过程及其潜在机制。第二,未来的研究应该提供更多的管理解决方案,使其可以应用于不断变化的业务环境,例如关于方向的管理决策的建议,以及如何在不断变化和相互依存的商业环境中做出与能力相适应的改变。

资料来源:Fonfara, K./Ratajczak-Mrozek, M./Leszczyński, G. (2018), Change in Business Relationships and Networks: Concepts of Business Reality, *Industrial Marketing Management*, 70:1-4。

参 考 文 献

Aaker, J. L./Schmitt, B. H. (1997): The Influence of Culture on the Self-Expressive Use of Brands, Working Paper, No. 274, UCLA Anderson Graduate School of Management.

Abelson, R. P. (1981): Psychological Status of Script Concept, in: *American Psychologist*, 36(7), pp. 715-729.

Ajzen, I. (1991): The Theory of Planned Behavior, in: *Organizational Behavior and Human Decision Processes*, 50(2), pp. 179-211.

Ajzen, I./Fishbein, M. (1980): *Understanding Attitudes and Predicting Social Behavior*, Englewood Cliffs: Pearson.

Antonides, G./Van Raaij, W. F. (1998): *Consumer Behavior—A European Perspective*, Chichester: John Wiley & Sons.

Apter, M. J. (1989): *Reversal Theory. Motivation, Emotion and Personality*, London: Oneworld Publication.

Arnold, U. (1990): Global Sourcing, in: Welge, M. K. (Hrsg.): *Globales Management*, Stuttgart: Springer, S. 49-71.

Arnold, U. (2002): Strategiedimensionen und Strukturanalyse, in: Hahn, D./Kaufmann, L. (Hrsg.): *Handbuch Industrielles Beschaffungsmanagement*, 2. Aufl., Wiesbaden: Springer, S. 201-220.

Backhaus, K./Erichson, B./Weiber, R. (2013): *Fortgeschrittene Multivariate Analysemethoden*, 2. Aufl., Berlin, Heidelberg: Springer.

Backhaus, K./Voeth, M. (2010): *Industriegütermarketing*, 9. Aufl., München: Vahlen.

Backhaus, K./Voeth, M. (2014): *Industriegütermarketing*, 10. Aufl., München: Vahlen.

Baddeley, A. D. (2000): The Episodic Buffer: A New Component of Working Memory?, in: *Trends in Cognitive Science*, 4(11), pp. 417-423.

Bagozzi, R. P. (1974): Marketing as an Organized Behavioral System of Exchange, in: *Journal of Marketing*, 38(4), pp. 77-82.

Bales, R. F. (1971): Interaction Process Analysis: A Method for the Study of Small Groups, in: Hollander, E. P. /Hunt, R. G. (eds.): *Current Perspectives in Social Psychology*, 3rd ed., New York: Holt, Rinehart, and Winston, pp. 254-261.

Bandler, R. /Grinder, J. (2013): *Neue Wege der Kurzzeit-Therapie: Neurolinguistische Programme*, 15. Aufl., Paderborn: Junfermann.

Banning, T. E. (1987): *Lebensstilorientierte Marketing-Theorie*, Heidelberg: Physica-Verlag.

Behrens, G. (1991): *Konsumentenverhalten*, 2. Aufl., Heidelberg: Physica-Verlag.

Belk, R. W. /Ger, G. /Askegaard, S. (2003), The Fire of Desire: A Multisited Inquiry into Consumer Passion, Working Paper, No. 02-31, University of Utah Marketing.

Berne, E. (2001): *Die Transaktions-Analyse in der Psychotherapie: Eine systematische Individual- und Sozial-Psychiatrie*, Paderborn: Junfermann.

Bernhard, U. (1978): *Blickverhalten und Gedächtnisleistung beim visuellen Werbekontakt unter besonderer Berücksichtigung von Plazierungseinflüssen*, Frankfurt a. M: Haag und Herchen.

Bettman, J. /Johnson, E. /Payne, J. (1991): Consumer Decision Making, in: Robertson, T. /Kasserjian, H. (eds.): *Handbook of Consumer Behavior*, Englewood Cliffs: Prentice Hall, pp. 50-84.

Beutin, N. (2008): Verfahren zur Messung der Kundenzufriedenheit im Überblick, in: Homburg, C. (Hrsg.): *Kundenzufriedenheit. Konzepte-Methoden-Erfahrungen*, 7. Aufl., Wiesbaden: Springer, S. 121-171.

Blackwell, R. D. /Miniard, P. W. /Engel, J. F. (2001): *Consumer Behavior*, 9th ed., Fort Worth, Texas: The Dryden Press, Harcourt Brace College Publishers.

Blackwell, R. D. /Miniard, P. W. /Engel, J. F. (2006): *Consumer Behavior*, 10th ed., Mason, OH: Cengage Learning.

Blut, M. (2008): *Der Einfluss von Wechselkosten auf die Kundenbindung. Verhaltenstheoretische Fundierung und empirische Analyse*, Wiesbaden: Gabler.

Bogaschewsky, R. (1994): Rationalisierungsgemeinschaften mit Lieferanten, in: Bloech, J. /Bogaschewsky, R. / Frank, W. (Hrsg.): *Konzernlogistik und Rationalisierungsgemeinschaften mit Lieferanten*, Stuttgart: Schäffer-Poeschel, S. 95-115.

Bonoma, T. V. (1982): Major Sales: Who Really Does the Buying?, in: *Harvard Business Review*, 60(3), pp. 111-119.

Botschen, G. /Thelen, E. M. /Pieters, R. (1999): Using Means-end Structures for Benefit Segmentation—An Application to Services, in: *European Journal of Marketing*, 33(1/2), pp. 38-58.

Brand, G. (1972): *The Industrial Buying Decision: Implications for the Sales Approach in Industrial Marketing*, London: Associated Business Programmes, Ltd.

Bruhn, M. (2013): *Relationship Marketing*, 3. Aufl., München: Vahlen.

Burmann, C. /Meffert, H. /Koers, M. (2005): Stellenwert und Gegenstand des Markenmanagement, in: Meffert, H. /Burmann, C. /Koers, M. (Hrsg.): *Markenmanagement*, 2. Aufl., Wiesbaden: Springer, S. 3-17.

Cannon, W. B. (1927): The James-Lange Theory of Emotions: A Critical Examination and an Alternative Theory, in: *American Journal of Psychology*, 39(1), pp. 106-124.

Choffray, J. /Lilien, G. (1978): Assessing Response to Industrial Marketing Strategy, in: *Journal of Marketing*, 42(2), pp. 20-31.

Dahlhoff, H.-D. (1980): *Kaufentscheidungsprozesse von Familien*, Frankfurt a. M: Peter Lang.

Davis, H. L. /Rigaux, B. P. (1974): Perception of Marital Roles in Decision Processes, in: *Journal of Consumer Research*, 1(1), pp. 51-62.

De la Torre, F. /Cohn, J. F. (2011): Facial Expression Analysis, in: Moeslund, T. B. /Hilton, A. /Krüger, V. /Sigal, L. (eds.): *Visual Analysis of Humans—Looking at People*, London: Springer.

DeChernatony, L. /MacDonald, M. /Wallace, E. (2013): *Creating Powerful Brands*, 4. Aufl., London: Butterworth Heinemann.

Dichter, E. (1961): *Strategie im Reich der Wünsche*, New York: Econ-Verl.

Dieterich, M. (1986): *Konsument und Gewohnheit*, Heidelberg: Physica-Verlag.

Diller, H. (1996): Kundenbindung als Marketingziel, in: *Marketing*-ZFP, 13(2), S. 81-94.

Diller, H. (2008): *Preispolitik*, 4. Aufl., Stuttgart: W. Kohlhammer GmbH.

Diller, H. /Kusterer, M. (1986): Erlebnisbetonte Ladengestaltung im Einzelhandel, in: Trommsdorff, V. (Hrsg.): *Handelsforschung*, Wiesbaden: Springer, S. 105-123.

Ekman, P. /Friesen, W. (1978): *Manual for the Facial Action Coding System*, Palo Alto, CA: Consulting Psychologist Press.

Engel, J. F. /Kollat, D. /Blackwell, R. D. (1968): *Consumer Behavior*, Fort Worth: South-Western College Pub.

Esch, F.-R. /Geus, P. (2005): Ansätze zur Messung des Markenwertes, in: Esch,

F.-R. (Hrsg.): *Moderne Markenführung*, 4. Aufl., Wiesbaden: Springer, S. 1263-1305.

Evans, F. B. (1963): Selling as a Dyadic Relationship, in: *The American Behavioral Scientist*, 65(6), pp. 76-79.

Eßig, M. (1999): *Cooperative Sourcing*, Frankfurt a. M: Peter Lang Gmbh, Internationaler Verlag Der Wissenschaften.

Fahrenberg, J. et al. (1979): *Psychophysiologische Aktivierungsforschung*, München: Minerva.

Felser, G. (2007): *Werbe-und Konsumentenpsychologie*, 3. Aufl., Stuttgart: Spektrum Akademischer Verlag.

Festinger, L. (1954): A Theory of Social Comparison Processes, in: *Human Relations*, 7(7), pp. 117-140.

Festinger, L. (1957): *A Theory of Cognitive Dissonance*, Stanford: Stanford University Press.

Festinger, L./Carlsmith, J. M. (1959): Cognitive Consequences of Forced Compliance, in: *Journal of Abnormal and Social Psychology*, 58(2), pp. 203-211.

Finn, D. W./Lamb, C. W. (1991): An Evaluation of the Servqual Scales in a Retailing Setting, in: *Advances in Consumer Research*, 18(1), pp. 483-490.

Fisher, R./Ury, W./Patton, B. (2009): *Das Harvard-Konzept: Der Klassiker der Verhandlungstechnik*, 23. Aufl., Frankfurt a. M.: Campus Verlag.

Fließ, S. (2000): Industrielles Kaufverhalten, in: Kleinaltenkamp, M./Plinke, W. (Hrsg.): *Technischer Vertrieb*, 2. Aufl., Berlin: Springer, S. 251-370.

Flynn, L. R./Goldsmith, R. E./Eastman, J. K. (1996): Opinion Leaders and Opinion Seekers: Two New Measurement Scales, in: *Journal of the Academy of Marketing Science*, 24(2), pp. 137-147.

Foscht, T./Swoboda, B./Morschett, D. (2006): Electronic Commerce-based Internationalisation of Small, Niche-oriented Retailing Companies: The Case of Blue Tomato and the Snowboard Industry, in: *International Journal of Retailing and Distribution Management*, 33(7), pp. 556-572.

Freter, H. W. (1979): Interpretation und Aussagewert mehrdimensionaler Einstellungsmodelle im Marketing, in: Meffert, H./Steffenhagen, H./Freter, H. (Hrsg.): *Konsumentenverhalten und Information*, Wiesbaden: Springer, S. 163-184.

Friedrichs, J. (1990): *Methoden der empirischen Sozialforschung*, Opladen: Verlag für Sozialwissenschaften.

Gemünden, H. G. (1980): Effiziente Interaktionsstrategien im Investitionsgütermarketing, in: *Marketing-ZFP*, 2(1), S. 21-32.

Gerrig, R. J. (2015): *Psychologie*, 20. Aufl., München: Pearson Studium.

Giering, A. (2000): *Der Zusammenhang zwischen Kundenzufriedenheit und Kundenloyalität: Eine Untersuchung moderierender Effekte*, Wiesbaden: Deutscher Universitätsverlag.

Gilly, M. C./Enis, B. M. (1982): Recycling the Family Life Cycle, in: *Advances in Consumer Research*, 9(1), pp. 271-276.

Grunert, K. (1990): *Kognitive Strukturen in der Konsumforschung*, Heidelberg: Physica-Verlag.

Gröppel, A. (1991): *Erlebnisstrategien im Einzelhandel*, Heidelberg: Physica-Verlag.

Gürhan-Canli, Z./Maheswaran, D. (2000): Cultural Variations in Country of Origin Effects, in: *Journal of Marketing Research*, 37(3), pp. 309-317.

Hammann, P./Lohrberg, W. (1986): *Beschaffungsmarketing: Eine Einführung*, Stuttgart: Poeschel.

Heider, F. (1958): *The Psychology of Interpersonal Relationships*, New York: John Wiley & Sons.

Hofstede, G./Hofstede, G. J./Minkov, M. (2010): *Cultures and Organizations: Software of the Mind*, 3rd ed., New York: McGraw-Hill Education.

Homburg, C./Becker, A./Hentschel, F. (2013): Der Zusammenhang zwischen Kundenzufriedenheit und Kundenbindung, in: Bruhn, M./Homburg, C. (Hrsg.): *Handbuch Kundenbindungsmanagement*, 8. Aufl., Wiesbaden: Springer, S. 101-134.

Homburg, C./Kuester, S. (2001): Towards an Improved Understanding of Industrial Buying Behaviour, in: *Journal of Business-to-Business Marketing*, 8(2), pp. 5-33.

Homburg, C./Schäfer, H./Schneider, J. (2012): *Sales Excellence-Vertriebsmanagement mit System*, 7. Aufl., Wiesbaden: Springer Gable.

Homburg, C./Stock-Homburg, R. (2006): Theoretische Perspektiven zur Kundenzufriedenheit, in: Homburg, C. (Hrsg.): *Kundenzufriedenheit*, 6. Aufl., Wiesbaden: Springer, S. 17-50.

Homburg, C./Stock-Homburg, R. (2008): Theoretische Perspektiven zur Kundenzufriedenheit, in: Homburg, C. (Hrsg.): *Kundenzufriedenheit*, 7. Aufl., Wiesbaden: Springer, S. 17-51.

Homburg, C./Stock-Homburg, R. (2012): Theoretische Perspektiven zur Kundenzufriedenheit, in: Homburg, C. (Hrsg.): *Kundenzufriedenheit*, 8. Aufl., Wiesbaden: Springer, S. 17-52.

Howard, J. A./Sheth, J. N. (1969): *The Theory of Buyer Behavior*, New York:

John Wiley & Sons.

Håkansson, H. (1982): *International Marketing and Purchasing of Industrial Goods: An Interaction Approach*, Chichester: John Wiley & Sons.

Izard, C. E. (1977): *Die Emotionen des Menschen*, 9. Aufl., Weinheim: BeltzPVU.

James, W. (1884): What is an Emotion?, in: *Mind*, 9(34), pp. 188–205.

Johnston, W./Bonoma, T. V. (1981b): Purchase Process for Capital Equipment and Services, in: *Industrial Marketing Management*, 10(4), pp. 253–264.

Johnston, W./Lewin, J. (1996): Organizational Buying Behaviour: Toward an Integrative Framework, in: *Journal of Business Research*, 35(1), pp. 1–16.

Kaas, K. (1977): *Empirische Preisabsatzfunktionen bei Konsumgütern*, Berlin: Springer Berlin Heidelberg.

Kaas, K. (1982): Consumer Habit Forming, Information Acquisition, and Buying Behavior, in: *Journal of Business Research*, 10(1), pp. 3–15.

Kapferer, J. N./Laurent, G. (1985): Consumers' Involvement Profile, in: *Advances in Consumer Research*, 12(1), pp. 290–295.

Katona, G. (1960): *Das Verhalten der Verbraucher und Unternehmer*, Tübingen: J. C. B. Mohr (Paul Siebeck).

Keller, K. L. (1993): Conceptualizing, Measuring, and Managing Customer-Based Brand Brand Equity, in: *Journal of Marketing*, 57(1), pp. 1–22.

Kelly, H. H. (1978): Kausalattribution: Die Prozesse der Zuschreibung von Ursachen, in: Stroebe, W. (Hrsg.) *Sozialpsychologie*, Darmstadt: Springer, S. 212–265.

Kenning, P. et al. (2002): *Die Entdeckung der kortikalen Entlastung*, Neuroökonomische Forschungsberichte, Teilgebiet Neuromarketing, Nr. 1, Westfälische Wilhelms Universität Münster, Münster.

Kern, E. (1990): *Der Interaktionsansatz im Investitionsgütermarketing*, Berlin: Duncker & Humblot.

Kirsch, W./Kutschker, M. (1978): *Das Marketing von Investitionsgütern*, Wiesbaden: Gabler.

Kirsch, W./Kutschker, M./Lutschewitz, H. (1980): *Ansätze und Entwicklungstendenzen im Investitionsgütermarketing*, 2. Aufl., Stuttgart: Schäffer-Poeschel Verlag.

Kleinaltenkamp, M. (2001): Business-to-Business-Marketing, in: Gabler (Hrsg.): *Gabler Wirtschafts-Lexikon*, CD-ROM, 15. Aufl., Wiesbaden: Springer.

Kleinaltenkamp, M./Saab, S. (2009): *Technischer Vertrieb*, Berlin u. a.: Springer.

Koch, F.-K. (1987): Verhandlungen bei der Vermarktung von Investitionsgütern, Mainz, Univ, Diss.

Kotler, P./Armstrong, G./Saunders, J./Wong, V. (2011): *Grundlagen des Marketing*, 5. Aufl., München: Pearson Studium.

Krafft, M. (2007): *Kundenbindung und Kundenwert*, 2. Aufl. Heidelberg: Physica-Verlag.

Kraigher-Krainer, J. (2007): *Das ECID-Modell. Fünf Kaufentscheidungstypen als Grundlage der strategischen Unternehmensplanung*, Wiesbaden: Deutscher Universitätsverlag.

Kroeber-Riel, W. (1984): *Konsumentenverhalten*, 3. Aufl., München: Vahlen.

Kroeber-Riel, W. / Gröppel-Klein, A. (2013): *Konsumentenverhalten*, 10. Aufl., München: Vahlen.

Kuhlmann, E./Brünne, M./Sowarka, B. H. (1992): *Interaktive Informationssysteme in der Marktkommunikation*, Heidelberg: Physica-Verlag.

Kuß, A./Tomczak, T. (2007): *Käuferverhalten*, 4. Aufl., Stuttgart: UTB.

Labrecque, J./Ricard, L. (2001): Children's Influence on Family Decision-Making, in: *Journal of Business Research*, 54(2), pp. 173-176.

Langner, T. (2003): *Integriertes Branding. Baupläne zur Gestaltung erfolgreicher Marken*, Wiesbaden: Springer.

Lasswell, H. D. (1967): The Structure and Function of Communication in Society, in: Berelson, B./Janowitz, M. (eds.): *Reader in Public Opinion and Communication*, 2nd ed., New York: Free Press.

Lazarus, R. S. (1991): *Emotion and Adaption*, New York: Oxford University Press.

Liebmann, H.-P. (1996): Auf den Spuren der „Neuen Kunden", in: Zentes, J./Liebmann, H.-P. (Hrsg.): *GDI-Trendbuch Handel Nr. 1*, Düsseldorf: Metropolitan, S. 37-54.

Link, J./Hildebrand, V. G. (1993): *Database Marketing und Computer Aided Selling: Strategische Wettbewerbsvorteile durch neue informationstechnologische Systemkonzeptionen*, München: Vahlen.

Makens, J. C. (1965): Effects of Brand Preference Upon Consumers' Perceived Taste of Turkey Meat, in: *Journal of Applied Psychology*, 19(4), pp. 261-263.

Maslow, A. (1975): Motivation and Personality, in: Levine, F. (ed.): *Theoretical Readings in Motivation: Perspectives on Human Behavio*, Chicago: Rand McNally College Pub. Co, pp. 358-380.

Meffert, H. (2005): Kundenbindung als Element moderner Wettbewerbsstrategien, in: Bruhn, M./Homburg, C. (Hrsg.): *Handbuch Kundenbindungsmanagement*, 5. Aufl., Wiesbaden: Springer, S. 145-165.

Meffert, H. /Burmann, C. /Kirchgeorg, M. (2012): *Marketing*, 11. Aufl., Wiesbaden: Gabler.

Meffert, H. /Burmann, C. /Kirchgeorg, M. (2015): *Marketing*, 12. Aufl., Wiesbaden: Gabler.

Meffert, H. /Koers, M. (2005): Identitätsorientiertes Markencontrolling—Grundlagen und konzeptionelle Ausgestaltung, in: Meffert, H. /Burmann, C. /Koers, M. (Hrsg.): *Markenmanagement*, 2. Aufl., Wiesbaden: Springer, S. 273-298.

Mehrabian, A. (1978): *Räume des Alltags oder wie die Umwelt unser Verhalten bestimmt*, Frankfurt a. M., New York: Campus.

Mehrabian, A. /Russell, J. A. (1974): *An Approach to Environmental Psychology*, Cambridge, MA: MIT Press.

Meyer, A. /Blümelhuber, C. (1997): Marketing orientiert sich zu wenig am Kunden, in: Belz, C. (Hrsg.): *Kompetenz für Marketing-Innovationen*, St. Gallen: Thexis, S. 58-74.

Meyer, A. /Oevermann, D. (1995): Kundenbindung, in: Tietz, B. /Köhler, R. /Zentes, J. (Hrsg.): *Handwörterbuch des Marketing*, 2. Aufl., Stuttgart: Schäffer-Poeschel Verlag, S. 1340-1351.

Miller, N. E. (1964): On the Functions of Theory, in: Sanford, F. H. /Capaldi, E. J. (eds.): *Research in Perception, Learning and Conflict*, Belmont: Wadsworth Publishing Co., pp. 97-103.

Mittal, V. / Kumar, P. / Tsiros, M. (1999): Attribute-Level Performance, Satisfaction, and Behavioral Intentions over Time: A Consumption-System Approach, in: *Journal of Marketing*, 63 (2), pp. 88-101.

Morris, D. (1978): *Der Mensch mit dem wir leben. Ein Handbuch unseres Verhaltens*, München: Droemer-Knaur.

Mowen, J. /Minor, M. (2001): *Consumer Behavior : A Framework*, Upper Saddle River: Prentice Hall.

Mummendey, H. D. (1988): Die Beziehung zwischen Verhalten und Einstellung, in: Mummendey, H. D. (Hrsg.): *Verhalten und Einstellung*, Berlin u. a.: Springer, S. 1-26.

Müller, S. (1998): Die Unzufriedenheit der "eher zufriedenen" Kunden, in: Müller, S. /Strothmann, H. (Hrsg.): *Kundenzufriedenheit und Kundenbindung*, München: C. H. Beck Verlag, S. 197-218.

Nerdinger, F. W. (2001): *Psychologie des persönlichen Verkaufs*, München: De Gruyter Oldenbourg.

O. V. (1997): Proportionale Beteiligung verschiedener Unternehmensbereiche an Beschaffungsentscheidungen, in: *Beschaffung aktuell*, 25, S. 20-23.

Oliver, R. L. (2010): *Satisfaction: A Behavioral Perspective on the Consumer*, 2nd ed., New York: Routledge.

Parasuraman, A. /Berry, L. L. /Zeithaml, V. A. (1991): Refinement and Reassessment of the SERVQUAL Scale, in: *Journal of Retailing*, 67(4), pp. 420-450.

Park, C. W. /Milberg, S. /Lawson, R. (1991): Evaluating Brand Extensions: The Role of Product Feature Similarity and Brand Concept Consistency, in: *Journal of Consumer Research*, 18(2), pp. 185-193.

Peichl, T. (2014): Von Träumern, Abenteurern und Realisten-Das Zielgruppenmodell der GfK Roper Consumer Styles, in: Halfmann, M. (Hrsg.): *Zielgruppen im Konsumentenmarketing*, Wiesbaden: Springer, S. 135-149.

Peters, T. (1995): Design is..., in: *Design Management Journal*, 6(1), pp. 29-33.

Plinke, W. (1997a): Bedeutende Kunden, in: Kleinaltenkamp, M. /Plinke, W. (Hrsg.): *Geschäftsbeziehungsmanagement*, Berlin: Springer, S. 113-158.

Plinke, W. (1997b): Grundlagen des Geschäftsbeziehungsmanagements, in: Plinke, W. /Kleinaltenkamp, M. (Hrsg.): *Geschäftsbeziehungsmanagement*, Berlin: Springer, S. 1-62.

Plutchik, R. (2003): *Emotions and Life: Perspectives from Psychology, Biology, and Evolution*, Washington: Amer Psychological Assn.

Reichheld, F. F. /Sasser, W. E. (1990): Zero Defections: Quality Comes to Services, in: *Harvard Business Review*, 68(5), pp. 105-111.

Reichheld, F. F. /Sasser, W. E. (1991): Zero Migration: Dienstleister im Sog der Qualitätsrevolution, in: *Harvard Manager*, 13(4), S. 108-116.

Reichwald, R. /Piller, F. (2002): Der Kunde als Wertschöpfungspartner, in: Albach, H. /Kaluza, B. /Kersten, W. (Hrsg.): *Wertschöpfungsmanagement als Kernkompetenz*, Wiesbaden: Gabler Verlag, S. 27-51.

Robinson, S. J. /Faris, C. W. /Wind, Y. (1967): *Industrial Buying and Creative Marketing*, Boston: Allyn & Bacon.

Rogers, E. M. (2003): *Diffusion of Innovations*, 5th ed., New York: Free Press.

Rook, D. W. (1987): The Buying Impulse, in: *Journal of Consumer Research*, 14(2), pp. 189-199.

Rosenberg, M. J. /Abelson, R. P. (1960): An Analysis of Cognitive Balancing, in: Rosenberg, M. J. et al. (eds.): *Attitude Organization and Change—An Analysis of Consistency among Attitude Components*, New Haven: Yale University Press, pp. 112-163.

Rosenstiel, L. v. /Ewald, G. (1979): *Marktpsychologie, 2. Bd.: Psychologie der absatzpolitischen Instrumente*, Stuttgart: Kohlhammer W.

Rosenstiel, L. v. /Kirsch, A. (1996): *Psychologie der Werbung*, Rosenheim: Komar Products.

Rosenzweig, S. (1945): The Picture-Association Method and its Application in a Study of Reactions to Frustration, in: *Journal of Personality*, 14(1), pp. 3-23.

Russell, J. A. /Weiss, A. /Mendelsohn, G. A. (1989): Affect Grid: A Single-Item Scale of Pleasure and Arousal, in: *Journal of Perosnality and Social Psychology*, 57(3), pp. 493-502.

Schachter, S. /Singer, J. (1962): Cognitive and Physiological Determinants of Emotion State, in: *Psychological Review*, 69(5), pp. 379-399.

Scheier, C. /Held, D. (2012): *Wie Werbung wirkt. Erkenntnisse des Neuromarketing*, 2. Aufl., Freiburg: Haufe.

Schobert, R. (1979): *Die Dynamisierung komplexer Marktmodelle mithilfe von Verfahren der Mehrdimensionalen Skalierung*, Berlin: Duncker & Humblot GmbH.

Schoch, R. (1969): *Der Verkaufsvorgang als sozialer Interaktionsprozess*, Winterthur: Schellenberg.

Scholz, C. (2002): Vergütung und Entwicklung: Motivationskonzepte für das Beschaffungsmanagement, in: Hahn, D. /Kaufmann, L. (Hrsg.): *Handbuch Industrielles Beschaffungsmanagement*, 2. Aufl., Wiesbaden: Springer, S. 987-1004.

Schwartz, S. H. (1999): A Theory of Cultural Values and Some Implications for Work, in: *Applied Psychology: An International Review*, 48(1), pp. 23-47.

Schwarz, N. /Clore, G. L. (1988): How do I Feel about It? The Information Function of Afective States, in: Fiedler, K. /Forgas, J. P. (eds.): *Affect, Cognition, and Social Behavior: New Evidence and Integrative Attempts*, Toronto: Hogrefe & Huber Pub.

Schweiger, G. /Schrattenecker, C. (2013): *Werbung*, 8. Aufl., Stuttgart: UTB GmbH.

Schütze, R. (1992): *Kundenzufriedenheit: After-Sales-Marketing auf industriellen Märkten*, Wiesbaden: Gabler.

Sethna, Z. /Blythe, J. (2016). *Consumer Behaviour*, 3rd ed., London: Sage Publications Ltd.

Sheth, J. N. (1973): A Model of Industrial Buyer Behaviour, in: *Journal of Marketing*, 37(4), pp. 50-56.

Sheth, J. N. /Mittal, B. (2004): *Customer Behavior—A Managerial Perspective*, 2nd ed., Mason: South-Western College Publishing.

Sheth, J. N. /Mittal, B. /Newman, B. I. (1999): *Customer Behavior—Consumer Behavior and Beyond*, Fort Worth: South-Western College Publishing.

Simon, H./Fassnacht, M. (2009): *Preismanagement*, 3. Aufl., Wiesbaden: Gabler.

Simon, H./Fassnacht, M. (2016): Preismanagement, 3. Aufl., Wiesbaden: Springer.

Smith, G. H./Engel, R. (1968): Influence of a Female Model on Perceived Characteristics of an Automobile, Proceedings of the 76th Annual Convention of the American Psychological Association, pp. 681-682.

Solomon, M. (2015): *Consumer Behavior: Buying, Having, and Being*, 11th ed., Upper Saddle River: Prentice Hall of India.

Solomon, M./Bamossy, G./Askegaard, S. (2001): *Konsumentenverhalten*, München: Pearson Studium.

Solomon, M. et al. (2010): *Consumer Behavior: A European Perspective*, 4th ed., Harlow: Pearson Education.

Spiegel-Verlag (1982) (Hrsg.): *Der Entscheidungsprozess bei Investitionsgütern, Beschaffung, Entscheidungskompetenzen, Informationsverhalten*, Hamburg: Spiegelverlag Rudolf Augstein.

Stauss, B./Seidel, W. (2014): *Beschwerdemanagement*, 5. Aufl., München: Carl Hanser Verlag GmbH & Co. KG.

Stern, H. (1962): The Significance of Impulse Buying Today, in: *Journal of Marketing*, 26(2), pp. 59-62.

Stiftung Warentest (2012): *Markt & Warentest: Wie der informierte Käufer das Marktgeschehen beeinflusst*, Berlin: Stiftung Warentest.

Strothmann, K.-H. (1979): *Investitionsgütermarketing*, München: Verlag Moderne Industrie.

Sweeney, J. C./Soutar, G. N. (2001): Consumer Perceived Value: The Development of a Multiple Item Scale, in: *Journal of Retailing*, 77(2), pp. 203-220.

Swoboda, B. (1996): *Interaktive Medien am Point of Sale*, Wiesbaden: Vahlen.

Swoboda, B. (2005): Kooperation: Erklärungsperspektiven grundlegender Theorien, Ansätze und Konzepte im Überblick, in: Zentes, J./Swoboda, B./Morschett, D. (Hrsg.): *Kooperationen, Allianzen und Netzwerke*, 2. Aufl., Wiesbaden: Springer, S. 35-64.

Swoboda, B./Morschett, D. (2002): Electronic Business im Handel-Gestaltungsoptionen der marktorientierten Kernprozesse des Handelsmanagements, in: Weiber, R. (Hrsg.): *Electronic Business*, 2. Aufl., Wiesbaden: Springer, S. 775-807.

Swoboda, B./Pennemann, K./Taube, M. (2013), Purchasing the Counterfeit: Antecedences and Consequences from Culturally Diverse Countries, in: *European*

Retail Research, 27(1), pp. 23-41.

Swoboda, B./Weiber, R. (2013): *Grundzüge betrieblicher Leistungsprozesse*, München: Vahlen.

Tauber, E. M. (1972): Why do People Shop?, in: *Journal of Marketing*, 36(4), pp. 46-49.

Thompson, K./Mitchell, H./Knox, S. (1998): Organisational Buying Behaviour in Changing Times, in: *European Management Journal*, 16(6), pp. 698-704.

Trommsdorff, V./Teichert, T. (2011): *Konsumentenverhalten*, 8. Aufl., Stuttgart: Kohlhammer W.

Veblen, T. (2000): *Theorie der feinen Leute*, 6. Aufl., Köln: FISCHER Taschenbuch.

Voß, S./Gutenschwager, K. (2001): *Informationsmanagement*, Berlin: Springer.

Vázquez, R. et al. (2001): Service Quality in Supermarket Retailing: Identifying Critical Service Experiences, in: *Journal of Retailing and Consumer Services*, 8(1), pp. 1-14.

Wagner, G. R. (1978): Die zeitliche Disaggregation von Beschaffungsentscheidungsprozessen aus der Sicht des Investitionsgütermarketings, in: *Zeitschrift für betriebswirtschaftliche Forschung*, 30, S. 266-289.

Walter, A. (1998): *Der Beziehungspromotor*, Wiesbaden: Gabler.

Watts, D./Dodds, P. S. (2007): Influentials, Networks, and Public Opinion Formation, in: *Journal of Consumer Research*, 34(1), pp. 441-458.

Webster, F./Wind, Y. (1972a): *Organizational Buying Behaviour*, Englewood Cliffs, N.J.: Prentice-Hall.

Webster, F./Wind, Y. (1972b): A General Model for Understanding Organizational Buying Behaviour, in: *Journal of Marketing*, 36(2), pp. 12-19.

Weiber, R. (1996): *Was ist Marketing? - Ein informationsökonomischer Erklärungsansatz*, Arbeitspapier Nr. 1 zur Marketingtheorie, 2. Aufl., Trier: Gabler.

Weiber, R./Adler, J. (1995a): Informationsökonomisch begründete Typologisierung von Kaufprozessen, in: *Zeitschrift für betriebswirtschaftliche Forschung*, 47(1), S. 43-65.

Weiber, R./Adler, J. (1995b): Positionierung von Kaufprozessen im informationsökonomischen Dreieck, in: *Zeitschrift für betriebswirtschaftliche Forschung*, 47(2), S. 99-123.

Weinberg, P. (1981): *Das Entscheidungsverhalten der Konsumenten*, Paderborn: Schöningh.

Weinberg, P. (1986): *Noverbale Marktkommunikation*, Heidelberg: Springer.

Weis, H. C. (2010): *Verkaufsmanagement*, 7. Aufl., Herne: NWB Verlag.

Wells, W. D. /Gubar, G. (1966): Life Cycle Concept in Marketing Research, in: *Journal of Marketing Research*, 3(4), pp. 355-363.

Witte, E. (1976): Kraft und Gegenkraft im Entscheidungsprozess, in: *Zeitschrift für Betriebswirtschaft*, 46(4/5), S. 319-326.

Witte, E. (1999): Das Promotoren-Modell, in: Hauschildt, J. /Gemünden, H. G. (Hrsg.): *Promotoren: Champions der Innovation*, 2. Aufl., Wiesbaden: Gabler Verlag, S. 9-41.

Wood, M. (1998): Socio-economic Status, Delay of Gratification, and Impulse Buying, in: *Journal of Economic Psychology*, 19(3), pp. 295-320.

Zaichkowski, J. (1994): The Personal Involvement Inventory: Reduction, Revision and Application to Advertising, in: *Journal of Advertising*, 23(4), pp. 59-70.

Zaichkowsky, J. (1985): Measuring the Involvement Construct, in: *Journal of Consumer Research*, 12(3), pp. 341-352.

Zajonc, R. B. (1980): Feeling and Thinking: Preferences Need No Inferences, in: *American Psychologist*, 35(2), pp. 151-175.

Zentes, J. et al. (2002): *Best-Practice-Prozesse im Handel-Customer Relationship Management und Supply Chain Management*, Frankfurt a. M.: Deutscher Fachverlag.

Zentes, J. /Morschett, D. /Schramm-Klein, H. (2008): Brand Personality of Retailers—An Analysis of its Applicability and its Effect on Store Loyalty, in: *International Review of Retail, Distribution and Consumer Research*, 18(2), pp. 167-184.

Zentes, J. /Swoboda, B. /Morschett, D. (2004): *Internationales Wertschöpfungsmanagement*, München: Vahlen.

Zentes, J. /Swoboda, B. /Morschett, D. (2005a) (Hrsg.): *Kooperationen, Allianzen und Netzwerke*, 2. Aufl., Wiesbaden: Gabler.

Zentes, J. /Swoboda, B. /Morschett, D. (2013): Kundenbindung im vertikalen Marketing, in: Bruhn, M. /Homburg, C. (Hrsg.): *Handbuch Kundenbindungsmanagement*, 8. Aufl., Wiesbaden: Springer, S. 201-233.

Zentes, J. /Swoboda, B. /Morschett, D. (2014): Kundenbindung im vertikalen Marketing, in: Bruhn, M. /Homburg, C. (Hrsg.): *Handbuch Kundenbindungsmanagement*, 11. Aufl., Wiesbaden: Springer, S. 201-234.

Zielske, H. A. (1959): The Remembering and Forgetting of Advertising, in: *Journal of Marketing Research*, 23(3), pp. 239-243.